김우중과 나는 같은 해 같은 중학교에 입학했으나 금세 행로가 갈리었다. 4반세기가 지나 다시 만났을 때, 그는 박정희 대통령이 가장 총애하는 기업인이었고 나는 유신반대 대열에 서 있었다. 그 상황에서 우정을 이어가는 일은 나보다도 그에게 훨씬 부담스러운 일이었다. 하지만 바로 그런 힘든 고비였기에 나는 그가 유능한 기업인일뿐 아니라 가슴 따뜻하고 통 큰 인물임을 더욱 실감할 수 있었다. 이후 그는 한층 엄청난 일들을 해냈고 쓰라린 좌절도 맛보았다. 이번에 한 학자와의 대담으로 정리해낸 대우그룹 해체 전후의 통사(痛史)에서 그 일단을 엿볼 수 있을 터인데, 나는 복잡한 사실관계 규명보다 '김우중'이라는 인물의 크기와 열정, 그리고 그가 안겨주었던 한국인의 부푼 꿈이 두고두고 독자들의 가슴에 공명을 일으키기를 기대한다.

— 백낙청 서울대학교 명예교수·문학평론가

1980년대 '세계는 넓고 할 일은 많다'는 김우중 회장의 메시지는 격랑의 시대에 움츠렸던 한국의 젊은이들을 감동시키고 더 큰 세상을 향해 과감하게 도전할 용기를 주었다. 갑작스런 외환위기로 그의 업적은 큰 시험대에 올랐지만, 그 모든 시련도 대한민국 발전을 위한 그의 염원을 꺾지는 못했다. 성공과 시련의 거친 풍파를 헤쳐 온 세계적 기업인의 생생한 고백이 21세기의 한국경제에 주는 교훈은 무엇일까?

— 정갑영 연세대학교 총장

1995년 도이모이 개혁정책을 시행할 때 베트남을 가장 먼저 찾아준 기업인이 김우중 회장이다. 대우의 투자는 많은 나라들이 베트남을 찾는 도화선이 되었으며, 한국과 베트남은 그로 인해 경제적 이웃이 되었다. 지금도 그는 한국 청년들이 베트남에서 미래를 개척하도록 돕고 있다. 베트남 학생들과 의사들을 한국에 초대해 발전의 기회를 갖도록 돕는 일도 몇 년째 하고 있다. 앞으로도 그는 양국의 교류와 협력을 위해 계속 노력할 것이라 믿는다. 그를 알기에 나는 상호발전을 지향했던 그의 진정성이 독자들에게 제대로 전달되기를 기대한다.

— 도 무어이 베트남 전 공산당 서기장

김우중 회장은 남들에 앞서 동유럽 신흥시장에서의 기회를 간파하고 투자를 통해 이를 구체화한 기업인이다. 글로벌 비즈니스에 대한 끊임없는 아이디어와 기회를 놓치지 않는 깊은 통찰력, 그리고 그가 어떻게 리스크를 최소화했는지를 보여주는 탁월한 책이다.

— 알렉산데르 크바시니에프스키 폴란드 전 대통령

김우중 회장은 모든 면에서 개척자였다. 비즈니스에서는 물론 문화 교류와 경영, 그리고 국제관계에서까지 그 누구도 생각하지 못한 것들을 선도한 인물이었다. 나의 조국 모로코에서 김 회장을 만난 것이 내겐 큰 행운이었다. 나는 한국 출신 김 회장이 지구 반대편에 위치한 모로코의 전통과 문화를 깊이 이해하고 있다는 것과 모로코가 해결해야 할 과제를 정확하게 지적한 데 놀라지 않을 수 없었다. 그는 수많은 나라가 모여 있는 마그레브 지역에서 유독 모로코에 주목해, 모로코와 함께 발전을 모색한 첫 번째 비즈니스 리더였다.

김우중 회장은 그 존재 자체로 빛나는 인물이다. 한국인뿐 아니라 모로코 사람들에게도 그렇다. 많은 독자들이 이 책을 통해 그의 지난 삶은 물론 생각과 속마음까지도 알 수 있는 기회를 얻길 바란다.

— 앙드레 아줄레 모로코 국왕 모하메드 6세 고문

출판을 축하합니다. 이 책이 한국 독자들의 꿈과 같은 생각을 이끌어 내리라고 믿습니다.

— 조남기 전 중국 중국인민정치협상회의 전국위원회 부주석

김우중과의
대화

Published by Bookscope, Seoul, Korea, 2014

이 책은 저작권법에 따라 보호를 받는 저작물이므로 무단 전재와 복제를 금하며
이 책 내용의 전부 또는 일부를 이용하려면 반드시 저작권자와 북스코프의 동의를 받아야 합니다.

아직도 세계는 넓고 할 일은 많다

김우중과의 대화

신장섭

북스코프

감사의 글

이 책은 2010년 여름 이후 김우중 회장과 내가 나눈 대화들을 정리한 것이다. 2012년 5월 우리의 대화를 책으로 내자고 합의한 이후에만 하노이, 서울 등지에서 20여 차례에 걸쳐 만났고 150시간가량 이야기를 나누었다. 나를 믿고 15년 동안 묻어왔던 이야기를 꺼내준 김 회장에게 감사드린다. 김 회장은 또 창업세대 대기업인 중 유일하게 생존해 있는 인물이다. 삼성, 현대, LG, SK 등 대부분의 한국 대기업에서 창업주는 모두 세상을 떠났다. 창업세대의 경험을 직접 들을 수 있는 흔치 않은 기회가 나에게 주어진 것에 대해 영광으로 생각한다.

김 회장과의 대화를 통해 내가 배운 것도 굉장히 많다. 내가 진행하고 있는 한국 현대경제사 연구에 도움을 달라며 김 회장에게 본격적인 인터뷰를 요청했지만, 정작 하게 된 것은 김 회장의 머릿속에 있는 한국 현대경제사 강독(講讀)이었다고도 할 수 있다. 김 회장의 강의를 들으면서 새롭게 알게 된 대우의 스토리, 한국경제사의 주요 사건들이 많았다. 그러한 사실(史實)들이 더해지면서 한국경제뿐만 아니라 인생을 바라보는 나의 시각이 더 풍부해진 것을 느낀다.

  이 책이 나오는 데 또 한 명 특별히 감사의 말을 전하고 싶은 사람이 있다. 익명으로 남아 있기를 원하는 A이다. A는 내가 이 책을 기획할 때부터 출판할 때까지 혼신의 힘을 다해 온갖 지원을 하고 많은 조언을 해주었다. A의 도움이 아니었으면 김 회장과의 대화가 이렇게 정리되어 나오기 쉽지 않았을 것이다. 인터뷰와 자료 협조 요청에 적극적으로 응해줬을 뿐만 아니라 탈고되지 않은 상태의 원고를 꼼꼼히 읽고 수많은 코멘트를 해준 대우 임직원들도 이 책의 공동작업자이다. 이분들에게 감사 드린다. 싱가폴국립대학교의 연구비(R-122-000-123-112) 지원에도 고마움을 표하고 싶다. 김우중 회장과 대우 임직원들에게 책을 내는 데 필요한 모든 지원을 전폭적으로 받았지만, 별도의 재정 지원은 받지 않았음을 밝힌다.

차례

감사의 글 5

프롤로그 — 세계를 경영한 민족주의자 11

1 수출전사와 부실기업 해결 청부사 33

1. 사랑과 의리를 맞바꾼 운명 39
2. 대우실업 창업과 한국 최초의 종합상사 46
3. 금융그룹의 꿈 접고 중화학 부실 해결사로 53
4. 중화학산업 투자조정과 한국중공업 포기 67

2 아프리카 공략, 국제 중재인, 그리고 '세계경영' 79

1. 아프리카의 '세계경영' 전초전
   — 수단 진출과 사회주의권 첫 수교 87
2. 리비아 성공신화와 '카다피 – 미국' 중재 93
3. 남북 중재와 대북특사
   — 불발된 '노태우 – 김일성' 정상회담 100
4. 대우조선 경영 정상화
   — 시련과 극복 109
5. '세계경영'으로
   — 블록화 대응과 세계화, 그리고 대우자동차 123

3 아시아 금융위기와 대우그룹의 해체 139

1. 금융책임론 147
2. 김우중과 DJ 156
3. 금융위기 극복 전략 차이와 '신흥관료'들과의 갈등 160
4. 대우의 유동성 악화
   ― 정부의 '조이기'인가, 대우의 경영 실패인가 167
5. GM과의 합작 협상 184
6. 삼성과의 자동차 '빅딜' 195
7. 워크아웃과 자산실사, 출국을 둘러싼 의문들 204

4 아시아 금융위기와 대우그룹의 해체 ― 다시 보기 223

1. 금융위기 극복 철학과 세계경제 상황 판단의 차이 229
2. DJ와 미국, 북한의 정치경제학 238
3. 대우 해체의 손익계산서 252
4. IMF 구조조정의 손익계산서 268
5. 재판과 사면, 그리고 역사의 평가 278

5 '세계경영'의 노하우와 리더십 295

1. '세계경영'의 전략과 조직 301
2. 50 대 50 원칙 ― 성장과 리스크 관리의 철학 311
3. 국제 네트워크 관리 및 정보 획득 320
4. 창조와 도전 331
5. "사람의 마음을 붙잡아라" 341

6 기업발전과 상생, 그리고 국가발전 349

1. 기업발전과 국가발전 355
2. "웰치처럼 사람 자르는 것이 구조조정 아니다" 361
3. "주가 올리려는 경영 하지 말아야" 367
4. "제조업이 살길이다" 372
5. 대기업 – 중소기업 상생의 경영 379
6. 남북관계와 동북3성 진출 386

7 아직도 세계는 넓고 할 일은 많다 399

1. '글로벌 YBM 백만 양병론'
   — 헛돈 쓰는 교육과 실질적인 교육 403
2. 길게 보고 가자 423
3. 명예를 지켜라 429

에필로그 — '정사(正史)'를 되돌리자 437

참고문헌 445

프롤로그

세계를 경영한 민족주의자

1999년과 2009년, 10년의 간격을 두고 한국과 미국을 살펴보자.

신흥국 출신 세계 최대 다국적기업으로 떠올랐던 대우그룹은 1997년부터 벌어진 아시아 금융위기의 소용돌이 속에서 몰락했다. 당시 한국 정부는 대우가 신흥시장에서 적극적으로 벌인 자동차 투자를 '부실'로 단정하고 유동성을 지원해 살리기보다 대우그룹을 해체시키는 길을 택했다. 1999년의 대우 해체는 당시 '세계 역사상 최대 규모의 기업파산'으로 기록됐다.

반면 세계 최대 자동차회사인 제너럴모터스(GM)는 2008년부터 시작된 세계 금융위기 와중에 도산 위기를 맞았지만 2009년 미국 정부가 인수하고 유동성을 무제한 공급해줬다. GM은 이 과정에서 '정부자동차회사(Government Motors)'라는 오명(汚名)을 얻었지만 불과 4년 만에 회생했다. 정부도 투입자금의 80%가량을 회수했다.[1]

대우를 부실기업이라고 단정 짓고 있는 사람들에게는 이 두 사건이 잘 연결되지 않을 것이다. "대우는 부실기업이었으니까 당연히 해체된 것이고 GM은 세계적인 기업이니까 미국 정부가 세금을 들여서 살리는 것 아니냐, 여기에 무슨 특별한 연관이 있느냐"라고 반문할 것이다. 이것이 아시아 금융위기 때 한국 정부 당국자들과 국내외 여론의 일반적인 생각이기도 했다. 그래서 대우에 자산매각을 종용했고, 대우그룹이 해체된 뒤에는 정부가 나서서 대우차를 GM에 헐값으로 넘겼다.

그러나 몇 가지 사실을 덧붙여보자. 그러면 두 사건의 관계가 새롭게 보이기 시작할 것이다.

① 1990년대 후반 GM은 생산 규모에서는 세계 최대였지만 고전을 면치 못하고 있었다. 미국 내에서는 토요타, 혼다 등 일본 차들의 도전에 시장을 계속 빼앗기고 있었고 주요 자동차회사 중 생산성이 가장 낮았다.[2] 중국 등 신흥시장 진출에서도 경쟁사들에 많이 뒤졌다.

② GM은 1997년 대우에 자동차 합작을 제의했다. 신흥시장에 빨리 진출해야 하는데 여기에 팔 소형차들을 갖고 있지 못했기 때문이다. GM은 대우가 개발한 누비라, 라노스, 마티즈 등의 소형차종을 활용해서 대우와 함께 신흥시장에 빨리 진출하는 것이 바람직하다는 전략적 판단을 내렸다.[3]

세계 자동차시장에 대해 가장 잘 안다고 할 수 있는 GM 경영진은 대우차를 부실이라고 생각하지 않았다. 오히려 자신들이 당면한 위기를 극복하는 데 필요한 전략적 파트너로 생각했다. 그러니까 1992년에 대우와 합작관계를 청산하고 1995년 폴란드 자동차회사 FSO 인수전에서 대우에 처참하게 패배했는데도 불구하고 대우에 합작을 제의했다.

그러나 이 사실에 대해 한국 내에서나 국제사회에서는 정반대되는 인식이 그동안 자리를 잡아왔다. GM이 대우에 합작을 타진한 것이 아니라, 유동성 위기에 처한 대우가 돈을 끌어들이기 위해 GM에 먼저 합작을 제안한 것으로 알려져 있다. 그동안 나온 많은 문헌들이나 정부 관계자들의 증언은 이런 일반적 인식을 재확인해왔다. 예를 들어 한국 금융위기 처리 과정을 비교적 상세히 서술한 책으로 평가받는 『금고가 비었습디다』는 다음과 같이 단정 짓는다. "…(19)98년 초 대우에는 이미 먹구름이 몰려오고 있었다. 대우의 트레이드 마크였던 '세계경영'이 화근이었다. … (해외 금융기관들이 자금 상환을 요구하면서 자금 사정이 어려워지니까) 대우는 옛 사업 파트너였던 GM과의 전략적 제휴 카드를 빼든다. GM에 대우차 지분의 50% 이상을 팔되 경영권을 가지면 세계경영의 골간은 유지하면서 대규모 외자 유치로 정부의 구조조정 압박을 넘길 수 있으리라는 포석이었다."[4]

이런 인식의 연장선에서 GM과의 합작 협상이 대우가 안고 있는 문제점들 때문에 결렬됐다는 것이 일반적 인식으로 되어 있다. 이헌재 당시 금융감독위원장은 회고록에서 다음과 같이 말한다. "돌이켜 보면 김우중 대우 회장은 제너럴모터스(GM)와의 전략적 제휴에 모든 걸 걸었던 것 같다. GM에 대우차 지분 절반을 팔아 약 70억 달러의 외자를 유치하려 했다. 그러면 정부의 구조조정 압박을 피할 수 있을 것으로 본 것이다. 그러나 애초부터 불가능한 협상이었다. 대우의 오랜 협력·합작사였던 GM은 대우의 사정을 김 회장만큼 잘 꿰고 있었다. 게다가 시간이 자신들

편이란 것도 알았다. 조건을 바꿔 가며 질질 끌더니 1998년 7월 협상을 깨고 만다."⁵

이와 같은 일반적 인식과 사실 ①, ②를 비교해보면 '뭔가 이상하다'라는 느낌을 갖게 될 것이다. 여기에 사실을 한 가지 추가해보자.

③ 대우 측은 GM이 합작 협상을 깬 적이 없다고 말한다. GM은 1998년 2월 대우와 양해각서(MOU)를 체결한 뒤 계속 대우차에 관심을 가졌다. 그리고 1999년 12월 이헌재 당시 금융감독위원장 앞으로 대우차 인수의향서를 비밀리에 제출했다.⁶

이 사실을 접하면 '이상하다'던 느낌은 '누군가 거짓말하고 있다'는 생각으로 발전하게 되고, '왜 이런 일이 벌어졌을까' 궁금해질 것이다. 다음 두 가지 사실을 더하면 이 궁금증이 어느 정도 해소될 수 있을 것이다.

④ 2002년 10월 GM은 대우자동차를 거의 공짜에 인수한다. 아무리 높게 쳐줘도 GM이 1999년 12월 이헌재 위원장에게 보낸 비밀 인수의향서를 통해 제시했던 가격의 4분의 1도 안 되는 수준이다. 대우와 합작 협상을 진행할 때의 가격에 비하면 20분의 1 정도밖에 안 된다.⁷

⑤ GM은 대우차 덕분에 중국시장에서 혁혁한 성공을 거둔다. 후발주자였던 상하이GM(GM의 중국합작사)은 중국시장 1위 자동차회사로 발돋움한다. 2010년에는 중국에서만 230만 대의 자동차를 팔아 GM의 미국 자동차 판매량을 앞지른다. 이 성공의 견인차는 '뷰익 엑셀(Buick Excelle)'

이다. 2000년대 상하이GM 매출의 70%를 차지한 베스트셀러카이다. 그런데 이 차는 대우가 개발한 '누비라(GM이 대우차를 인수한 뒤 '라세티'로 명칭 변경)'를 그대로 갖고 가서 이름만 바꿔 판 것이다. 대우의 마티즈도 '쉐보레 스파크(Chevrolet Spark)'로 이름을 바꿔 상하이GM의 성공에 기여했다. GM은 1997년에 세웠던 전략대로 대우가 개발한 소형차를 이용해 중국이라는 거대 신흥시장에서 성공신화를 만들어냈다.[8]

④와 ⑤는 대우그룹 해체를 결정했던 정책 담당자들이 동시에 내놓기 어려운 사실이다. 대우그룹 해체가 성공한 정책으로 남으려면 사실 ④만 있어야 한다. 그렇게 해야 대우자동차가 워낙 '부실'이었기 때문에 그 부실로 말미암아 그룹 전체가 곪아터지는 것을 막기 위해 대우그룹을 해체시켜야 했고, 부실투성이 대우자동차는 아무리 헐값이라도 GM에 넘기는 것이 국가경제에 바람직했다고 합리화할 수 있다. 그렇지만 사실 ⑤가 드러나면 그런 얘기를 할 여지가 없어진다. GM이 대우의 자동차 투자가 성공이었다는 것을 입증했기 때문이다. 그렇다면 당시 한국경제 입장에서는 대우자동차를 지원해서 살리는 것이 훨씬 바람직한 일이었다. 그런데 대우자동차를 실패한 투자라고 판단했기 때문에 대우 해체에 따르는 비용은 한국경제가 고스란히 부담했고 투자 성과는 GM이 다 가져갔다. 대우 해체는 실패한 정책이 된다. GM의 성공은 숨기고 싶은 진실이 된다.

이렇게 1999년 대우 해체를 다시 바라볼 때에 2009년 미국 정부의 'GM 살리기'와의 연관성도 뚜렷하게 드러날 것이다. 미국 정부는 GM에 부실 요인이 많은데도 불구하고 적극적으로 구제했다.[9] "아무리 큰 기업이라도 부실하면 시장원리에 따라 과감하게 잘라내야 한다", "대마불사론(大

馬不死論)에 사로잡히지 말라"라고 전 세계에 설교했지만, 정작 자신이 어려움에 처했을 때에는 '대마'라고 하는 회사들을 부실 여부와 관계없이 다 살려냈다. 미국의 국익(國益)이라는 현실론으로 봤을 때에 그게 더 바람직하다고 판단했기 때문이다. 당시 GM을 과감하게 도산시켜 미국에 시장경제 원리를 바로 세워야 한다는 등의 주장은 미국 내외에서 거의 들리지 않았다.

반면 1997년 한국이 금융위기를 겪었을 때에는 '시장개혁'이라는 이데올로기가 한국과 세계 여론을 사로잡았다. 한국의 재벌들은 시장원리에 따라 행동하지 않는 대표적인 개혁 대상으로 꼽혔고, 5대 재벌을 제대로 '구조조정' 시켜야만 한국에 진정한 시장경제가 확립된다는 신념을 가진 사람들이 갑자기 늘어났다. 그리고 그들의 목소리가 커졌다. 빌 클린턴 미국 대통령도 1998년 11월 한국을 방문해서 김대중 대통령과 정상회담을 한 뒤 '5대 그룹 개혁이 부진하다'라고 압박을 가했다. 이 과정에서 대우그룹은 부실투자를 한 대표적 재벌로 꼽히면서 해체의 비운(悲運)을 맞는다. 당시 김우중 회장은 '수출금융만 정상화시켜주면 성공할 수 있다'라며 금융 지원을 요청했지만 한국 정부는 대우그룹의 유동성을 오히려 조이고 해체의 길로 내몰았다.[10] 대우 해체는 15년가량이 지난 지금까지 너무나 당연한 일이었던 것처럼 국내외에 받아들여져 왔다. 그 사이에 GM이 대우차 모델로 중국에서 대성공을 거둔 사실에는 눈길이 가지 않았다.

대우그룹 관계자들 입장에서는 그동안 '실패'로만 치부되던 대우자동차 투자가 GM의 중국시장 성공 덕분에 그나마 '성공한 실패'로 인정받았다고 위안 삼을 수 있을지 모른다. 그러나 GM이 그렇게 크게 성공했기 때문에 놓쳐버린 성공에 대한 아쉬움은 더 크게 남는다. 또 성공할 수 있었던 대우차 투자 때문에 그룹이 해체로 내몰리고 세계시장을 휘젓던 대우인들이 실패한 경영인, 더 나아가 전과자로까지 낙인찍히며 지난 15년 동안 살아온 것을 생각하면 맺혔던 한(恨)이 더 쓰라리게 엄습해올 것이다.

내가 김우중 전 대우그룹 회장을 2010년 여름 하노이에서 처음 만났을 때에 김 회장은 그런 한을 상당히 극복한 것 같았다. 이틀에 걸쳐 15시간 가까이 대화를 나누었지만 그의 관심은 세계경제, 국제금융시장, 한국경제, 통일문제 등 현재와 미래를 향해 있었다. 과거 얘기는 내가 물어보는 선에서 대답을 할 뿐 먼저 내놓지 않았다. 김 회장은 실제로 미래에 대한 구상을 본격적으로 시작하고 있었다. 지인(知人)을 통해 나에게 만나자고 연락한 이유도 미래를 구상하는 데 도움이 되는 대화를 나눠보고 싶어서였다. 그동안은 건강이 좋지 않았기 때문에 미래를 아예 생각할 수가 없었지만 여러 군데 수술 받은 것들의 후유증이 없어지고 건강에 자신감이 생기면서 10년가량은 계획을 세워 일할 수 있겠다는 생각이 들었다고 했다. 그러면서 김 회장이 가장 관심을 기울인 것은 한국사회의 발전에 기여하면서 대우와 대우인들의 명예를 회복하는 일이었다.

이를 위해 그는 두 가지 아이디어를 갖고 있었다. 하나는 한국의 청년실업 해소에 일조(一助)하는 것이었다. 그는 한국의 청년들이 국내에서 일자리가 없다고 좌절하지 말고 넓은 세계에서 일자리를 찾으면 된다고 말했다. 전 대우 임직원들이 세계시장을 개척했던 경험을 살려 젊은이들을 잘 교육시키면 현지에 필요한 인력으로 성장시킬 수 있다는 것이다. 이 구상은 그 후 베트남에 '글로벌 YBM 과정'을 만드는 것으로 발전했다.[11]

다른 하나는 한국의 중소기업들이 경쟁력 있게 클 수 있도록 도와주는 것이었다. (주)대우는 중소기업들의 해외시장을 개척해주면서 한국 최대 종합상사로 성장했다. 김 회장이 보기에 현재 한국 중소기업들이 당면하고 있는 가장 큰 문제는 해외마케팅 능력이었다. 전 대우 임직원들이 경험을 살려 해외마케팅을 도와주면 중소기업들에도 도움이 되고 전 대우 임직원들에게도 도움이 될 수 있겠다고 생각했다.[12]

나는 이 구상을 듣고 김 회장이 과거에 민간 혁신가였다면 지금은 사회적 혁신가(social entrepreneur)로 진화하고 있는 것 같다고 얘기를 했다. 그러나 김 회장과 더 만나고 대화를 나눌수록 내가 잘못 판단했다는 생각이 들었다. 김 회장은 처음부터 사회적 혁신가였다. 돈 버는 데에 일찍부터 '도사' 같은 재주가 있었고, 1989년에 출간한 저서 『세계는 넓고 할 일은 많다』가 『Every Street is Paved with Gold(눈에 보이는 게 다 돈이다)』라고 번역될 정도였지만,[13] 김 회장에게 돈 버는 것은 부차적인 문제였다. 그는 오히려 이 능력으로 국가발전에 기여하려고 했다. 실제로 김 회장은 국가경영과 남북문제에 대해 겉에 드러나지 않게 깊숙이 간여한 것들이 많았다.[14]

김 회장과의 대화가 진행될수록 대우그룹의 흥망성쇠도 그런 관점에서 봐야만 제대로 이해될 수 있을 것이라는 생각이 들었다. 대우가 창립 7년 만에 한국 최초의 종합상사로 떠오르는 과정, 한국 중화학산업의 주역으로 변신하는 과정, 아프리카시장을 개척하는 과정, '세계경영'의 기치를 들고 창업 30년 만에 신흥국 최대 다국적기업으로 뛰어오르는 과정이나, 아시아 금융위기를 맞아 갑자기 해체되어버리는 모든 과정이 일반 기업들의 흥망성쇠를 얘기하는 논리로는 설명할 수 없는 부분이 많았다. 김 회장을 움직인 동력은 돈 벌고 기업 키우는 것 이상의 야심과 열망이었기 때문이다.

김 회장과 대화를 나누다 보면 "이분 진짜 사업가 맞나?"라는 의구심이 들 정도로 공동체에 관한 얘기를 많이 한다. 대우그룹의 사훈(社訓)에는 '희생'이 들어가 있다. 다른 기업에서 찾을 수 없는 항목이다. 대우라는 조직만이 아니라 국가를 위한 희생, 다음 세대를 위한 희생을 강조한 것이었다. 그런데 김 회장의 이런 사고와 행동이 신흥시장을 개척할 때에 대우의 핵심 경쟁력이 됐다. 기업의 이익보다 공동체의 이익을 앞세우다 보니 현지 정치지도자들과 국가 건설을 놓고 얘기하며 쉽게 신뢰를 얻을 수 있었고, 이것이 대우의 비즈니스를 키우는 기반이 됐다. 대우그룹이 아시아 금융위기 때에 그렇게 갑자기 몰락한 것도 마찬가지로 이해할 수 있을 것 같다. 일반 사업가라면 금융위기 현장에서 자신의 기업을 보존하고 금융 리스크를 줄이는 데에 모든 역량을 동원했을 것이다. 그러나 김 회장은 대우그룹 입장에서는 오히려 리스크를 키우는 방향으로 행동을 선택했다. 한국의 금융위기를 제대로 해결하는 것이 그에게 가장 절실한 문제였기 때문이다.

대우그룹이 해체된 이후 김 회장은 이 모든 과정에 대해 공식적으로 아무런 얘기를 내놓지 않았다. 1999년 가을, 회장직을 물러나며 대우 임직원들에게 보낸 글에서 "그(대우 해체의) 책임에서 벗어나려는 작은 몸짓조차 저는 하지 않겠습니다. … 제 스스로 짊어질 생각입니다. 이제는 뜬구름이 된 제 여생 동안 그 모든 것을 면류관 삼아 온몸으로 아프게 느끼며 살아가게 될 것입니다. 그동안 험난한 고비를 힘들게 헤쳐오면서 부득이 대우가족 여러분께 한마디 위로나 해명의 말조차 전할 수 없었습니다. … 이제 와서 이를 변명할 염치가 저에게는 없습니다. 차라리 그간 전하지 못한 많은 사연들을 그대로 제 가슴 속에 묻어둔 채, 그 안타까운 심정만 대우가족에 대한 영원한 빚으로 남겨놓겠습니다"라고 말했다.[15]

나와 만났을 때에도 김 회장은 같은 심정이었다. 옛날 얘기들을 자세하게 꺼내고 싶어 하지 않았다. "왜 얘기를 하지 않으려고 하십니까?"라고 물어보면, "지난 일을 하소연하는 것처럼 되니까…"라고 답이 돌아왔다. 그는 오히려 미래에 관해 얘기하고 싶어 했다. 지금 한국이 어떻게 되어야 하고, 젊은이들이 어떻게 살아가야 하고, 기업인들이 무엇을 해야 하고…. 대우의 명예회복도 그 연장선상에서 생각했다. 대우의 과거 얘기를 꺼내서 그것이 옳다 그르다 하는 것보다 대우인들이 지금 한국에 정말로 필요한 일들을 조그맣게라도 해서 그걸로 인정받자는 것이 김 회장의 생각이었다.

반면 나는 김 회장과 대우의 과거를 어떤 식으로든 쓰고 싶었다. 한국 현대경제사를 연구하는 사람에게 김 회장과 대우의 스토리는 너무나 매력적인 대상이었다. 단순히 매력을 넘어 경제사가로서 제대로 써야만 한다는 의무감을 느끼게 하는 면도 많이 있었다. 나는 먼저 김 회장에게 내가 진행하고 있는 한국 현대경제사 연구의 일환으로 깊이 있는 인터뷰를 요청했다. 김 회장은 내 연구를 도울 수 있는 백그라운드 얘기들을 해주겠다며 내 요청을 받아들였다. 그 후 우리의 신뢰관계가 발전하고 더 많은 얘기들이 오가면서 김 회장은 우리의 대화를 책의 형태로 내놓는 것에 동의했다.

이 책은 '캐치업의 실행가(practitioner of catch-up)'와 '캐치업의 해석가(interpreter of catch-up)'의 만남이라고 할 수 있다. 김 회장은 한국경제의 캐치업을 현장에서 앞장서 실행한 기업인이다. 그리고 자신의 경험을 다른 신흥국에 패키지로 전수하면서 대우의 비즈니스를 더 크게 키우려고 했다. 나는 후발주자들이 어떻게 선발주자들을 캐치업 했는가에 대한 역사적 비교연구를 해온 경제학자이다.[16] 똑같이 캐치업에 관심을 가졌기 때문에 김 회장과 나의 관점은 비슷한 부분이 많았다. 캐치업의 요체(要諦)는 선발주자와 뭔가 다르게 새로운 일을 하는 것이다. 후발주자가 선발주자가 하는 것을 그대로 좇아서는 선발주자와의 격차를 줄일 방법이 없다. 선발주자가 못 하는 것, 등한시하는 것을 찾아서 해야만 한다. 이 책을 통해 김 회장이 대우의 성장과정에 대해 애기하는 핵심도 선진국 기업들과의 경쟁 구도에서 그들이 못 하거나 안 하는 것들에 도전해서 새로운 일을 해내는 것이었다.

이 과정에서 김 회장은 '세계경영'이라는 혁신을 만들어냈다. 대우와 같이 신흥국에서 출발해서 다른 신흥국으로 진출하려는 다국적기업들은 선진국 다국적기업들이 갖고 있는 기술력, 자본력에 대항할 다른 무엇인가를 갖고 있어야만 성공할 수 있다. 대우는 그런 것들을 세계적 규모에서 종합적으로 만들어낸 첫 번째 사례이고 그 결과 신흥국 출신 최대 규모의 다국적기업으로 발돋움했다. 대우의 '세계경영'에는 그래서 기업사적 가치가 있다. 신흥국에서 다국적기업을 경영하려고 하는 사업가들에게는 교과서적 가치도 있다.

김 회장이 이윤만을 추구하는 일반적 사업가라면 이런 세계적 혁신을 만들어내지 못했을 것이다. 신흥국에서의 사업은 단순히 비즈니스 대 비즈니스의 시장 거래가 아니라 정부, 정치인, 관료들을 상대해야 하고, 이들에게 경제발전의 정신과 수단을 함께 제공하면서 돈을 벌어야 한다. 김 회장은 한국에서 이미 수출 선도, 중화학산업 부실 해결 등을 통해 경제발전과 사업발전을 함께 한 경험이 있기 때문에 신흥국을 상대할 때에 독보적인 경쟁력을 확보할 수 있었다. 이 책에서 김 회장을 '세계를 경영한 민족주의자'라고 표현하는 이유가 여기에 있다. 신흥국 진출은 정치-경제-기업의 오케스트라이다. '민족주의자'와 '세계경영'이 얼핏 보면 상충하는 단어들처럼 느껴지지만, 신흥국을 중심으로 진행되는 '세계경영'의 실체를 들여다보면 볼수록 서로 보완되는 점이 훨씬 많다는 것을 알게 된다.

캐치업에 똑같이 관심을 갖고 있었기 때문에 김 회장과 나는 1997년 한국 금융위기 처리 방식에 대해 똑같이 비판적이었다. 한국이 당시 공식적으로 적용한 위기극복 방안은 국제통화기금(IMF) 프로그램이었다. 이것은 (이상화된) 선진국을 모델로 삼아 만든 신흥국 금융위기 극복의 '모범답안'이라고 할 수 있다. 김 회장과 나는 신흥국이 선진국을 모델로 삼아 따라 해야 한다는 생각에 대해 처음부터 동의하지 않는다. 신흥국 문제 해결에 모범답안이 있다는 전제에 대해서는 대단히 큰 의혹의 눈초리로 쳐다본다.

한국이 금융위기에 빠졌을 때에 마침 김 회장은 한국 재계를 대표하는 전국경제인연합회(전경련) 회장직을 수행하게 됐다. 김대중 대통령(DJ)이 김 회장에게 '경제대통령을 해달라'고 얘기할 정도로 신뢰를 보냈던 것과 겹쳐서 김 회장은 자신이 생각하는 위기극복 대안을 내놓고 이를 공개적,

비공개적으로 밀어붙였다. 김 회장은 금융위기가 온 데에는 정부와 금융 부문의 잘못이 크지, 기업 부문이 잘못한 것은 별로 크지 않다고 생각했다. 또 빨리 수출을 늘려서 매년 500억 달러의 무역흑자를 올리고 외환보유액을 쌓아 2년 안에 IMF체제를 탈출하자고 주장했다. 반면 '신흥관료'들은 IMF식 '구조조정'을 강조했다. 한국 금융위기에 금융 부문 못지않게 기업 부문의 책임이 크다며 기업 구조조정을 몰아붙였다. 기업들이 부채를 줄이고 자산도 매각해 외국자본의 '신뢰'를 회복해서 위기를 극복하자는 것이었다. 철학적으로나 실천적으로 너무나 다른 위기극복 방안을 주장하는 김 회장과 신흥관료들은 충돌할 수밖에 없었다. 여기에 감정적인 대립도 겹쳤다. DJ는 김 회장과 관료들을 경합시키다 결국 관료들의 손을 들어줬다. 대우그룹은 '구조조정을 가장 등한시한 재벌'로 몰리면서 유동성 위기에 처하고 결국 산산이 분해되고 만다.

당시 한국사회의 분위기는 구조조정 맹신(盲信)에 빠져 있는 것 같았다. 나는 그때에 한국에 있으면서 400%가 넘던 기업 부채비율을 갑자기 1년 반 만에 200%로 낮추라고 강제하는 것이나, 국내자산을 외국자본에 값싸게 팔아야 한다는 기업 구조조정 정책에 대해 비판적인 글을 계속 썼다.[17] 그러나 내가 받은 느낌은 '계란으로 바위 치기'였다. 기업인 중에는 나의 글에 공감을 표시하는 사람들이 많았지만 정부, 학계, 금융계, 언론의 지배적인 분위기는 구조조정론으로 똘똘 뭉쳐 있었다.

김 회장의 주장에 대해서도 마찬가지였다. 비록 김 회장이 전경련 회장이었고 한국을 대표하는 재벌그룹의 회장이었지만, 그의 주장은 마치 '광야의 목소리'처럼 들렸다. DJ만이 잠깐 김 회장의 얘기에 귀를 기울여줬을 뿐 당시 정책 결정에 영향을 미치는 그룹들이나 국내외 여론에 김 회장의 얘기는 '쇠귀에 경 읽기' 수준이었다. 그 이후 벌어진 일은 광야에서 외치던 선지자가 처형되는 과정과 흡사했다. 대우그룹은 한국 금융위기 극복의 걸림돌로 취급되며 해체된다. 김 회장은 해외로 떠밀려 나간다. 그 후 더 참혹한 일들이 벌어진다. 대우그룹 실사 결과 자산가치가 30조 원 넘게 장부가격과 차이 난다는 발표가 이어지면서 대우그룹은 마치 부도덕하고 부패한 집단처럼 몰린다. 그 후 김 회장과 대우 임직원들은 분식회계와 외화유출 등의 혐의로 검찰에 기소돼 실형과 함께 23조 원에 달하는 천문학적 규모의 추징금을 선고받는다. 선지자가 처형된 뒤 부관참시(剖棺斬屍)까지 당하는 수준이었다고 할 수 있다.[18]

내가 과거를 제대로 다루는 책을 내보자고 김 회장을 설득했던 중요한 이유는 다른 무엇보다도 이 부분에 대한 부당함을 역사에서나마 고쳐보자는 것이었다. 김 회장이 함구(緘口)하고 있는 동안 국내외에서 대우 해체의 '정사(正史)'가 고착되어갔다. 대우그룹은 세계경영을 무리하게 추진하다가 부실이 쌓여 금융위기를 당했는데 구조조정을 제대로 하지 않고 오히려 확장 경영을 하다가 시장의 신뢰를 잃고 망했다는 것이 일반적으로 받아들여지는 견해가 되어버렸다. 그리고 김 회장은 한국 최대의 부실 기업인으로 낙인찍혔다. 또 이 평가가 언론을 통해서나 학술서 등을 통해 반복되면서 대우 해체의 진실은 깊이 파묻혀갔다.

한국 현대경제사에서도 비슷한 일이 벌어졌다. IMF체제를 겪은 뒤 한국 정부는 'IMF 구제금융 사상 가장 성공적인 구조조정'을 했다는 치적(治績)을 내세웠다. 한국경제에 원래 구조적인 문제가 심각했는데 '뼈를 깎는 구조조정'을 한 결과, 한국경제의 체질이 개선됐고 외국인투자자들의 신뢰도가 높아져서 금융위기를 빨리 벗어났다는 것이다. 그리고 이것이 지난 15년간 한국경제의 '정사(正史)'로 굳어져왔다.

나는 지난 15년 동안 이와 정반대의 '야사(野史)'를 써왔다. 금융위기가 온 데에는 한국경제가 일부 잘못한 것도 있지만 국제금융시장이 근본적으로 불안정했던 것에 큰 원인이 있다고 지적했다. 또 한국경제는 "IMF 프로그램에도 불구하고 회복됐다"라고 주장해왔다. 한국이 다른 금융위기국들보다 빨리 회복한 것은 IMF프로그램 때문이 아니라, 원래 투자도 많이 해놓고 성장률도 높았던 '건강체질'이었기 때문이다. 그렇지만 IMF 프로그램의 부작용으로 인해 한국경제의 성장 능력이 많이 떨어졌다고 강조해왔다.[19]

김 회장도 나와 비슷한 생각을 갖고 있었다. 김 회장은 금융위기 때에 대응을 잘못해서 한국이 1인당 국민소득 3~4만 달러에 이미 도달할 수 있는 기회를 놓쳤다고 안타까워한다. 특히 한국경제가 제조업 투자를 적극적으로 계속 하지 못한 것을 가장 아쉬워한다. 그는 지금 문제 되는 양극화와 중산층 붕괴도 금융위기 때에 시스템을 잘못 만들었기 때문에 나타나고 있는 현상이라고 진단한다. 선진국 모델 따라가기만 하다가 한국에 맞는 시스템을 만들지 못하고 미래에 대한 자신감을 잃었다고 우려한다.

김 회장과 내가 이 책을 통해 한 것은 결국 대우 흥망사와 한국 현대경제사에 대한 '역사 바로잡기'라고 할 수 있다. 그리고 이 기반 위에서 한국 경제와 기업, 기업인, 젊은이들의 현재와 미래를 위한 이야기들을 모았다. 그래서 이 책은 크게 세 부분으로 구성되어 있다.

첫 번째는 대우그룹의 성장과정이다. 김 회장이 사랑과 유학을 포기하고 수출전선에 몰입하게 되는 운명적 이야기에서 시작해 중화학산업 진입, 아프리카시장 개척을 거쳐 '세계경영'에 이르게 되는 이야기 등을 다루었다. 김 회장은 전 세계에 사업을 벌이면서 한국 정부가 하는 일들을 여러모로 도와주고 어떤 때는 앞장서서 해결하기도 했다. 김 회장이 대북 특사로 북한을 오가며 '남북기본합의서'를 만들어내고 '노태우－김일성 정상회담'을 합의에 이르게 했던 것이나, '김영삼－김일성 정상회담' 결정을 막후에서 끌어내며 남북관계 개선에 기여한 것은 이 책에서 처음 공개되는 이야기이다. 김 회장은 김일성, 김정일과 단 셋이서만 20번 이상 만나 회의를 했다(제1, 2장).

두 번째는 대우그룹의 몰락 과정이다. 1997년 아시아 금융위기가 왜 벌어졌는지에 관한 대화로 시작해서 대우그룹이 어떤 과정을 통해 해체됐는지, 그 결과 대우와 한국경제에 어떤 일이 실제로 벌어졌는지 등을 다루었다. 대우 해체에 관해서는 그동안 무수한 언론보도와 후속 연구가 이어졌다. 그렇지만 당사자인 김 회장이 그 과정에 대해 직접 공개한 것은 이 책에서 처음 있는 일이다. 우리는 또 대우 해체를 종적으로 늘리고 또 횡적으로 넓혀서 평가했다. 지난 15년간 대우계열사와 한국경제에 무슨 일이 일어났는지, 또 2008년 세계 금융위기 때와 비추어서 한국의 위기극복 방안과 대우 해체 과정을 재평가했다. 이와 함께 대우 해체에 관해 김 회장과 신흥관료그룹 간의 갈등이라는 표면적으로 드러난 현상을 넘어 DJ로 대표되는 정치권, IMF체제의 주도권을 쥐고 있던 미국이 어떤 생각을 하고 어떤 행동을 했는지, 그리고 이것이 대우 해체 및 한국경제에 어떤 영향을 미쳤는지 등을 폭넓게 평가해보려고 했다(제3, 4장).

세 번째는 현재와 미래를 위한 대화이다. 대우의 '세계경영'은 과거의 일이 아니다. 현재 경영 일선에 있는 기업인들에게 교훈을 줄 수 있는 내용을 많이 담고 있다. 특히 신흥시장에 진출하려는 기업인들에게 주는 교훈이 많다. 신흥시장은 한국경제의 미래이다. 거대하게 빨리 크는 시장에 들어가야 기업이건 경제건 잘 성장할 수 있다.[20] 일찍이 신흥시장에 진출해서 신흥국 출신 최대 다국적기업을 일구어낸 김 회장에게 직접 듣는 경영 조언(助言)을 모아보았다(제5장). 그리고 공동체 속에서 기업과 기업인들이 어떻게 자리매김해야 할지, 한국경제는 어떻게 가야 할지, 남북한문제를 어떻게 해결해야 할지 등에 관한 대화를 정리했다. 김 회장이 한국사회에 던지는 조언이라고 할 수 있다. 기업인들에게는 단순한 기업경영을 넘어 정치경제학, 정치경영학 조언이라고 할 수 있다(제6장). 김 회장은 1989년 출간된 『세계는 넓고 할 일은 많다』를 통해 한 세대 전 젊은이들의 가슴에 뜨거운 불길을 일으켰다. 한 세대가 바뀐 뒤 현재를 살아가는 젊은이들에게 김 회장이 던져주는 인생 조언을 별도로 다루었다(제7장).

우리는 이 책에서 나눈 다양한 이야기들이 한국사회가 지금 당면한 여러 가지 과제들을 진지하게 다시 논의하고 새로운 방향을 설정하는 데 조금이라도 도움이 됐으면 하는 바람이 크다. 대우와 한국경제의 과거 이야기를 많이 다루었지만 과거는 현재와 미래를 바라보기 위한 창(窓)일 뿐이다. 역사의 교훈을 통해 미래에는 과거보다 뭔가 나아지는 것이 있어야 한다. 이와 함께 이 책이 한국의 기업과 기업인들에 대해 새롭게 이해하는 계기가 될 수 있기를 바란다.

한국 내에서는 기업과 기업인에 대한 평가가 이상할 정도로 분열되어 있는 것 같다. 한국은 세계 1등 하는 품목을 여러 가지 내놓을 정도로 세계적으로 성공한 기업, 기업인들을 배출했다. 국민 대부분이 기업활동과 연결되서 생계를 꾸린다. 그렇지만 기업인에 대한 인식은 상당히 부정적이다. 특히 재벌 기업인들에 대해서는 "정경유착을 통해 사업을 키웠고 세습에 혈안이 되어 있으며 중소기업들을 착취한다"라는 스테레오타입이 많은 사람들의 사고를 지배하고 있는 것 같다.

이렇게 획일적인 판단이 우리 사회를 사로잡고 있는 것은 기업과 기업인들에 대해 구체적인 관심과 연구가 결여되어 있는 데에 한 원인이 있다. 이들이 구체적으로 무슨 생각을 하고, 무슨 행동을 했는지에 대해 이해하려기보다 규격화된 프레임에 따라 판단하려고 한다. 그러나 세상에는 성공한 기업도 있고, 실패한 기업도 있다. 착한 기업인도 있고 나쁜 기업인도 있다. 이들을 통째로 묶어서 이렇다 저렇다 하는 것은 현실을 호도하는 일이다. 편 가르기에 사용되는 경우도 많다. 한우(韓牛)가 맛있다고 권하는 분에게 나는 이런 얘기를 한 적이 있다. "한국에도 좋은 사람 나쁜 사람이 있고, 미국에도 좋은 사람 나쁜 사람이 있습니다. 한국 고기에도 좋은 것과 나쁜 것이 있고, 미국 고기에도 좋은 것과 나쁜 것이 있습니다. 국적과 관계없이 맛있는 고기를 고를 수 있어야 합니다."

이 책에서 소개한 인간 김우중은 재벌 기업인의 스테레오타입과 많이 다르다. 처음부터 돈만 보고 사업하지 않았다고 말한다. 로비를 한 것이 아니라 정부가 어려워하는 일을 맡아서 처리했기 때문에 정부와 좋은 관계를 유지했다고 말한다. 스스로 전문경영인을 자처하고 행동했다. 중소기업들과 상생(相生)하며 이들을 키워주는 데 앞장섰다고 말한다. 해외에 나가서도 '50 대 50 원칙'을 세우고 현지국가와 상생하며 사업을 했다고 한다. 이 책을 읽는 독자들이 "정말 사실이냐" 하면서 검증을 해도 좋다. 오히려 바람직한 일이다. 그 과정에서 기업인들에 대한 스테레오타입이 깨지기를 바란다. 내가 이해한 기업이나 기업인들은 다양한 스펙트럼에 놓여 있다. 똑같이 성공한 기업인들이라도 기업을 하는 목적, 정치권과의 관계 설정, 노사문제, 중소기업 문제 등에 대해 굉장히 다른 생각을 갖고 있다. 기업과 기업인들에 대한 구체적인 확인 작업을 통해 기업활동에 대한 보다 풍부한 이해가 한국사회에 자리 잡을 수 있기를 기대한다.

애플의 창업자 스티브 잡스가 세상을 떠났을 때에 국내에는 잡스를 추모하는 사람들이 많았고, '잡스 같은 인재 키우기' 열풍이 불었다.[21] '가치투자의 귀재(鬼才)' 워런 버핏을 존경한다는 사람들도 많다.[22] 외국의 성공한 기업인들로부터 기업경영이나 창의성 등을 배워야 한다고 생각하는 분위기가 강하다. IMF체제를 거친 뒤 이 경향이 훨씬 강해진 것 같다. 그러나 나는 김우중 회장과 같이 한국적 여건에서 출발해 세계적으로 성공한 기업인들로부터 배울 것이 훨씬 더 많다고 생각한다.

김 회장은 1978년 정부의 자동차산업 참여 요청을 받고 이익 날 전망이 보이지는 않았지만 자동차사업을 배워보고 싶다는 마음으로 GM과 자동차 합작을 시작했다. 그러나 GM과 접촉해보니 GM 내부에 실제로는 비효율이 많다는 것을 발견하고 대우그룹을 경영할 때에는 이를 반면교사(反面敎師)로 삼았다.[23] 20년가량이 지난 1998년이 되어서는 GM 경영진이 대우차 공장을 방문한 뒤 품질 좋은 자동차를 그렇게 값싸게 만들 수 있다는 것을 처음으로 알게 됐을 정도로 대우와 GM의 실력이 역전된 부분도 있었다.[24] '캐치업'에 성공한 기업이나 기업인들의 스토리가 더 흥미진진하고 실질적인 교훈으로 삼을 수 있는 내용이 더 많다.

| 주 |

1 미국 정부는 GM을 구제하기 위해 총 495억 달러(약 59조 원)의 자금을 투입했다. 2013년 말까지 보유 주식을 순차적으로 매각해서 390억 달러를 회수했다. 손실 105억 달러이고 회수율 78.8%였다. (*The Wall Street Journal*, "U.S. Government No Longer Holds Shares in GM", 2013년 12월 9일 자)
2 3장 5절 참조.
3 3장 5절 참조.
4 김수길 외(2003, 264쪽).
5 이헌재(2012, 252쪽).
6 3장 5절 참조.
7 3장 5절과 4장 4절 참조.
8 이 책의 3장 5절과 Dunne(2011) 참조.
9 GM은 2000년대에 중국과 브라질에서는 큰 성공을 거두었지만 미국이나 유럽에서는 계속 고전했다. 경제주간지 《이코노미스트》는 2009년 미국 정부가 파산 위기에 처한 GM을 인수했을 때 1998년에 실었던 기사와 거의 같은 제목으로 GM을 냉정하게 평가한다. 미국의 젊은 세대가 매력을 느낄 만한 신차종을 만들어내지 못해 국내 고객층이 줄어들고 있고, 근로자들에게 퇴직 후에도 평생 연금과 평생 의료비를 지급하기 때문에 경쟁사 자동차에 비해 GM이 디트로이트에서 생산되는 자동차 1대당 1,400달러의 추가 비용을 부담하고 있다고 지적한다. (*The Economist*, "The Decline and Fall of General Motors – Detroitosaurus Wrecks", 2009년 6월 4일 자)
10 이 과정에 대해서는 3장의 대화 참조.

11 7장 참조.
12 6장 5절 참조.
13 김우중(1989); Kim, Woo-Choong(1992).
14 1장과 2장, 6장 참조.
15 김우중(1999) "임직원과 가족 여러분께 드리는 글".
16 Shin(1996; 2005); Shin and Chang(2003).
17 신장섭(1999) 참조.
18 3장 7절, 4장 3절 참조.
19 신장섭(2008; 2009); Shin(2014); Shin and Chang(2003).
20 예컨대 McKinsey Global Institute(2012)는 신흥시장의 연간 소비규모가 2025년에 30조 달러에 달할 것이라고 전망한다.
21 나도 이 덕분에 한국에 초청받아 강연까지 했지만, 잡스에게 그렇게까지 열광하는 국내 분위기에 깜짝 놀랐다. "한국에서 잡스와 같은 글로벌 인재들을 키우기 위해서는 어떻게 해야 되는지 싱가폴의 사례를 들어 강연해달라"는 것이 초청 측의 제안이었다. 나는 초청을 받아들였지만 내가 생각하는 바를 얘기했다. "글로벌 인재는 크게 두 부류로 나뉜다. 첫 번째는 세계 어느 곳에서나 동일하게 평가받을 수 있는 일반적 역량을 갖춘 사람들이다. 훌륭한 과학자, 스포츠맨, 선진국에서 성공한 기업인 등이 이 그룹에 속한다. 박지성, 김연아 등을 꼽을 수 있다. 잡스도 여기에 포함된다고 할 수 있다. 두 번째는 국제적인 시각과 능력을 갖추고 내가 속한 조직과 기업, 국가가 당면하고 있는 특수한 문제를 국제적인 자원과 자신의 역량을 조합해 해결하는 사람이다. 여기에 속한 인재로는 김우중 대우그룹 회장, 정주영 현대그룹 회장, 싱가폴의 국부(國父) 리콴유, 베트남의 국부 호찌민 등을 꼽을 수 있다. 이들은 자신이 당면한 문제에 대해 세계적인 흐름을 정확히 읽어내고 자신과 세계의 역량을 조합해 기적을 일궈냈다. 한국의 젊은이들은 이 두 번째 그룹의 글로벌 인재들로부터 배울 수 있는 것이 훨씬 많다." (Vision 2020: Youth Leadership Forum, "21세기 패러다임과 청소년 비전", 2012년 2월 4일, 서울 삼성동 코엑스, 《중앙일보》 2012년 2월 2일 및 8일 자 참조)

22 이에 관해서는 졸고 "버핏은 투기꾼, 한국 재벌오너는 투자자(《조선일보》 2011년 1월 29일 자)" 참조.

23 5장 1절 참조.

24 2장 5절 참조.

수출전사戰士와
부실기업 해결 청부사

자본금 단돈 500만 원으로 시작한 대우그룹은 1997년 아시아 금융위기의 파도를 만나 좌초할 때까지 30여 년 동안 매출 71조 원, 자산 78조 원의 한국 재계 순위 2위 그룹으로 도약했다. 국제연합무역개발회의(UNCTAD)는 1997년 대우그룹을 개발도상국 출신 다국적기업 중 해외자산 규모 세계 1위에 올려놓았다.[1] 이 과정에서 김우중 회장은 서방 언론으로부터 '킴기스칸'이라는 별명을 얻었다. 징기스칸이 몽골군을 이끌고 동서양을 동시에 전광석화(電光石火)처럼 장악해나간 것 같이, 김 회장은 '세계경영'이라는 기치를 들고 세계시장에서 일어나는 비즈니스 기회를 발 빠르게 장악해나갔기 때문이다.

대우그룹이 이렇게 쾌속성장한 원동력은 해외시장 개척에 있었다. 섬유제품을 수출하는 무역상으로 출발해서 수출과 해외건설에서 앞서가는 비즈니스 그룹이 됐고, 그 역량을 '세계경영'으로 발전시켰다. 그래서 대우에는 '최초'라는 이름이 붙는 일들이 여러 가지가 있다. 김 회장은 한성실업에 근무하면서 한국 최초로 섬유제품 직수출을 성사시켰다(1963년). 대우를 창업한 지 얼마 되지 않아 한국 기업 최초로 해외지사를 설립했다(1969년). 그 후 다른 지역에도 해외지사를 계속 만들어서 한국 기업들 최초 해외지사 개설의 80% 이상은 대우의 몫이 됐다. (주)대우는 수출을 선도하면서 한국 최초의 종합상사가 됐다(1974년). 수단 진출을 필두로 해서 대우가 우리나라 미(未)수교국과의 국교 수립을 막후에서 도와준 나라도 12개에 달한다. 대우의 수출은 지속적으로 늘어서 해체 직전인 1998년에는 한국 전체 수출의 13%를 넘어섰다.

대우그룹의 성장과정에서 특기할 것은 한국 경제발전의 궤적(軌跡)이 그대로 투영되어 있다는 사실이다. 한국경제는 1960년대에 경공업 위주의 수출 주도 산업화를 시작해서 1970년대에 중화학산업화를 하면서 도약했다. 중화학산업은 그 특성상 대규모 투자를 해야 하고 투자 결과가 이익으로 돌아올 때까지 상당 기간 적자를 감수해야 한다. 한국경제는 여기에 필요한 자금의 상당 부분을 경공업제품 수출이나 해외건설로 외화를 벌어 조달했다.

대우그룹은 (주)대우를 통해 경공업 수출의 최선봉에 섰다. 한국 정부가 야심적으로 투자했지만 부실이 됐던 한국기계(추후 대우중공업), 새한자동차(추후 대우자동차), 옥포조선(추후 대우조선)을 정상화시키며 중화학산업을 크게 일으켰다. 플랜트 수출도 가장 앞서 나갔다. 대우는 또 아프리카 등지의 해외건설시장에 진출해서 큰돈을 벌어왔다. 대우의 중화학 부문은 무역과 건설 부문의 지원 속에 힘든 기간을 이겨내고 성공했다고 할 수 있다. 삼성그룹은 전자와 금융이 강했지만 중화학산업에서는 별로 두각을 나타내지 못했고 해외건설시장 진출도 늦게 했다. 현대그룹은 중화학산업과 해외건설을 크게 했지만 경공업 수출에서는 내놓을 만한 것이 없었다. 한국 경제개발의 삼박자인 경공업 수출, 중화학산업, 해외건설을 제대로 묶어서 성장한 그룹은 대우밖에 없다.

이번 장에서는 김 회장이 무역회사 한성실업에 인턴사원으로 들어가서 수출업무를 배우고 다 망해가던 회사를 극적으로 살려내는 운명적 이야기를 먼저 다룬다(1장 1절). 또 대우실업을 창업해서 단시일 내에 한국 최대 수출기업으로 뛰어오르는 과정에 관해 대화를 나누었다(1장 2절). 김 회장은 경공업 수출에서 큰돈을 번 뒤 금융업에 본격적으로 뛰어들려고 했다. 그러나 한국 정부의 요청을 받아 중화학산업으로 방향을 전환한다. 왜 그렇게 됐는지, 김 회장이 어떻게 해서 '부실기업 해결 청부사'라는 별명을 얻게 됐는지에 대해 들어보았다(1장 3절). 대우가 중화학산업에 본격적으로 뛰어들자마자 세계경제는 '제2차 석유파동(1978년)'을 맞고 장기불황에 들어간다. 이에 따라 한국 중화학산업의 가동률이 크게 떨어지고 투자 부실화 문제가 제기되면서 한국 정부는 1980년대 초 '경제안정화'로 정책의 초점을 바꾸고 '중화학 투자조정'을 시행한다. 대우 입장에서는 정부의 부실을 인수해서 중화학산업을 막 시작하려던 판에 부실기업으로 낙인찍히고 책임을 져야 하는 상황에 몰리게 된다. 김 회장이 이 상황을 어떻게 받아들였고, 어떻게 타개하려 했는지에 관해 대화를 나누었다(1장 4절).

1. 사랑과 의리를 맞바꾼 운명

신장섭 김 회장님은 국제적인 사업을 가장 일찍, 또 가장 많이 벌인 한국 기업인이라고 할 수 있습니다. 그렇게 일찍부터 적극적으로 세계시장에 나가게 된 계기라고 할 만한 것이 있습니까?

김우중 무역업을 하던 한성실업과의 인연으로 시작됐어요. 대학 4년 동안 한성 김용순 사장님이 만든 장학금을 받고 다녔어요. 내가 제1기 장학생이었지요. 그분이 나에게 참 잘해줬어요. 대학교 4학년 다니고 있을 때 미국에 유학 갈까 아니면 영국에 갈까 하는 중이었는데 회사 일을 도와달래요. 1960년 로마 올림픽이 열릴 때였는데 김 사장님이 당시 레슬링 협회장으로 6개월간 구라파(유럽)에 가면서 (자기가) 영어를 못하니까 한성에서 직원을 데리고 갔어요. 그 사람 자리가 비어 있는 동안 (나보고) 와서 일해달라고 한 거지요. 처음에는 잠시 동안만 일할 줄 알았어요. 그때 유학 수속을 하고 있었는데 여권이 나올 때까지 어차피 시간이 걸리니까 그동안 일 봐주자고 한 거지요.

(당시는 외환이 부족했기 때문에 여권을 신청해도 안 나오는 경우가 많았고, 나오더라도 신원조회 하는 데만 1년 이상 걸리는 적도 많았다. 그나마 단수여권밖에 내주지 않았다.)

신장섭 한성실업에 들어가 보니 어땠습니까?

김우중 한성실업은 당시 중견 무역업체였는데 선배들에게 배울 것이 없었어요. 교육을 제대로 받은 사람들이 없었으니까…. '네고(nego, negotiation의 약어)'라는 말을 쓰길래 무슨 뜻이냐고 물어봐도 대답을 해주지 못해요. 서류도 만들고 은행 관련 일을 시작했는데 가만히 보니까 비효율 투성이에요. 신용장을 개설할 때 서류가 10장 정도 필요했는데 미리 타이프 쳐놓고 나중에 숫자만 넣으면 되는 것을 그때마다 직접 새로 만들고 있었어요. 담당부장이 참 착실한 분인데 밤늦게까지 바빠요. 주판이나 타이핑이야 더 잘하는 여직원들에게 맡기면 되는데, 혼자 다 하다 보니 그런 거지요. 내가 들어가서 여직원을 데리고 이틀 동안 저녁까지 시켜 먹으면서 서류 양식을 다 만들었어요.

은행업무도 그래요. 당시 외환업무를 한국은행 외국부에서만 취급했는데 서류를 접수시키면 거기 여직원들이 타자를 쳐서 결재서류를 올려요. 그걸 순서대로 기다리고만 있다 보면 며칠 걸리죠. 그래서 한은에 있는 동기, 선배들한테 부탁해 창구 여직원들을 데리고 나와달라고 해서는 커피도 하고 신문 문화면에 나온 얘기도 하면서 친해졌어요. 그 후 내가 한국은행 외국부에 들어가면 (창구 여직원들이) 우리 서류를 제일 앞에 올려놔요. 그러니 우리가 항상 일등으로 서류를 찾아서 저녁에 바로 부산에 보내면 이튿날 통관이 됐어요.

당시 해외업무를 담당하던 부장님이 내가 하는 걸 보니까 신기했나 봐요. 회사에서는 내가 마치 신동(神童)이라도 되는 듯 칭찬이 자자했어요(웃음). 그때는 회사마다 사채 브로커가 있었어요. 기업들이 은행에서 돈 빌리는 제도가 거의 안 되어 있었으니까, 고리돈을 쓸 수밖에 없었지요. 당시 정기예금 금리가 30%였어요. 시간이 정말 돈인 시대였지요. 업무처리 시간을 줄이면 그게 바로 돈으로 연결되는 거예요.

신장섭 무역실무부터 시작했는데 그때부터 수출을 업(業)이라고 느꼈습니까?

김우중 일이 잘되고 칭찬도 받으니까 신이 나서 일했어요. 일을 배우고 싶어서 닥치는 대로 찾아서 했으니까…. 자원해서 3개월을 공장에서 자면서 일한 적도 있어요. 내 업무와 직접 관계는 없지만 생산과정이 어떻게 되나, 천을 어떻게 짜나 직접 보고 싶었던 거지요.

신장섭 그러면 본격적으로 해외 장사를 한 것은 언제부터인가요?
김우중 한성실업이 잘되니까 김 사장께서 증권회사도 했어요. 그때 증권은 완전히 투기예요. 사자는 쪽과 팔자는 쪽의 싸움, 돈 싸움이었어요. 이기면 왕창 벌고, 지면 왕창 손해 보고. 증권파동 날 때 한성이 편을 잘못 들었어요. 실과 비료 장사로 돈을 많이 벌었는데 증권 때문에 망하게 된 거지요. 직원들도 다 그만둬야 할 판이었어요.
그래서 미안하니까 (나보고) 김 사장님이 영국에 가보라며 비행기표와 여비를 주셨어요. 그때 좋아하는 여성이 있었는데 런던에 유학 가 있었거든요. 대학교 때부터 독서회 활동 하면서 사귀었는데 내가 바로 결혼할 형편이 못 됐어요. 회사 일에 바쁘기도 했고…. 김 사장님이 그걸 잘 아니까 해외여행도 해보고 영국에 가서 공부할 수 있는지도 알아보면 어떻겠냐 하셨어요. 그렇게 해서 해외에 처음 나가게 된 거지요. 그게 1964년이에요. 비행기를 싱가폴에서 갈아타는데 홍콩, 사이공(당시 월남의 수도, 지금의 호찌민 시), 필리핀, 태국까지 다 들르도록 표를 끊었어요.

신장섭 그렇게 많은 나라를 거쳐 갔습니까?
김우중 그때는 여러 군데를 경유지로 들러도 비행기표값이 거의 마찬가지였어요. 이왕이면 많은 나라를 구경하자고 그랬지요. 월남이 그때 소득이 높았어요. 한국의 4배 정도는 되는 것 같았어요. 공업 수준도 높고…. 우리가 거래하던 일본 사람에게서 현지 섬유업자를 소개받았는데 천 디자인이 200가지는 되는 것 같아요. 깜짝 놀랐죠. 우리는 너댓 가지뿐이었으니까. 그런데 월남도 우리와 똑같은 카를 마이어(Karl Mayer) 기계를 써요. 우리도 짤 수 있을 것 같았어요. 그 사람들에게 실을 얼마에 사나 물어보니 우리보다 상당히 비싼 가격에 사요. 실 파는 사람들이 담합해서 비싸게 파는 것 같았어요. 그래서 우리가 구입하는 실값을 알려줄 테니 서로 도우면서 하자고 제의했어요. 그 사람들도 좋다고 해요. 그래서 그 대가로 당신들이 짠 디자인 샘플을 달라고 했어요. 한성이 그 샘플처럼 짜서 팔면 좋겠다 싶어서 나중에 서울로 보내려고 했던 거지요.

신장섭 여행이라기보다 거의 비즈니스 출장 수준이네요. 그 다음에 어떻게 했습니까?

김우중 다른 나라들을 쭉 돌고 싱가폴에 갔어요. 동남아 중개무역 중심지이지요. 거기에서 인도네시아로 밀수가 많았어요. (당시 인도네시아는 수카르노의 사회주의 정권이 지배하고 있었다. 냉전 상황에서 싱가폴과 말레이시아는 인도네시아와의 교역을 공식적으로 중단했다. 그 후 교역 중지 조치가 풀렸지만 2000년대 초반까지도 싱가폴과 인도네시아 간 교역의 대부분은 밀무역으로 진행됐다. 싱가폴 공식 무역통계에서는 2002년까지도 인도네시아가 싱가폴의 10대 교역상대국에 들어가지 못한 것으로 나온다. 수치상으로는 유럽에 멀리 떨어져 있는 작은 나라 네덜란드와의 교역량보다도 작다.

인도네시아와는 통계에 잡히지 못하는 밀무역이 대종을 이루었기 때문이다.)

(중개무역을) 면사(綿絲)는 중국계 사람들이, 화섬사(化纖絲)는 인도계 사람들이 잡고 있었어요. (한성은 화섬사를 하는데) 아델피호텔(Adelphi Hotel)이 있는 하이스트리트(High Street)가 인도계 사람들 아성이었어요. 내가 실값, 제직비, 가공비를 다 아니까 거래가격을 산출해봤어요. 그랬더니 할 수 있겠다 싶어서 네고를 시작해보았지요. 월남에서 받은 천을 오려서 30~40개의 작은 샘플로 만들어서 거기 업자들에게 보여줬어요. 미리 약속도 잡지 않고 점포마다 찾아다녔어요. 안 되면 나오고, 다른 점포에 또 가고….

그런데 가만히 생각해보니 큰 상인을 잡아야겠다 싶었어요. 그 건물에 라자크라고 인도 상공회의소장(K. M. Abdul Razak, Chairman of Singapore Indian Chamber of Commerce & Industry, 1958~61, 1963~65년 재임) 하는 사람의 회사가 있다길래 거기를 찾아갔지요. 그쪽에서 얼마냐 하길래 '얼마에 사면 당신에게 이익이 남느냐'고 되물었어요. 얼마 주겠다고 하길래 '다시 연락하겠다' 하고 호텔에 돌아왔어요. 계산해보니까 그렇게 해도 이익이 꽤 남겠더라고요. 그래서 계약을 했어요. 그것도 꽤 많이. 20만 야드였으니까. 당시 시세로 12~13만 불 했어요. 라자크 씨가 집에 초대해서 밥까지 얻어먹었어요.

신장섭 그때 나이가 27세밖에 되지 않았을 때인데 첫 번째 거래에서 굉장히 큰 건을 따냈네요. 그래서 어떻게 됐습니까?

김우중 이왕 계약을 따낸 김에 그걸 갖고 다른 사람들과도 만났어요. 인도 상공회의소장과 20만 야드 계약을 했다고 말하니까 너도 나도 달려들어서 '나는 1만 야드, 나는 2만 야드' 하면서 사겠다는 거예요. 그 사람들에게는 좀 더 비싸게 불러야 할 것 아니겠어요? 20~30% 정도 비싸게 했던 것 같아요. 다 합쳐보니 37만 불인가를 주문받았어요. 그래서 여행을 포기하고 한국으로 돌아왔어요. 김용순 사장님께 '일 저지르고 들어왔다'고 말씀드렸어요. 견실한 회사가 증권 때문에 그렇게 됐는데, 영국에 가다 생각해보니 도와주고 가면 되겠다 싶어서 이렇게 주문받아 갖고 왔다고 말했어요.

신장섭 그러면 영국에 있던 여성과는 어떻게 됐습니까?

김우중 한국에서 출발하기 전에 그 여성에게 편지를 보냈어요. 비행기를 로마에서 갈아타야 하니까 거기서 만나 로마 구경 한 뒤 같이 영국에 가자고. 그런데 싱가폴에서 그렇게 주문받고 나서 보니 연락할 방법이 있어야지요. 그때는 텔렉스도 없고 전화할 수도 없고 전보와 편지가 다였는데…. 처음에는 한국에 들어가서 주문받은 것만 넘겨주고 일이 정리되면 영국으로 다시 가려고 했어요. 그런데 돌아와서 보니 (내가 받아온) 37만 불 주문이 그때 우리나라에 있는 기계를 다 돌려도 1년에 만들 수 없는 분량이었어요. 그렇게 많은 물량인지 모르고 계약했던 거지요.

한국에 돌아와서 얼마 되지 않아 그 여성으로부터 편지가 왔어요. 로마에서 기다리다가 런던으로 돌아왔다고. 그 후 1주일에 한 번씩 오가던 편지가 2주일이 되고, 한 달이 되고…. 결국 런던에서 유학하던 한국 사람에게 시집갔어요. 가끔 생각해요. 그때 영국에 갔으면 뭐가 됐을까 하고…. 교수가 되든지 관청에 들어가든지 했겠지요. 사람에게 운명이라는 게 있는 것 같아요.

신장섭 운명이 사랑과 사업을 맞바꾸게 만든 것 같네요…. 그런데 처음 주문받을 때 샘플에 맞춰 만들 자신은 있었습니까?

김우중 같은 기계니까 짜는 건 마찬가지일테고, 실도 여러 가지 색깔이 있으니까 플렉시블하게(flexible, 유연하게) 만들 수 있을 거라고 생각했어요. 그쪽 실값이 비싼 걸 보니 (우리가) 경쟁력이 있을 거라는 생각도 하고요. 우리 기계를 수출로 다 돌리고, 그래도 못하는 것은 전부 하청 주고 했는데도 1년에 다 못했어요. 연장할 것들은 연장하고 해서 결국 주문을 다 소화했지요. 그래서 회사가 살아났어요. 그 다음에 주문이 터지고 새로운 시설이 들어오면서 한성이 아주 잘나갔어요. 수출 참 많이 했지요. 태국에도 수출하고 필리핀에도 하고…. 그게 한국 최초의 섬유제품 직(直)수출이었어요.²

그러고 나니 다른 기회가 생겨요. 당시 정부에서 수출만 하면 바터(barter, 구상무역)를 할 수 있게 해줬어요. 수입할 때에 물건을 자유롭게 고를 수 있게 해주는 거지요. '시장개척'이라고 해서 어떤 품목이건 3년인가 (바터권을) 보장해줬어요. 당시 상공부 상정과에 가서 이런 오더(order, 주문)를 받았는데 좀 도와달라고 하니 '좋다, 가져와라' 해서 한성이 수입권을 받았어요. 그 다음에는 이 프리미엄을 필요한 사람들에게 팔았고요.

신장섭 물건 팔아 돈 벌고 수입권 프리미엄 팔아서 또 돈 벌고, 일석이조(一石二鳥) 장사였네요. 그런데 아무리 주문을 받아도 물건을 잘 만들어내야 할 것 아닙니까? 어떻게 했습니까?

김우중 내가 생각해도 그때 일을 참 열심히 했어요. 매일 통금시간까지 앉아서 체크하고…. 전기가 없어서 촛불 켜놓고 하는 적이 많았어요. 데리고 있던 직원들이 내가 남아 있으니까 가지 못하고 계속 일했어요. 함께 짜장면 시켜 먹으면서 일했지요. 그 친구들 곱빼기를 먹어도 모자랄 때였는데…(웃음).

(한성 김용순 사장은 이때의 김우중에 대해 다음과 같이 회고했다. "아무리 어렵고 복잡한 업무라도 어떻게 해서든 완벽하게 마무리짓곤 했어요. 또 배짱이 얼마나 세고 통이 컸던지 … 부하 직원들 도와준답시고 봉급을 타면 집에 1원도 갖다주지 않은 적도 있어요."[3])

2. 대우실업 창업과 한국 최초의 종합상사

신장섭 한성에서 20대 후반의 나이에 이사까지 승진하고 승승장구했는데, 만 30세가 되던 1967년에 대우실업을 창업합니다. 왜 창업의 길로 갔습니까?

김우중 내 장래가 걱정됐어요. 이리저리 눈치나 보고 있는 것 같았고요. 앞으로 내가 인생 잘 살 수 있나 하는 생각도 들었고…. 당시 형제들이 다 유학 가 있었어요. 큰형님은 군인 신분으로 유학 가 있었고, 작은 형님, 누이동생, 막내 남동생도 미국에 유학 가 있었어요. 그때는 가기만 하면 어떻게든 일하고 장학금 받아서 학교 다니던 시절이었어요. 미국에 가겠다고 사표를 냈는데 한성 김 사장님이 안 받아주는 거예요. 그래서 회사에 무조건 안 나갔어요.

그러면서 유학 수속 한다고 몇 개월 있던 중에 하청업체를 하던 도재환 사장이 찾아왔어요. 기계를 새로 많이 들여왔는데 어떻게 파는지 모르니까 (나보고) 주문을 받아달라고 부탁해요. 한성과 그렇게 됐는데(사표 냈는데) 어떻게 내가 다른 회사 주문을 넣어주냐면서 거절했어요. 그러니까 한 번만 해주면 그 다음부터는 자기가 하겠다고 해요. 그래서 싱가폴에 있는 라자크 씨에게 얘기해서 오더를 받아줬어요. 그러니까 도 사장이 동업하자고 해요. 500만 원 자본금으로 시작하자고. 나는 돈이 없다고 말하니까 250만 원씩 반반으로 하고 (내 지분에 대해서는) 자기가 돈을 빌려줄 테니까 벌어서 갚으라고 해요.

그때 내가 선택할 수 있는 길이 세 가지 있었어요. 원래 계획대로 미국에 유학 가는 것이 있었고, 도 사장과 동업하는 것이 있었고, 또 가네보(Kanebo, 일본의 섬유회사)에서 제안이 있었어요. 한성에 있을 때에 가네보에서 실을 많이 샀는데 그때 부장 하던 분이 중역이 돼서 사람을 보내왔어요. 나보고 일본에 와서 1년만 일을 배우고 나가서 한국지사장을 하라는 거예요. 그때는 일본에 가는 것이 가장 좋다고 생각했어요. 그런데 도 사장이 (동업하자고) 막무가내예요. 여권이 빨리 나왔으면 아마 일본에 갔을 거예요. 그런데 여권이 1년 이상 안 나와요. 그래서 '에라 모르겠다' 하면서 동업을 한 거지요.

신장섭 초기 멤버는 그러면 어떻게 구성된 건가요?

김우중 이우복이 합류하고 (경기고등학교 단짝 친구인 이우복은 김우중이 창업한다는 말을 꺼내자마자 다니던 회사에 사표를 내고 평생의 사업 동지가 된다. 그 후 대우의 안살림은 이우복이 도맡아서 했다.) 한성에서 영업부장 하던 조동제 부장을 사장으로 모셔왔어요. 나는 나이도 있으니까 중역을 안 하고 이사 겸 업무부장 자리를 만들어서 부장이라고 하고 다녔지요. (이우복은 김우중보다 한 등급 낮은 과장직을 자처한다.) 도 사장은 공장 돌리는 일을 했어요. 다른 직원도 뽑아서 도합 5명이 일했지요.

신장섭 창업 초기에 어려움은 없었습니까?

김우중 시작하자마자 사업이 엄청나게 잘됐어요. 1967, 68년에 인도네시아시장이 터졌으니까…. 실이 없어서 천을 짜지 못할 정도였어요. 그때 가네보가 실을 다 공급해줬지요. 우리가 주로 다룬 제품이 트리코(tricot) 직물이었는데, 첫해에 트리코 한 품목만으로만 58만 불을 수출했어요. 트리코 기계가 회사 보유분만 100대가 넘었고 그것도 모자라서 하청공장을 추가로 이용해야 할 정도였어요.

그런데 2년 반쯤 지나니까 도 사장이 자기는 그만두겠다고 하는 거예요. 회사에 돈이 많이 생겼으니까 자기는 그걸로 편하게 살 수 있다는 거지요. 그때는 (내가) 돈을 줄 기반도 없었는데…. 할 수 없이 이쪽저쪽에 얘기하고 가네보에서도 돈을 빌리고 해서 도 사장 지분을 샀어요. 그때 정말 큰돈을 줬어요. 모든 자산을 시세로 반 딱 잘라서 계산했으니까.

신장섭 실망도 하고 힘들기도 했을 것 같은데요.

김우중 그런데 돌이켜 보면 그때 그걸(결별) 안 했으면 두고두고 골치 아팠을 거예요. 지분 절반을 돈으로 달라고 할 때에는 정말 섭섭했지요. 큰일 나는 줄 알았으니까. 그 많은 돈을 내가 어떻게 마련해요? 그런데 그 기회 때문에 (회사가) 더 발전할 수 있게 됐어요.

신장섭 대우실업은 창업한 지 불과 5년 만인 1972년에 한국에서 수출 2위 기업이 될 정도로 초고속 성장을 합니다. 그리고 1974년에는 한국 최초의 종합무역상사로 지정받고 1978년에는 수출 1위를 달성합니다.[4] 그 비결이 무엇이라고 할 수 있습니까?

김우중 해외지사 만들고 수출 늘리는 데 우리가 가장 앞서 나갔어요. 회사를 만들자마자 금세 해외지사를 만들었으니까요. 싱가폴, 시드니, 사이공에…. 시드니는 변변치 않았고, 많은 (수출)양이, 아마 60% 정도는 싱가폴로 갔을 거예요. 당시는 대기업들도 수출하면 밑진다고 생각하던 시절이었어요. 사실 수출해서 돈 버는 것이 쉽지 않아요. 그렇지만 우리는 처음부터 해외로 나갔어요. (한국은행의 해외지사 설립 인증 자료에는 1969년 대우가 만든 시드니와 싱가폴 지사가 한국 무역업체가 세운 최초의 해외지사로 기록되어 있다.)

수출 품목도 계속 많아졌어요. 섬유원단 장사를 하다가, 생산공장 인수해서 의류제품을 만들고, 또 새로운 제품을 개발하고 그런 식으로 늘려나갔지요. 와이셔츠는 우리가 제일 많이 수출했어요. 봉제완구는 중소업체들이 수출하지 못하는 것을 우리가 맡아서 해주고…. 우리가 선도적으로 수출한 품목이 몇백 종은 될 거예요.

신장섭 물건을 다양하게 팔려면 수출시장도 다양하게 개척해야 했을 텐데요.

김우중 미국시장을 잘 개척한 것이 크게 도움이 됐어요. (당시 한국 수출의 70%는 대미 수출이었다.) 다른 업체들은 주로 임포터(importer, 중간수입업자)를 거쳐서 거래했는데 우리는 JC페니, K마트, 시어즈(Sears), 몽고메리(Montgomery) 등 현지 바이어들을 직접 뚫었어요. 중간상을 배제하니까 이익이 좋아지잖아요. 그쪽 바이어들과 친해지고 거기에서도 우리에게 잘해줬어요. 미국에 수출하기 시작한 지 얼마 안 돼서 우리는 바이어들이 전부 실수요자가 됐어요. 품질에 자신이 있으니까 백화점과도 직접거래 하고….

특히 미국이 수입쿼터를 도입한다는 정보를 듣고 수출 물량을 빨리 늘린 것이 여러모로 도움이 됐어요. 쿼터는 전년도 수출 실적을 반영해서 분배하니까 우리가 계속 많이 받게 된 거지요. 한국 전체 (수출)쿼터량의 3분의 1 정도를 대우실업이 확보했으니까요. (1972년 1월 4일 한미 양국 정부는 '인조섬유 및 모직물의 교역에 관한 협정'을 체결하고 이를 1971년 10월 1일 자로 소급 발효 했다.) 당시 수출업체들은 항상 쿼터가 모자랐어요. 그러니까 거기에 프리미엄이 생겼지요. (대우가 확보한 프리미엄은 1975년 100억 원에 달했다.)

신장섭 남들보다 일찍 정보를 얻고 과감하게 빨리 행동하니까 큰 이권을 확보한 것이라고 할 수 있겠네요. 그런데 해외 바이어들과는 어떻게 좋은 관계를 만들어나갔습니까?

김우중 마케팅 전략이다 뭐다 하는 것들이 있지만 근본적으로는 마음이 통해야 돼요. 사업이라는 것이 어떤 형태로든 사람이 하는 거니까요. 싱가폴 수출은 대부분 인도네시아로 밀수되는 거니까 인도네시아 정책의 영향을 많이 받았어요. 밀수가 너무 많아져서 인도네시아 정부가 막으면 값이 떨어지고, 다시 풀면 값이 올라가고…. 가격 네고를 해서 물량 공급 계약까지 해놓은 상태에서 값이 떨어지면 중간 바이어가 손해를 뒤집어쓰지요.

당시에 거래하던 '미스터 테(The Hee Ming)'라고 화교 무역상이 있었어요. 한성실업 때부터 잘 알았는데 참 좋은 사람이에요. 인도네시아시장이 막혀서 값이 떨어지면 계약이 되어 있어도 그 친구에게 물건을 덜 실어 보냈어요. 그 친구 사업이 어려워졌을 때는 30만 불을 빌려주기도 했고요. 그런데 나중에 인도네시아시장이 터져서 제품 가격이 올라가니까 그 친구가 그전에 낮게 책정되어 있던 계약단가를 대폭 올려줘요. 덕분에 100만 불가량을 벌었어요.

그때부터 그런 생각을 했어요. 보험 건다는 식으로 이렇게 정말 친한 사람이 어디든 한 사람씩은 있어야 한다고…. 그러면 시장정보도 정확히 받을 수 있고 무슨 얘기든 다 할 수 있어요. 그 사람이 커지면 나도 도움을 받을 수 있고…. (사업을) 겪으면서 이것이 원칙처럼 됐어요. (김 회장은 베트남에 머무르고 있는 동안 싱가폴에 있는 미스터 테의 집에 초대받아 가기도 했다고 한다. 50년이 넘도록 지속되는 우정이다.)

신장섭 국내 업체들과의 관계는 어떻게 해나갔습니까? 기업활동 하다 보면 국내 제조업체들이나 다른 무역상들과 협력할 때도 있고, 어떤 때는 경쟁도 해야 할 텐데요.

김우중 우리가 그때 단일 공장으로 세계에서 제일 큰 섬유제품공장을 갖고 있었지만 하나도 국내에 팔지 않았어요. 천도 자투리 남은 것들을 모아서 전부 남미에 보냈어요. 국내 중소업체들에 피해 주지 않으려고 그랬던 거지요.

신장섭 대우 입장에서는 국내시장에서도 물건을 팔면 돈을 더 많이 버는 것 아닌가요?

김우중 수출해서 버는 게 얼마인데…. 우리가 수출하는 와이셔츠를 다 쌓아놓으면 남산보다 몇 배 높았을 거예요. 국내에서 그거 조금 팔아봤자 얼마 되지 않아요. 우리 직원들이 국내 장사도 하자고 얘기한 적이 여러 차례 있어요. 그럴 때마다 중소기업들이 어려운데 그럴 필요 없다고 일체 못 하게 했어요. 그때 공장 하는 사람들이 다 나보다 나이가 많았어요. 그 사람들은 내가 (자기네에게) 폐 안 끼치려고 그렇게 하는 걸 다 잘 알고 고맙게 생각했어요. '존경한다'는 말까지 해주는 사람들도 있었고….

봉제업체들과 방직업체들이 싸울 때에도 난 중소기업 편에 섰어요. 방직업체들이 원단값을 비싸게 받으려고 하면 봉제업체들이 원단을 수입해서 썼는데, 그러면 방직업체들이 원단 수입을 못 하게 막아달라고 정부에 항의도 하고 봉제업체들을 길들이려고 해요. 방직업체들은 주로 대기업이었고 봉제업체들은 중소기업이었지요. 싸움이 나면 내가 상공부에 가서 '수출을 많이 하려면 원단을 수입할 수 있게 해줘야 한다', '봉제업체들이 국제경쟁을 해야 하는데 해외 경쟁 업체들보다 원단을 비싸게 사면 어떻게 경쟁할 수 있겠느냐'고 얘기했어요. 그러면 상공부에서는 내 편을 들어줘요. 그 때문에 방직회사들은 돈을 별로 벌지 못했어요. 대신 봉제업체들이 굉장히 유리한 입장에서 장사했지요.

우리는 수출쿼터를 그렇게 많이 갖고 있어도 처음부터 다 쓰려고 하지 않고 중소기업들이 먼저 수출할 수 있도록 했어요. 중소기업들이 급하게 빨리 물건을 팔려고 하면 값을 떨어뜨릴 수밖에 없잖아요? '2~3개월 동안 우리는 팔지 않겠다'고 얘기하고 중소기업들이 여유를 갖고 먼저 팔 수 있도록 해줬어요. 우리는 그 다음에 팔고요. 이렇게 가격경쟁을 피하니까 전체적으로 판매가격이 안 떨어지고 이익을 많이 올릴 수 있었던 거지요.

신장섭 왜 그렇게 중소업체들을 돕겠다고 나섰습니까?
김우중 돈 번다는 생각은 별로 없었고 어떻게든 나라가 잘되어야 한다고 생각했어요. 정말 나라 걱정 하면서…. 당시 (우리나라) 목표가 1인당 국민소득 1,000불, 수출 100억 불 아니었습니까?

(이 대목은 일반 독자들이 언뜻 이해하기 어려운 부분일 것이다. 어떻게 이런 생각을 하면서 장사를 하냐고. 그렇지만 김 회장의 이러한 사업관은 다른 분야에 진출할 때에도, 대우그룹이 해체되는 과정에까지 지속적으로 나타난다.)

3. 금융그룹의 꿈 접고 중화학 부실 해결사로

신장섭 대우는 섬유로 시작해서 경공업 위주의 성장을 하다가 중화학산업으로 급격히 진입합니다. 1976년 한국기계 인수가 그 전기(轉機)였던 것 같은데요, 무엇 때문입니까?
김우중 원래는 금융을 제대로 해보려고 했어요. 돈을 벌면서 앞으로 무엇을 할 건가 생각해봤어요. 그때 대기업들이 하는 사업들은 '정경유착'이다 뭐다 해서 말들이 많았어요. 그래서 대기업들이 하지 않는 분야를 찾았어요. 대기업과 경쟁하기도 싫었고요. 당시는 박정희 대통령이 5·16혁명 뒤 은행 주식을 전부 환수해서 대기업들이 금융에서 손을 뗀 상태였어요. 해외에 다녀 보니 금융이 중요하다는 것을 느끼기도 했고요. 그래서 금융을 모범적으로 해보려고 했어요. 금융이 있으면 무역 하는 데에도 도움이 돼요. 종합무역상사와 금융업으로 세계에 도전한다는 전략을 세운 거지요.

실제로 우리는 금융 쪽에 많이 진출하고 있었어요. 증권(동양증권), 종합금융(동양투자금융), 단자회사(한국투자)를 갖고 있었고, 제일은행 주식도 우리가 머조리티(majority, 다수의결권)를 갖고 있었어요. 종합금융은 영국 라자드(Lazard)은행을 데려와서 국내에서 첫 번째로 시작했고, 한미은행은 BOA(Bank of America)와 함께 했어요. 교육보험(현 교보생명)도 우리가 33% 지분을 갖고 있었어요. 돌아가신 신용호 교보 회장님이 당시 많이 어려워서 나에게 투자해달라고 찾아왔었지요. 아들이 하나인데 의사이니까 나중에 대우가 경영을 맡으면 잘 될 거라고까지 하시면서….

신장섭 그런데 왜 중화학 쪽으로 갑자기 방향을 틀었습니까?

김우중 정부가 중화학산업을 일으킨다고 대규모 투자를 한 다음에 제일 골치 아파한 게 한국기계였어요. 그걸 우리보고 맡아달라고 해요. 삼성이나 현대 등 다른 대기업들에 먼저 인수를 타진했는데 다 못 한다고 했다더군요. (당시 한국 정부는 서독에서 들여온 재정차관 등 250억 원을 투입해서 1975년 5월 세계 최대 규모의 디젤엔진공장을 완공했다. 그러나 연간 생산능력이 4만 8,000대에 달했지만 1975년의 판매실적은 겨우 300대에 불과했다.[5] 그때 우리가 국내 기업들 중에서 은행예금을 제일 많이 갖고 있었어요. 머리 좋은 김용환(당시 청와대 경제제1수석비서관. 나중에 재무장관, 국회의원 등을 역임) 씨가 그걸 알고 대우에 부탁하자고 박정희 대통령께 얘기를 했대요. 그래서 청와대에 불려 들어갔어요.

신장섭 박 대통령을 직접 만났습니까?

김우중 그때는 직접 만나지 않았고… 김용환 씨가 '대통령 각하 관심사항인데 김 사장이 한번 해보라고 하신다'는 거예요.

신장섭 박 대통령은 그전에 만난 적이 있었습니까?

김우중 대우가 수출에 기여한 것 때문에 1969년부터 매년 산업훈장을 받았는데 나를 좋게 보신 것 같아요. 다른 사람들에게는 아무 말 없이 훈장만 주는데 나한테는 이것저것 물어보시고… 우리 부산 공장도 방문하셨어요. 그 후 고민이 생기면 일 년에 몇 번씩 청와대로 나를 불러서 얘기를 들으셨어요. 비서관 없이 단독으로.

(내가) 처음 집무실에 들어갔을 때는 (박 대통령께서) 큰 의자에 앉아서 반대쪽을 쳐다보고 계셨는데, 안 계신 줄 알고 당황했어요. 그런데 의자에 폭 빠져서(가려서) 안 보이는 거였잖아요(웃음. 박대통령은 키가 작았다)? 혼자 있는 모습이 외로워보였어요. 대통령께서 나를 불러서 이렇게 직접 얘기를 들어보려고 하시는 것이 감격적이었고….

신장섭 박 대통령이 무슨 고민들을 얘기했습니까?

김우중 새마을운동 문제도 상의하셨어요. 열심히 하니까 농촌 환경도 좋아지고 농산물 생산도 증가했어요. 그런데 농사로는 더 이상 소득을 올릴 방법이 없는 거예요. 농산물이 장기 저장되지도 않고 농민들이 추수가 끝나면 할 일이 없게 되는 거지요. 박 대통령께서 농촌소득을 올릴 다른 방법이 없겠냐는 거예요. 그래서 '검토해보겠습니다' 하고 수원 근처에 (경기도 화성군 비봉면) 스웨터가공공장을 만들었어요. 농가에 스웨터 짜는 기계를 나누어줘서 한 장 짜면 얼마 주겠다는 식으로 일을 시켜봤어요. 이 스웨터를 받아 공장에서 가공해 수출하면 농산물처럼 저장하는 문제도 없어지고 농가소득도 추가로 생기는 거지요. 농가에서 스웨터를 짜오면 즉각 현찰로 결제해줬어요. 그러니까 가족들이 다 들러붙어서 열심히 만들어요. 첫 달에는 10장만 갖고 오다가 그 다음 달에는 20~30장을 갖고 와요. 그렇게 해놓고 박 대통령께 보고를 드렸더니 이튿날 바로 경제비서관들을 데리고 공장에 내려오셨어요. '바로 이거다'라고 하시더군요. 그래서 우리 비봉 공장이 새마을공장 1호로 지정받았어요. 그 후 정부가 정책을 만들고 자금도 빌려주고 해서 전국 농촌에 새마을공장이 퍼졌어요. 농가소득도 그래서 많이 올라갔지요.

신장섭 새마을공장 문제도 수출과 연계해서 해결하는 아이디어를 준 셈이네요. 한국기계 얘기로 돌아가지요. 청와대에서 김용환 비서관의 얘기를 듣고 인수를 바로 결정했습니까?

김우중 일단 회사를 방문했어요. 당시 한국기계 사장이 경기고등학교 선배였는데 나를 철도차량공장으로 데려가요. 나중에 알고 보니 딴 데는 제대로 돌아가는 것이 없었고 거기만 활발하게 돌아가고 있었으니까 그런 거였어요. 가서 보니 우리는 천을 잘라 재단하고 실로 재봉틀질 해서 잇는데 거기는 철(鐵)을 잘라 용접해서 잇는 거예요. 원리는 같다는 생각이 들었지요. 천과 철의 차이일 뿐이지…. 용접하는데 불빛이 번쩍 하고 쿵쾅 소리가 나요. 가만 생각해보니 '야~, 이거 정말 남자가 할 일 같다'는 생각이 들더라구요. 그래서 마음을 굳혔지요.

신장섭 굉장히 낭만적이네요. 철을 붙들고 해야 하는 일인데…. 그런데 돈이 어떻게 벌릴 건지는 생각하지 않았습니까?

김우중 당시 디젤엔진공장은 가동율이 10~15%밖에 안 됐고, 산업기계는 수주받은 것마저도 전부 클레임(claim) 받은 상태였어요. 그래도 할 수 있겠다는 자신감이 있었던 것이 1975년에 우리가 갖고 있는 쿼터 프리미엄만 1년에 100억 원이었으니까요.

신장섭 아무리 다른 사업에서 돈을 벌고 있어도 기계사업에서 돈을 벌 수 있어야 하는 것 아닙니까? 나중에 수익이 날 수 있을 거라고 생각했나요?

김우중 그때 나는 안 되는 게 없다고 생각할 때니까…. '열심히 하면 안 될 게 뭐냐' 그게 내 논리였어요. 그리고 수익도 수익이지만 정부가 그렇게 큰돈을 들여서 기계산업을 육성하겠다고 투자했는데 나라 경제를 위해 이걸 어떻게든 정상화시켜야겠다고 생각했어요. 우리도 금융그룹 하려던 계획을 접고 본격적으로 제조업에 뛰어드는 거니까 어떻게든 성공시켜야 하는 거였고요.

소규모 공작기계부터 시작해 빨리 배우고 양산해서 팔면 되겠다는 자신감은 있었어요. 수출하면 되는 거지, 인건비 싸고 엔지니어도 있는데…. 기술이라는 게 대단한 것도 아닌데 못할 게 뭐가 있어요? 엔진은 서독의 만(Man AG)사와 기술제휴되어 있고, 시설도 자동화되어 있는데….

신장섭 시설은 잘 되어 있었는데 팔지를 못했다고 본 건가요?

김우중 마케팅에 문제가 있었던 거지요. 그때 국내 자동차회사들은 우리 디젤엔진을 쓰게 되어 있었어요. (당시 정부는 기계산업 육성을 위해 국내 자동차회사들에 국산엔진 구매 의무를 부과하고 있었다.) 그런데 자동차회사들이 제대로 주문을 주지 않는 거예요. 서독에서 부품을 오더(order, 주문) 하면 들어오기까지 3~4개월 걸리는데 그동안 부품이 떨어졌다는 핑계를 대고 일본에서 엔진을 잔뜩 주문해서 재고를 쌓아놓는 거예요. 그게 없어진 다음에야 한국기계에 주문을 줘요. 그쪽 입장에서는 일본 엔진이 값싸니까 충분히 그럴 수 있는 거였지요.

신장섭 그래서 어떻게 해결했습니까?

김우중 만(Man)사에 가서 사장을 만나 사정을 설명하고 부탁했어요. '우선 가격이 맞아야 제품이 팔리니까 1~2년만 도와달라'고…. 국내 자동차업체들이 전부 우리 엔진을 사주면 물량이 많아질 거라고 설득하고 한국에 꼭 한번 와보라고 했어요. 다행히 공장 보여주고 설명하니까 부품가격을 대폭 깎아줘요. 만(Man)사 입장에서는 그동안 물량이 적으니까 비싸게 팔 수밖에 없었겠지요. 한국만 싸게 줄 수는 없는 것 아니겠어요?

그렇게 들여온 부품으로 엔진을 제작해서 쌓아놓았어요. 공장에 있는 창고마다 엔진으로 가득 채우고, 그래도 남는 것은 야외에 나무판을 깔고 쌓아놓은 뒤 천으로 덮어놓고…. 자동차회사들이 우리 동태를 살피고 있었을 테지요. 제품이 완성되어 있고 값이 떨어지니까 안 살 수가 없잖아요? 또 당시 공장을 방문한 상공부 관리나 국회의원들에게 재고 쌓여 있는 걸 보여주고 '이렇게 놔둬서 되겠는가'라고 얘기했어요. 상황이 그렇게 되니까 자동차회사들이 딴 방도가 없지요. 우리 엔진을 사서 얹을 수밖에…. 그러니까 수요공급이 딱 맞아 돌아가는 거예요.

그리고 수출시장도 적극적으로 개척하기 시작했어요. 디젤엔진이 자동차에만 쓰이는 것이 아니라 각종 발전기, 건설장비, 선박 등에도 다 쓰이잖아요? 트럭이나 버스에만 의존하지 않고 엔진을 팔 수 있는 시장을 찾았던 거지요. 금세 국내 판매보다 해외 판매가 훨씬 많아졌어요.

신장섭 항상 마케팅에서부터 문제를 해결하네요. 생산이나 재무 등 다른 부문에서는 문제가 없었습니까?

김우중 주문받아 생산하는 제품은 거의 다 그만두었어요. 기술 수준이 떨어져서 클레임이 많이 나오고 승산이 없었으니까요. 대신 포크리프트(forklift, 지게차), 굴삭기, 발전기 등 라인으로 만들어서 우리가 먼저 생산하고 파는 제품에만 집중했어요. 그 당시 '계획생산'이라고 말하던 방식이지요. (경영학에서는 '소품종 대량생산'이라는 표현을 쓴다.) 섬유 하면서 느낀 것이 마케팅이 돼서 물량이 늘어야지만 단가도 떨어지고 품질도 높아진다는 거였어요. 마케팅과 경쟁력이 같이 가는 거지요. 발전기는 후진국이 모두 필요로 해요. 집에서도 쓰고, 배를 돌리는 데도 쓰고…. 그렇게 수요가 많은 제품만 생산한 거지요.

그리고 인수할 때 회사에 가보니 사방에 외상이 깔려 있었어요. 납품

받은 뒤 돈 못 준 것도 많고…. 당시 이자가 연 30% 정도로 굉장히 비쌀 때예요. 그러니까 자재 살 때에 30% 이상을 더 주고 사는 셈이었던 거지요. 이것만 정상화해도 흑자가 날 판이었어요. 그래서 100억 원을 더 증자해서 다 정리해버렸어요. (한국기계는 자본금이 33억 원에 불과했다. 대우가 인수하면서 자본금을 120억 원으로 늘렸고, 그후 100억 원을 추가로 증자했다.[6])

신장섭 인력은 어땠습니까?

김우중 직원들 얘기를 들어보니 임금 수준이 낮아서 하루 8시간 월급만 주면 생활이 안 되니 오버타임(overtime, 시간외근무)을 할 수 없겠냐고 해요. 당시 일감이 없는데 어떻게 오버타임을 주겠어요? 그래도 직원들 사기를 높여줄 방법을 궁리하다가 '오버타임 선급제'를 생각해냈어요. 오버타임할 돈을 미리 주고, 나중에 일감이 늘어나서 실제로 오버타임을 많이 하게 되면 선급금을 제하는 거지요. 직원 대표를 불러서 어떻게 생각하냐고 물어보니, '좋습니다'라고 해요. 이런 제도는 우리가 한국에서 처음으로 도입했고 아마 전 세계에서도 처음이었을 거예요. 당연히 직원들 사기가 높아졌지요. 선급금은 그 후 수주 총력전을 벌이고 일감이 늘어나면서 다 정산됐어요.

공장에 가보니 변소 하나 변변한 게 없고 지저분하기 짝이 없어요. 직원들은 머리도 안 깎고 있고…. 우리 섬유공장에는 마루를 깔았어요. 공장이라는 것이 깨끗해야 품질이 좋게 나와요. 더러운데 제품이 잘 나올 수 없는 거지요. 한국기계에서도 청소, 정리정돈을 굉장히 강조했어요. (김 회장은 그래서 목욕탕, 이발관, 독신자용 아파트, 병원, 직원식당을 짓도

록 했다. 30억 원이 드는 큰 공사였다.[7]

신장섭 그동안 국영기업이라 열심히 일하지 않던 타성이 쉽게 바뀌지 않는 부분이 있지는 않았습니까?

김우중 처음에는 얼마나 엉터리 같은 일들이 일어나던지…. 내가 인천에 있는 공장에서 아예 침식을 하면서 작업 확인도 하고 독려도 했어요. 한번은 통행금지 가까운 시간에 서울에 갈 일이 있어서 눈에 띄는 직원 세 명을 내 차에 타라고 했어요. 그 친구들, (나와) 함께 타고 가면 버스비를 줄일 수 있잖아요?

차에서 얘기를 시켜보니까 요즘 직원들 사기가 높다면서 좋아해요. 그런데 한 친구가 '사장님께서 작업 현장에 자주 오시지 않는 게 좋겠습니다'라고 얘기하는 거예요. '왜 그러냐?'고 물어보니 '일감이 없는데도 사장님이 실망하실까봐 오셨을 때에 기계를 돌립니다'고 하는 거예요. 기계를 헛돌리니까 괜히 쇠가 깎여 없어지고 전기값만 나간다는 거지요. 나야 처음에 기계가 진짜로 돌아가는지 가짜로 돌아가는지 알 게 뭡니까? 깜짝 놀랐어요. 그 친구한테 고맙다고 한 뒤 그 다음 일주일 동안 계속 직원들을 혼내고 난리 쳤어요. '이렇게 눈 가리고 아웅 하는 식으로 속이며 살 거냐' 하면서…. 책임자도 잘라냈어요.

신장섭 완전히 전방위로 팔 걷어붙이고 매달린 셈이네요.

김우중 1년 동안 그렇게 한 거예요. 그래서 첫해에 이익을 냈어요. 한국기계가 설립된 뒤 처음이지요. (한국기계가 정식으로 설립된 것은 1963년이니까 12년 동안 내리 적자였고, 대우가 인수한 13년째에 흑자로 전환된 것이다. 한국기계의 매출은 1975년 170억 원대에서 4년 만인 1979년에 1,800억 원을 돌파하며 10배 이상 늘어났다.[8]

신장섭 돈 벌겠다고 인수한 것이 아닌데 1년 만에 돈을 벌기 시작했다…, 이걸 어떻게 해석해야 하나요? 일 자체를 중시하니까 돈이 따라온 것이라고 할 수 있습니까?

김우중 그 이후에도 마찬가지이지만 돈 버는 생각은 별로 안 했어요. 이익 개념이 없었어요.

신장섭 이익 개념이 없었던 것이 언제부터입니까?

김우중 처음부터 그랬어요. 하다 보니 돈이 생긴 거지…. 자기 돈이 얼마나 있나 보기 시작하는 게 (사업가들에게) 한계예요. 그것 따지기 시작하면 도움이 안 돼요. 자신감이 있으면 언제든지 벌 수 있으니까…. (그때는) 하여간 (어느 분야건) 들어가면 다 돈 벌 수 있다고 생각했어요.

신장섭 한국기계를 인수한 뒤 1978년 초 자동차산업(새한자동차)에 진출하고, 1978년 후반에는 조선소(대한조선공사 옥포조선소)도 인수합니다. 본격적으로 중화학산업을 늘려야겠다는 생각을 한 겁니까?

김우중 그런 생각은 없었어요. 한국기계가 잘되니까 정부에서 골치 아픈 것들을 또 우리에게 떠맡긴 거지요.

신장섭 그러면 한국기계처럼 '하면 된다'라는 자신감으로 맡았습니까?

김우중 그런 생각이야 항상 있었죠. 하지만 그때 자동차와 조선은 정말 하고 싶지 않았어요. 자동차에 대해서는 내가 잘 모르고, 옥포조선은 조선공사에서 짓다 말고 방치해놓고 있던 것이었는데….

신장섭 그러면 왜 맡았습니까?

김우중 정부에서 하라니까 그런 거지요. 자동차는 이익 날 전망이 보이지 않아 엄두가 나지 않았지만 배워보고는 싶었어요. 해외에 다니면서 보니까 어느 시장이든지 자동차 파는 회사가 제일 강했어요. 자동차를 팔면 광고할 필요가 별도로 없을 것 같다는 생각도 들었고요. 자동차가 굴러다니면서 광고가 되는 거지요. 그래서 자동차에는 GM이 경영하는 조건으로 들어갔어요. (대우는 산업은행이 갖고 있던 새한자동차 지분을 인수해서 GM과 50 대 50으로 합작한다.)

신장섭 대우는 그러면 50% 지분을 쥐고 아무것도 안 했습니까?

김우중 주변 부서는 우리가 맡아서 했어요. 쟁의 일어나면 해결하는 총무업무 같은 것…. 개발부서 등 핵심은 GM이 했고.

신장섭 GM이 경영을 잘할 거라고 생각했나요?

김우중 일단은 GM이 하는 대로 따라가면 되고 그러다 보면 생산하는 일 등을 배울 수 있을 거라고 생각했던 거지요. (GM에) 경영권을 맡겨도 우리가 최소한 항의는 할 수 있을 거라고 생각했고… 실제로 자동차가 크게 적자 나지는 않았어요. 그런데 어느 시점이 되니까 이렇게 하면 안 되겠다 싶어서 GM한테 지분을 넘기라고 했어요. (이후 대우와 GM 간 협력, 결별, 새로운 합작 시도에 대해서는 2장 5절과 3장 5절에서 상세히 다룬다.)

신장섭 조선에 대해서는 무슨 생각을 했습니까?

김우중 (정부에) 도저히 못하겠다고 했어요. 해보지도 않았고, 어디에 팔지도 모르겠고, 조선 경기도 아주 나빴고… 자동차 인수 직후라 자금도 없었어요. 그랬더니 정부에서 건설자금을 지원해주고 다른 일감을 주겠다고 그래요.

신장섭 조선소에서 배 만드는 것 말고 '다른 일감'이라는 게 뭘 얘기하는 겁니까?

김우중 화력발전소나 원자력발전소를 할 수 있게 해준다는 것이지요. 조선소 도크에서 발전설비를 모듈 공법으로 제작할 수 있어요. 그걸 배로 운반해서 해안에 있는 발전소 부지에서 조립, 설치하는 거지요. 그때 경제장관회의 문건을 보면 어떻게 지원해주겠다는 얘기가 다 나와 있어요. 산업은행 자금을 지원해주겠다는 약속도 있고…. (1978년 11월 경제장관회의, 1979년 10월 경제장관회의.)

(대우 관계자들은 김 회장이 옥포조선소 인수를 요청받았을 때에 "처음에는 도망 다녔다"라고 말한다. 그러나 "정부 관계자들로부터 엄청나게 압력을 받고 조선소 건설에 대한 박정희 대통령의 강력한 의지를 아니까 버거운데 받았다"라고 회고한다.)

신장섭 인수한 뒤 건설은 잘 진행됐습니까?

김우중 땅 파고 바다에 돌멩이 집어넣은 정도 수준에서 공사장이 방치되어 있었어요. 그런데 우리가 공사를 재개해서 1년 만에 건설 공정률을 70%로 끌어올렸지요. 건설하면서 수주까지 했어요. 노르웨이에서 화학제품운반선 4척을 주문받았으니까요(1979년 9월). 배 만들면서 도크를 완성했고 준공식에 맞춰서 4척을 인도했어요(1981년). (옥포조선소 건설사업은 이렇게 우여곡절 끝에 마무리되고 수주도 잘 진행됐지만 대우조선은 1980년대에 부실기업의 대명사가 되어버린다. 금융비용 급증 등으로 적자가 쌓여갔기 때문이다. 2장 4절 참조)

신장섭 당시 거듭되는 중화학업체 인수로 '부실기업 해결 청부사'라는 별명을 얻었는데, 성공한 청부사라고 할 수 있습니까?

김우중 자동차 빼고는 다 성공했다고 할 수 있지요. 한국기계도 그렇고, 대우조선도 나중에 큰돈을 벌게 됐으니까. 자동차도 사실은 실패라고 할 수 없어요. 거의 다 됐는데 IMF사태를 맞아서 그렇게 된 것일 뿐이니까요(3장 5절과 4장 3절 참조).

(신영균 전 대우조선 사장은 옥포조선소 인수는 부실기업 인수가 아니라고 강조한다. 조선공사가 짓다 만 공사장만 인수했을 뿐 완전히 새로운 회사를 차렸다는 것이다. 부실기업을 인수했으면 거기에서 일하던 경영자나 엔지니어들을 활용할 수 있었을 것이다. 그렇지만 대우조선의 경우는 아무것도 없는 공터에 인력을 완전히 새로 뽑아서 데려와야 했기 때문에 초기에 더 어려움을 겪었다고 말한다.)

신장섭 그런데 대우그룹의 성장에 관해 흔히 나오는 얘기들을 보면 김 회장님과 박정희 대통령 간의 긴밀한 관계가 빠지지 않습니다. 특히 대우가 중화학업체들을 수의계약으로 인수한 것들에 대해 '특혜'라는 의혹이 제기되고, 그런 의혹은 자연스레 특혜의 대가로 정치자금을 제공했을 것이라는 추측으로 이어집니다. 실상이 과연 어떤 겁니까?

김우중 우리가 (박 대통령) 정부와 가까웠던 건 맞는 얘기예요. 그런데 그게 정부가 골치 아파 하는 일들을 해줬으니까 그런 거지 우리가 로비해서 그런 게 아닙니다. 내가 중화학산업을 했으면 좋겠다고 얘기해본 적이 한 번도 없어요. 정부에서 나한테 떠맡기다 보니까 수의계약이 된 거지요. 그리고 경제발전을 하려면 정부와 기업들이 합심해서 잘해야 돼요. 합심해서 노력하는 걸 놓고 '정경유착'이라고 매도하면 안 됩니다. 그런 얘기들이 다 "장사꾼이면 그렇게 안 할 텐데…"라고 생각하니까 나오는 거예요. 장사꾼이 돈만 바라보고 일한다고 생각하는 사람들 수준에서는 전혀 이해할 수 없는 일이지요.

신장섭 그러면 정치자금이나 통치자금을 박 대통령에게 제공한 것이 전혀 없었습니까?

김우중 박 대통령께서 나를 아들처럼 아껴주셨지요. 나를 '김 사장'이나 '김 회장'이라고 부르지 않고 '우중아'라고 부르셨으니까요. 나도 박 대통령을 아버님처럼 생각했고요. (김 회장의 부친은 6·25전쟁 중 공산군에게 끌려가 실종됐다.) 박 대통령께 내가 부탁한 것이 실질적으로 하나도 없었어요. 아버님 같은 분에게 그런 (부탁하는) 사람으로 보이기 싫었고요. 중간에 그런 말 들어가면 혼날 거라는 생각을 하기도 했고…. 박 대통령께 돈 십 원 갖다 준 게 없어요. 만나러 갈 때 선물 하나 갖고 간 적도 없으니까요.

박 대통령이 나를 아껴줬던 건 내가 수출 많이 하고, 중화학산업 부실 처리하고, 여러 가지 아이디어를 드리니까 그런 거예요. 세수(稅收)가 부족하다고 하길래 갑근세(갑종근로소득세)를 도입하는 아이디어를 낸 적도 있어요. (박 대통령이) 나를 불러서 배석자 없이 오래 얘기를 나누는 적이 많았으니까 모르는 사람들이 오해하는 거지요.

신장섭 박 대통령은 정치자금을 요구하지 않았어도 다른 권력자들이 정치자금을 요구하지는 않았습니까?

김우중 오히려 그 사람들이 나를 만나 얘기를 들으려고 했지요. 점심이나 저녁 식사 함께 하자고 연락이 오고…. 박 대통령과 나 사이에 어떤 얘기가 오갔는지, 박 대통령이 무슨 생각을 하는지 궁금했을 겁니다. 상식적으로 생각해보세요. 그 사람들이 어떻게 나에게 정치자금을 요구하겠어요? 박 대통령이 그 사람들에게 시켰으면 몰라도 (내가 박 대통령을 그렇게 자주 만나는데) 박 대통령 모르게 나한테 정치자금을 요구하는 건 있을 수 없는 일이지요.

4. 중화학산업 투자조정과 한국중공업 포기

신장섭 한국의 경제발전 과정을 평가할 때에 1970년대 중화학산업화를 보는 시각이 극(極)에서 극을 달립니다. 1970년대에 중화학산업화를 벌였던 관료들이나 산업정책에 대해 호의적으로 보는 학자들은 중화학산업화가 한국 경제기적의 원동력이었다고 봅니다. 반면, 1980년대에 새로

이 경제정책을 담당했던 관료그룹이나 이들을 지지하는 학자들은 1970년대에 한국이 과잉중복투자를 했고 1980년대 초반 안정화 정책을 잘 펼쳤기 때문에 한국경제가 성공했다고 말합니다. 1997년에 한국 금융위기가 벌어졌을 때에도 비슷한 논쟁이 반복됩니다. 1990년대에 한국 기업들이 세계화 투자를 적극적으로 했어야 한다고 생각하는 측과 그것을 '과잉투자'로 규정하고 '구조조정' 해야 한다는 측의 주장이 크게 엇갈립니다.

(한국 정부의 경제정책은 1978년 제2차 석유파동이 나면서 크게 방향을 바꾼다. 수출 경기가 악화되고 제조업체들의 설비가동률이 크게 떨어졌고 인플레가 벌어지면서 금리가 치솟았기 때문이다. 해외채무 상환도 갈수록 어려워졌다. 정부는 1979년 5월 제1차 중화학 투자조정 조치를 발표했다. 그해 10월 박정희 대통령이 사망하고 신(新)군부가 들어서면서 중화학 투자조정에 가속도가 붙었다. 전두환 대통령이 이끄는 제5공화국은 '경제안정화'를 핵심 정책으로 내걸고 중화학 투자조정 대책을 잇따라 내놓았다. 이에 따라 한국기계, 새한자동차와 옥포조선은 대우그룹이 인수하자마자 투자조정의 도마 위에 올랐다.)

김우중 1997년에 한국이 금융위기를 당했을 때에도 우리가 이미 설비투자를 많이 했고 그 설비가 풀(full) 가동됐으니까 극복했지, 그렇지 않았으면 어떻게 그렇게 빨리 회복할 수 있었겠어요? 관리나 학자들이 눈앞에 닥친 일만 쳐다보니까 중화학 투자가 잘못됐다고 생각하는 거지요. 2~3년 후만 내다봐도 얘기가 크게 달라져요. 1970년대에 창원 공장 투자도 그렇고, 발전설비도 그렇고… 조금만 멀리 보면 되는데…. 나는 그걸(중화학산업화를) 부정적으로 생각하는 사람들과 앉아서 얘기도 들어보고 내가 보고 느낀 것들을 얘기해주면 좋겠어요. 그걸 하면 그 사람들 백 번 정신 바짝 차릴 거예요.

신장섭 그런데 신기한 것은 1980년대에 만들어진 정부 보고서나 정책자료들이 중화학산업화에 부정적이다 보니, 그전부터 한국의 중화학산업화에 대해 부정적으로 생각하던 국제기구, 외국 학자들이 그걸 인용하면서 자신들의 주장을 합리화해나갔습니다. 예를 들어 동아시아 경제기적을 논의할 때에 제일 많이 인용되는 《동아시아의 기적(The East Asian Miracle)》이라는 세계은행(World Bank) 보고서는 1970년대 한국의 중화학산업화에 대해 실패작으로 평가합니다.[9]

그런데 이 보고서는 1993년에 출간됐으면서도 1990년대 초반까지 한국의 중화학산업화가 생산이나 수출에서 얼마나 진전됐는지는 따져보지도 않았습니다. 실패의 근거로 단지 제시하는 것이 한국개발연구원(KDI)과 세계은행이 1980년대 중반까지만의 상황을 보고 내놓은 자료들입니다. 중화학산업이 초기 대규모 투자로 고전하고 있을 때였습니다. 1987년부터 '3저 호황'이 오기도 전이었고요. 그런데 세계은행 보고서가 이렇게 한국의 중화학산업화가 실패라고 규정지으니까, 한국경제에 관해 글 좀 쓴다는 국내외 학자들이 이 자료를 계속 인용하면서 자기들도 한국의 중화학산업화가 실패라고 주장합니다.

김우중 그러니까 학자들이 제대로 연구하고 얘기해야 합니다. 세상 돌아가는 것 모르고 책에 있는 얘기만 무책임하게 하면 안 돼요.

신장섭 중화학 투자조정 과정을 대우와 관련해서 살펴보지요. 정부가 경제안정화 시책을 추진하면서 주요 중화학산업을 구조조정 하는 작업을 벌입니다. 이 과정에서 특히 대우그룹과 현대그룹 간에 치열한 경쟁이 벌어지고, 합의됐던 것들이 뒤집어지는 일도 벌어지는데요….

김우중 핵심이 발전설비와 자동차산업이었어요. 발전설비 부문은 정주영 현대그룹 회장의 바로 아래 동생인 정인영 씨가 하던 현대양행 처리가 제일 큰 문제였어요. 창원에 대규모 공장을 짓고 있었는데 완성하지 못하고 자금난에 빠졌으니까요. 경쟁체제가 되면서 전반적인 과잉설비 문제도 있었고요. 자동차 부문도 투자를 많이 해야 하는데 여러 회사들이 좁은 시장에서 경쟁하고 있어서 돈을 벌지 못하고 있었고…. 정부가 일원화 방침을 정하고 발전설비와 자동차를 현대그룹과 대우그룹 간에 누가 맡게 할 건지를 정해야 했어요. 당시 정부는 둘이서 잘 얘기해서 조정하라는 입장이었어요. 그래서 '나는 젊고 정 회장님이 선배이시니 먼저 고르십시오. 나는 남는 것을 하겠습니다'라고 했어요. 나는 속으로 현대가 발전설비를 할 거라고 생각했어요. 발전설비가 일원화되면 굉장히 좋다는 것을 건설업체들은 잘 아니까요. 돈을 많이 벌 수 있고…. 그런데 정 회장이 엉뚱하게 자동차를 잡더라고요. 그래서 내가 현대양행을 맡게 됐어요.

(발전설비 부문은 1977년에 현대양행이 IBRD 차관을 도입하면서 사실상 일원화체제가 됐지만 정부가 곧 다른 그룹들의 참여를 허용하면서 1978년에 현대중공업, 대우중공업, 삼성중공업도 참여하는 4원화체제로 바뀌었다. 그리고 1979년 5월에는 현대중공업과 현대양행을 묶고, 대우중공업과 삼성중공업을 묶는 이원화체제로 바뀌었다. 정부는 그 직후인 6월 "현대중공업이 증자를 통해 현대양행을 흡수·통합하여 정주영 회장이 현대양행 창원 공장의 건설과 운영을 책임진다"는 방침을 통보했고, 9월에

는 '선통합후정산'을 원칙으로 하는 양도양수합의서에 정인영 회장과 정주영 회장이 서명했다.[10] 한편 자동차 부문은 현대자동차, 새한자동차(대우), 기아자동차 등이 경쟁하고 있었다. 1980년 8월 국가보위비상대책위원회(국보위)는 발전설비와 자동차산업 일원화 방침을 정하고 자동차는 현대그룹으로, 발전설비는 대우그룹으로 일원화한다고 발표했다.[11]

신장섭 여기에 대해 현대그룹 쪽의 얘기는 많이 다릅니다. 정주영 회장은 창원중공업 발전설비가 앞으로도 많은 투자가 필요한 상황이어서 자동차를 하고 싶었다고 합니다. 그런데 새한자동차 주식의 50%를 갖고 있는 GM이 정부안대로 주식을 내놓을지 불확실했다고 합니다.[12]

김우중 그러면 자동차를 짚지 말았어야지….

신장섭 정주영 회장은 그래서 그걸 확인하려고 서울의 모처에서 당시 전두환 국보위 상임위원장(추후 제11, 12대 대통령)과 따로 만났는데, 배석한 금진호 국보위 상공분과위원장(추후 상공장관 역임)이 '이미 GM의 양해를 받아 결재까지 했다'고 얘기를 해서 '책임지겠냐'라고 다짐을 받고 자동차를 택했다고 합니다.[13]

김우중 그러면 된 거지요. 나는 처음 듣는 얘기인데….

신장섭 정주영 회장은 그런데 GM이 권리를 포기하지 않아서 결과적으로 현대그룹이 현대양행만 넘겨주고 새한자동차는 대우그룹에 그냥 남게 됐다고 합니다.

김우중 자동차를 정말 하려고 했으면 GM에 제대로 값을 쳐주고 사겠다고 했어야지요. 노력도 안 하고…. 돈 조금 더 주면 해결되는 거예요. 그건 당연히 그쪽(현대그룹 쪽)에서 해결해야 하는 문제이지요. 그리고 당시 정주영 회장과 정인영 회장 사이가 나빴어요. 현대그룹이 현대양행에 약속한 자금 지원을 해주지 않았거든요. (1979년 5월에 단행된 제1차 중화학 투자조정 조치에서 현대그룹은 현대양행의 재무구조 개선을 위해 증자하기로 되어 있었다.) 정인영 회장은 현대양행을 오히려 우리가 가져가기를 바랐어요. 그건 현대그룹 것이 아니라고요. 별도의 회사이지…. 나는 정인영 회장을 만나서 같이 경영하자는 얘기도 했어요. 그러니까 정인영 회장은 나보고 잘만 경영해 달라고 했어요. 정주영 회장은 나와 합의한 뒤 나중에 딴소리를 한 게 여러 차례예요. 처음에는 둘이서 말로만 하니 증거가 없잖아요? 그래서 그 다음에 만날 때는 우리와 그쪽 전문경영인을 대동하자고 했어요. 현대 쪽에서 이명박 사장(당시 현대건설 사장. 나중에 서울시장을 거쳐 제17대 대통령이 된다.)이 왔고 우리 쪽에서는 최명걸 사장(당시 대우그룹 기조실장)이 왔어요. 그런데 네 명이 합의하고 사인까지 했는데도 3~4개월 지나면 이명박 사장이 찾아와요. '한 번만 양해해달라'는 거예요. 그래서 내가 두세 번은 봐줬을 겁니다.

(당시 현대그룹과 현대양행의 관계에 대해 정인영 회장은 자신의 회고록에서 다음과 같이 밝힌다.

"세간에는 현대양행을 현대그룹의 계열사로 인식하는 일이 많았다. 그러나 이때의 흡수통합 과정이 노정되면서 사람들은 비로소 현대양행이 정인영 혼자의 힘으로 세우고 키워온 회사라는 것을 인식했다. 정부의 이원화 조치에 따라 자본참여나 법적절차 없이 창원 공장을 인수한 현대중공업은 약속과는 달리 공장 건설을 위한 별다른 노력을 보이지 않았다. 정부도 지원을 미루고 있었다."[14]

신장섭 대우그룹은 일원화 조치에 따라 현대양행을 인수해서 야심적으로 정상화를 추진하다가 중도에 포기합니다. 어떻게 됐던 겁니까?

김우중 내가 직접 초대사장으로 가서 회사 이름도 한국중공업으로 바꿨어요(1980년 8월). '제대로 하겠다' 이런 맘 먹고 '전문경영인으로 왔다'고 얘기했어요. 대우에서 갖고 있던 직함 다 내려놓고 그때까지 보유한 개인재산도 다 사회에 환원한다고 했어요.

(김우중 회장은 그해 8월 29일 기자회견을 통해 새한자동차, 대우빌딩 및 방계회사 부동산을 매각해 1,000억 원을 마련한 뒤 한국중공업에 투입해서 정상화에 최선을 다하겠다고 발표했다. 이와 함께 개인 자택을 제외하고 200억 원에 달하는 사유재산 전부를 사회에 환원하겠다고 밝혔다.[15]

그때는 우리(대우중공업)가 엑스커베이터(excavator, 굴삭기)를 개발하고 코마츠(Komatsu), 캐터필러(Caterpillar) 같은 회사와 경쟁하고 있던 때였어요. 디젤엔진도 우리 엔진을 넣었으니까 기술에서 자신이 있었어요. 건설기계공장은 인수하면 (대우그룹의 다른 사업과) 다 연계되는 것이니까요. 발전소도 우리가 그동안 건설에 많이 참여했었으니까 잘할 수 있다고 생각했어요.

신장섭 그런데 발전소 건설 능력은 어떻게 확보하고 있었던 겁니까?

김우중 발전설비는 우리가 모범적으로 하고 있었어요. (경제개발 초기에는) 화력발전소를 미국과 일본 회사들이 건설했는데 발전 킬로와트

(kw)당 800~1,000불을 줘야 했어요. 그런데 내가 박정희 대통령 구라파 출장에 동행했을 때 스위스의 출장에 동행했을 때 스위스의 브라운보베리(BBC, 이후 스웨덴의 ASEA와 합병하여 ABB로변경) 독일 보일러 회사 등을 만나서 계산해보니까 (발전 킬로와트당) 원가를 300불 정도 들이면 할 수 있을 것 같았어요. 돈 번다는 생각보다 우리나라가 그 많은 발전소를 지으면서 외국 업체에 비싸게 맡기면 다 빚지는 것이고 외화가 나가는 것이니까…. 당시는 미국과 일본 업체들이 한국 발전설비시장을 완전히 잡고 있었어요. 그걸 깨면 전체적으로 발전소 건설 단가를 낮추고 나라빚도 늘지 않게 되는 거지요. 순전히 모델케이스로 하려고 했어요.

그래서 정부에 그 제안을 했더니 당시 장덕진 경제기획원 차관이 의기투합해서 하자고 해요. 40만 킬로와트짜리(당시는 30만 킬로와트가 기본) 3개를 한꺼번에 턴키(turnkey)로 받아서 이익을 10~15% 정도만 붙이는 선에서 하기로 했어요(울산화력발전소 4, 5, 6호. 1979~80년 완공). 성공적으로 건설하고 따져보니 원가가 300불 좀 넘었고 정부에서 킬로와트당 350불로 계산해서 대금을 줬어요. 그러고 나니까 미국, 일본 업체들도 단가를 킬로와트당 500 내지 600불로 확 다 내려요. 그래서 외화 세이브(save, 절약) 한 것만 해도 엄청날 겁니다. 울산화력발전소는 지금도 이피션시(efficiency, 효율)가 제일 좋아요. 그 다음에 지은 화력발전소 중에서도 그것만큼 잘 돌아가는 것이 없어요.

신장섭 그런데 왜 한국중공업을 갑자기 그만뒀습니까? (김 회장은 한국중공업 사장에 취임한 지 3개월 만인 1980년 12월 한국중공업을 포기한다.)

김우중 정치적으로 문제가 커질 것 같았어요. 한국전력은 그동안 발전과 엔지니어링을 함께 했는데 일원화 조치로 발전만 하게 되면서 엔지니어링에서 일거리가 없어졌어요. 건설업자들도 발전소 건설이 돈 많이 남는 건데, 그게 한국중공업으로 일원화되면서 (돈 벌 기회가) 날아가버렸어요. 현대는 자동차를 잡고도 발전사업에 다시 들어오려 한다는 소문이 돌고…. 이 사람들이 뒤에서 여론을 만들고 난리를 일으킨 거지요. 대우가 정권과 가까워서 온갖 특혜를 누린다고…. 언론에서도 왜곡된 보도가 계속 나오고…. 다 합의했고 거기에 따라 정부정책이 결정됐는데 따른 생각은 하지 않고 한전과 현대가 계속 문제를 일으켰던 거지요.

그때 내가 계속하겠다고 버텼으면 그만두라고 할 사람이 없었지요. 그런데 아무리 회사에 이익이 된다 해도 특혜니 정경유착이니 하는 얘기가 계속 나오면 정치문제가 돼서 곤란하겠다 생각했어요. 어찌 됐든 정치가 안정돼야 하고 정치가 잘못되면 나라에 안 좋으니까요. 나야 해외에 나가서 돈 벌면 되지, 왜 국내에서 이렇게 싸우고 있나 하는 생각도 들었고요. 남들은 내가 무슨 결정을 하면 특별한 이권이나 관계가 있어서 하는 것 아니냐고 오해해요. 자기들이 국익 차원에서 문제를 보고 행동하지 않으니까 그런 거지요.

신장섭 보통 한국중공업의 이권이 컸다는 얘기는 없고 대우가 인수한 뒤 부실을 감당할 자신이 없으니까 버리고 나갔다고 얘기가 나옵니다.

김우중 자동차 넘겨주고 받는 돈으로 투자해서 내가 옥포조선 때처럼 붙어서 경영하면 잘되지 않았겠어요? 돈 많이 벌겠다고 생각한 적이 없었어요. 나는 당시 한국 기업이 전문경영인체제로 가는 절호의 기회라고 봤어요. 그래서 그때 (한국중공업 사장) 취임 기자회견에서 사적인 이익을 버리고 공인의 마음으로 전문경영인을 하겠다고 말했어요. 원칙적으로 잘하면 흑자 낼 수 있어요. 명예가 더 중요하지. 돈이야 언제든지 벌 수 있는데….

신장섭 그때 한국중공업을 포기한 것에 대해 후회한 적은 없습니까?

김우중 내가 만약 (한국중공업을) 계속 했으면 발전설비 수주 할 때 이익이 너무 많이 나지 못하도록 했을 겁니다. 전기는 국민들이 다 쓰는 건데, 거기서 이익 많이 보면 안 돼요. 그러면 전기료도 덜 올랐을 테고 국가가 이익 보는 거지요. 그렇지 않고 비싸게 하니까 돈이 다 새고 그 돈으로 뒷거래가 이루어지는 겁니다. 장사 차원에서 보면 (내가 하는 것을) 이해 못하는 거지…. 나는 국가가 골치 아픈 것을 해결해준다는 생각으로 했어요. (특정 사업을) 우리가 꼭 해야 한다고 생각하지 않았어요.

정부가 석유공사를 민영화할 때(1980년) 나에게도 인수 제의가 들어왔어요. 그때 나는 '석유가 쌀 같은 것이고, 국회도 있고 한데 그걸로 어떻게 돈을 벌 수 있느냐'고 했어요. 값을 올려야지 돈을 버는 건데, 내가 이익 보겠다고 그런 생필품값을 어떻게 마음대로 올리겠습니까? (나에게는) 업종 자체가 못 하는 거였어요. 그래서 '못 한다'고 했지요.

(한국중공업을 포기한 뒤 김우중 회장은 1년에 평균 200일 가까이 출장 나가 있을 정도로 해외사업에 매진한다. 그 와중에 대북특사 일도 하고, 대우조선 정상화 때문에 급히 귀국해서 2년가량 옥포에 머물렀지만 그의 관심은 계속 해외로 향해 있었고, 이것이 그 후 대우의 '세계경영'으로 발전한다. 2장 참조)

| 주 |

1 UNCTAD(1997).
2 당시 보세(保稅)가공을 통한 수출은 있었다. 그렇지만 직수출은 김 회장이 한 것이 한국 최초였다.
3 1986년 한 월간지와의 인터뷰. 《월간조선》 2002년 2월 호 "인간 김우중 재조명"에서 재인용.
4 쌍용과 삼성이 1974년에 함께 종합무역상사로 지정받았다. 공동 1위이다.
5 대우그룹(1997).
6 대우그룹(1997).
7 김우중(1989, 113쪽).
8 대우그룹(1997).
9 World Bank(1993).
10 정인영(2007, 246~261쪽).
11 국보위는 10·26사태 이후 전두환 당시 보안사령관이 이끄는 신군부가 통치권을 확립하는 과정에서 1980년 5월 31일부터 만들어 운영한 임시통치기구이다. 1981년 4월 11일, 제11대 국회가 출범하면서 국보위는 166일 만에 해체된다.
12 정주영(1991, 186~190쪽).
13 정주영(1991, 186~190쪽).
14 정인영(2007, 254~256쪽).
15 《매일경제》 1980년 8월 29일 자.

아프리카 공략, 국제 중재인, 그리고 '세계경영'

1980년대는 한국의 격동기였다. 1970년대에 중화학산업화를 거치며 한국 현대경제의 토대가 만들어졌지만 한국은 곧바로 닥친 세계경제 불황으로 오랫동안 어려움을 겪어야 했다. 비슷하게 산업화를 진행했던 중남미 국가들은 1980년대 초부터 외채위기에 빠지고 '잃어버린 10년(lost decade)'을 겪는다. 그렇지만 한국은 힘든 기간을 잘 이겨내고 1987년경부터 '3저(低) 호황'을 맞는다. 그리고 1990년대부터 중화학산업 투자의 과실(果實)을 본격적으로 거두어들이기 시작한다. 다른 개발도상국의 경험과 '동아시아의 경제기적'이 결정적으로 차별화되는 시기이다.

한국은 1980년대에 정치적 격변도 함께 겪는다. 1979년 '10·26사태'로 박정희 대통령이 사망하고 '민주화의 봄'이 잠시 왔지만 1980년 5월 '광주사태'로 '신군부'가 전면에 등장하며 권위주의체제로 복귀한다. 잠재됐던 민주화 열기는 1987년 전두환 대통령이 소위 '체육관 선거'로 당시 노태우 민주정의당 대표에게 정권을 넘겨주려고 할 때 다시 폭발했다. '6월 항쟁'이라고 불리는 민주화 요구가 전국적으로 벌어졌고, 노태우 대표는 '6·29선언'을 통해 대통령 직선제를 받아들인다. 이후 한국은 민주화의 길에 본격적으로 들어서게 되고 정치체제뿐만 아니라 노사관계에서도 대격변을 겪는다.

대우그룹은 1980년대에 이런 소용돌이의 한복판에 놓였다. 중화학 투자조정의 주 대상이 되면서 '부실'의 책임을 져야 하는 상황에 몰렸다. 김 회장은 투자조정을 둘러싼 논란이 정치불안으로 전개될 것을 우려해서 한국중공업을 포기한다(1장 4절 참조). 대신 돌파구를 해외시장에서 찾았다. 특히 아프리카시장에 선구적으로 뛰어들면서 새로운 신화(神話)를 만들어냈다. 적자가 계속되던 중화학업체들을 계속 끌고 나갈 수 있었던 자금력의 상당 부분은 아프리카에서의 성공이 뒷받침해줬다.

아프리카 진출은 대우그룹 성장의 새로운 이정표라고도 할 수 있다. 김 회장은 "직원들 중에서 제일 머리 좋고 일 잘하는 사람들을 아프리카로 보냈다"라고 말한다. 이들이 아프리카를 개척하면서 단련되고 능력을 쌓았던 것이 대우가 1990년대에 '세계경영'을 추진하는 인적 기반이 됐다. 또 아프리카에서 시도한 전략과 조직이 '세계경영'의 전략과 조직으로 발전했다. 대우의 아프리카 진출과 성공에 관해 김 회장과 나눈 대화를 간추려보았다. 김 회장이 리비아에서 카다피와 미국 정부 간에 '국제 중재인' 역할을 했던 비사(秘史)와 함께, 이를 통해 대우가 국제 석유거래의 큰 손으로 떠오르는 과정도 다루었다(2장 1절과 2절).

아프리카시장을 개척하고 전 세계에서 각종 사업으로 바쁜 와중에서도 김우중 회장은 남북관계 개선의 산파 역할을 맡는다. 일반적으로는 신시장 개척에 앞서 나간 김 회장이 '세계에서 마지막 남은 시장'을 열기 위해 북한에 드나들었다고 알려져 있다. 그러나 김 회장의 진짜 관심은 남북관계 개선 자체에 있었던 것 같다. 북한시장 개척은 그 수단인 측면이 많았다. 그래서 그는 이때 이미 동북3성 진출 전략까지 구체적으로 구상한다(6장 6절 참조). 그동안 베일에 가려져 있던 김 회장의 남북교섭 막전막후(幕前幕後) 이야기를 들어보았다. 김 회장은 대북특사로 일하며 남북기본합의서를 만들어내고 뒤이어 노태우 대통령과 김일성 주석 간 정상회담을 거의 성사시켜놓았다. 일반적으로 카터 전 미국 대통령이 중재했던 것으로 알려져 있는 김영삼-김일성 정상회담 합의에도 김 회장이 중요한 역할을 했다(2장 3절).

한편 1987년부터 본격적으로 진행된 한국사회의 정치적 격변은 김 회장과 대우그룹에 커다란 시련으로 다가왔다. '6·29선언' 이후 전국 주요 사업장에 잠재해 있던 노사분규가 폭발했기 때문이다. 1987년 7월 초부터 9월 말까지 3개월 동안 1,100여 개 노동조합이 새로 설립됐고, 노동쟁의가 3,300여 건, 하루 평균 40건 가까이 발생했다. 대우그룹의 주요 사업장에서도 격렬한 노사분규가 벌어졌다. 대우가 대우조선, 대우자동차, 대우중공업 등 중화학산업에서 대규모 인력을 고용하는 작업장을 많이 갖고 있었기 때문이다.

그중 대우조선의 노사분규는 전국에서 가장 극심한 형태로 전개된다. 1987년 8월 8일 노사분규가 벌어지고 상황이 악화되면서 대우조선은 8월 21일 무기한 휴업을 발표한다. 이에 대해 노조원들이 항의하는 과정에서 한 기능직 사원이 사망한다. 노사 간에 서둘러 협상을 타결했지만, 노사분규는 이듬해에 더 격렬하게 터진다. 1988년 4월 1일 근로자들은 총파업 결의대회를 하고 조합원 한 명이 분신자살을 기도한다. 대우조선은 4월 11일 직장폐쇄를 신고한다. 해외사업에 몰두하고 있던 김우중 회장은 급거 귀국한다. 그 후 2년가량 김 회장은 대우조선 경영 정상화에 매달린다. 대우조선 사태에 대해 어떻게 생각하는지, 어떻게 정상화를 달성했는지 등에 대해 대화를 나누었다(2장 4절).

김우중 회장이 대우조선 정상화에 매달리던 1980년대 후반부터 1990년대 초반까지 세계경제의 화두(話頭)는 블록(bloc)화였다. 유럽공동체(European Community)는 1986년 유럽연합(European Union)으로 이행할 것을 합의한 뒤 1992년 마스트리흐트조약을 체결하며 EU를 완성한다. 미국은 이에 대응해서 1992년 캐나다, 멕시코와 북미자유무역협정(NAFTA)을 체결한다. 남미 국가들은 1995년 남미공동시장(메르코수르, MERCOSUR)을 발족시켰다.

대우그룹이 1990년대에 추진한 '세계경영'은 이러한 국제적 맥락에서 이해할 수 있다. 세계시장에서 활약하던 대우그룹은 다른 누구보다도 빨리 블록화 움직임을 예민하게 느꼈고 여기에 대응하는 경영체제를 갖추려고 했다. 김우중 회장은 블록화 대응을 기업 차원만이 아니라 국가 차원에서도 강조했다. 역설적이게도 대우의 블록화 대응은 경영의 세계화를 더 급속히 촉진시켰다.[1] 대우는 특히 1980년대 후반 이후 소련, 동구권 등 사회주의권이 무너지고 중국도 개방으로 나서는 세계적인 체제 변화에 주목했다. 그동안 아프리카 등에서 신흥시장 개척의 노하우와 역량을 쌓은 대우 입장에서는 이를 적극 활용 할 수 있는 새로운 신흥시장이 거대하게 열린 것이다. 이 과정에서 대우그룹의 마지막 퍼즐이었던 자동차 부문이 엮여 들어갔다. 그리고 전체를 묶는 큰 그림이 '세계경영'으로 그려졌다. 김 회장에게 대우 세계경영 추진의 배경과 전략, 실제에 대해 들어보았다(2장 5절).

1. 아프리카의 '세계경영' 전초전
— 수단 진출과 사회주의권 첫 수교(修交)

신장섭 1970년대에는 한국도 경제개발을 시작하는 신흥국이었고, 아프리카는 경제발전의 관심권 밖에 있는 오지(奧地)였습니다. 아프리카에는 한국이 외교관계를 맺고 있는 나라들도 많지 않았고요. 아프리카에 대해서 무슨 생각을 하고 어떤 사업을 벌인 겁니까? 경쟁자가 없는 시장을 선점하려 한 것이라고 할 수 있습니까?

김우중 그렇다고 할 수 있지요. 선진국에서는 마케팅이 어려워요. 이미 시스템이 되어 있어서 (우리같이 개발도상국의 새로운 기업들이) 뚫고 가기 쉽지 않은 거지요. 신흥시장도 이미 일본 기업이나 화교가 많이 나가 있는 곳은 뚫고 들어가기 어려워요. 그렇지만 다른 곳은 더 빨리 갈 수도 있어요. 그런 장벽이 거기에는 없으니까요. 선진국 사람들은 아프리카에서 웬만하면 못 살아요. 몸이 벌써 고급화돼서 그런 어려운 것 못 견디는 거지요. 일본 사람들도 우리보다 먼저 (아프리카에) 나갔지만 견디지 못했어요.

신장섭 한국 사람들은 당시 '헝그리 정신(hungry spirit)'이 있었으니까 오히려 아프리카에서 경쟁력이 있었다는 얘기네요.

김우중 맞는 말이지요. 그렇지만 그것만으로는 부족해요. 아무리 못사는 나라 사람이라도 아프리카 같은 곳에 가서 근무하는 것을 좋아하지는 않지요. 힘들어도 해야겠다, 이겨내겠다는 생각이 들어야 합니다. 대우의 사훈(社訓)이 창조, 도전, 희생이에요. 비약적으로 변화하려면 희생을 해야 합니다. 그래서 직원들 중에서 제일 머리 좋고 일 잘하는 사람들을 아프리카에 보냈어요. 3년 동안 거기서 열심히 하면 그 다음에 (자기가) 가고 싶은 곳을 골라 갈 수 있도록 하고 진급도 빨리 시켜주고, 인사정책을 그렇게 했어요. 그러니까 아프리카에 발령 내면 못 나가겠다는 사람이 단 한 명도 없었어요. 자기들도 나같이 오지에 다녀야 한다는 것을 아니까…. 대우에서 크게 된 사람은 다 아프리카에 한 번씩은 갔다왔어요. 물론 풍토병 걸려서 고생한 사람들도 있지만 너 나 할 것 없이 긍지를 갖고 일했어요.

신장섭 아프리카시장 선점 전략이라고 세운 것이 있었습니까?

김우중 처음부터 전략이라는 것을 세웠다고는 할 수 없고… 감각적으로 하는 거지요. 일찍부터 우리 직원들이 아프리카에 물건을 팔러 다녔어요. 그래서 정보는 계속 듣고 있었지요. 그때 아프리카에는 '갈 수 있는 나라'와 '갈 수 없는 나라'가 있었어요. 자본주의권이라서 직원들이 오가는 데 제약이 없는 나라들은 그냥 장사를 하면 되는 거였고…, 사회주의권이고 국교가 없어서 갈 수 없는 나라들은 먼저 사람을 보내 (장사할) 가능성이 있나 조사를 시켰어요. 가능성이 보이면 (그 나라) 산업장관 등 중요한 사람들을 초청해서 한국을 방문하도록 하고, 그 사람들 얘기를 들어보고 괜찮으면 내가 직접 가는 거지요. 가서 대통령도 만나고…. 정치적 문제가 없나 봐야 하니까요. 대통령이 똑똑해야 나라가 커질 것 아니겠어요? 나라가 커져야 장사도 많이 할 수 있을 테니까요. 가서 다른 사람들에게 (대통령에 대한) 평도 들어보고….

신장섭 그래도 아프리카를 전부 한꺼번에 들어갈 수는 없는데, 어디를 먼저 들어갈지는 선택을 해야 하는 것 아닙니까?

김우중 기본 전략이 뭐 복잡할 게 있겠어요? 일단 제일 큰 땅, 제일 인구 많은 나라, 제일 돈 많은 나라부터 들어가자는 것이 목표였지요. 그게 수단(큰 땅), 나이지리아(많은 인구), 리비아(많은 돈)였어요. 이 나라들 진출에 성공하면 딴 데는 부수로 따라올 것이고…. 남아프리카공화국은 자원이 많은데 생션(sanction, 경제제재)으로 리스크가 있지만 잘하면 될 수 있겠다고 별도로 생각했어요.

신장섭 수단에서 제일 먼저 큰 성공을 거두는데, 어떻게 들어간 겁니까?

김우중 처음에는 수단에 타이어를 수출했어요. 아시아와 중동에서 타이어를 팔다가 자신감이 생기니까 수단에도 팔았던 거지요. 수단과 수교가 가능할 것처럼 보여서 정부에 얘기하고 정부 쪽 실무자와 같이 들어갔어요. 우리한테는 비자를 받는 게 중요했어요. 장사라는 게 편지만으로 되는 게 아니잖아요? 들어가서 사람도 만나고, 또 살아보기도 해야 하는데 거기는 북한대사관이 있는 나라니까 우리에게 비자를 주지 않았어요.

(대우의 필요는 당시 한국 정부의 필요와 잘 맞아떨어졌다. 아프리카는 사회주의권 비동맹국가들이 대부분이었고 북한은 이 지역을 선점하고 있었다. 당시 수단 진출에 간여했던 한 대우 임원은 "아프리카에서는 한국을 국가 취급도 하지 않고 있던 상황"이라고 말한다. 국제연합(UN)에서 북한과의 표 대결을 항상 의식하고 있던 한국 정부 입장에서는 아프리카 국가들과 외교관계의 물꼬를 트고 이들의 지원을 얻어내는 것이

절실하게 풀어야 하는 외교 현안이었다.)

신장섭 들어가서 수단 정부에 어떻게 얘기했습니까?

김우중 우리가 투자도 하고, 당신네 제품을 마케팅 해서 해외에 제값 받고 팔아주고, 국내에서 필요한 것들이 있으면 들여오겠다고 했어요. 그래서 서로 합의해서 바로 영사관계를 수립하기로 했어요.

(김 회장 일행은 1976년 4월 수단 측 장관 3명이 있는 가든파티에 초청됐다. 장관들은 한국이 중국과 북한의 적대국이어서 수교할 수 없고 경제관계를 터놓고 할 수도 없다면서 "부크라 부크라(다음에)"라는 말만 했다. 그러나 대통령궁과 계속 접촉한 결과 누메이리(Gaafar Mohamed el-Numeyri) 대통령이 김 회장을 접견하고 싶다는 연락이 왔다. "화기애애하게" 회담이 진행됐고 4월 21일 누메이리 대통령은 한국과 수단의 영사관계 수립 문서에 정식으로 서명했다.[2])

신장섭 도대체 무슨 얘기가 오갔길래 수단 정부가 그렇게 태도를 전격적으로 바꿨습니까?

김우중 누메이리 대통령은 아프리카연합기구(Organization for African Unity, OAU) 정상회의가 1978년에 수단에서 개최되는 것을 앞두고 영빈관을 건설하고 싶어 했어요. 우리가 건설해주겠다고 했지요. 수단에서 나는 원면을 대우가 구입해주겠다고도 하고…. 거기 솜이 퀄리티(quality, 품질)는 좋은데 허니듀(honeydew)가 묻어 나와 바로 쓰기가 힘들었어요. 그렇지만 우리가 잘 가공하면 수출할 수 있다고 생각했어요. 그리고 타이어

공장을 지어주겠다고 얘기했지요. 수단 타이어공장은 우리나라에서 최초로 플랜트를 해외에 수출한 사례입니다.

신장섭 1976년이면 한국 내에 짓는 타이어공장도 외국 업체들이 할 때였는데 어떻게 해외에 공장을 짓겠다는 생각을 했습니까?

김우중 타이어 장사를 해봤으니까 가능하다고 생각한 거지요. 수단은 자기네 타이어공장이 없어서 타이어를 수입하고 있었어요. 그 덥고 험한 사막에서 자동차들이 다니면 타이어가 금세 소모돼요. 타이어를 금방금방 바꿔줘야 하니까 타이어공장을 만들면 잘될 수밖에 없어요. 플랜트 설비야 어디서 소싱(sourcing) 하는지 알고 있었고, 한국기계에서 설비를 갖고 갈 수도 있을 테고….

신장섭 그 타이어공장은 당시 수단에서 최대 규모 공장이고, 수단 정부는 공장이 성공적으로 가동된 날(1980년 5월 29일)을 '한국의 날'로 선포합니다. 누메이리 대통령은 수단에서 외국인에게 주는 최고 훈장인 '투 나일스(Order of the Two Niles)'를 김 회장님에게 수여합니다.

김우중 타이어공장 건설은 수단에 굉장히 뜻깊은 것이었어요. 국내에서 필요한 타이어를 값싸게 공급한 것도 있지만 수출까지 할 수 있었으니까요. 홍해만 건너면 이집트인데 (타이어를) 배에 실어 보내면 '수단 타이어가 이집트에 수출된다'라고 수단 정부와 국민들에게 긍지를 심어줄 수 있었거든요. 모자라는 외화도 물론 벌어들일 수 있었고요.

신장섭 대규모 타이어공장을 짓는 데 돈이 많이 들었을 텐데, 자금은 어떻게 조달했습니까?

김우중 수단 정부로부터 타이어공장을 8,000만 불, 영빈관을 2,000만 불가량에 수주했어요. 수단 정부가 당장 돈이 없으니까 우리가 돈을 함께 조달했어요. 대우가 20%, 현지 사업자가 20%를 내고 나머지는 한국 수출입은행 대출과 상업차관으로 충당했지요. 그때 수단과 수교 맺은 게 전례가 돼서 나이지리아, 알제리아(알제리), 모리타니, 리비아 등 북아프리카 4개국과도 수교가 이루어졌어요. 전부 북한대사관이 먼저 들어가 있는 나라들이었지요.

신장섭 정부도 수교에 성공했고 수단도 큰 도움을 받았는데, 대우는 돈을 많이 벌었습니까?

김우중 우리 돈은 별로 들어가지 않았어요. 수출입은행 자금 지원 받고, 로컬(local, 현지)에서 필요한 돈은 옛날 재일교포 재산을 한국에 반입하던 형식으로 현지에 물건을 들여와 팔아서 만들었어요. 공사해서 벌고 공사비 마련하기 위해 들여온 물건 팔아서 벌고, 양쪽으로 크게 번 거지요. 송인상 수출입은행장이 나중에 우리가 파이낸싱(financing, 금융)한 방법을 알고 나를 '금융의 귀재'라고 여기저기에 얘기하고 다녔어요. (웃음).

(대우의 수단 진출은 대성공작이었다. 1996년에 (주)대우 수단법인은 타이어공장(ITMD), 방적공장(NIC. NCTC), 피혁공장(GTC), 의약품제조회사(GMC) 등 5개의 제조업체와 팔래스호텔(PIC), 건설회사(NCCC), 중장비 리스회사 등을 두고 있었다. 대우는 수단에서 번 돈을 전부 수단에 재투

자했다. 그 결과 대우 수단법인은 총투자액 2억 달러, 연간매출 규모 1억 달러, 고용인원 5,500여 명의 수단 내 최대 비즈니스 그룹이 됐고 수단 전체 수출액의 15%가량을 담당했다.[3])

2. 리비아 성공신화와 '카다피 - 미국' 중재

신장섭 대우의 수단 진출이 '대성공'이지만 리비아에서 성공한 것에는 비교할 바가 아닙니다. 리비아 진출에는 '성공신화'라는 말까지 붙어 있습니다. 어떤 계기로 리비아에 들어가게 됩니까?

김우중 그 당시 해외건설시장을 새로 개척하면 정부에서 몇 년 동안 (신시장 진출) 우선권을 줬어요. 수단을 개척한 다음에 그 권리가 생겨서 리비아를 집었어요. 돈이 제일 많은 나라였으니까.

신장섭 카다피(Muammar al-Qaddafi) 리비아 최고지도자와 김 회장님이 굉장히 가까웠던 것으로 알려져 있습니다. 수단처럼 처음부터 국가 최고지도자와 관계를 만들어나간 겁니까?

김우중 카다피와는 리비아에 진출하고 한참 지나서 개인적으로 가까워졌어요. 가리우니스 의과대학 공사에 입찰한 것이 첫 번째 (리비아) 진출이고(1977년), 우리가 우조 비행장을 건설하고 있을 때 카다피가 현장을 방문했어요(1980년). 그때는 내가 다른 나라에 있어서 만나지 못했고…. 미국에 생션을 받은 뒤(1982년) 나에게 만나자는 연락이 왔어요. 그때부터 개인적으로 많이 만나게 된 거지요.

신장섭 그러면 리비아에서는 비즈니스에서부터 신뢰관계를 만들었 겠네요. 어떻게 했습니까?

김우중 벵가지의 가리우니스 의과대학을 굉장히 빨리 잘 지었어요. 트리폴리에 이태리 건설업체가 알파타 의과대학을 우리보다 1년 먼저 짓기 시작했는데 우리가 1년 먼저 끝냈으니까요. 그 다음에 도로 공사도 따고, 비행장 건설 공사도 따냈어요(부스타 비행장, 우조 비행장).

신장섭 열심히 잘한다는 것만으로 그렇게 큰 신뢰를 쌓기는 쉽지 않았을 것 같은데요.

김우중 리비아는 사회주의 국가이고 북한과 더 가까웠어요. 수단과도 적대적이어서 우리가 외교관계를 맺는 게 쉽지 않았고요. 그리고 거기 사람들은 외국인들, 특히 서양 사람들에게 적대적이었어요. 아프리카에서 많은 사람들이 그래요. (서양이) 빼앗아가기만 하고 자기들을 가난하게 만들었다고 피해의식이 많지요. 이디 아민(Idi Amin, 우간다 대통령, 1971~79년 재임)이 정권을 잡고 나서 백인들이 짊어지는 가마를 타고 다닐 정도였으니까…. 원(怨)을 푼 거지요.

그런데 막상 들어가 보니까 카다피가 외부에 알려진 것과 달리 부패하지 않았어요. 돈을 달라거나 하는 게 하나도 없고…. 카다피가 정권을 잡고 한 일이 학교 짓고, 도로 닦고, 집 짓고 그런 일이었어요. 다 국민들위한 일이지요. 그래서 우리는 그쪽 사람들에게 필요한 일을 해주면서 같이 사업을 키운다는 생각을 했어요. 한국 사람들이 정(情)이 많잖아요? 그 사람들과 친해지기 쉬웠어요. 돈을 벌어도 다 갖고 가지 말고 절반은 그쪽을 위해 쓰자는 생각을 했어요. 그렇게 해서 사업이 커지면 그게 더 많이 버는 거지요. 그래서 그쪽에서 필요한 일들을 우리가 찾아서 이것저것 해줬어요. 그러다 보니 우리에게 또 일을 주는 거지요.

(나는 이것을 '신흥국 진출의 50 대 50 원칙'이라고 이름 붙였다. 이것은 김 회장 경영철학의 핵심이고, 대우가 아프리카뿐만 아니라 다른 해외시장에서 성공한 중요한 원인인 것 같다. 이에 대해서는 5장 2절에서 보다 상세하게 다룬다.)

신장섭 카다피가 우조 비행장 공사장에는 어떻게 오게 됩니까?

김우중 그전에 우리가 부스타 비행장(사막에 있는 군용비행장. 1978년 수주, 1979년 완공)을 지었는데 공기를 3개월 단축했어요. 리비아 정부가 이걸 보고 놀라서 바로 우조에 똑같은 비행장을 (우리보고) 만들어달라고 했어요. 거기는 다른 나라(이탈리아) 업체가 너무 어려워서 짓다 말고 철수한 데예요. (리비아 남단 차드와의 국경에 있는 우조 비행장 건설은 당시 리비아에 전략적으로 중요했다. 리비아는 차드 내전에서 이슬람 세력을 지원해주고 있었기 때문이다. 리비아는 차드를 합병하려고까지 시도했다.)

우리는 다행히 건설을 시작할 때 근처에서 물을 찾았어요. 직원들이 밤낮으로 들러붙어서 일했어요. (리비아의 기온은 6월과 7월에 최고로 올라가서 현지인들은 이때에 일손을 놓는다. 그렇지만 대우인들은 낮에는 자고 밤에 일어나 야간작업을 했다.[4]) 우조 비행장 건설이 잘 진행된다는 얘기를 듣고 카다피가 어느 날 예고도 없이 현장에 찾아왔어요. 군 지휘관들과 정부 요인들을 데리고…. 현장에 열흘이나 머물면서 우리 직원들과 탁구도 같이 치고…. (카다피가) 그때 인상을 좋게 받아서 대우에 계속 일을 줬어요..

(『대우 30년사』는 다음과 같이 기술한다. "국가원수가 대우의 캠프에서 10여 일을 보내기로 한 것은 호기심과 경외심 때문이었다. 카다피는 심야에 대낮같이 불을 밝히고 일하는 모습을 보고는 한국인의 열의와 근면함을 칭찬해 마지않았다. 그 바람에 직원숙소의 절반을 리비아 정부에 내어주고 대신 남은 숙소에서 작업자들이 합숙을 감내해야 했다. 그러나 불편을 호소하는 작업자는 없었다. 그만큼 대우인과 리비아가 가까워졌다는 하나의 예였다.")

신장섭 우조 비행장을 방문한 뒤 카다피는 내각회의에서 "대우야말로 리비아가 녹색혁명을 이룩하는 데 꼭 필요한 참된 우군이오. 나는 그걸 우조에서 확인했소. 앞으로 추진되는 개발 계획에 대우를 적극 참여시키시오"라고 지시한 것으로 나옵니다.[5] 그리고 한국과 국교를 맺겠다고 통보해오고요.

김우중 그렇게 신뢰관계가 만들어지니까 일이 걷잡을 수 없이 터졌어요. 1981년에만 15억 불어치 건설 수주를 하고, 그 다음에도 매년 10억 불씩은 했어요. 리비아에서 10년 동안 100억 불을 넘게 수주했으니까요. 그렇게 공사를 많이 했는데도 한 번도 공개입찰을 한 적이 없어요. 전부 다 수의계약이지요.

(대우는 그 후 20년 동안 리비아 전체 도로의 3분의 1을 건설한다. 인구 500만이 밑도는 나라에서 주택 1만 5,000세대를 대우가 지었다. 학교도 270개 지었다. 트리폴리 중앙병원, 벵가지 중앙병원, 트리폴리 종합청사, 벵가지 종합청사, 즐리텐 시멘트 프로젝트, 미수라타 제철소, 미수

라타 복합사이클 파워 플랜트, 벵가지 복합화력발전소, 즈위타나 복합화력발전소, 벵가지 섬유공장, 아제다비아 오수처리 시설, 벵가지 펌핑 스테이션, 벵가지 티베스티호텔, 각종의 환경 플랜트 등이 다 대우의 작품이다.[6]

신장섭 미국이 생션을 하니까 카다피가 김 회장님에게 만나자고 연락을 해왔다고 했는데, 무슨 일로 부른 겁니까? (1979년 리비아 시위대가 트리폴리 소재 미국대사관을 불태우면서 미국과 리비아의 관계는 급속히 악화됐고 미국은 1982년 리비아 석유금수(禁輸) 조치를 결정했다.)

김우중 미국과 다리를 놓을 수 있느냐고 물어봐요.

신장섭 왜 그런 일을 김 회장님께 부탁합니까?

김우중 우리한테 종합상사가 있잖아요. 미국과 거래를 제일 많이 했지요. 거기(리비아)서는 한국과 미국이 굉장히 가깝다고 생각해요. (카다피가) 나한테 '미국과 관계가 좋냐'고 물어봐요. 그래서 '아주 좋다'고 했어요. 그러니까 (미국과) '생션 때문에 어려움이 있는데 중간에서 연결시켜줄 수 있겠냐'고 묻는 거예요.

신장섭 그래서 어떻게 했습니까?

김우중 투자은행 라자드(Lazard) 미국 은행장이 나와 가까웠는데 전직 미국 에너지장관이었어요. 그 친구를 만나서 얘기하니까 미국 정부 고위 관계자를 소개해줄 테니 상황을 설명해보라고 해요.[7] 미국의 모 호텔에서 그 사람을 만나 리비아에 대해 설명도 해주고 다 얘기했어요.

신장섭 어떻게 얘기한 겁니까?

김우중 카다피가 깨끗한 사람이라고. 돈 받고 하는 것 전혀 안 하고, 정권 잡은 다음에 교육사업, 주택사업, 병원 건설을 먼저 했다고…. 내가 직접 경험해보니 (카다피가) 그런 (나쁜) 사람 아니다, 이해되면 잘 협조될 것이다. 그런 얘기를 해줬어요.

(카다피의 집권 후반기에 대해서는 어떻게 생각하느냐고 물어보았다. 정치지도자들이 처음에는 잘하다가도 나중에 변하는 경우가 많은데, 길게 놓고 어떻게 평가할 것이냐고. 김 회장은 "자식들이 문제였지요…. 나이 들어 변한 것 같아요"라고 답했다.)

신장섭 그래서 어떻게 됐습니까?

김우중 미국이 리비아 측 특사를 정해달라고 해서 내가 어레인지(arrange) 했어요. 처음에는 (특사들이) 한국에서 만났어요. 내 사무실에서…. 의견이 필요하다고 하면 나도 들어가서 얘기하고…. 그런데 카다피가 나에게만 중재를 부탁한 것이 아니라 다른 경로를 통해서도 진행하고 있었어요. 그런 건 한 사람을 통해서 해야 되는 일인데…. 미국 측에서 리비아가 여러 사람을 내세우니 누구와 (일을 진행)해야 할지 모르겠다고 해요. 그래서 카다피를 만나서 '나에게 먼저 맡기고 내가 안 되면 다른 사람이 하도록 해달라. 당신이 먼저 나에게 도와달라고 해서 시작한 일이 아니냐'고 말했어요. 그 후 많이 진전되고 잘될 줄 알았는데 결국 잘 안 됐어요. (미국과 리비아 사이에) 자꾸 문제들이 생겨요. 그래서 나중에는 미국이 카다피 사저를 폭격했지요(1986년 4월 15일).

그런데 미국 측에서 카다피 집을 폭격하기 전에 그 인포메이션(information, 정보)을 나한테 주는 거예요. 카다피에게 전하라는 얘기와 똑같은 것 아니겠어요? 그래서 복잡하게 생각하지 않고 카다피를 만나 그 얘기를 전달해줬어요. 그 말대로 1주일 후 미국이 폭격을 했지요. 그랬더니 카다피가 나를 CIA 앞잡이가 아닌가 오해하고 나를 안 만나요. 그러니까 나도 겁이 나더라고요….

신장섭 생명의 은인이라고도 할 수 있는데 오히려 위협을 느끼게 됐네요. 그래서 어떻게 됐습니까?

김우중 한참 연락이 없다가 다시 연락이 와요. 석유를 팔아줄 방법이 없겠냐고. 그래서 석유중개상 마크 리치(Marc Rich)를 소개해줬어요. 우리가 건설한 대금도 (리비아가) 석유로 줘요. 그 덕분에 우리도 석유거래에 뛰어들었지요. 석유를 팔아서 돈을 받아야 하는데 물량이 많으니까 언제, 어떻게 파느냐에 따라 값이 크게 달라지거든요. 석유거래 공부하면서 ㈜대우가 석유거래에 뛰어든 거지요. 나중에는 벨기에의 앤트워프에 안 돌아가고 있던 정유공장을 굉장히 싼값에 샀어요. 기름을 거기에 보내 가공해서 석유제품을 팔도록 한 거지요.

카다피 쪽에서 미국과 특사 만나는 것을 다시 주선해달라고 연락도 왔어요. 그래서 이번에는 나와만 한다는 확인을 받은 뒤 해줬지요. 워싱턴에 가서 여러 사람들을 만났어요. 나는 페어(fair)하게 양쪽이 다 좋게 하려고 했어요….

(대우는 리비아 원유거래에서 쌓은 경험을 바탕으로 나이지리아, 앙골

라, 이란 원유도 취급했다. 한때 하루 35만 배럴 정도의 원유 및 석유 제품을 취급하면서, 오일 메이저 중 하나인 BP(British Petroleum)에 최대 규모의 단일 공급자가 된 해도 있었다.[8] 1986년에 대우가 매입한 앤트워프 공장은 이후 막대한 이익을 낸다. 대우는 1997년에 이 공장을 매입가격보다 높은 시세에 처분했다. 10년 이상 공장을 공짜로 쓰면서 큰돈을 벌었다고 할 수 있다.[9])

3. 남북 중재와 대북(對北)특사
   ― 불발된 '노태우 - 김일성' 정상회담

신장섭 대우가 대북사업을 하는 것이 간혹 언론에 보도됐습니다만 그 실상은 잘 알려져 있지 않은 것 같습니다. 처음에 어떻게 북한에 가게 됐습니까?

김우중 나는 늘 새로운 시장에 대해 관심이 많았어요. 그래서 사회주의 국가에도 제일 먼저 들어갔던 거지요. 그러니까 이걸 알고 국내외에서 나에게 조언을 구하는 사람들이 많았어요. 한번은 유럽 정부의 안보담당 보좌관 하던 친구가 '북한에 가는데 같이 가지 않겠느냐'고 연락을 해 왔어요.[10] 그래서 정부에 얘기했더니 다녀오라고 해요. 그게 계기가 되었던 거지요. 처음에 간 것은 전두환 대통령(1980~88년 재임) 말기일 거예요. 그리고 노태우 대통령(1988~93년 재임), 김영삼 대통령(1993~98년 재임) 때에도 계속 다니게 되었지요.

신장섭 북한에 그렇게 오래도록 왕래하면서 도대체 무슨 일을 하신 겁니까?

김우중 노태우 대통령 때에 북방정책을 본격적으로 시작하지 않았습니까? 거기에 기여하려고 했던 거지요. 나도 그전에 사회주의권 국가들에 다니면서 북한문제에 대해 생각했던 것이 있고, 남북관계 개선에 힘을 보태보고 싶었어요. 노 대통령도 나와 같은 민간인이 북한과 먼저 접촉하는 것이 좋겠다고 판단해 나를 아예 특사로 임명해서 북한에 다닐 수 있도록 해주었어요. 총무처에서 관인 찍어 특사 임명장 받고, 그걸 (북한에) 제시하고 협상을 시작했지요.

한국이 북한과 첫 번째로 만든 합의서(남북기본합의서. 정식 명칭은 '남북 사이의 화해와 불가침 및 교류·협력에 관한 합의서', 1991년 12월 13일), 내가 노 대통령 특사 자격으로 가서 시작하게 됐던 거예요. 남과 북이 다 잘되었으면 하는 마음으로 2년 반 넘게 열심히 일했어요. 내가 그 바쁜 중에도 한 달에 한 번 정도 북한에 다녀왔으니까요. 결국 합의서가 만들어졌고 그때 참 감격적이었지요. 합의서 내용을 확정한 다음에도 북한말과 우리말이 다른 것 글자 수정하느라 몇 번 더 갔어요. 마지막에 우리 정원식 국무총리가 (북한에) 가서 연형묵 (북한 정무원) 총리와 정식 사인 해서 완성됐지요. 지금 와서 생각해보면 굉장히 어려웠던 일인데, 그렇게 역할을 할 수 있어서 보람스럽게 생각해요.

신장섭 북한에 가서는 누구를 만났습니까?

김우중 (대통령 특사 자격으로 갔으니까) 김일성 주석, 김정일 국방위원장과 직접 만나서 얘기했지요. 세 명이서만 전부 스무 번 이상 만났던 것 같아요.

신장섭 그렇게 많이 만났습니까? 한국에서 김일성이나 김정일을 그렇게 많이 만난 사람은 없을 것 같은데요…. 외국인 중에서도 그런 사람이 없을 것 같고요. 그러면 처음에 그쪽의 신뢰를 어떻게 끌어냈습니까?

김우중 가기 전에 정보를 수집해보니 김 주석이 얼마나 (정치적으로) 단수가 높은지…. 거기에 절대 이기지 못할 것 같아서 솔직하게 하기로 했어요. 그때가 동구권이 무너지던 때였는데 김 주석을 만나보니 국내(남한)에 대해서는 나보다도 더 잘 아는데 해외에 대해서는 잘 몰라요. 밑에서 보고하지 않는 거지요. 그래서 내가 해외 사정에 대해 얘기를 쭉 했어요. 소련이 해체되고, 스탈린 동상이 파괴되는 것들…. 앞으로 사회주의권 붕괴가 계속될 거라고 말했어요. 그리고 나서 '(북한에도) 김 주석 동상이 많은데 그것들이 쓰러지고 (체제가) 흔들리면 어떻게 되겠느냐, 그런 일이 안 왔으면 좋겠다'고 얘기했어요. 나는 외교관도 아니고 장사꾼인데 솔직하게 얘기하는 것이 좋다고 생각했으니까요. 그 후 해외 사정이 내가 얘기한 대로 진행되고 몇 번 더 만나면서 김 주석이 나를 믿게 된 것 같아요.

지금도 생각나는 것이… 남한이 민주화 등으로 흔들리니까 자기들이 원하는 대로 (남한 상황이) 된다고 하길래 언뜻 이런 얘기를 했어요. '그런 것이 아니라 남한을 버드나무라고 생각하시면 된다. 바람이 불면 한쪽으로 가고 바람이 그치면 다시 제자리로 돌아온다. 근본적으로 뽑혀나가는 것이 아니다. 그렇게 생각하시면 좋다'고 얘기했어요. 그러니까 '아! 그러냐?'고 해요. 밑에서 (김일성에게) 보고야 (북한에) 굉장히 유리한 쪽으로 했겠지요.

신장섭 신뢰가 쌓이고 만남이 거듭되면서 인간적으로도 친해졌을 것 같은데요.

김우중 김일성 주석과 특히 인간적으로 가까워졌어요. 한번은 평양에 있는 동명왕릉을 구경시켜줘서 둘러본 적이 있어요. 그런데 묘는 잘되어 있는데 길과 문이 밸런스(balance, 균형)가 안 맞고 초라해 보여요. 그래서 김 주석에게 '앞으로 남북한 왕래가 있게 될 텐데 고구려 시조의 묘를 이렇게 놔두어도 되겠냐'고 얘기했어요. 그러니까 다음 날 아침에 난리가 났어요. 김 주석이 1월 추운 날씨인데도 직접 가보고 밑에 사람들에게 빨리 고치라고 하면서 나한테 인포메이션(information, 정보)을 받으라고 했다고 해요. 그래서 참고하라고 남한 왕릉 자료들을 얼른 보내줬지요. 그 다음에 북한에 가서 김 주석을 만나니 '(동명왕릉을) 고쳤으니까 가보라'고 해요. 가서 보니 길도 넓히고 담도 헐어 넓히고 문도 크게 해놨어요. 김 주석과 다시 만났을 때 '잘하셨다'고 얘기했지요. 김 주석이 나를 참 좋아했어요.

김 주석이 내가 북한을 방문할 때에 가족을 데리고 오라고 자꾸 그래요. 그래서 와이프(wife, 정희자 여사)와 함께 갔지요. 그런데 김 주석이 우리 와이프와 금세 친해져요. 와이프가 직선적으로 얘기하는 스타일인데 그걸 더 좋아한 것 같아요. 김 주석 주위에 그렇게 솔직하게 거침없이 얘기하는 사람이 누가 있겠어요? 그러고 나서는 나보고 (북한에) 올 때마다 와이프와 꼭 같이 오라는 거예요.

김 주석이 우리에게 신경을 많이 써줬어요. 우리가 초대소(북한의 영빈관)에 묵는데 초대소 책임자에게 매일 전화 걸어서 '잘 잤느냐, 식사는 잘 했느냐'고 물어봐요. 그러니까 초대소 사람들이 우리를 하늘 모시듯 해주는 거지요.

신장섭 남북관계에 관해 김일성에게 어떤 얘기를 했습니까?

김우중 '적어도 독립운동, 일제시대도 거치면서 그렇게 고생해가며 나라를 일궜는데, 남북을 위해서 되면 좋고, 안 되면 최선을 다했다는 흔적이라도 역사에 남겨야 하지 않겠느냐' 하면서 남북화해를 권유했어요. 김 주석도 지도자로서 (역사에 흔적을) 남기는 것이 얼마나 중요한지 알았어요. 내 얘기에 동의했지요. 김 주석은 (남북관계를) 어떻게든 잘하려고 했어요.

그런데 김정일 위원장은 달랐어요. 두 사람의 스태프(staff, 참모진)가 달라요. 나이 든 사람과 젊은 사람의 차이이기도 하고, 기본적인 철학도 달랐던 것 같아요. 거기 사람들은 김 위원장을 더 무서워했지요. 김 위원장 밑에 있는 사람들은 자신들의 체제를 구축하는 데에 더 관심이 많았어요. 그쪽 사람들 하는 얘기가 김 주석은 기분 좋으면 다 해준다고 하더라고요. 김 위원장 측은 그게 무서운 거였어요.

신장섭 김정일과 가까워지는 것이 쉽지 않았겠네요.

김우중 한번은 (노태우) 정부에서 체제 보장에 관한 얘기를 전해달래요. 서로 체제를 인정해주면서 10년 동안은 평화적으로 살자는 것이었지요. 셋이 같이 있는 데서 그 얘기를 전했더니 김정일 위원장이 벌떡 일어나더니만 '남조선에서 (보장을) 안 해주면 내가 못 하느냐' 하면서 화를 내요. 그러길래 나도 받아쳤지요. '내가 외교관이냐 관리냐, 알다시피 나는 메신저(messenger, 전달자)인데 싫다면 안 하겠다. 그렇게 (남한 측에) 전하라면 그대로 전하겠다. (남북한이) 서로 잘 해보자는 얘기인데 나와 상대하는 것이 싫으면 다른 사람이 하도록 하자'고 했어요. 내가 외교관처럼 예의 갖춰서 얘기할 필요가 없잖아요? 북한에 처음 갔을 때부터 나를 장사꾼인 줄 알고 그렇게 대해달라고 얘기했으니까…. 한국 정부가 왜 그런 제안을 하는지 명확히 전달해야 한다고 생각했고요. 자존심 문제가 아니잖아요? (정부에서) 남북화해를 이루기 위해 꼭 필요하다고 생각해서 제안하는 거였으니까요.

조금 있다가 김 주석이 (김 위원장에게) 앉으라고 그래요. 밖에 있던 사람들이 (언성이 높아지니까) 그 얘기들을 들었을 거예요. 걱정도 많이 한 모양이에요. '이제 김우중 죽었다. 남조선에 못 간다'고 했대요.

신장섭 그래서 어떻게 됐습니까?

김우중 김일성 주석이 점심 먹으러 들어가면서 나보고 몇 살이냐고 물어봐요. 그러면서 '(김정일이) 한 6년 후배인데 젊은 사람이니까 이해하라'고 얘기해요(웃음. 김우중은 1936년생이고 김정일은 1942년생이다. 당시 55세와 49세였다. 김일성에게는 50살이 다 된 아들이 아직까지 젊은 사람으로 보였는지 모른다).

그래서 김 주석에게 '김 위원장과 단둘이 만날 수 있게 해달라' 얘기하고 김 위원장 사무실에 가서 많은 얘기를 나누었어요. '남한이나 북한이나 다 어려운 문제들이 있는데, 남에게 손 벌리지 말고 우리끼리 하면 잘 해결되지 않겠나' 얘기했어요. 그래도 김 위원장 측은 계속 (남북대화에) 반대했어요. 김 주석은 하려고 했는데…. 합의서를 하는데 문제가 생기니까 김 주석이 화가 나서 한 달 동안 아무도 안 만나고 시위를 벌인 모양이에요. 결국 다 오케이(OK) 해서 남북기본합의서를 만들었지요.

신장섭 그러면 김정일은 동의한 겁니까?

김우중 김 위원장까지 동의한 거지요. 국가 간에 한 건데…. 우리 정원식 국무총리가 가서 연형묵 정무원 총리와 정식으로 사인했어요.

신장섭 그때 남북정상회담이 함께 추진됐을 텐데 왜 기본합의서는 만들어지고 정상회담은 이루어지지 않았습니까?

김우중 정상회담을 전제로 기본합의서를 추진한 것은 맞아요. 성사되면 역사상 첫 번째 남북정상회담이 되는 거였지요. (기본합의서가 체결된 뒤) 나는 노태우 대통령에게 정상회담을 하러 북한에 가시라고 권했어요. 한 번은 (북한관계 책임자와) 셋이 얘기하며 식사하고 있는데, (김일성을) 만나면 괜찮겠냐고 해요. 나는 '그러시라'고 하고 '만나면 국내 얘기 말고 국제정세만 얘기하시라, 국내 얘기는 김일성 주석으로부터 나오면 그때 하시면 된다'고 얘기했어요.

그때 내가 (노 대통령 정부에) 첫 번째로 얘기한 것이… 주변국들 동의를 받아서 (정상회담) 하는 것은 절대 힘들다. 일단 터뜨려놓고 전(全) 능력을 동원해서 무리가 있더라도, 힘이 들더라도 수습할 생각을 해야 한다는 거였어요. 진실성을 갖고 앞날의 통일을 위해 노력하면 될 거라는 말도 했고요. 그런데 결정이 계속 지연됐어요. 북방정책을 강력하게 추진하던 노 대통령이 무엇 때문에 그랬는지 내가 알지는 못하지요. 여러 가지 사정이 있었겠지요. 결국 성사되지 못했어요.

나는 그게 참 아쉬워요. 그때는 중국도 문제가 있었고, 러시아도 문제가 있어서 한반도 문제에 적극 개입하기 힘들었어요. (남북정상회담 하기에) 참 좋은 시기였어요. 국제 여건이 그렇게 다 살아 있을 때에 내가 건의한 대로 했으면 세상이 달라졌을 거예요. 노 대통령이 한 번 (북한에) 가고, 김 주석이 (한 번 남한에) 오고…. 그때 (합의서도) 유리한 조건이었어요. 지금도 한국이 (북한에) 주장하는 게 그 합의서대로 하자는 거지요. 거기에 비핵화 관련 내용도 다 있어요. 그때가 한국에는 찬스였는데… 그 기회를 놓친 거지요. 그때는 내가 북한에 그렇게 많이 다니는 것을 아무도 몰랐어요. 중국에 가면 거기서 이북 패스포트(passport, 여권) 받아 VIP 수속 하고, 나올 때도 그걸로 수속해서 나왔으니까…. 중국도 몰랐을 거예요.

신장섭 정말 아쉬운 일이네요. 노 대통령이 북한을 방문하고 김 주석이 남한을 방문했으면 한반도와 동북아시아의 역사가 정말 크게 달라졌을 것 같습니다. 그렇게 물꼬가 한번 크게 터지고 나면 그 후 남북화해의 흐름을 막기가 어려웠을 텐데요…. 그러면 김영삼 대통령(YS) 때에는 어떻게 북한과 대화 창구 역할을 했습니까?

김우중 그때에는 특사 같은 직함을 받아서 공식적으로 역할을 한 것은 없지요. 그렇지만 김일성 주석으로부터 남북정상회담을 하겠다는 언질을 받아놓은 것이 있었으니까 YS가 정상회담을 할 수 있도록 도와줬어요.

신장섭 김일성 사망 직전에 남북 간에 정상회담을 하기로 합의한 것은 카터(Jimmy Carter, 전 미국 대통령, 1977~81년 재임)가 중재한 걸로 알려져 있는데요. (한국 정부의 공식자료는 다음과 같이 설명한다. "유엔안보리제재가 추진되고 한반도의 정세가 점차 급박해지고 있는 가운데 Jimmy Carter 전 미 대통령은 북한 핵문제 해결의 국면 전환과 군사적 충돌 방지를 목적으로 94년 6월 13~18일간 남북한을 방문하였다. Carter 대통령의 방북 이후 남북정상회담의 개최가 결정되었으며⋯."[11])

김우중 김 주석에게 (정상회담을 이미 합의했으니까) 빨리 서둘러서 했으면 좋겠다고 얘기해서 동의를 받았어요. 내가 김 주석 사망 열흘 전까지 북한에 있었어요. (김일성은 1994년 7월 8일 묘향산 초대소에서 사망했다.) 카터는 그때 두 번째인가 세 번째인가 북한에 왔을 거예요. 나는 김 주석이 남한에 와서 정상회담 하겠다는 것까지 확인하고 (북한에서) 나왔어요.

신장섭 그러면 카터의 방북과 김 회장님의 방북은 별도로 추진된 거네요.

김우중 내가 북한에 들어가 있을 때에 카터가 왔지요. 그래서 김 주석에게도 카터와 잘 하셔야 한다고 얘기하고 나는 겉에 드러나지 않는 걸로 했어요. 그러니 카터는 내가 거기 있다는 것을 몰랐겠지요. 나는 그게 모양이 더 좋다고 생각한 거예요. 그래서인지 (김 주석이) 카터를 특별 대접 하더라고요. 카터와 함께 배도 타고⋯. 나는 김 주석에게 빨리 정상회담을 하자고 설득했어요. 또 시기를 놓치면 안 되니까⋯. 그래서 카터를 핑계 대서 정상회담을 하게 된 거지요. 그렇게 성사된 거예요. 나는 카터가 (북한을) 떠난 뒤 (남한에) 돌아왔어요.

(남북한은 1994년 7월 말 서울에서 남북정상회담을 열기로 합의하고 실무회담을 진행했다. 그러나 김일성의 갑작스러운 사망으로 정상회담이 좌절된다.)

신장섭 참 아쉽네요. 노태우 대통령 때 정상회담이 다 성사됐다가 못 이루어지고, 김영삼 대통령 때에 어렵게 다시 이루어질 수 있게 합의하고 날짜까지 잡았는데 김일성이 세상을 떠나는 바람에 또 좌절되고요…. 그 후에는 남북관계에서 역할을 하신 것이 있습니까?
김우중 시간이 조금 지나서 와이프와 (김일성) 조문을 갔지요….

(김 회장이 남북관계를 개선하기 위해 노력한 일은 이 밖에도 많다. 그렇지만 민감한 사안도 있어서 이 책에 다 소개하지 못한다.)

4. 대우조선 경영 정상화 — 시련과 극복

신장섭 대우조선 사태는 김 회장님에게 굉장히 큰 시련이었고, 다른 한편으로는 성공적으로 극복했기 때문에 부실기업 해결 청부사로서의 명성을 다시 한 번 다지는 계기였던 것 같습니다. 대우조선 사태, 왜 벌어진 겁니까?
김우중 돈 벌 수 있는 상황이 다 됐는데 노사분규가 터진 거지요.

신장섭 당시 대우조선은 대표적인 부실기업으로 회생이 불가능하다고 얘기하는 분위기였는데, "돈 벌 수 있는 상황이 다 됐다"는 것이 무슨 얘기입니까?

김우중 조선은 시황 변동이 큰 업종이에요. 그동안 조선 경기가 좋지 않았지만 그때는 경기가 회복되기 시작했고 앞으로 좋을 거라고 본 거지요.

(김 회장은 당시 대우조선 직원과의 대화에서 "조선은 현재 30년 만에 처음 오는 호황입니다. 앞으로 10년, 길게는 15년 동안 좋은 경기가 지속되리라고 봅니다"라고 말했다.[12] 당시 이 말을 믿는 사람들은 별로 없었다. 그렇지만 김 회장의 전망은 그대로 들어맞았다. 한국경제도 1987년을 고비로 '3저 호황' 국면에 들어간 상황이었지만 그 당시 경기가 앞으로 상당 기간 좋을 것이라고 전망하는 사람은 거의 없었다.)

신장섭 경기 상황은 그렇다 하더라도 당시 대우조선이 경쟁력을 확보하고 있다고 생각했습니까?

김우중 그때 선진국들은 거의 다 조선을 포기했어요. 일본과 한국밖에 남아 있지 않은 상태라고 할 수 있었으니까요. 우리 능력이 그동안 많이 좋아졌고, 일본은 임금이나 엔화가 많이 올라갔으니까 경쟁할 수 있을 거라고 봤어요.

신장섭 "능력이 많이 좋아졌다"는 것이 어느 정도 수준입니까?

김우중 우리가 처음으로 수주했던 화학제품운반선 4척은 인도되던 해(1981년)에 해운 전문 잡지에서 '금년의 최우수 선박'으로 선정됐어요.

신장섭 어떻게 첫 작품에서 그런 상을 받을 수 있습니까?

김우중 우리가 공작기계를 대량으로 생산하고 수출해서 어느 나라보다 경쟁력을 갖고 있었어요. 기계를 잘한 경험이 있으니까 배의 정밀도를 높일 수 있었지요. 설계는 노르웨이선급협회(DNV)에 의뢰해서 우리 기술자들이 공동작업을 하도록 했어요. 처음부터 해운업계의 주목을 받는 고급배를 만들자고 했지요. 화학제품선은 그때 경쟁상대가 없어서 상 받기가 쉬웠어요.

신장섭 그런데 선박 건조 경험도 없고 조선소 준공도 안 했는데, 어떻게 고급배를 수주할 수 있었습니까?

김우중 노르웨이 DNV를 설득해서 우리 기술진을 검증하게 했어요. 그리고 그 결과를 갖고 노르웨이 선주들을 같이 설득했지요. 우리가 정밀기계를 한다는 것이 선주들 설득에 도움이 되었고요. (대우는 1976년 한국기계를 인수해서 당시 한국 최대 공작기계제작회사가 되어 있었다.) 처음부터 고급배를 만드니까 그 다음부터는 자동적으로 입찰하는 데 아무 걸림돌이 없어졌어요.

(이에 대해 신영균 사장은 다음과 같이 말한다. "처음에는 우리 조선 기술자들이 너무 어렵다고 반대를 많이 했어요. 화학제품운반선은 탱크를 특수 스테인리스스틸로 만들어서 인산, 황산 등 화학제품만이 아니라 깨끗이 씻은 뒤 식용유, 포도주도 싣고 다니는 배이니까요. 상당한 기술수준에 도달한 조선소만 건조할 수 있는 것이었어요. 임원들이 회장님께 '왜 이런 걸 하시려고 합니까'라고 여쭤보면 '쉬운 것 여러 개 하는 노력

으로 어려운 것 하나에 집중하는 것이 지름길이다. 남들과 같은 길을 가면 후발업체는 항상 뒤진다'고 말씀하셨어요. 그런데 이 전략이 주효했어요. 고급배를 만들고 나니까 해운업계에서 우리를 보는 눈이 확 달라졌어요.")

신장섭 어떻게 그렇게 단기간에 기술력을 확보합니까?

김우중 처음에는 많이 힘들었지요. 능률이 나지 않아요. 용접을 하면 한 번에 붙어야 하잖아요? 그런데 (기술이 모자라) 용접한 게 안 맞아요. 다시 하고 그러다 보니 원가가 많이 들어갈 수밖에 없었지요. 그래서 다음에는 가급적 동일한 배를 여러 척 받는 쪽으로 노력했어요. 이란에서 똑같은 배를 20척 주문받았고, 유에스라인(US Line)에서도 초대형 컨테이너선 12척을 주문받고…. 같은 배를 반복해서 만들다 보니 학습효과가 커서 실력이 빨리 늘었어요.

신장섭 초기에 벡텔(Bechtel, 미국 최대 건설회사)로부터 해상 해수처리 플랜트를 수주한 기록도 있습니다. 당시 선진국에서도 처음 만드는 시설인데 어떻게 이 수주전에 뛰어들 생각을 했습니까?

김우중 설계는 그쪽에서 다 해오는 것이고 우리는 만들기만 하면 되는 거였으니까요. 우리 도크가 굉장히 커요. 그때 단일 도크로 세계에서 제일 컸고 지금까지 아마 제일 클 거예요. 조선소 중에서 그렇게 해양플랜트를 만들 수 있는 데가 세계에서 몇 안 돼요. (옥포조선소의 제1도크는 폭 131m, 길이 532m, 깊이 14.5m이다. 대형선박 3~4대를 나란히 놓고 지을 수 있다. 900톤짜리 크레인도 보유하고 있었다. 당시 선박 건조 방법으로는 450톤짜리 크레인이 가장 큰 것이었다. 선박 건조, 플랜트 등을 한꺼번에 하기 위해 초대형 크레인을 확보하고 있었다.) 우리에게 기계기술도 있었고요. 벡텔도 와서 우리 도크를 본 다음에 '하자'고 했어요. 깨끗하게 완성해서 인도했지요.

(홍인기 대우조선 초대사장은 이에 대해 보다 자세하게 기술한다.

"1980년 6월 어느 날, 김우중 회장이 옥포 대우조선소에 있던 내게 전화를 걸어왔다.

"홍 사장, 벡텔사가 미국 알래스카에 설치하는 해수처리 플랜트를 공개입찰로 발주했어요. 무려 3억 달러짜리 공사라는데, 어떻게 된 상황인지 자세히 알아보세요."

… 하지만 상황을 더 자세히 알게 되자 단번에 불가능함이 느껴졌다. 난 김우중 회장에게 전화를 걸어 그 상황을 보고했다.

"… 세계 최초이자 최대의 해상 해수처리 플랜트(STP)입니다. 그런데 아직까지 그런 STP를 만들어본 조선소가 세계 어느 나라에도 없답니다. … 만드는 것도 문제이지만 그걸 알래스카까지 어떻게 운반하겠습니까? 그러니 이번에는 포기하시죠." …

"세계 어느 나라 어떤 조선소도 아직 만들어보지 못한 STP라면 선진국의 조선소나 대우의 조선소나 입찰 조건은 똑같잖아요. 뭐가 달라요?"

김 회장의 반응은 확고했다.

"그야 그렇지만…."

"조건이 똑같은데 우리라고 못할 게 뭡니까? 지금 세계는 조선 불황의 늪에 빠져 있어요. 이 난국을 헤쳐 나가려면 조선 중심의 단일 사업 포트

폴리오에서 탈피해 해상구조물이나 플랜트 같은 하이테크 분야에 진출해야 비전이 서요. 조선만으로는 조선소 경영이 어렵단 말입니다."[13]

신장섭 그렇지만 대우조선에는 1980년대 내내 적자가 쌓였습니다. 그것은 어떻게 설명해야 할까요?

김우중 대부분 금융비용 때문이지요. 정부와 산업은행이 약속을 지키지 않았으니까요. 나는 (인수)하지 못한다고 하던 것을 정부가 이것저것 해준다고 해서 맡았는데, 그 다음에 아무것도 안 해줬어요. 박 대통령이 서거하고 신현확 씨가 경제부총리가 되고 난 뒤 (우리가 하는 것을) '과잉투자'라면서 전부 거꾸로 간 거지요. 사실 한국중공업 포기할 때 (1장 4절 참조) 옥포조선소도 함께 포기할까 하는 생각까지도 했어요. 조선소의 대형 시설과 발전사업을 연계해서 해외로 나가면 '시너지(synergy)'가 생겨서 다양한 사업 기회가 있었는데 그게 불가능해졌으니까요….

그런데 대우조선이 다행히 처음부터 수주가 잘 되었기에 영업에서는 별로 적자를 보지 않았어요. 금융비용 때문에 적자가 커진 거지요. 이자에 이자가 쌓여서 부실이 된 거예요. 우리가 이자낸 것만 7,200억 원 정도 됐으니까요.

(김 회장은 직원과의 대화에서 다음과 같이 밝혔다. "(옥포조선소 인수) 당시 정부가 약속한 것이 두 가지 있습니다. 첫째는 돈이 없으니 정부가 50, 우리가 50씩 해서 시작하기로 했고(운영자금 지원 포함), 둘째는 일감을 주기로 했습니다. 그래서 원자력발전소 2기와 화력발전소 1기 등 그 당시 45억 불에 해당하는 일감을 우리가 하도록 약속받았습니다. 그것을

전제로 해서 옥포조선을 시작했는데 산업은행이 출자한도에 걸려서 우리가 혼자 출자하게 됐고 약속한 일감도 못 받았습니다. 그래서 결국 돈을 꾸어서 완공하다 보니 이자에 이자를 물어 우리가 조선을 인수하고 나서 1987년 말까지 이자만 7,200억 원을 냈습니다."[14]

신장섭 그러면 조선소에 들어간 투자는 거의 대우의 자금과 신용을 동원해서 했다고 할 수 있나요?

김우중 산업은행이 처음에는 약속대로 증자에 참여했어요. 그런데 출자한도에 걸렸다면서 더 이상 참여하지 않았지요. 시설이나 운영자금 지원도 중단됐고요. 그러니까 우리 돈을 투입하든지, 우리 신용으로 돈을 빌릴 수밖에 없었습니다. 한참 어려울 때에는 수출입은행조차 선박수출금융을 한동안 중단한 적도 있어요. 환율이 갑자기 올라가서 투자비나 외화부채 부담도 많이 늘었지요. 그때 400원 하던 환율이 700원 정도로 갑자기 뛰었으니까요.

그런데 (새 정부가 들어선 뒤) 사람들이 다 바뀌니까, '왜 약속 지키지 않느냐'고 항의할 사람들이 없어져버렸어요. 따지고 싸우기도 싫고 상대할 사람들도 없으니까 '나는 밖에서 돈 벌겠다'면서 해외로 돌았지요.

(대우 측과 정부가 원래 합의한 것은 건설자금의 65%를 산업은행이 장기시설자금인 국민투자기금에서 지원하고, 나머지 35%는 대우와 산업은행이 51 대 49의 비율로 자본출자 하는 것이었다. 자본금은 1978년 창립 때 대우그룹이 130억 원, 산업은행이 124억 원을 출자해서 총 254억 원으로 시작한 뒤 1980년에 955억 원으로 늘어났다. 산업은행은 그 이후

증자에 참여하지 않아 대우 지분이 계속 높아졌다. 국민투자기금 지원도 중간에 끊겼다. 신영균 전 사장은 "결국 시설자금과 운영자금을 산업은행의 외화표시자금 대출과 시중은행의 단기대출로 충당하다 보니 급격한 환율 상승의 직격탄을 맞아서 차입원금이 50% 이상 늘어났고 이자부담도 급격히 불었다"라고 말한다. 1979년에 달러당 484원 하던 원화환율은 1980년 607원, 1982년 731원, 1984년 806원으로 뛰어올랐다.)

신장섭 그러면 1980년대 내내 대우조선을 방치한 겁니까?

김우중 그건 아니지요. 조선소 경영은 전문경영인에게 맡겼지만 대형 프로젝트 수주나 새로운 사업 개발하는 건 내가 앞장서서 했어요. 해외에서 선주들도 만나고 조선소들도 여러 군데 방문했습니다. 해외에는 큰 조선소보다 특정 분야에 특화된 조선소들이 많았어요. 그런 것들 보면서 가스캐리어(gas carrier, LNG운반선)나 여객선, 구축함, 잠수함 건조사업들을 서두르게 했어요.

투자 들어가는 것도 큰 것은 내가 챙겼어요. 건설 투자비만 1,500억 원 정도 들어갔으니까요. 제1도크 파면서 제2도크도 함께 만들기 시작했어요. 규모를 키워야 하니까…. (제1도크는 1981년 10월, 제2도크는 1983년 7월에 완공됐다). 결과적으로 잘한 거지요. 나중에 제1도크는 배 만드는 데, 제2도크는 해상구조물 만드는 데로 특화했으니까요.

(신생 조선소의 한계를 극복하고 대우조선은 1988년까지 벌크선(bulk carrier, 살물선) 50척, 화학제품운반선 9척, 대형 컨테이너 17척, 대형 유조선 7척, 반잠수식 시추선 8척 등 125척의 선박과 시추선을 수출했다.

또 해수처리 플랜트, 해상화력발전소 등을 포함해서 40기의 해양 플랜트를 수출했다.)

신장섭   그러면 1987년에 노사분규가 벌어졌을 때 대우조선의 적자는 연도별로 커지는 상황이었습니까, 아니면 줄어들기 시작하는 상황이었습니까?

김우중   그때는 적자가 다시 커지고 있었지요. 조선 경기가 안 좋았으니까요. (1980년대 중반에 세계 조선 경기는 최악이었다. 국제선가는 1980년 초반의 절반 수준에 불과했다.)

신장섭   대우조선 사태가 벌어진 다음에 무슨 생각을 했습니까?

김우중   하도 답답해서 여러 생각을 했어요. 회사 문을 닫을 수도 있었고…. 다른 사람 같으면 포기했을지 몰라요. 그런데 그때까지 경영을 하면서 부실기업이 됐거나 잘못된 게 없었는데 (포기한다는 생각을 하면) 가슴이 아팠어요.

(당시 정부와 여론의 분위기는 대우조선 사태의 원인을 대우의 부실경영으로 몰아가고 있었다. 한 대우 관계자의 증언을 들어보자. "정부에서 한국개발연구원(KDI)을 시켜『대우조선백서』를 만들었는데 그 서문에서 대우조선 사태는 '노사분규'와 '경영부실'이 겹쳐서 나타난 것이라고 했어요. 김 회장님께서 그걸 알고는 '격분'하셨어요. 그래서 우리는 상공부와 경제기획원에 항의하고 대우 쪽의 백서를 따로 쓸 테니, KDI 백서와 붙여서 함께 내자고 했어요. 그래서 우리 쪽 백서를 다 쓰고 두 개를 통합하

는 작업을 하고 있던 중 정부 쪽에서 둘 다 없었던 일로 하자고 했어요.")

신장섭 그래서 어떻게 했습니까?

김우중 우선은 내가 옥포에 내려가서 상주했어요. 직원들이 회사의 미래에 대해 믿음을 가져야 하니까요. 그때 회사가 문을 닫는다는 소문이 돌고 해서 동요되는 직원들이 많았거든요. 회장이 직원들과 함께 있는 것만큼 그런 불안감을 없애는 데 중요한 게 없어요. 그리고 직원들과 대화하면서 회사 정상화 방안을 구상했지요.

정부에는 (자금과 일감 지원) 약속을 안 지켜서 생긴 문제이니까 같이 정상화하자고 설득했어요. 우선 내 돈부터 털어서 내놓을 테니 정부도 나서달라고 한 거지요. 그래서 서로 4,000억 원씩 내서 빚을 갚고 나머지 돈은 정부가 대출금에 대한 이자를 감면해주기로 했어요. 그런데 언론이나 다른 사람들이 이걸 왜곡해서 찬반론이 일고…. 그러다가 부총리, 재무장관, 상공장관이 바뀌면서 백지화됐어요. 결국에는 정부가 4,000억 원을 지원하는 형식을 취해줬지만…. (최종적으로 정부는 산업은행이 기존 대출금 2,500억 원에 대해서는 7년간 이자를 안 받고, 1,500억 원을 신규 대출 해주되 그 이자를 7년 후부터 10년에 걸쳐 갚도록 했다.)

신장섭 대우 측은 어떻게 돈을 냈습니까?

김우중 처음에 우리가 4,000억 원을 출자하기로 했었는데 그것보다 훨씬 더 많이 했어요. 조선만 하면 경기 나쁠 때 견디기 힘드니까 사업을 다각화하기 위해 2,000억 원을 더 투자하기로 결심했어요. 제철화학, 풍국정유 팔고, 부산 마리나타운 현물 투자 하고, 동양투자금융도 팔았어요. 현금 되는 건 그때 다 팔았어요. 내가 갖고 있던 대우증권 주식도 팔고…. 다 합쳐서 7,200억 원가량 내놨어요.

신장섭 당시 7,200억 원이면 엄청나게 큰돈인데요.
김우중 아마 지금 시세로 따지면 7조 원이 넘을 겁니다.

신장섭 옥포조선소에 상주하면서는 구체적으로 어떤 일을 했습니까?
김우중 그때는 근로자들이 월급 올려달라는 것보다 정치운동 하는 거였지요. 이석규라고 남원 출신 친구가 죽은 다음에 (경찰이 쏜 최루탄에 맞아 사망) 대우조선이 전국 노동운동 세력의 집결 장소가 됐어요. (김 회장은 고 이석규 씨의 남원 집에 직접 내려가 가족을 위로하고 그 형을 취직시켜주기도 했다.) 우리가 타깃(target)이 된 거지…. 외부세력이 많이 개입했어요.

신장섭 그러면 '외부세력'을 차단하는 데 노력을 많이 기울였겠네요.
김우중 외부세력도 막고 직원들 마음도 잡고 같이 해야지요. 거제도가 섬이니까, 충무에서 다리를 건너든지 장승포로 배 타고 오든지 하는 두 가지 길밖에 없었어요. 신분증을 철저히 확인시켜서 외부인들 못 들어오게 막았지요. 그때 나중에 대통령이 된 노무현 변호사도 참여했어요. 거제도 천주교회 신부들이 뒤에서 조종한다고 하길래 딴 방도가 없어서 내가 김수환 추기경을 찾아가 도와달라고 했어요. 나라 위해서 잘 해결해야 하지 않느냐고 하면서….

(노무현 변호사는 당시 '3자 개입 및 장례식 방해' 등의 혐의로 대우 측

에 고발을 당해 구속되고 변호사 업무 정지까지 받았다. 그렇지만 대우의 노사관계에 대해 긍정적으로 생각이 변했고, 1990년대 중반에는 대우조선에 파업이 발생할 때마다 옥포에 내려와서 노사중재를 적극적으로 해주었다. 노무현 전 대통령과 김 회장의 관계에 대해서는 4장 5절 참조)

신장섭 직원들에게는 어떻게 했습니까?
김우중 노사분규를 임시방편으로 봉합시키면 다시 벌어지니까 근본적인 대책을 세우려고 했어요. 그래서 직원들 교육부터 시켰지요. 가장 중요한 게 원칙을 정하고 서로 합의하는 거라고 생각했어요. 그래서 나중에 무노동무임금 합의를 했지요. 그거 우리 대우가 한국에서 최초로 한 거예요. 그 말도 우리가 처음으로 만들었어요. 그 다음에 다른 사람들이 따라 쓴 거고….

신장섭 직원들에게 어떤 교육을 시킨 겁니까?
김우중 대우계열사에 작업장이 많았으니까 (직원들) 가족들까지 다 버스에 태워서 다른 작업장을 보여주고 바깥세상이 어떻게 돌아가나 알게 해주는 거지요. 또 직원들이 함께 여행하면서 서로 잘 이해할 수 있게 되는 거고….

(박동규 당시 옥포조선소 소장은 다음과 같이 회고한다.
"김우중 회장은 우선 의식개혁을 위한 교육을 실시하고자 했다. '의식개혁 교육'을 통해, 우리는 모두 대우의 한 가족이지 원수지간이 아니라는 것을 일깨워줘야 했다. 고위 직급자나 하위 직급자나 똑같은 사람이고, 회장이나 소장도 이마에 뿔이 돋은 것이 아니라는 것을 보여줘야 했다. … 이 교육프로그램을 'FAMILY TRAINING'이라고 이름 지었다. 현장 사원들 1만 2,000명을 300명 단위로 40차수로 나누어 6박 7일의 강좌, 견학, 여행, 좌담회 등을 짰다. … 7개월 동안 계속한 이 프로그램에 비용만 20억 원을 투입했다. 아마, 기업 역사상 전무후무한 이벤트였을 것이다."[15])

또 500명 단위로 내가 면담을 했어요. 무엇이 문제이고 어떤 변화를 원하는지 물어봐서 직원들이 원하는 건 웬만하면 다 들어줬어요. 트집 잡을 것이 없어지게…. 엉뚱하게 시비 거는 친구들은 엄하게 다루었어요. 한 친구가 직원사택에 뭔가 잘못되어 있다고 불평을 해요. 내가 확인하지 않을 줄 안 모양이었던가 봐요. 직접 확인해보니까 멀쩡해요. 그 친구를 다시 불러서 '트집 잡아서 선동이나 한다'고 혼냈어요. 그리고 '회사를 도와주면 안 되느냐'고 설득했지요.

'식당에 밥이 나쁘다'는 불평이 나오길래 '그럼 나도 같이 먹겠다' 하고 한 달 동안 모든 중역들과 함께 직원식당에서 밥을 먹었어요. 그리고 '나도 맛있게 먹고 있는데 너희들 입이 얼마나 고급이 돼서 그러느냐'고 야단쳤어요. 그렇게 6개월을 계속하니 직원들로부터 다른 요청사항이 없어졌지요.

신장섭 노조원들에게 유화책을 쓰지는 않았습니까?

김우중 내가 매일 자전거를 타고 현장을 돌아다녔어요. 다니면서 현장 직원들과 얘기하고 격려도 하고…. 현장에서 부분 파업 하고 있으면 자전거 타고 그냥 거기를 지나가요. 그때는 내가 겁나는 게 없었을 때니까…. 그런데 내가 그렇게 가면 이 친구들이 (파업하다 말고) 그냥 들어가요. 그때 내가 그 친구들에게 얻어맞았으면 얼마나 좋았겠어요? 당장 해결되는 거지…(웃음).

제일 도움됐던 건 현장에서 만난 젊은 직원이 '회장님, 저희 집에 초대해서 식사 한 끼라도 대접하고 싶습니다'라는 거예요. 부담 주는 것도 싫고 해서 다른 때는 바쁘니까 아침에 가겠다고 하고 그 집에 갔어요. 그런데 이 친구가 회장 다녀갔다고 소문을 내니까, 그 다음에 마구 (식사 대접) 신청이 들어오는 거예요(웃음). 그래서 순번 정해 직원들 집에서 아침을 먹었어요. 그랬더니 이 친구들이 '우리 회장님 만났더니 보통 재벌 회장과 다르다'고 얘기하고 다녀요. 그러니까 직원들 생각이 바뀌고….

노조 지도자들과도 대화를 많이 했어요. 대부분 새벽 두 시에 만나지요. 낮에 만나면 다른 노조원들에게 배신하는 걸로 보일까 싶었는지 그쪽에서 그렇게 요구해와요. 그럼 '좋다' 하고 만나는 거지요. 제일 격렬하던 노조위원장은 내가 그 집에 찾아가서 부인을 만나 도와달라고 했어요.

그리고 옥포조선소 주위에 나무를 100만 그루 심었어요. 철(鐵)만 갖고 움직이는 데니 거기 분위기가 얼마나 살벌해요? 나무를 심어놓으면 분위기가 많이 달라지죠. 지난번에 옥포에 가서 보니 나무가 얼마나 많던지….

신장섭 어떻게 나무를 100만 그루씩이나 심을 생각을 했습니까?

김우중 돈은 얼마 들지 않았어요. 나무값이 쌌으니까…. 조선소를 영어로 '야드(yard)'라고 하지요? 나중에 나무가 큰 뒤 외국인들이 와서 보고는 우리 조선소를 '야드 인 더 가든(Yard in the Garden)'이라고 인정해줬어요.

(대우조선의 누적적자는 노사분규가 악화되면서 1989년에 1조 원을 넘어섰다. 그러나 그해 대우조선의 현금 흐름(cash flow)은 창사 이래 처음으로 자금부족 상태를 벗어났다. 김 회장과 대우계열사들의 출자와 산업은행의 채무재조정, 신규융자가 이루어졌기 때문이다. 정상화 노력이 결실을 맺으면서 1991년 창립 13년 만에 처음 흑자로 돌아섰다.

1993년에는 조선 부문에서만 28억 5,000만 달러를 수주해 이 부문 수주 세계 1위를 기록했다. 대우조선은 2009년과 2010년에 총 수주금액 세계 1위를 연속으로 달성했고 2008년, 2010년, 2011년에는 각각 영업이익 1조 원을 넘어섰다.)

5. '세계경영'으로
― 블록화 대응과 세계화, 그리고 대우자동차

신장섭 1980년대에 여러 가지 진통을 겪은 뒤 1990년대에 대우그룹의 화두(話頭)는 '세계경영'이 됩니다. '세계경영'에 대한 구상은 언제부터 하게 된 겁니까?

김우중 1987년 여름 전경련 하계 세미나에 기조연설자로 초청됐는데 그때 '국제화'를 강조했어요. 당시 국내에는 민주화 바람이 불고 있을 때지요. '민주화'도 추구해야 할 중요한 가치이지만 '국제화'를 함께 해야 한다고 했어요. 세계경제에서 블록화가 진행되고 있었거든요. 한국이 그동안 수출로 커왔는데 여기에 잘 대응해야 한다, (민주화와 국제화) 둘 중 하나만 해서는 어려워질 수 있다고 얘기했어요.

신장섭 대우가 일찍부터 세계시장에서 사업을 해왔고 한국이 수출주도 경제라서 국제화는 어쩌면 당연한 것이라고도 할 수 있는데, 특별히 새로운 것이 무엇이지요?

김우중 그동안은 주로 국내에서 만들어 해외에 수출했는데, 블록화가 되면 그게 어려워질 수 있는 거지요. 블록이 만들어지면 그 안으로 들어가야 합니다. 그래야 손해 보지 않아요. 그 나라들이 자기네 이익을 더 많이 보기 위해서 블록을 만드는 건데, 우리가 바깥에 있으면 안 되는 거지요. 들어가서 같이 이익을 나눌 수 있는 방법을 찾아야 합니다.

대기업들이야 그동안 해외시장에서 경쟁했으니까 그걸 어느 정도 할 수 있다 하더라도 중소기업들은 그런 경험도 없고 능력도 없었어요. 대기업들이 다른 나라에 가서 현지화하려면 그냥 되지 않고 국내 부품업체들도 함께 데리고 가야 합니다. 그래야 경쟁력이 생겨요. 우리나라 국내시장도 개방되어서 경쟁이 치열해지는데, 빨리 대응책을 만들어야 하는 거지요.

(김 회장은 한 강연에서 다음과 같이 세계경영을 설명했다.

"세계경제는 본질적으로 철저한 자국 또는 지역 이기주의가 지배하는 체제입니다. 겉으로는 공정한 경쟁과 개방을 통한 세계무역질서 확립을 표방하지만, 실상은 배타적인 관계를 통해 자국과 지역의 이익을 추구하는 여러 지역경제권을 중심으로 경제활동이 이루어지는 것이 오늘의 현실입니다. 대우는 이미 80년대 말부터 가까운 장래에 국적을 초월한 무한 경쟁의 논리가 세계경제를 지배하게 될 것을 예견하고 이에 대한 대비를 하여왔으며, 이를 한마디로 압축한 것이 바로 대우의 세계경영입니다. 대우가 추진하는 세계경영의 요체는 공존공영과 파트너십입니다. 자국의 경제적 이익을 먼저 생각하는 오늘의 경쟁 환경에서 기업이 지속적으로 활동 영역을 확대하고 성장을 추구하기 위해서는 블록 내의 경제주체로서 경영활동을 현지화하는 것이 필요합니다."[16]

신장섭 블록화와 함께 사회주의권이 붕괴되기 시작한 것도 대우의 세계경영에 크게 영향을 미쳤던 것 같은데요….

김우중 우리는 그전부터 사회주의권과 거래가 있었어요. 아프리카에서 사업을 많이 했고, 체코슬로바키아에는 미수금을 떠안는 대신 물건을 수출하기도 했어요. 그때 체코 당서기장과 직접 만났지요. (김 회장은 1983년 리비아에 대해 2억 달러 미수금을 갖고 있던 체코슬로바키아와 교섭해서 이를 대우가 떠안는 대신 2억 달러에 상당하는 재고 상품과 자동차를 체코슬로바키아에 수출했다. 그리고 대우가 떠안은 미수금은 리비아에서 원유로 받아 앤트워프 정유공장에서 가공해 해외시장에 팔았다.[17]

중국도 우리가 제일 먼저 들어갔어요. 1985년부터 중국지사를 설치하려고 했으니까…. 1987년에 한국 기업 최초로 중국에 냉장고 합작회사도 만들었고…. 내가 상해 시 자문위원을 오랫동안 맡았어요(5장 3절 참조). 동구는 헝가리, 체코슬로바키아에 가장 먼저 들어가고 그 다음에 폴란드에 갔지요. 루마니아도 가고, 당시 헝가리도 괜찮았어요. 구소련까지 가서 장사하고. 거기에서는 비철금속 중심으로 장사 많이 했어요.

신장섭 체제전환국에 관심을 가졌던 특별한 이유가 있었습니까?

김우중 우리는 수출시장에서 일본 회사들과 항상 경쟁했어요. 화교들이 잡고 있는 곳도 들어가기 힘들었고… 동남아에서도 그래서 베트남,

미얀마에 먼저 들어갔어요. 태국, 말레이시아, 인도네시아, 필리핀에는 화교들이 많고 일본 기업들도 벌써 들어와 있으니까요. 동구권은 의외로 일본도 별로 진출하지 않았고 화교들도 강하지 못했어요.

신장섭 아프리카 진출 할 때와 거의 마찬가지라고 할 수 있겠네요. 다른 사람들이 들어가지 않은 시장을 선점한다⋯.

김우중 그런 거지요. 이길 수 있는 싸움을 해야 돼요. 남이 약하거나 들어가지 않은 곳에 가야지요. 우리가 아프리카에서 경험이 있으니까 그런 곳에 들어가는 데 아무 문제가 없었어요. 사람도 있고, 어떻게 해야 하는지도 알고⋯.

신장섭 체제전환국들이 아프리카와 다른 점은 없습니까?

김우중 동구권 체제전환국들은 공업이 발달했던 나라들이에요. 기술과 설비는 있는데 시장에 맞춰 제품을 만들어내는 일들을 못하는 거지요. 그러니까 거기서 우리가 할 수 있는 일이 더 많아요. 우리는 한국기계, 대우조선 정상화 작업 다 해봤으니까 부실기업 정상화 하는 것과 별로 다르지 않아요. 직원들 의식개혁 하고 교육 하고, 마케팅 하고, 생산성과 품질 높이고⋯. 처음부터 다 투자하려면 돈도 많이 들고 시간도 많이 걸려요. 그런데 그쪽에 설비와 인력이 있으니까 파트너십으로 하면 시간도 줄이고 돈도 줄일 수 있는 거지요.

신장섭 대우가 쌓은 두 가지 역량이 결합됐다고 할 수 있겠네요. 남들 가지 않는 시장 선점 하는 것과 부실기업 정상화 하는 것⋯.

김우중 이 나라들이 자본주의 경제를 하겠다면서 한국처럼 성공해보고 싶다고 생각하는 것도 도움이 됐어요. 우리가 거기에 가서 한 것이 단순히 돈 버는 게 아니라 한국의 개발 경험을 전수해주고 당신들도 잘살 수 있게 해주겠다는 것이었으니까요. 그러니까 그쪽 정치지도자들을 만나기가 더 좋았어요. 그쪽에서 자꾸 나한테 뭘 하면 되는지 물어봐요. 우리가 얘기한 게 당신 나라에 한국을 건설해주겠다는 것이었어요. 우리가 무역, 건설, 자동차 등 함께 나가는 것도 국가 건설에 다 필요한 일이 되는 거고….

신장섭 "당신 나라에 한국을 건설해준다"… 그쪽 지도자들이나 국민들에게 가슴 뛰는 얘기였겠네요. 그게 대우의 세계경영이 선진국 다국적 기업들에 비해 갖고 있는 경쟁력에 중요한 요소가 아니었을까요?

김우중 당연히 그렇지요. 아프리카에서도 우리는 현지를 발전시키는 일을 많이 해주려고 했어요. 그래서 버는 것의 절반은 그쪽이 필요로 하는 일에 쓴다는 원칙도 정하고…(2장 1절과 5장 2절 참조). 그래서 나중에 비즈니스가 더 커질 수 있었어요. 체제전환국 지도자들도 자기 나라를 잘 되게 하고 싶어 해요. 자본주의 경험이 없으니까 새로운 것을 배워야 한다는 생각도 강하고요. 사회주의권 국가들이 서방 선진국에 대해서는 경계심이 많아요. 그런데 한국은 자기들처럼 역사적으로 고생을 많이 했다고 생각해요. 폴란드 사람들은 자기들도 분단국과 같은 고통을 겪었으니까 한국 사람들의 어려움을 잘 이해한다고 얘기하고요. 한국은 멀리 떨어져 있는 작은 나라이니까 자기들을 해치려 한다는 생각을 전혀 하지 않아요. 그래서 우리가 현지화하면서 투자하겠다는 것에 대해 전혀 경계심을 갖지 않고 환영해요. 우리를 경제발전의 파트너로 인정해주는 거지요.

신장섭 대우의 '세계경영'이 전 세계에 커다란 파장을 일으켰던 것은 대우가 1995년 GM을 꺾고 폴란드 자동차회사 FSO를 전격적으로 인수한 사건이었던 것 같습니다. GM은 대우와 오랜 기간 합작 파트너였고, 또 1997년 아시아 금융위기를 전후해서는 대우와 GM 간에 합작이 다시 추진되기도 했습니다. 자동차 부문 얘기를 해보면 세계경영의 모습이 보다 구체적으로 그려질 수 있을 것 같습니다. 1978년에 GM과 합작할 때에는 GM이 하는 것을 따라 하면 되겠다고 얘기했는데, 왜 나중에 GM과 결별하게 되는 겁니까?

김우중 처음부터 GM은 자기네 모델을 한국에서 어셈블리(assembly, 조립)만 해서 국내시장에 팔려고 했고, 우리는 수출을 하고 싶어 했어요. 그래서 GM에 계속 월드카(World Car)를 하자고 요청했어요. 한국에서 만들어 전 세계에 수출하는 거지요. 결국 30만 대 규모로 시작하기로 합의했어요. (1984년 7월에 이루어진 이 합의에 따라 2년 여의 개발과 공장 증설 끝에 대우자동차의 첫 번째 월드카 '르망(Le Mans)'이 1986년 6월 탄생한다. 르망의 제조 및 공장 설계 기술은 GM의 독일 자회사인 오펠(Opel)이 제공했다. 부품은 국내에서 개발하되 필요한 기술은 GM에서 제공했다.[18])

그러면 GM이 르망을 미국에 팔아줘야 하는데 그걸 잘 안 도와줘요. 미국시장에 매년 10만 대씩 수출하기로 했는데…. GM의 폰티악 사업부 산하 딜러망을 통해 하기로 되어 있었는데 잘 안 팔린다면서 별로 안 갖고 가는 거예요. 내가 GM에 가서 항의도 하고 협조 요청도 했어요. 스미스 GM 회장도 처음에는 내가 열심히 하니까 도와주려고 월드카를 했던 건데, 시장 상황 때문에 그런지 적극적으로 안 도와줘요. 월드카에 많은 돈을 투자해놓은 상태에서 가동이 잘 되지 않고 있었던 거지요.

그래서 내가 화가 나서 티코(800cc의 경차, 나중에 마티즈로 모델 변경)를 대우조선에서 만들었어요. (대우는 1989년 4월 창원에 공장 건설을 시작해서 1991년 5월 티코를 출시했다. 대우는 티코 개발을 위해 대우자동차와 별도의 엔지니어 인력을 뽑아 일본에서 연수시켰다.) 그래서 GM과 조금 갈등이 있었지만 그쪽도 억셉트(accept) 하고 잘 해결됐어요. 자기네가 없는 차종으로 했으니까…. 티코는 국내에서도 잘 팔리고 수출도 잘됐어요. 그래서 창원 공장을 계속 늘렸지요.

그런데 월드카(르망)는 시설이 다 되어 있어도 잘 팔리지가 않아요. 미국시장에서 안 사니까…. 그래서 실무적으로 우리가 인수하는 걸로 했어요. GM의 투자금에 대해 값을 잘 쳐서 사줬어요. GM이 섭섭하지 않을 가격으로 충분히 줬으니까…. 그때 실제로는 우리가 준 것의 반값만 줬어도 살 수 있었어요. (GM의) 간섭 받지 않고 우리가 독립적으로 하면 잘 할 수 있겠다는 신념이 있으니까 그랬던 거지요. (대우자동차는 1978년 새한자동차를 인수하면서 GM과 합작한 뒤 1992년 말 14년간의 동거를 마치고 결별한다.)

신장섭 독자경영체제에 들어간 뒤 대우자동차를 어떻게 키우려고 했습니까?

김우중 빨리 우리 모델을 개발하고 생산량도 빨리 국제 수준으로 키우고 잘 팔아야 했지요. 선진국에서는 자동차 모델을 한 번에 하나씩 개발해요. 그런데 우리는 세 종류를 한꺼번에 개발했어요. 라노스(1996년 출시), 누비라(1997년 출시), 레간자(1997년 출시)…. 새로운 모델 세 개를 한 꺼번에 개발한 것은 그 당시 자동차산업 역사상 유례가 없는 일이에요. 자동차를 개발하기 위해 영국에 연구소도 만들고….

(대우는 영국의 워딩테크니컬센터에서 라노스, 누비라, 레간자 이외에 국민차 티코의 신모델 마티즈를 개발했다. 이와 함께 중대형차 개발도 추진했다. 2000~2400cc 용량의 6기통 알루미늄 엔진을 독일에서 개발하는 것에 맞춰서 레간자보다 약간 큰 'V카'를 워딩에서 개발하고 디자인했다. 이 모델은 그 후 매그너스와 토스카로 시판됐다. 또 현대 그랜저급의 신차(P-100)도 개발하기 시작했다. 그러나 이 차는 완성단계에서 대우가 워크아웃에 들어가는 바람에 개발이 무산됐다.)

신장섭 자동차 모델을 그렇게 빨리 여러 가지 내놓으면 생산과 판매를 적극 늘려야 했을 텐데요….

김우중 그래서 2000년대 초에 국내 100만 대, 해외 150만 대 해서 250만 대 생산체제를 구축하겠다고 계획을 세웠어요. 그 다음에는 500만 대까지 늘리고…. 자동차는 한 모델을 50만 대 만들면 코스트(cost, 비용)가 절반으로 떨어져요. 우리가 티코를 50만 대 생산해보니까 그대로 나타났어요. (GM과 결별하던 1992년에 대우자동차는 18만 대를 생산했다. 적극적인 투자 결과 1997년에 대우자동차의 생산량은 SKD(Semi Knocked Down, 반조립), CKD(Complete Knock Down, 부품) 제품, 완성차를 합쳐 100만 대를 넘어섰다.)

많이 팔아야 하니까 인구가 많은 중국과 인도 시장을 최우선으로 공략하기로 했어요. 그래서 이 두 나라에는 완성차공장과 함께 부품공장을 같이 투자하는 전략을 세웠어요. 중국에는 완성차공장보다 부품공장을 먼저 지었어요(옌타이[烟台] 공장). 완성차는 만들기로 다 합의했다가 그쪽(중국제일자동차[中國第一汽车]) 사장이 교통사고로 반신불수가 되는 바람에 완공이 지연됐지요. 우리가 워크아웃 들어가는 바람에 완공을 못했지만 완공했으면 프리미엄만 10억 불이 넘었을 거예요.

인구가 경제단위가 되는 다른 나라에도 모두 공장을 세웠어요. 우즈베키스탄, 러시아, 우크라이나, 폴란드, 루마니아, 체코슬로바키아, 이집트, 베트남 등이 그런 곳이지요. 우리가 마지막에는 마켓셰어(market share, 시장점유율)에서 1등 한 곳이 많아요. 동구, 중앙아시아, 러시아에서 30%를 넘게 했으니까요.

신장섭 독자경영을 시작한 뒤 GM과는 완전히 경쟁관계로 바뀐 건가요?

김우중 그렇지는 않아요. 우리가 그때까지 내놓은 차들이 GM의 주력 차종과 겹치는 것이 별로 없었으니까요. 우리는 GM과 좋은 관계를 유지하려고 했어요. 나중에 우리 힘이 세지면 우리가 원하는 조건으로 언제든지 다시 합작할 수 있다고 생각하고… 그래서 GM 지분을 살 때 후하게 쳐줬어요. 그리고 자동차부품은 GM과 계속 합작을 유지했어요. 대우자동차부품, 대우HMS, 델코전지는 처음부터 GM과 합작해서 만든 것이고 계속 같이 키워나갔어요. 1990년대에만 부품에 2,000억 원 시설투자를 했으니까요. 나중에는 우리 자동차 수출보다 부품 수출이 더 많아졌어요.

(대우는 내부적으로 GM과 자동차부품 합작의 잠재력을 다음과 같이 대단히 높게 평가하고 있었다.

"차량 계통 부품은 대량생산에 의한 규모의 경제성이 크게 강조되는 분야이므로 자동차회사와는 독립적으로 우수한 설비와 뛰어난 제조력, 고도의 첨단기술력과 국제경쟁력을 갖춘 전문 생산업체만이 참여할 수 있는 분야이다. 대우자동차부품과 대우HMS는 세계 최대의 자동차메이커인 GM과 대우가 손잡고 세계시장을 겨냥하여 세운 국제 규모의 자동차부품회사였다. GM은 세계 자동차산업에서 최첨단 기술을 보유하고 있는 선두주자이며, 자동차부품의 막대한 수요처인 동시에 강력한 마케팅 능력을 가지고 있다. … (이 부품회사들은) 대우의 기업경영 능력과 뛰어난 제조능력, GM의 기술력과 막대한 판매력이 적절히 조화된 이상적인 회사로 세계 최강의 자동차부품회사인 일본의 니폰덴소(Nippon Denso)나 독일의 보쉬(Bosch)보다 여건이 유리하다고 전망되었던 것이다.")[19]

신장섭 자동차부품산업이 그렇게 크고 중요한지는 일반인들에게 잘 알려져 있지 않은데요….

김우중 스위스 다보스포럼(세계경제포럼, World Economic Forum) 자동차 분과에 가면 자동차업체 경영자들이 150명 정도 모여요. 내가 거기에서 '실제로 어셈블러(assembler)들이 새롭게 개발하는 것은 없다. 부품업체들이 다 하는 거지. 어셈블러가 뭘 개발했는지 대라', '너희네들이(기존 어셈블러들이) 오버프러덕션(over-production, 과잉생산)이지 왜 새로 시작하는 우리가 오버프러덕션이냐?'라고 했어요. 그때 부품업체들한테서 박수 많이 받았지요. 자동차 100억 불 수출 하면 부품 200억 불 수출 할 수 있어요.

신장섭 자동차 부문에 그렇게 빠른 속도로 대규모 투자를 하려면 막대한 돈이 필요했을 텐데, 어떻게 동원했습니까?

김우중 그때는 자동차 빼고 거의 모든 계열사들이 돈을 잘 벌고 있을 때였어요. (주)대우가 특히 돈을 많이 벌었지요. 그래서 (주)대우에서 자동차 개발비를 대고 나중에 로열티를 받도록 했어요. 자동차 금융도 (주)대우가 다 해주고…. 그런데 나중에 (아시아 금융위기로 대우차가 어려워지니까) 그게 다 (주)대우 빚으로 돌아왔어요.

현지공장 짓는 것은 합작으로 해서 현찰이 들어가는 것을 많이 줄일 수 있었어요. 우리 투자지분은 현물로 출자한 것도 많았고요. 지을 때에 현지 파이낸싱을 많이 했어요. 자금 조달이 어려운 나라는 우리 신용으로 유럽에서 돈을 빌리게도 도와줬어요.

신장섭 1995년 폴란드 FSO 인수를 놓고 GM과 대격돌을 벌이면서 대우의 '세계경영'이 세계적으로 유명해집니다. GM이 7년 동안 공들여왔던 것을 대우가 눈앞에서 가로챘다는 얘기도 나옵니다만….

김우중 GM과 우리는 계산법이 달랐어요. GM은 FSO를 인수하는 조건으로 인원을 80% 줄이겠다고 했어요. 자기네한테 유럽 공장 커다란 게 있으니까 폴란드 공장을 크게 유지할 필요가 없는 거지요. 그런데 우리는 폴란드 공장을 전진기지로 해서 유럽시장에 들어가려고 했어요. 폴란드가 곧 유럽연합에 가입할 테니까 폴란드에 진출하는 것이 유럽에 진출하는 것과 마찬가지가 되는 거지요. (유럽연합은 1994년 폴란드에 준회원 자격을 부여했다.) 다른 동구권에도 수출할 수 있고…. 폴란드 인구가 4,000만이에요. 내수시장도 동구라파에서는 제일 컸어요.

그래서 우리는 폴란드 정부에 100% 고용을 보장하겠다고 했어요. 앞으로 투자를 더 해서 고용을 더 늘리겠다고도 하고…. 우리는 거기에서 공장을 돌리려면 엔지니어들이 필요해요. 우리 엔지니어를 보낼 수도 없고 엔지니어들을 갑자기 키울 수도 없는 일이잖아요? 우리에게는 거기 엔지니어들이 자산이었어요. 시설도 마찬가지예요. 우리가 쓰면 되는 거고. 그쪽 판매망도 우리가 이용할 수 있고요. (당시 FSO는 연간 30만 대 규모의 생산라인과 200여 곳의 판매망을 갖고 있었다. 대우가 FSO를 전격적으로 인수한 직후 김 회장은 서방 언론으로부터 '킴기스칸'이라는 별명을 얻었다.)

신장섭 신흥시장에 진출할 때 선진국 출신 다국적기업과 대우처럼 신흥국에서 진출하는 다국적기업 간에는 계산법이 다르다는 것이 굉장히 재미있는 얘기네요. 자동차는 그렇고, 대우그룹 전체적으로는 세계경영이 얼마나 진행된 겁니까?

김우중 모로코에 지역본사를 만든 것이 1990년대 초였어요. 하산 왕(하산 2세)이 세금 안 받는 조건으로 (우리가) 원유비축 기지를 만들었고 전자회사도 세웠어요. 그때부터 영국 본사, 미국 본사 등이 만들어졌지요. 1996년에 정식으로 지역본사제를 시행했고, 1997년에 모로코 전자-자동차 복합공단(마그레브 공단)도 착공했어요. 중국에도 60개가 넘는 합작회사를 만들었고…. 해외에 있는 직원이 국내에 있는 직원보다 더 많아졌어요. 이것(지역본부)들이 각자 커지고 나중에 합치면 우리가 완전히 글로벌해지지 않겠나 생각했어요.

(대우그룹은 내부적으로 아래와 같이 전망하고 있었다. "세계경영이

본궤도에 오르는 2000년이 되면, 대우는 69조 원의 해외매출을 포함하여 전체 매출이 138조 원에 이를 전망이며 해외사업장 1,000여 개, 해외인력 25만 명을 보유한 세계적인 다국적기업으로 발돋움할 것이다."[20] 해외인력이 국내인력보다 많아진 1996년 말에 해외인력 12만 명, 국내인력 10만 명이었다. 이 예상에 따르면 해외인력은 4년 동안에 두 배 이상 늘어나는 것이다.)

신장섭 저도 한국에 있을 때에 '세계경영' 열풍이 불던 것이 생생히 기억납니다.

김우중 그때 국내 그룹 중에서 대우가 곧 1등이 될 거라는 보고서도 나오고 그랬어요. 그 당시 성장하던 추세대로라면 그렇게 되는 거지요. 우리는 1980년대 초부터 연결재무제표를 작성해왔고, 다른 데는 그러지 않았으니까 제대로 따져보면 우리가 벌써 1등 했을 수도 있어요. 우리 세계경영을 배우겠다고 세계 여러 곳에서 찾아왔어요. 하버드대 등에서도 세계경영에 대한 케이스 스터디(case study, 사례연구)가 나오기도 했고요.

당시 대우의 세계경영에 대한 언론보도를 일부 보면 아래와 같다.

2005년 재계 1위 대우, 삼성 4위 – '예측 2005' 기업보고서 화제

"대우가 세계경영에 성공해 재계 1위로 부상하고, 삼성은 반도체와 자동차사업의 고전으로 4위로 밀려난다." 오는 2005년엔 국내 5대 재벌의 순위가 크게 바뀔 것이라는 전망을 담은 '예측 2005'라는 제목의 보고서가 대기업 기조실 주변에 나돌아 화제가 되고 있다.

'엘지그룹 회장비서실 재무팀'이 지난해 말 작성한 것으로 돼 있는 이 보고서에 따르면 현재 삼성-현대-엘지-대우-선경의 5대 재벌 순위(매출액 기준)가 8년 뒤인 2005년에는 대우-엘지-현대-삼성-선경의 순으로 바뀌는 것으로 되어 있다. 《한겨레》 1997년 9월 19일 자)

대해부 대우 세계경영 ① 개도국 최대 '초국적기업' 부상
5대 그룹도 심층분석 내년 전략 반영, 김 회장 1년 중 260일 이상 해외 지휘

대우의 올해 매출액은 71조 원쯤 될 것이라고 그룹 사람들은 말한다. 삼성과 현대가 85조 원 안팎 그리고 엘지그룹은 70조 원을 넘을 것이다. 이들 선발주자는 여전히 대우보다 앞에서 뛰고 있다. … 그럼에도 불구하고 재계와 학계에서는 세계경영은 단연 요즘의 화두다.

불과 10년 전 산업합리화로 어려웠던 그룹이 강력한 경쟁력으로 뜨고 있기 때문이다. 2005년이면 삼성, 현대를 제치고 1위 그룹으로 부상하리라는 모 연구소의 예측자료는 다른 그룹들을 깜짝 놀라게 한다.

대기업 연쇄부도 속에서도 올 상반기 대우자판 29%, 대우통신 25%, 대우 15% 등 괄목할 만한 성장을 거듭했다. 내년에도 매출액 25%, 투자 10% 증대 등 공격경영을 외치고 있다.

명퇴를 실시한다 야단인 기업들은 진작 밖으로 뛰쳐나가 터전을 잘 잡은 대우를 새삼 부러운 눈길로 바라보고 있다.

삼성, 현대, 엘지 등은 자존심을 버리고 '세계경영' 연구에 골몰하고 있다. … 이런 관점에서 세계경영 모델을 연구 중인 서울대 교수들만 10여 명에 달한다. (《매일경제》 1997년 11월 10일 자)

| 주 |

1 세계경제에서도 블록화가 역설적으로 세계화를 더 촉진시켰다는 사실을 유념해야 할 것 같다. 유럽공동체 합의가 이루어지면서 1차적으로는 유럽 국가들이 세계무역 자유화 논의에 소극적이 됐다. 이에 따라 1986년에 합의됐던 우루과이라운드가 3년 내에 타결하겠다던 당초 일정을 넘기며 표류했다. 그렇지만 국제사회에서 블록화에 대한 우려가 제기되면서 우루과이라운드에 관해 조금씩 합의가 진전되고 결국 7년 반 만에 123개국이 우루과이라운드 타결에 서명한다. 이에 따라 1995년 1월 세계무역기구(WTO)체제가 출범한다. WTO체제에서는 무역 자유화뿐만 아니라 금융 등 서비스 자유화까지 광범위하게 추진됐다. 1990년대 중반이 되면서 세계경제의 화두는 '블록화'에서 '세계화'로 급격히 바뀌었다.
2 대우그룹(1997).
3 대우그룹(1997).
4 대우그룹(1997).
5 대우세계경영연구회(2012, 361쪽).
6 대우그룹(1997). 김우중 회장의 기억으로 일부 추가.
7 김 회장은 나에게 이 사람이 누구인지를 말했다. 그러나 민감한 사안이라서 이 책에서 누구인지 밝히지는 못한다.
8 대우세계경영연구회(2012, 92~93쪽).
9 대우세계경영연구회(2012, 92쪽).
10 김 회장은 이 사람이 누구인지 나에게 말했다. 그러나 외교적으로 민감한 사안이므로 이 책에는 실명을 거론하지 않는다.
11 외교통상부(1995, 124쪽).

12 김우중(1990).
13 대우세계경영연구회(2012, 39~40쪽).
14 김우중(1990).
15 대우세계경영연구회(2012, 290~291쪽).
16 김우중(1998b).
17 대우세계경영연구회(2012, 194쪽).
18 대우그룹(1997).
19 대우그룹(1997).
20 대우그룹(1997).

아시아 금융위기와
대우그룹의 해체

대우가 세계경영으로 초고속 성장가도를 달리던 1990년대 중반은 세계화의 바람이 전 세계적으로 거세게 불던 시기였다. 세계무역기구(WTO)가 1995년에 출범하면서 거의 모든 나라들이 '국경 없는 경쟁'이라는 새로운 시대를 받아들였다. '개방'과 '자유화'는 시대의 만트라(mantra, 주문[呪文])가 됐다. 한국의 김영삼 대통령 정부도 1995년이 시작되면서 '세계화'를 핵심 국정 과제로 내세웠다. 선진국 클럽인 경제협력개발기구(OECD)에 가입을 신청하고 그쪽에서 요구하는 금융자본시장 개방안을 받아들인 뒤, 1996년 12월 정식으로 OECD에 가입한다.

세계화에 가속도가 붙던 1990년대 중반에 가장 각광 받은 지역은 동아시아였다. '21세기는 아시아의 시대'라는 말이 당연하게 받아들여졌고, 다국적기업과 다국적금융기관들의 투자가 동아시아로 몰려들었다. 그러나 역설적이게도 세계화 투자 열풍이 가장 강하게 불던 동아시아에서 금세 금융위기가 벌어진다. 1997년 2월 태국 최대 단기금융회사 파이낸스 원(Finance One)이 도산한 것을 계기로 태국에서 외국자금이 빠져나가고 바트화에 대한 공격이 시작된다. 외환보유액을 소진한 태국 정부는 1997년 7월 바트화 방어를 포기하고 국제통화기금(IMF)에 구제금융을 신청한다. 이어 태국 금융위기는 주변국으로 전염된다. 말레이시아와 인도네시아 통화가 공격을 받게 됐고, 인도네시아가 이를 견디다 못해 10월 IMF에 구제금융을 신청한다. 그 후 동남아 금융위기는 북쪽으로 번진다. 홍콩, 대만과 한국에서 외국자금이 빠져나가고 이들 나라의 통화가 공격 대상에 올랐다. 이 중 한국이 외환보유액을 바닥내고 11월 IMF에 구제금융을 신청했다. 동남아 금융위기가 동아시아 금융위기로 확대됐다.

그동안 '경제기적'을 일궜고 1990년대 세계화 투자의 중심지였던 동아시아에서 금융위기가 벌어진 것이 뜻밖의 일이었던 것처럼, 세계경영에 앞서 나가던 대우그룹의 몰락도 예상치 못한 일이었다. 그러나 한국이 IMF체제에 들어간 지 1년 반가량 지난 1999년 8월 대우그룹은 워크아웃에 들어가고 김우중 회장은 해외로 나간다. 그리고 대우그룹은 산산이 부서진다.

제1장과 제2장이 대우의 성장과정을 다루었다면 이번 장은 대우가 아시아 금융위기를 만나 좌초하는 과정을 다룬다. 대우의 성장이 한국경제의 성장과 불가분(不可分)의 관계인 것처럼, 대우의 몰락도 한국경제의 위기와 떼어놓고 생각할 수 없다. 대우 몰락은 한국 금융위기 때 벌어진 가장 큰 규모의 기업파산이었고, 지금까지도 한국경제 사상 가장 큰 파산으로 남아 있다. 대우 입장에서 상황을 복잡하게 만든 것은 김우중 회장이 한국 금융위기가 시작될 때에 한국 재계의 대표라 할 수 있는 전국경

제인연합회(전경련) 회장이었다는 사실이다. 그렇지 않아도 국가경제 운영에 관심이 많았고 정부 쪽에 아이디어도 많이 제시하던 김 회장은 재계 대표로서 더 적극적으로, 더 공개적으로 경제 운영에 대해 얘기하지 않을 수 없는 입장이 됐다. 여기에 '경제대통령을 해달라'며 김대중(DJ) 대통령이 초기에 보내준 신뢰가 더해져서 김 회장은 역대 어느 전경련 회장보다 깊숙이 국정 논의에 참여한다. 단순히 재계의 의견을 전달하는 선을 넘어 자신이 바람직하다고 생각하는 한국 금융위기 극복 방안을 내놓고 이를 강하게 주장했다.

그러나 김 회장의 이러한 역할은 DJ의 정식 보좌역이던 '신흥관료'들과 충돌할 수밖에 없었다.[1] IMF체제에 들어가면서 한국 정부가 공식적으로 채택한 금융위기 극복 방안은 IMF프로그램이다. 이것은 한국의 금융위기가 금융·기업 부문의 '구조적 문제'들 때문에 왔다고 진단하고 '구조조정'을 통해 체질을 개선해서 외국인 '투자자들의 신뢰(investor confidence)'를 회복해야만 금융위기가 극복된다고 내세운다. 신흥관료들은 이 프로그램을 충실히 집행하려고 했다. 'IMF플러스'라고 불릴 정도로 IMF가 실제로 요구한 것보다도 더 강한 구조조정 프로그램을 한국경제에 적용했다.

반면 김 회장은 IMF프로그램이 한국을 돕는 것이 아니라 한국을 국제금융기관들의 '관리체제'로 바꾸기 위한 것이니만큼 이 체제를 빨리 벗어나야 한다고 주장했다. 그는 한국의 금융 부문이 잘못해서 금융위기를 불러왔다는 점에는 동의하지만 기업 부문이 금융위기를 불러왔다는 진단에는 전혀 동의하지 않았다. 특히 IMF프로그램에서 요구하는 기업 구조조정은 한국 기업들과 한국경제의 경쟁력을 오히려 약화시키고 선진국 경쟁자들을 도와주는 것이라고 생각했다. 따라서 그는 '구조조정'에 매달리지 말고 대신 수출을 적극적으로 늘려 매년 500억 달러의 무역흑자를 올리고 외환보유액을 확충해 IMF체제를 조기 탈출 하자는 대안을 내놓았다. 세계를 놀라게 한 '금 모으기 운동'도 대우가 앞장섰다(3장 2절).

이번 장에서는 이렇게 상반된 김 회장과 신흥관료들 간 금융위기 원인 진단과 처방이 어떤 과정을 통해 충돌했고 결국 대우그룹의 해체로 이어지게 됐는지를 김 회장과의 대화를 통해 재구성해본다.

먼저 김 회장이 왜 정부의 공식 입장과 다른 금융위기 원인 진단을 했는지, IMF프로그램, 특히 '기업 구조조정론'에 무슨 문제가 있다고 생각했는지를 들어보았다(3장 1절). 김 회장과 DJ가 어떤 관계였기 때문에 DJ가 김 회장에게 '경제대통령'을 해달라는 얘기까지 했는지, 김 회장은 무슨 이유 때문에 DJ를 적극 도우려고 했는지를 들어보았다(3장 2절). 금융위기 극복 전략을 둘러싸고 김 회장과 신흥관료들의 갈등이 구체적으로 어떻게 발생했고 악화됐는지, 대우의 유동성 약화가 그 갈등의 결과로 비롯했는지 아니면 대우그룹의 내부적 원인에서 기인했는지에 관해서도 대화를 나누었다(3장 3절과 4절).

김 회장이 정부의 공식 입장과 다른 금융위기 극복 전략을 강하게 내세울 수 있었던 중요한 원인은 정부가 요구하는 '구조조정'에 관해서도 믿는 구석이 있었기 때문이다. 김 회장은 GM과 대우자동차 간의 합작이 곧 성사될 것이라고 봤고 그러면 대우가 '구조조정'에서도 '가장 모범적인 사례'가 될 것이라고 생각했다. 그러나 GM과 합작 논의가 진행되던 중 대우그룹은 워크아웃에 들어가게 되고, 김 회장은 GM과의 합작을 핑계로 구조조정을 회피하려 했다는 비판을 받게 된다. 폴란드 자동차회사 FSO 인수를 둘러싸고 대우에 참패했던 GM은 왜 대우에 합작을 제안하는가, 합작 논의가 실제로 어떻게 진행됐는가 등에 관해 김 회장의 얘기를 들어보았다(3장 5절).

　유동성 문제가 악화되는 와중에 대우그룹은 1998년 12월부터 삼성그룹과 자동차 '빅딜' 협상에 들어간다. 빅딜이 어떻게 시작됐고 어떻게 깨졌는지에 대해서도 대화를 나누었다(3장 6절). 빅딜이 무산된 뒤 대우는 1999년 8월 '워크아웃'에 들어간다. 대우는 김 회장의 사재 출연 1조 3,000억 원을 포함해서 13조 원가량의 자산을 채권단에 맡긴다. 그러나 기업회생작업이라고 만들어졌던 워크아웃에 들어가자마자 대우그룹은 해체의 길로 치닫는다. 그리고 김 회장은 정처없이 해외로 떠밀려 나간다. 왜 그렇게까지 됐는지 김 회장의 얘기를 들어보았다(3장 7절).

1. 금융책임론

신장섭 1997년에 벌어진 아시아 금융위기는 한국뿐만 아니라 대우그룹에도 굉장히 큰 변곡점입니다. 과거 경제발전을 지탱해오던 한국의 모델이 IMF 구조조정 과정을 거치면서 송두리째 바뀝니다. 그리고 대우그룹은 해체의 길을 걷게 됩니다. 위기의 원인, 진행, 결과에 대해 아직까지 국내외에서 큰 시각차가 있습니다. 원인부터 짚어보지요. 'IMF사태', 왜 왔다고 생각하십니까?

김우중 IMF사태는 기본적으로 금융이 잘못해서 온 겁니다. 한국 금융기관들이 (1990년대 중반에) 해외에 막 나가서 숏텀(short-term, 단기)으로 돈을 빌려 쓰기 시작했어요. 그때는 리볼빙(revolving, 만기연장)이 잘되니까 외화를 빌려 남에게 다시 빌려주면 돈을 쉽게 벌 수 있었어요. 한국보다 금융코스트가 비싼 러시아, 동구권, 인도네시아 등에 그렇게 돈을 빌려주고 그 나라들 채권도 많이 샀어요. 그 돈이 한국에 다시 들어오기도 하고…. 해외금융을 안 해보던 사람들이 갑자기 나가니까 리스크 관리가 안 된 거지요. 3개월간 빌리면 3개월간 꿔줘야 하는데 그러지 않고 장기채권을 산다든지 했으니까요.

신장섭 한국 정부와 IMF는 한국 금융위기가 금융과 기업의 공동책임이라는 입장입니다. 그래서 금융 구조조정과 기업 구조조정을 동시에 시행했고요. 1997년 초반부터 한보가 부도나고 중반에는 기아가 부도 위기에 몰리면서 국내 기업들이 어려움을 겪습니다. 정부와 IMF 측은 이러한 기업 부실 및 악화 가능성이 대외신뢰도에 악영향을 미쳤다고 주장합니다. 한국 금융위기에 기업 부문의 책임은 없다고 할 수 있을까요?

김우중 기업들이 투자하다가 잘못되는 것은 항상 있는 일이지요. 그렇다고 그것이 외환위기로 연결되는 건 별개의 문제예요. 기업 망한다고 은행들이 다 망하면 제대로 된 은행이라고 할 수 있나요? 자기들이 리스크 관리를 해야 하는 거지, 그거 안 하고 왜 기업을 탓합니까? IMF사태는 리저브(reserve, 외환보유액)가 갑자기 줄어들어서 벌어진 건데, 그게 다 정부가 금융기관들 도와주다가 그렇게 된 거예요. 외국인들이 금융기관에서 돈을 빼내갔지, 기업에서 돈 빼내가지 않았습니다. 한국 기업들이 갖고 있던 빚은 그대로 있었어요. 더 빌려주지는 않았어도….

알다시피 그때 금융위기는 동남아에서 먼저 왔어요. 태국부터 시작해서 말레이시아, 인도네시아로 번진 거지요. 그전에 구라파(유럽)와 미국 금융기관들이 (동남아에) 많이 들어왔어요. 돈을 직접 꿔주기보다 쿠션(cushion, 중간단계를 거쳐서) 해서 빌려줬지요. 그러다가 동남아 은행들이 전체적으로 문제가 됐어요. 그러면서 한국 금융기관들에 대한 리볼빙이 서서히 스톱(stop)됐어요. (한국 금융기관들이) 처음엔 일시적 현상인 줄 알았지요. 그러니까 (국내) 본점에서 돈을 빌리고 그게 안 되니까 본점은 정부에서 돈을 빌리고, 정부는 리저브에서 내준 거예요.

신장섭 저도 당시 한국 금융기관들에 문제가 많았다는 지적에 동감합니다. YS 정부가 선진국 클럽인 OECD에 가입한다면서 자본시장 자유화를 너무 서둘렀습니다. 그리고 신규 은행과 종합금융회사(종금사)들을 너무 많이 인가해줬어요. 1985년에 은행이 전국에 23개였는데 1997년에는 33개로 늘어납니다. 금융위기로 망하고 합치고 해서 2000년이 되면 다시 22개로 줄어들고요. 종금사는 더 심합니다. 1985년에 단자사(투자금융사)가 6개 있었는데 종금사로 전환하게 해주고 신규 종금사도 대거 허용해서 1997년에는 종금사가 30개로 늘어났습니다. 그런데 IMF사태 나고 대부분 망해서 2000년에는 9개로 줄어듭니다.[2] 제가 1996~97년에 동남아에 출장 갈 일이 여러 차례 있었습니다. 홍콩, 싱가폴 등에 한국 금융기관 지점이 갑자기 너무 많이 생겼어요. 작은 금융기관의 지점장들도 새로 지사 설치하자마자 최고급 승용차 사고, 최고급 주택에 거주했습니다. 해외에 나와서 돈 굴리면 금세 떼돈 번다는 분위기였습니다.

김우중 그때 종금사뿐만 아니라 증권회사들에도 외화업무를 취급할 수 있게 해줬어요. 리스회사들도 다 해외에 나가고요. (1997년에 증권회사는 36개, 리스회사는 25개에 달했다.) 국내 자본시장을 개방하면서 금융기관 경쟁력 키우는 연습하게 해준다고 다 나가게 한 거지요. IMF사태 직전에 홍콩에만 한국 금융회사가 120~130개나 있었다고 하더라구요. 그때는 금융사들이 전화만 하면 돈을 빌릴 수 있었어요. 리보(LIBOR, 런던우대금리)에 0.5% 정도 스프레드만 붙여주면 됐으니까…. 국제금융 경험 없는 사람들이 쉽게 돈을 빌리니까 앞으로도 계속 그럴 거라고 안이하게 생각했어요. 그러다가 갑자기 막혀버린 거지요.

신장섭 당시 정부가 대책을 발표한 것을 봐도 외환 부문에서는 금융회사들의 문제가 먼저 터진 걸 알 수 있습니다. 1997년 8월 태국이 IMF체제에 들어가고 인도네시아 루피아화까지 폭락하자, 재정경제원에서 첫 번째 내놓은 대책이 종금사들에 3억 달러 이상의 외화자금을 긴급 지원한다는 것이었습니다(8월 15일). 뒤이어 산업은행이 급하게 외화채권을 발행해서 15억 달러의 외화를 조달했고요(9월 10일).

김우중 그때 홍콩, 싱가폴 등에 (국내) 어떤 회사들이 영업점을 차리고 어떤 사업을 벌였는지 들여다보면 한국에 금융위기가 어떻게 왔나 자세히 알 수 있겠지요.

신장섭 그러면 1997년 중반 동남아 금융위기가 벌어지고 있을 때에 한국에도 위기가 온다는 낌새를 느낀 것은 없었습니까? 대우는 어땠습니까?

김우중 당시 우리(대우)는 그런 것 안 느꼈어요. 우리는 오래전부터 한국은행으로부터 외화대출 한도 받아놓고 파이낸싱 하고 있었어요. 그때 국내 금융기관들이 해외에 너무 많이 나가 사방에서 숏텀으로 (돈을) 빌려 투자한다는 것은 알았지만, 그게 얼마나 되는지는 몰랐지요. 그래도 (내가 세계를) 돌아다니니까 전체적인 분위기는 알았어요. 그래서 정부 쪽 인사들을 만나면 참고하라고 (국제금융시장) 분위기를 얘기해줬어요. (금융위기 전 대우그룹은 국내 시중은행들보다 낮은 금리로 국제금융시장에서 자금을 조달할 정도로 국제 신인도가 높았다. 그래서 세계 유수 은행들이 주최하는 송년회에는 대우 임원들이 상석의 테이블로 초대되곤 했다.[3])

신장섭 1997년 11월 한국이 IMF체제에 들어갔을 때에는 대우그룹에 자금 압박이 크게 오지 않았습니까?

김우중 만기 돌아오는 것 중에서 일부 (연장을) 안 해주는 것들이 있었는데 다른 은행에서 (돈을) 빌릴 수 있었어요. 어떤 때는 늘려 받기도 했어요. 만기연장이 잘 안 되는 것들이 조금 생겨서 내가 주요 거래 은행들을 만나러 갔어요. BOA, 홍샹(HSBC, 홍콩상하이은행) 등의 행장들도 만나고…. IMF사태가 터지고 난 뒤 1년 정도까지는 전체를 연장하거나, 20% 갚고 80%는 연장하는 식으로 했어요.

신장섭 IMF와 한국 정부는 기업 부문이 금융위기에 책임이 있다고 얘기하면서 특히 대기업들의 부채비율이 높은 것을 문제 삼았습니다. 여기에 대해서는 어떻게 생각하십니까? (1997년 말 한국 기업들의 평균 부채비율은 360%였고, 30대 기업의 평균은 512%였다. 정부는 기업 구조조정의 일환으로 대기업들에 이 비율을 200% 밑으로 낮추라고 요구했다. 국내외 자금시장이 경색된 상황에서 이 방침을 따르는 데 가장 현실적인 방안은 대기업들이 갖고 있는 자산을 외국투자가들에게 파는 것이었다.)

김우중 선진국과 우리가 시스템이 다른데 부채비율 수치만 놓고 왜 그렇게 얘기하는지 모르겠어요. 부채비율을 자꾸 문제 삼길래 전경련을 통해 국제컨설팅회사에 용역까지 줘서 국제비교를 시켰어요. 제일 큰 차이는 우리가 선진국보다 금융이 발달하지 못해서 기업이 불필요한 부채를 떠안고 있는 데에 있었어요. 예를 들어 자동차를 살 때 선진국에서는 개인이 할부금융을 받고, 자동차를 파는 회사는 현금을 받아갑니다. 그런데 우리나라는 당시 자동차회사가 금융기관에서 돈을 빌려서 할부판매를 했어요. 개인이 져야 될 빚을 기업이 다 끌어안고 있는 거지요. "자동차를 많이 팔수록 기업 빚이 올라가는 구조인 겁니다. 그런 식으로 선진국 시스템이면 없을 빚을 우리가 안고 있는 것이 많았어요. 그런 걸 전혀 고려하지 않고 무조건 선진국보다 부채비율이 높으면 문제가 있다고 얘기하는 것은 말이 되지 않지요."

신장섭 부채비율 200% 가이드라인을 만든 이헌재 당시 금융감독위원장도 여기에 별 근거가 없다는 것을 스스로 인정합니다. "200퍼센트. 사실 정교한 계산을 통해 나온 기준은 아니었다. 해외 기업들의 평균 부채비율을 검토해 정했다. 당시 미국 기업들의 부채비율은 100퍼센트가 채 되지 않았다. 일본이 150~200퍼센트 사이였다"고 말합니다. 그러면서 이것이 "재벌을 옭아매는 담 중 하나였다"고 합리화합니다. "가장 먼저 부채비율 200퍼센트를 맞춘 삼성이 그것 때문에 나빠졌나. 오히려 좋아졌다"고 주장하기도 하고요.[4]

김우중 근거도 없는 것을 그렇게 중요한 경제정책의 기준으로 어떻게 사용합니까? 우리 대기업들을 부실이라고 몰아세우려고 만든 거라는 걸 스스로 인정하는 셈밖에 되지 않지요. 삼성이야 반도체사업을 잘해서 좋아진 거지 부채비율을 낮춰서 좋아진 거라고 할 수 있나요? 자기들 편한 대로 사례를 갖다 붙이려니까 그렇게 얘기하는 것일 뿐이지요.

신장섭 제가 보기에도 부채비율 200% 기준은 문제투성이입니다. 어떻게 미국과 일본만 나라입니까? 국제비교를 하려면 다른 나라들도 함께 봐야 합니다. 한국보다 잘사는데 한국보다 부채비율이 높거나 비슷한 나라들이 전 세계에 널려 있습니다. 1980~91년까지 기업 부채비율 평균치를 보면 핀란드(492%), 프랑스(361%), 일본(368%), 이탈리아(307%), 노르웨이(537%), 스웨덴(552%) 등이 그런 나라들입니다.[5] 한국은 이 기간에 366%였습니다. 그 나라들이 왜 높은 부채비율을 유지했는지 등은 최소한 검토했어야지요. 일본과 비교하더라도, 일본이 중진국일 때와 비교해야지요. 그때는 부채비율이 500%를 넘기도 했습니다. 선진국이 다 된 상태의 부채비율과 비교하는 것은 한국 기업들에 발전단계를 바로 건너뛰라는 주문과 다름이 없습니다.

김우중 정부에서 환율 관리를 잘못하고 그걸 기업 부실이라고 몰아붙인 것도 큽니다. 대기업의 평균 부채비율이 1995년에는 300%였어요. 갑자기 환율이 무너져서 1불당 800원에서 1,600원이 되니까 우리가 갖고 있는 달러 부채가 하루아침에 두 배 올라간 거예요. 달러로 환산하면 부채는 마찬가지인데…. 환율 때문에 부채비율 올라간 것이 왜 기업 잘못이라고 할 수 있나요?

1995년에 무역적자가 커지는데도 원화는 더 강세가 됐어요. 그러니까 1996년에 무역적자가 대폭 커졌지요. 정부가 빨리 환율 관리를 했어야 해요. 1인당 국민소득 1만 불 넘었다고 선전하다가 그게 잘못될 것 같으니까 환율을 건드리지 못한 거지요. 정부가 환율 관리 잘못해서 기업이 피해를 당한 거지, 기업이 외환위기를 일으킨 게 아닙니다.

(1995년 한국의 경상적자는 당시 국내총생산(GDP)의 2%에 해당하는 89억 달러로 확대된다. 1996년에는 경상적자가 GDP의 5%인 237억 달러로 대폭 늘어난다. 반면 원화의 대미달러 환율은 1994년 평균 789원에서 1995년 평균 774원으로 오히려 강해진다. 1996년 들어서도 상반기까지는 원화 환율이 770원대에 머물렀다. 경상수지 적자가 대폭 커지는 것이 명확해지고 나서야 한국 정부는 1996년 하반기부터 원화 환율 상승을 유도했다. IMF사태를 당한 뒤 원화 환율은 1997년 말 달러당 1,695원까지 뛰어오른다. 정부의 환율 관리 실패가 대우그룹에 어떤 영향을 미쳤는지에 대해서는 4장 1절 참조)

신장섭 '금융책임론'을 말씀하셨는데, 저는 국내 금융기관 책임론 못지않게 국제금융시장 책임론을 강조하고 싶습니다. 아시아 금융위기 5개국(한국, 태국, 인도네시아, 말레이시아, 필리핀)에 외부에서 순유입된 민간자금이 1994년 379억 달러, 1996년 971억 달러에 달했습니다. 대부분 국제 민간 금융기관들이 빌려준 돈입니다. 그런데 1997년에 은행대출에서만 269억 달러의 순유출이 벌어집니다. 아시아 국가들이 정부대출을 늘리고 (IMF 지원금 포함) 외국인직접투자도 늘리지만 결국 민간 부문에서 119억 달러가 빠져나갑니다.⁶

이렇게 돈이 갑자기 들어왔다 빠져나가는 것이 당하는 나라 입장에서 보면 엄청난 충격입니다. 1996년 말에 동아시아 기업이나 금융기관들이 1997년의 신년 계획을 세울 때에는 외국 돈이 1996년만큼은 들어올 것이라고 기대하고 자금 운용을 하는 것이 당연합니다. 그런데 이 전제와 비교했을 때에는 1997년에 갑자기 1,000억 달러 이상의 자금 불일치가 생겼습니다. 이 액수는 당시 아시아 5개국 국내총생산(GDP)의 10%에 달하는 규모입니다. 어느 나라건 이만큼의 돈이 갑자기 거꾸로 가면 견디기 힘듭니다.

1990년대 중반에 국제 금융기관들이 "아시아의 시대가 열린다. 당신네 전망이 굉장히 밝다. 내 돈 갖다 써라"고 하면서 아시아 금융기관, 기업들에 돈을 빌려줬던 것 아닙니까? 아시아 핫머니의 주범(主犯)이라고 할 수 있습니다. 그런 다음에 상황이 좀 바뀌니까 갑자기 돈 빼내가면서 "당신네들 부실투성이다. 망해도 싸다. 완전히 죽지 않으려면 구조조정 빡세게 해야 된다. 그래야만 돈 다시 갖고 와서 살려주겠다" 이런 얘기 한 것 아닙니까?

김우중 맞는 얘기지요. 지금 세계 금융위기(2008년)가 난 다음에 보세요. 기업 잘못이라고 하는 사람이 하나도 없어요. 다 선진국 금융기관들이 잘못한 거지. 금융기관들이 파생상품이다 하면서 이쪽저쪽에다 팔다가 감당 못하게 된 거예요. 기업은 거기에 별로 안 끼었어요. 기업은 금융위기로 피해만 본 거지요.

(김우중 회장은 1998년 한 강연에서 국제금융시장에 대한 생각을 아래와 같이 밝혔다.

"… 물론 앞에서 열거한 요소들이 아시아 경제위기를 불러일으킨 원인의 일부가 될 수는 있겠으나 그것이 전부는 아닙니다. 국경을 초월하여 진행되고 있는 글로벌 경제의 흐름은 우리가 생각하는 것보다 훨씬 복잡한 구조와 상호연관성을 지니고 있기 때문입니다. 보다 근본적으로, 이는 단일 국가 차원의 문제이기보다는 금융 부문을 비롯한 국제경제 질서의 불안정성에서 기인한다 할 수 있겠습니다. 80년대 중반 이후, 비대해진 금융 부문이 오히려 실물경제를 좌우하면서 투기자본의 급격한 유출입으로 각국 정부의 독자적인 경제정책이 위협받는 상황이 생겨나게 되었습니다. 이들은 장기적인 관점에서의 투자라기보다는 소수의 이익을 대변하는 투기적 성격이 강하여, 경제구조가 상대적으로 취약한 국가를 중심으로 금융시장을 교란하게 된 것입니다. 동남아시아 금융위기와 최근 러시아의 위기도 이러한 국제환경 변화를 적절히 예측하지 못한 데서 비롯된 측면이 많습니다. 후발국가에는 다양한 위기 요인이 상존하고 있는 것입니다.")[7]

2. 김우중과 DJ

신장섭 한국이 1997년 11월 IMF체제에 들어간 직후인 12월 대통령 선거에서 야당(새정치국민회의)의 김대중 후보가 당선됩니다. 당선 직후부터 김 회장님은 DJ의 '경제 가정교사'였다는 얘기가 돌았습니다. 당시 삼성그룹은 대통령선거에서 한나라당 이회창 후보를 밀었기 때문에 DJ 정권에서 큰 어려움을 겪을 것이라는 전망이 많았습니다. 반면 대우는 5대 그룹 중 DJ 정부와 가장 가까운 것으로 여겨졌습니다. 그러나 DJ 정부에서 정작 몰락한 곳은 대우그룹이 됐습니다. 김 회장님과 DJ는 도대체 어떤 관계였습니까?

김우중 '경제 가정교사'다 그런 말은 다 DJ가 대통령 되고 난 다음에 나온 거예요. 그전에는 경제 얘기를 해본 적이 없어요.

신장섭 DJ와 가깝기 때문에 전경련 회장으로 선출됐다는 얘기는 그러면 어떻게 받아들여야 합니까?

김우중 내가 이미 회장으로 선출되는 것을 전제로 (전경련) 회장대리를 하고 있었는데, 앞뒤가 맞지 않는 얘기지요. 최종현 회장이 위독해서 못 나오니까 전경련 이사회에서 내가 회장대리를 하는 걸로 결정했어요. 다음 총회에서 나를 정식회장으로 선출하는 것을 전제로 한 거지요. DJ가 대통령이 된 다음에 총회가 열려서 정식 회장이 된 것일 뿐인데 사람들이 자꾸 오해하고 말을 만들어내서 (그런 얘기가) 나오는 거예요.

신장섭 그러면 DJ가 김 회장님에게 '경제대통령'을 해달라는 얘기는 어떻게 나온 겁니까?

    김우중 DJ가 대통령 당선 되고 인수위 시절 처음 만났을 때에 그런 얘기가 나왔어요. '나는 정치는 잘 알지만 경제는 잘 모르니 김 회장이 경제는 해달라'고…. 언제든지 연락하자고 해서 그 이후에 자주 만났어요. 한 달에 두세 번씩 만나기도 하고.

    신장섭 DJ는 김 회장님을 왜 그렇게 신임했습니까?

    김우중 DJ 측근이었던 한 의원이 나에 대해 좋게 얘기해줬던 것 같아요. 그리고 DJ가 대통령 되기 전 미국을 방문할 때에 키신저(Henry Kissinger, 전 미국 국무장관)를 소개해달라고 해서 만나게 해줬어요. 키신저가 우리 그룹 어드바이저(advisor, 자문)를 하고 있었으니까요. 키신저는 미국에서 공화당 민주당 관계없이 사람들을 다 잘 알고, 또 본인이 워낙 정책통이니까 한국 지도자들이 만나고 싶어 했지요. (김 회장과 키신저의 관계에 대해서는 5장 3절 참조)

    신장섭 DJ를 만나 어떤 얘기들을 했습니까?

    김우중 IMF체제에 들어갔을 때니까 경제위기를 어떻게 극복할 건지를 주로 얘기했지요. DJ가 그때 고민을 많이 했어요. 나도 좀 걱정이 됐지만 어떻게든 노력하면 극복할 수 있을 거라 생각하고 함께 고민했어요. '금 모으기 운동' 아이디어도 그때 나왔어요.

    신장섭 금 모으기 운동은 정부에서 했던 걸로 알고 있는데 대우에서 아이디어를 낸 겁니까?

김우중 우리 (주)대우가 그전부터 금거래를 많이 했어요. 종합상사가 하는 일이 무엇을 팔 수 있을지 개발하는 거예요. 아이디어만 있으면 물건을 사다 필요한 곳에 파는 거지요. 물건 만드는 곳에 '이런 것 만들어 봐라' 하고 아이디어도 주고요. 그때 외환이 없어서 나라가 어려운 상태이니까 외환을 어떻게 벌 수 있을지 궁리하고 있었는데 KBS 쪽에서 제안이 들어온 것도 있고 해서 사장(死藏)되어 있는 금을 모아서 팔면 되겠다는 생각을 하게 됐어요. 우리가 파는 일을 많이 해봤으니까 국내에서 금을 모으기만 하면 파는 건 문제없다고 생각했지요.

신장섭 그때 금 모으기 운동 열기가 지금도 생생하게 기억납니다. 감동적인 장면들이 많았습니다. 신혼부부들이 결혼반지를 내놓기도 하고, 금메달을 내놓은 운동선수도 있고, 고(故) 김수환 추기경이 추기경 취임 때 받은 금십자가를 내놓기도 했습니다.

김우중 그때 우리가 내다 판 것 때문에 국제 금시세가 떨어질 정도였어요. 1998년 초 어려울 때 수출 늘어나는 데에도 많이 기여했고요. 우리 국제금융팀 얘기를 들어보니 그때 해외 채권자들이 우리의 금 모으기 운동을 보고 응원을 많이 보내줬대요. 한국에 대한 국제사회의 신뢰를 높이는 데 도움이 많이 됐던 것 같아요.

(금 모으기 운동의 결과 227톤의 금이 모였다. 전국적으로 351만 명이 여기에 참여했다. 한국은행의 금보유고는 2010년 초에 14.4톤에 불과했다. 한국은행이 그 후 금투자를 늘렸지만 2011년 말 금보유고는 39.4톤 수준이었다. '금 모으기 운동' 때 그 다섯 배가 넘는 분량을 자발

적으로 모았다는 얘기이다. 이렇게 모인 금을 수출해서 한국은 총 22억 달러의 외화를 벌어들였다. 1998년 상반기에 한국의 수출은 778억 달러로 전년동기비 1.0% 늘어난 것으로 나온다. 그러나 상반기 금 수출분 18억 달러를 제외하면 760억 달러로 전년동기비 1.4% 감소했다.)

신장섭 싱가폴 사람들이 굉장히 궁금해 하는 것이 '한국에서는 어떻게 금 모으기 운동에 사람들이 그렇게 많이 참여했냐'는 겁니다. '나라가 망하면 금이고 뭐고 소용없다고 생각하니까 그랬던 것 아니겠느냐'고 대답하면 '이해하기가 더 어렵다'고 합니다. '나라가 망하면 개인 입장에서는 더더욱 금을 붙들고 있어야 한다'는 거지요(웃음). DJ와 또 무슨 얘기를 나누었습니까?

김우중 밑에 있는 사람들이 보고하든지 정책을 내놓으면 나에게 보여주고 어떻게 생각하냐고 물어봐요. DJ가 조심성이 많아요. 한 사람 얘기만 듣는 것 같지 않아요. 그래서 내가 좋은 건 좋고, 문제 있는 건 문제 있다고 얘기하면 다음 날 회의할 때 내가 얘기하는 이유를 달아서 '좀 더 검토해보자'고 하거나 '안 된다'고 하는 거예요. 밑에서 결재를 올리면 (나와 만난 뒤) 하루이틀 지나서 다른 얘기를 하는 거지요.

신장섭 김 회장님 의견이 DJ에게 주입되고 있다는 것이 곧 알려졌겠네요.

김우중 처음부터 알지는 못했겠지만 금세 알 수밖에 없게 됐어요. DJ가 경제 관련 회의가 있으면 꼭 전경련 김 회장을 부르라고 해서 참석했으니까요. 금융위기 상황이 워낙 절박하니까 다른 의견도 듣고 토론해보라고 했던 거지요.

신장섭 그런 회의에서 얘기하는 것이 조심스럽지는 않았습니까?

김우중 DJ가 '괜찮다, 아무 문제 없을 것'이라며 얘기하라 하고, 나도 젊을 때니까 나라가 잘돼야 한다는 생각에 (관료들 의견을) 받아쳤어요. 그러면 DJ가 가만히 듣고 있다가 '김 회장 말이 맞다' 하고 회의를 끝낸 적도 있어요.

(김 회장의 나이는 이때 62세였다. 그래도 '젊을 때'라고 표현했다.)

3. 금융위기 극복 전략 차이와 '신흥관료'들과의 갈등

신장섭 당시 신흥관료들은 IMF식 '구조조정'을 철저히 해야 한다는 입장이었고, 김 회장님은 수출을 늘려서 빨리 IMF체제를 벗어나자는 입장이었으니까 서로 격돌할 수밖에 없었을 것 같습니다.

김우중 정재계 간담회 때에요. 다른 사람들이 많이 나와 있어서 나는 말을 안 하고 있었는데 DJ가 자꾸 '김 회장이 한마디 하라'고 해요. 그래서 얘기를 했지요. 그때 제일 중점을 두고 얘기한 것이, 'IMF사태 당하고 나니 전부 자신감을 상실했다. 그래서 자꾸 된다는 쪽으로 생각을 안 하고 어렵다는 쪽으로만 얘기가 나온다. 이것이 우리나라의 제일 큰 문제이다. 정책이다 뭐다 떠나서 자신감이 있으면 긍정적으로 할 텐데, 자신감이 없으니 매사에 부정적이다. 은행인, 관료 할 것 없이 다 그렇다. 이러면 어떻게 위기를 극복하겠나? 그렇지만 나는 할 수 있다고 본다. 자신감을 되찾고 빨리 수습해야 한다. IMF체제를 빨리 벗어나야 한다.' 그런 요지로 준비도 없이 즉흥적으로 굉장히 열을 내서 얘기했어요. 다 조용하고 아무 말 안 해요.

신장섭 DJ는 어떻게 생각했을지 몰라도 그 자리에 있었던 관료들은 많이 싫어했을 것 같습니다.

김우중 어느 공개석상에서 연설한 적이 있어요.[8] 원고 써간 것도 아니고 내가 평상시 생각하는 것을 그냥 얘기했어요. 구체적인 것은 잊어버리고 있었는데 2005년에 귀국한 뒤 검찰조사를 받으면서 들어볼 기회가 있었어요. 검찰조사관이 나에게 'DJ와 친해서 관(官)을 무시했다'는 거예요. '그런 적 없다'고 하니까 'DJ와 어떻게, 왜 그렇게 친하냐'고 다시 물어봐요. 내가 '그런 것 없다'고 하니 녹화한 것을 틀어줬어요.

(녹화한 것을) 내가 들어도 DJ와 엄청나게 가까워서 그렇게 얘기한 것 같았어요. 나는 선의로 한 건데…. 그때 내가 한 말이 '관리들이 열심히 안 한다. 자기 할 일을 안 하고 핑계만 댄다. 이래서 나라가 어떻게 되겠나? 자기들이 못하면 자리를 비켜줘야지…. 그러면 얼마든지 좋은 사람들이 할 수 있는데, 안 비켜줘서 할 일도 못하게 한다' 그런 거였어요. 내가 들어봐도 관리들을 상대로, 그것도 방송카메라도 다 와 있는 공개석상에서 그렇게 얘기한 건… '야~ 내가 어떻게 그렇게 했는지 모르겠다'는 생각이 들 정도였어요. 검찰조사관이 '당신이 대기업 회장이지만 관(官)에, 특히 경제관리들에게 그렇게 할 수 있는 데는 뭔가 믿는 구석이 있어서 그런 것 아니냐'고 다그쳐요. 전혀 그런 것이 없었는데…. 나라 걱정

하다 보니 정리 않고 (얘기가) 쏟아져 나온 거지….

신장섭 제가 들어도 너무 세게 하신 것 같은데요.

김우중 그래 놓고 나니 우리 회사 사장들이 자꾸 찾아와서 '얘기 좀 안 하셨으면 좋겠습니다' 하는 거예요. '내가 잘못 얘기한 게 뭐가 있냐?' 하니까, '그래도 얘기 안 하시는 편이 좋겠습니다' 해요. 그때가 우리 회사 사장들과 아는 사람들이 장관 하고 다 그럴 때였어요. 그러니 그쪽 얘기들이 들어오는 거지….

내가 그 사람들에게 제대로 격식을 갖춰 대우해야 했는데 그러지를 못 했어요. 그때는 내 후배들이 다 장관이었어요. 이규성 장관(당시 재정경제부 장관)도 나보다 1~2년 아래였어요. 강봉균 수석(당시 청와대 경제수석)은 그전에 노동부 차관 할 때부터 알았고… 이헌재 씨(당시 금융감독위원장)는 대우에서 일하기도 했고…. 나는 그동안 항상 나보다 10년, 20년 위의 사람들과 상대했어요. 내가 한참 일하던 때에 그 사람들은 국장이나 차관보 정도였어요. 내가 그 시절 생각만 했던 것 같아요.

한번은 김중권 청와대 비서실장에게서 연락이 왔어요(1998년 4월). 대통령께서 강봉균 수석과 함께 김 회장의 의견을 들어보고 앞으로 경제정책에 대해 상의하라고 했다며 같이 만나자는 거예요. 그래서 (셋이서) 힐튼호텔에서 만났지요.

신장섭 만나서 무슨 얘기를 했습니까?

김우중 강 수석에게 그랬어요. '우리가 금년도 수출을 조금만 더 하면 500억 불 흑자 난다. 그것으로 IMF에서 빌린 돈 다 갚고도 남고, 내년에 500억 불 흑자 나면 리저브(reserve, 외환보유액)가 된다. 3년째 500억 불 흑자 또 내면 1,000억 불 리저브 갖고 갈 수 있다. 그것을 어떻게든 해야 한다. 우리가 미국에 귀속해서 가는 것은 말이 아니다. 이것을 벗어나지 않으면 엉켜서 모든 것을 풀기 어렵다. 최선의 방편은 빚을 빨리 갚고 우리 리저브를 쌓는 것이다. 수출을 도와달라는 것은 분위기를 만들어달라는 얘기이지 특혜 달라는 것이 아니다. 옛날 박 대통령 때는 수출확대회의를 해서 어려운 것까지 풀어주면서 하지 않았느냐? 그렇게 될 때까지는 대통령이 수출에 관심을 갖고 (기업인들을) 불러서 얘기하고 협조해야 한다.'

신장섭 강 수석이 뭐라고 답변합니까?

김우중 '어떻게 500억 불 흑자를 냅니까?'라고 물어요.

신장섭 그래서 어떻게 대답했습니까?

김우중 '우리나라 시설재 수입액이 연간 400~500억 불이다. 꼭 필요한 것들은 들어오겠지만… (그러면) 돈을 지불해야 하는데 지금 어느 기업이 돈이 있나? (기업들이) 시설 확장을 못한다. 지금은 발주한 것조차도 선적을 연기하고 있다. 나도 연장하고 있다. 딴 사람들도 마찬가지일 것이다. 이런 상황이니 우선은 시설재가 못 들어온다. 그것이(수입에서 줄어드는 것이) 300~400억 불이라고 치자. 수출도 늘릴 수 있다. 우리나라에 지금 시설재 들어와 있는 게 1조 불이 된다. 이것들을 어떻게든 가동하자. 환율이 두 배 정도 올랐으니 경쟁력이 있다고 본다. 그렇게 해서 수출이 늘면 무역흑자 500억 불 쉽게 채울 수 있다' 그런 얘기를 했지요.

신장섭 강 수석이 어떻게 반응합니까?

김우중 그랬더니 '이제 시장경제 중심으로 하니 정부가 나서서 그런 것 못합니다'라고 해요. 그 얘기를 듣고 내가 그만 참지를 못했어요. 그래서 '그러면 강 수석은 시장경제 하는데 무엇 때문에 거기 앉아 있나? 어떤 역할 하고 있나? 정책이 있어서 뭔가 한다면 필요하지만…. 그런 (시장경제) 원칙으로는 내가 보기에 안 되는데…. 시장 중심이면 청와대 경제수석이고 비서관이고 필요 없겠네'라고 말해버렸어요.

신장섭 툭 터놓고 잘 얘기해보자던 자리에서 사태가 더 악화됐네요….

김우중 그러니까 강 수석이 완전히 마음이 그렇게 됐을 거예요(김 회장에 대해 부정적이 되었다는 뜻인 듯).

신장섭 그 후에도 경제팀과 계속 갈등이 있었는데요….

김우중 그 다음에 DJ가 지시해서 그룹 회장들과 경제장관들이 한 달에 한 번씩 회의를 하라고 했어요(정재계 간담회). 터놓고 얘기하라고…. 전경련에서는 그룹 회장들과 기조실장들이 참석하고, 정부에서는 장관, 차관보, 담당국장 등이 8개 경제부처에서 나왔어요. 오후에 만나 간단히 저녁도 먹으면서 넥타이 풀고 자유스럽게 얘기하자고 했어요.

나는 그런 자리에 옛날부터 잘 안 갔으니까 (분위기를 잘) 몰랐단 말이에요. 다른 회장들이나 기조실장들은 조심하느라고 아무 얘기 안 하고 있어요. 내가 (전경련) 회장인데 주관해야 할 것 아니겠어요? 그래서 내가 얘기하고, 관료들이 얘기하면 내가 대답하고, 반박하고… 그렇게 할 수밖에 없었어요. 기업들 어려운데 전경련 회장이 그 입장을 대변할 수밖에 없는 거였지요. 관료들은 자기들끼리 메모도 주고받고 하는데, 이쪽에선 나 혼자서 관료 전체를 상대한 셈이 되어버렸어요.

('500억 달러 흑자론'을 둘러싼 갈등에 대해 손병두 당시 전경련 상근 부회장은 다음과 같이 말한다.

"한번은 회의가 끝난 뒤 김 회장이 강 수석이 마음 상했을지 모르니 대신 찾아가서 미안하다는 얘기를 전해달라고 했어요. (손 부회장은 강 수석의 서울 상대 선배이다.) 사무실로 찾아가니 한참 뜸을 들인 뒤 '500억 불 숫자가 어떻게 나온 것이냐'고 물어봐요. '한국경제연구원을 통해 업체들 실태조사를 해서 나온 것'이라고 얘기해줬어요. 그러니까 '정부에서도 산업은행을 통해 실태조사를 하는데 잘 맞는 적이 없다'고 하면서 '정말 믿을 수 있냐'고 물어봐요. '우리 쪽은 확실하다'고 얘기하니 그 후에 경제수석실 요청으로 한국은행 조사부와 한경연 사람들이 만나 회의도 하고, 한국개발연구원(KDI)과 한경연이 만나 회의도 했어요.")[9]

신장섭 그래도 1998년 무역수지는 결국 김 회장님의 예상이 거의 맞은 걸로 결과가 나왔습니다. 정부는 연초에 무역흑자 28억 달러를 예상했는데 실제로는 416억 달러의 무역흑자를 기록했습니다.

김우중 박태영 산업자원부 장관을 만나니 자기들 예상은 28억 불인데 어떻게 해서 500억 불이 되느냐고 물어봐요. 그래서 내 생각을 자세하게 설명해줬어요. 그때는 산업자원부가 아무 힘이 없었어요. 재정경제부에 재무부와 기획원 기능이 통합되어 있어서 다른 경제부처들은 재경부의 청(廳)처럼 되어 있었지요. 또 금융감독위원회가 따로 독립해서 큰 힘을 썼지요…. (산업정책은 없애고) 금융정책만으로 한다고 하니까 모든 게 안 된 거예요. 그때 수출하는 분위기만 좀 살려줬으면 (무역흑자가) 500억 불도 훨씬 넘을 수 있었어요.

(실제로 당시 경제상황에 대한 판단에서는 수출전선에 있던 대우 관계자들과 정부, 학계, 언론 간에 상당히 커다란 '온도 차'가 났다. 정부나 학계, 언론에서는 '위기' 상황을 강조했고 따라서 비관적인 전망이 주류였다. 반면 대우 관계자들은 원화 환율 급상승으로 수출과 이익이 늘어날 수 있다는 전망에 크게 기대를 걸고 있었다. 당시 대우자동차의 기획과 재무를 담당했던 김석환 사장(당시는 부사장)은 다음과 같이 말한다. "1996년까지 우리가 정부에 계속 건의했던 것이 환율을 정상화시켜달라는 것이었습니다. 원화가 지나치게 강세가 되면서 채산성이 떨어졌거든요. 그때는 달러당 원화환율이 900원만 넘어도 좋겠다는 생각이었어요(1995년과 1996년 평균환율은 달러당 788원 수준이었다). 그런데 금융위기로 환율이 1,600원까지 오르니까 장사가 너무 잘됐습니다. 시설투자도 마무리 단계였고 앞으로 돈벼락 맞을 일만 남았다는 생각이 들었습니다." 당시 대우중공업의 신영균 조선 부문 사장도 비슷한 얘기를 한다. "금융위기가 돼서 환율이 갑자기 오르니까 '이제 살았다'고 생각했어요. 금융위기로 전체 경제가 어려운 상황이라서 내색은 못 했지만 그때 우리는 환율 때문에 속으로 쾌재를 부르고 있었습니다.")

신장섭 경제팀과의 관계는 계속 나빠질 수밖에 없었을 것 같은데요.

김우중　국장급이나 실무자들까지 자기네 장관들이 회의에서 당하는 것을 직접 보니까 그 사람들 입장에서는 장관들을 프로텍트(protect, 보호)해야 할 것 아니겠어요? 청와대 쪽에서는 하루가 멀다 하고 대우에 대해 나쁜 보고가 올라갔다고 하더라고요. 우리 회사 사장들한테도 여러 가지 압박이 들어왔어요.

그러니까 나도 은근히 걱정되기 시작해요. 우리 회사에 영향이 올까 봐…. 사장들도 계속 와서 얘기하고…. 그래서 DJ에게 말했어요. '앞장서서 얘기하는 것은 좋은데, 이렇게 하다가(대통령을 도와 발언하다가) 우리 대우가 잘못되면 (내가) 망신 당하겠다. 제발 (나를) 부르지 마시고 조용히 갔으면 좋겠다'고. 그러니까 '내가 대통령인데 그것 하나 못 막겠느냐. 책임진다'고 해요. 그래서 '에라 모르겠다' 하고 계속해서 (발언을) 했던 거지요.

4. 대우의 유동성 악화
—정부의 '조이기'인가, 대우의 경영 실패인가

신장섭　경제팀과 관계를 개선하기 위한 노력은 없었습니까?

김우중　개선할 여지가 없었지요. 그쪽은 (내가 DJ의 판단에 영향을 미치고 자신들의 의견을 불신하게 만든다는) 확증을 잡았으니까… 우리를 어떻게 제거하느냐는 것이 목표가 됐겠지요. 우리 약점을 잡아서 어떻게 공격하느냐를 생각했을 거예요.

신장섭　구체적으로 무엇을 얘기하는 겁니까?

김우중 우리 돈줄을 쥔 거지요. 그때는 (국내)은행에서도 돈을 빌릴 수 없고 해외에서도 안 되니 유동성이 제일 문제였어요.

(한국은 1998년 상반기 고금리 속에 금융·기업 구조조정의 회오리가 불면서 극심한 금융 경색에 빠져 있었다. IMF의 고금리 정책에 따라 은행 간 콜금리는 1997년 12월 말 최고 27%대까지 올라간 뒤, 1998년 상반기 평균 20% 이상의 고공행진을 벌였다. BIS비율(국제결제은행 자기자본비율)을 처음으로 도입하고 이에 따라 퇴출대상 금융기관을 정하면서 은행들은 생존하기 위해 기업대출을 줄이면서까지 BIS비율을 맞추려고 했다. 금융 부문은 기업 부문에 자금을 공급하지 않고 오히려 돈을 빨아들였다. 1998년중 기업 부문은 금융 부문으로부터 15조 원을 회수당한다. 1997년에 금융 부문이 기업 부문에 43조 원을 공급했던 것과 비교할 때에 엄청난 충격이었다.[10] 이러한 금융 경색은 정상적인 수출금융 시스템까지 마비시켰다.)

신장섭 그러면 대우는 그동안 유동성 문제를 어떻게 해결하고 있었습니까?

김우중 당시 유동성 문제를 해결하기 위해 남은 것은 단자(CP, commercial paper, 기업어음)와 회사채뿐이었어요. 그쪽에서 자금을 끌어썼지요. 그런데 (정부에서) 처음에는 단자 그룹별 한도액을 만들었어요(1998년 7월 22일 'CP 발행 한도 제한조치'). 이 조치가 나오고 보니 우리만 한도를 오버(over, 초과)해 있어요. 그걸 6개월 안에 줄이라는 거예요. 그럴 방법이 어디 있어요? 그래서 할 수 없어서 회사채에 들어왔어요. 그런데 회사채도 한도를 딱 정하는 거예요(1998년 10월 27일 '회사채 발행 한도 제한조치'). 또 우리는 이미 오버했지요. 그래서 유동성 문제에서 꼼짝을 못하게 된 겁니다.

(회사채 발행 제한조치가 나왔을 때에 금융기관들은 정부가 정한 보유 한도보다 3조 5,000억 원이나 많은 대우채권을 갖고 있었다. 이틀 뒤인 10월 29일 노무라증권 서울지점은 「대우그룹에 비상벨이 울리고 있다」는 보고서를 내놓았다. 이 보고서는 "(유동성 확보를 위해 취할 수 있는) 유일한 대안은 자산매각밖에 없어 보이나, 대우에게 투자자들이 매력을 느낄 만한 회사나 자산이 있는지에 대해 의문을 품지 않을 수 없다…. 대우는 심각한 유동성 위기에 처하게 될 것이다. 최악의 경우에 해외채권단들이 자금을 회수하러 몰려들면 대우는 워크아웃에 들어갈 수도 있다"고 지적했다. 당시 이 보고서를 작성했던 고원종 씨는 회사채 제한조치를 보고 "이제 정부가 대우를 포기하는구나"라고 판단했다고 회고한다.[11] 이 조치 및 노무라 보고서 발표 직후 금융기관들은 대우에 빌려준 자금을 급격히 회수한다. 1998년 12월부터 1999년 6월 말까지 대우그룹은 금융권으로부터 6조 5,000억 원의 자금을 회수당했다.)

신장섭 이 부분에 대해서 대우 측과 정부 측의 얘기가 크게 엇갈립니다. 정부에서는 대우의 유동성 문제가 해외에서 먼저 불거지고, 대우가 이를 해결하기 위해 국내에서 자금을 조달했다고 얘기합니다. 국내 자금시장 상황이 좋지 않은데 대우가 국내에서 돈을 빌려 해외로 갖고 가니 금융위기 극복에 부정적이어서 제한조치를 만들었다고 합니다.

김우중 우리가 해외에서 이미 갖고 있던 대출은 별로 문제 되지 않았습니다. IMF사태가 난 후에도 빌려주는 데가 있었어요. 심하게 상환을 요구하는 데는 10~20%만 갚고 나머지는 연장하고…. 우리는 해외에 갖고 있는 것이 다 신용대출이었어요. 큰 은행들은 우리에게 빌려준 돈을 그렇게 마구 상환 요구를 할 수 없었지요. 그렇지만 일부 연장 안 되는 원금을 마련해야 하니까 한국에서 조달하게 됐어요. 그건 그렇게 크지 않았어요.

그런데 자동차에 투자가 계속 들어가야 하는데, 이 돈줄이 막혔어요. 신규 대출이 된다는 전제에서 투자를 진행한 건데 그게 안 되니까 …. 폴란드 기존 공장, 루마니아와 우즈베키스탄, 인도 공장은 이미 잘 돌아가고 있었어요. 그런데 폴란드 신규 공장, 중국, 러시아 공장 추가 건설이 막바지 단계였어요. 금리와 환율이 아무리 나빠도 일단 완공해야 하는 상황이었지요. 마지막에 와서 그만두면 더 큰돈을 날리니까 … 국내에서 조달한 돈이 일부 여기에 들어갔어요.

제일 문제가 된 것은 수출 관련 금융이 막혔던 거예요. 은행들이 D/A(documents against acceptance, 수출환어음)를 받아도 돈을 지급해주지 않고, LC(Letter of credit, 신용장)를 개설해주지도 않으니까…. 그거 어느 나라건 통상적으로 하는 거예요. 한국 금융기관들이 부실해지고 구조조정 한다면서 그때 해주지 않았던 거지요. 우리는 할 수 없이 단자에서 융통하고, 그게 막히니까 그 다음에 회사채로 간 거지요. 나중에 우리가 워크아웃 들어간 다음에야 정부가 (수출금융) 막힌 것을 풀어줬어요. 이것만 일찍 풀렸으면 단자, 회사채를 그렇게 많이 끌어 쓸 필요가 없었지요. 고금리 때문에 자금 수요가 더 커진 것도 많았어요.

신장섭 강봉균 경제수석이 1998년 11월 28일 DJ가 김 회장님을 만나기 전에 보고했다는 '김우중 회장 접견 참고자료'의 내용을 살펴보지요. 여기에는 대우그룹의 총차입금이 1997년 말 28조 7,000억 원에서 1998년 9월 말 47조 7,000억 원으로 9개월 사이에 19조 원 늘어난 것으로 나옵니다. 부문별로 보면 은행대출이 8조 6,000억 원에서 9조 1,000억 원으로 5,000억 원 늘어났고, 회사채가 8조 4,000억 원에서 16조 3,000억으로 7조 9,000억 원 늘었고, CP가 3조 6,000억 원에서 15조 9,000억 원으로 12조 3,000억 원 늘었습니다. 제2금융권 대출금은 8조 1,000억 원에서 6조 4,000억 원으로 1조 7,000억 원 줄어들었고요.[12](표 3-1 참조).

김우중 나는 (경제팀이 DJ에게) 그런 자료를 제출했는지 전혀 모르고 있었어요. (김 회장은 이 수치를 본 뒤 대우그룹의 전 실무자들에게 구체적인 내역을 확인해달라고 요청했다. 실무자들은 이 수치가 금융감독위원회에서 국내 금융기관들을 통해 취합한 것으로 추정한다. 이들의 기억을 종합해서 김 회장으로부터 아래와 같은 설명을 듣게 됐다.)

보통 사람들이 수출금융에 대해 잘 몰라요. 그때 정부 관료들도 잘 모르는 사람이 많았던 것 같고요. 알아도 모르는 척했는지도 모르지요…. 수출금융은 수출 물건을 주문한 측에서 발행한 환어음을 은행이 할인해주는 거예요. 그러면 수출업체에는 바로 현찰이 들어오는 거지요. 그러니까 기업회계에 차입금으로 계상되지 않았습니다. 그런데 수출금융이 막혀서 할 수 없이 단자, 회사채로 돈을 빌려야 했으니까 그게 단기차입금이 되어버린 거지요. 금융시스템이 정상이었으면 빌릴 필요가 전혀 없었던 돈입니다.

우리는 수출금융이 막혀서 갑자기 추가로 필요해진 자금만 16조 원

표 3-1. 대우그룹 부채 증가 상황 및 요인 설명

단위: 조 원

	1997년 12월 말	1998년 9월 말	증가액	정부 측 주장	대우 측 주장
은행 대출금	8.6	9.1	0.5	"늘지 않았다."	"쌍용차 인수 시 떠안은 차입금 1.9조 원을 감안하면 3.1조 원을 금융권으로부터 회수당했다."
제2금융권 대출금	8.1	6.4	△1.7		
기업어음 (CP)	3.6	15.9	12.3	"단기부채가 계속 늘고 있는 현상을 보면 이익 산출의 투명성에 의문이 크다." "밀어내기식 수출과 이로부터 창출된 매출채권을 기반으로 운전자금을 조달하는 행태를 지속했다."	"수출금융이 막히고 금융권 대출도 회수당해서 단자, 회사채로 자금을 조달할 수밖에 없었다." "수출금융 차질 15.9조 원, 금융권 대출 회수로 3.1조 원 합쳐 19조 원의 비정상적인 추가 자금 수요가 생겼다."
회사채 (CB)	8.4	16.3	7.9		"매출증가에 따른 정상적인 운영 및 시설자금 추가 수요는 1.2조 원이었다." "밀어내기식 수출 없었다. 금감원 실사에서 확인됐다."
총차입금	28.7	47.7	19.0		

주: 수치와 정부 측 주장은 강봉균 경제수석이 1998년 11월 28일 김대중 대통령에게 제출한 '김우중 회장 접견 참고자료'(김수길 외, 2003, 259~262쪽)와 금융감독위원회의 '대우그룹 워크아웃 추진현황 및 향후 계획'(1999년 11월 4일)에서 인용. 대우 측 주장은 이 책 본문에서 인용.

가량 됐을 거라고 계산하고 있어요. 강 수석이 DJ에게 보고했다는 우리 차입금 증가액의 거의 대부분이 그거예요. 금융이 막히면 빌려야 할 돈이 계속 불어나게 돼요. 돈이 회전되지 않아서 돈을 또 빌려야 하니까 빚이 쌓이는 거지요. 거기에 불필요한 이자부담까지 더해지는 것이고요.

이게 왜 기업 잘못입니까? 정상적인 자금 조달이 막혔기 때문에 빚이 늘어난 건데, 그걸 갖고 기업이 부실해진 증거라고 내세우는 건 말이 되지 않지요. 당시 정부에서는 우리 보고 부채비율 낮추는 노력을 하지 않는다고 했는데, 정부가 수출금융 시스템만 정상화하면 저절로 크게 떨어지는 거였습니다.

(대우 측 관계자들은 이에 대해 다음과 같이 개략적인 수치를 제시한다. 1997년에 대우의 총 수출액은 149억 달러였다. 이 중 D/A 및 시설재연불수출금융(M&E) 만기 연장이 이루어지지 않아 은행에 돈을 환급(refund)한 원금과 이자에서 6조 원의 추가 자금 수요가 생겼다. 1998년에 대우의 총수출액이 186억 달러이다. 그해 9월까지도 D/A 및 연불금융이 거의 이루어지지 않았다. 대우 측은 이로 인해 원리금 9조 9,000억 원의 추가 자금 수요가 생겼던 것으로 계산한다. 따라서 1997년부터 1998년 9월까지 수출금융이 막혔기 때문에 생긴 추가 자금 수요는 총 15조 9,000억 원이 된다.)

신장섭 저도 수출금융이 차입금에 계상되지 않는다는 사실을 오늘에서야 제대로 알았습니다. 한국 금융위기 당시 대우 측에서 수출금융에 관해 문제를 계속 제기한다는 것은 알았는데, 그것이 기업부채 수치에 이렇게 크게 영향을 미친다는 것은 상상하지 못했네요….

김우중 그 당시 우리가 수출금융을 풀어달라고 요청하던 것에 대해 정부나 언론에서는 대우가 무슨 큰 특혜를 요구하는 듯이 얘기했는데, 그게 절대 아닙니다. 통상적인 금융을 정상화해달라는 것이었을 뿐이지요. 기업은 정부나 금융기관에서 만들어놓은 시스템에 따라서 활동을 합니다. 그 시스템이 작동하지 않는 것이 왜 기업 잘못인가요? 시스템 고장난 걸 고쳐달라는 것이 왜 특혜를 요구하는 겁니까?

신장섭 1998년 상반기에는 금융권이 BIS비율 맞추기 등 자기들 구조조정 한다면서 기업으로부터 자금을 회수했습니다. 그것까지 합치면 대우 측에 추가 자금수요가 훨씬 더 컸을 것으로 생각되는데요….

김우중 그렇지요. 그 보고서에는 은행대출이 조금 늘어났고 (5,000억 원) 제2금융권에서만 자금 회수를 당한 것처럼 보이는데, 은행도 자금 회수를 많이 했어요. 은행대출이 늘어난 것처럼 보이는 건 쌍용자동차 때문입니다. 우리가 정부 요청을 받아 쌍용차 인수를 1997년 말에 결정했고 1998년 3월에 공식 인수했어요. 그때 쌍용차가 갖고 있던 차입금 1조 9,000억 원이 우리 차입금으로 계상됐어요. 그것 빼고 나면 1,2금융권 합쳐서 3조 1,000억 원을 회수당한 거지요. 우리 입장에서는 수출금융이 막혀서 자금 조달해야 했던 것(15조 9,000억 원)까지 합치면 19조 원가량의 추가 자금이 갑자기 필요하게 됐습니다. 우리가 그 기간에 단자(12조 3,000억 원)와 회사채(7조 9,000억 원)로 조달한 전체 20조 2,000억 원 대부분이 우리 잘잘못과 관계없이 불가항력적으로 늘어난 거예요. 우리 매출이 증가하면서 운영 및 시설자금 조달로 차입금이 늘어난 건 1조 2,000억 원 정도입니다. 그 보고서는 우리에게 무슨 큰 문제가 있어서 갑자기 단기차입금을 늘린 것처럼 얘기했는데 실상은 그게 아니예요.

신장섭 당시에 대우가 해외에서 진행되던 투자 마무리 등을 위해 국내에서 조달해 보낸 돈이 굉장히 많았던 것으로 보도가 되곤 했는데, 그 규모는 어느 정도로 봐야 합니까?

김우중 그건 나중에 우리 대우 임직원들에게 추징금이 선고되면서 수치가 정확하게 나왔어요. 총 14억 8,000만 불(약 1조 8,000억 원)입니다. 그런데 여기에는 나갔다 다시 들어온 돈이 중복 합산되어 있어요. 네트(net)로 따지면 1998년 9개월 동안 1억 8,000만 불(약 2,200억 원) 정도입니다. 우리로서는 당시 어쩔 수 없다고 생각해서 한 일이지만, 실정법을 어겼으니까 이에 상응하는 처벌은 감수해야지요. 그렇지만 수출금융이 막히고 금융권이 자금 회수해서 조달해야 했던 19조 원에 비해서는 굉장히 적은 액수입니다(추징금에 대해서는 4장 5절 참조).

신장섭 금액을 따져보면 수출금융이 막혔던 데에서 부채가 갑자기 늘어난 가장 큰 원인을 찾을 수 있을 것 같네요. 그런데 정부는 대우가 수출을 많이 해서 자금 수요를 높인 것 자체에 대해서도 굉장히 비판적입니다. 정부가 1999년에 내놓은 대우 워크아웃 자료를 인용해보지요. "97년 말 외환위기 이후 대우그룹은 축소경영에 나선 여타 그룹과 달리 세계경영을 기치로 한 투자확대를 멈추지 않은 상태에서 밀어내기식 수출과 이로부터 창출된 매출채권을 기반으로 운전자금을 조달하는 행태를 지속"했다며 "매출이 큰 폭으로 늘어났음에도 불구하고 외상매출금 등

매출채권 급증에 따라 현금 흐름은 오히려 크게 악화…. (주)대우의 경우 98년 매출액 증가분 13조 원의 75%인 9조 원 정도가 해외지사에 대한 외상매출을 통해 달성"했다고 지적합니다.[13]

김우중 "밀어내기식 수출"이라는 게 무슨 뜻이지요?

신장섭 당장 팔리지는 않는데 수출 실적으로 잡기 위해 해외 현지법인으로 물건을 내보냈다는 얘기 아니겠습니까?

김우중 그러면 거기(현지법인)에 과잉재고가 있어야 할 것 아니에요? 워크아웃 하고 삼일회계법인이 실사 나왔을 때 그런 것 잡아냈어야 하는 것 아닙니까? 지금까지도 그런 재고에 대해서 아무 얘기 없잖아요? (김 회장은 이 대목에서 상당히 흥분했다. 당시 김 회장 옆에 있던 대우 관계자는 정부 자료가 "굉장히 삐딱하게" 써졌다고 코멘트했다.)

실적 올리기 위해 내보냈다는 건 말이 안 돼요. 대우 자동차가 전부 신차종이에요. 우리가 3차종(라노스, 누비라, 레간자)을 동시에 개발하고 본격적으로 수출하기 시작한 것이 1998년입니다. 그동안 없던 걸 수출하니까 수출이 갑자기 늘어나는 게 당연한 일이지요. 대우차 수출이 현대차를 거의 따라 잡았어요. 국내에서도 굉장히 잘 팔렸고요. 우리 마켓셰어가 30%를 넘었으니까요. 기아는 우리한테 이미 졌고, 현대차가 굉장히 긴장할 때였지요. GM은 우리 마켓셰어가 10%를 넘지 못할 걸로 봤어요. 그래서 우리와 더 적극적으로 협상했는지도 몰라요.

(1997년에는 자동차 수출이 현대차 60.1만 대, 대우차 42.7만 대로 현대와 대우 간에 격차가 많이 났었다. 그러나 1998년에는 현대차 57.2만

대, 대우차 50.6만 대로 현대차 수출은 4.8% 감소한 반면, 대우차 수출은 18.5% 급증했다. 1999년에도 현대차 65.3만 대, 대우차 60.4만 대로 격차가 거의 나지 않았다. 한편 내수에서는 현대차의 국내시장 점유율이 1996년 49.9%에서 1997년 45.5%, 1998년 39.2%로 떨어졌다. 반면 대우차의 점유율은 1996년 22.5%에서 1997년 30.3%, 1998년 33.2%로 크게 높아졌다. 대우차는 1998년에 월간 판매대수에서 국내 1위를 한 적도 여러 차례 있었다. GM과의 협상에 대해서는 3장 5절에서 다룬다.)

신장섭 그러면 정부에서 '외상매출'이라고 얘기한 것들의 실상은 무엇이라고 할 수 있습니까?

김우중 그것도 대부분 수출금융이 막혀서 갑자기 생긴 것들이지요. 수출금융이 정상적일 때는 (주)대우가 자동차나 선박, 기계 등을 해외판매법인에 넘겨주면 수출금융을 받아서 바로 현찰이 들어와요. 그런데 갑자기 수출금융이 되지 않으니까 해외판매법인들이 물건을 팔아서 돈이 돌아올 때까지 '외상매출'이 되어버리는 거지요. (자동차는 선진국의 경우 판매대금이 돌아오는데 3~6개월 걸린다. 신흥국은 2년까지 걸리는 경우가 많다. 플랜트나 조선은 수출대금이 들어오는 데 보통 3~5년 걸리고, 길면 10년까지 걸리는 것들도 있다. 수출금융은 이 기간에 수출기업들이 현금을 융통할 수 있게 해주는 시스템이다.)

정부가 우리 보고 "밀어내기식 수출과 이로부터 창출된 매출채권을 기반으로 운전자금을 조달하는 행태를 지속했다"는 것은 상황을 거꾸로 얘기해도 너무 거꾸로 한 겁니다. 우리는 원래 수출을 많이 하던 회사입니다. 그리고 수출금융이라는 시스템에 따라서 기업활동을 계속 해왔습니다. 그 시스템 다른 나라들도 다 쓰고 있는 것이고요. 그런데 정부에서 갑자기 수출이 나쁜 것처럼 얘기하고, 수출금융이 막혀 벌어진 일들을 우리가 잘못한 걸로 몰아붙이는 건 도대체 말이 되지 않지요. '의도'가 있었다고 밖에는 생각할 수 없어요.

(장병주 당시 (주)대우 사장은 "정부 측에서는 우리가 자금난을 벗어나기 위해 일부러 수출을 늘려서 금융을 일으켰다고 몰아가는 분위기였다"며 "그렇지만 실상은 완전히 정반대였다"라고 강조한다. 그는 "수출금융이 막혔기 때문에 기업 입장에서는 수출할수록 돈이 많이 필요한 구조가 만들어졌다"며 "실제로는 대우가 수출을 많이 했기 때문에 자금난이 왔다"라고 말한다.)

신장섭 결국 회장님의 '수출확대를 통한 IMF체제 극복론'과 경제관료들의 '구조조정을 통한 금융위기 극복론'이 충돌한 것이라고 볼 수 있지 않겠습니까? 실제로 정부는 대우가 구조조정을 가장 등한시한 그룹이고 그래서 위기를 당하게 됐다고 주장합니다. 예를 들면 대우 워크아웃 자료에서는 "99년 상반기 대우그룹의 자구노력은 전체 계획(13.6조 원)의 4.3%로 크게 미흡한 상황에서 대우의 구조조정 이행 가능성에 대한 시장 신뢰가 급속히 저하됨에 따라 대우는 심각한 유동성 위기에 봉착"이라고 평가합니다.[14] 1998년 하반기 두 차례에 걸쳐 대우에 유동성 압박을 가한 것에 대해서도 자산을 매각해서 구조조정 하라는 압력을 넣은 것이라고 설명합니다. 당시 금융감독위원회 관계자는 "두 조치는 5대 재벌의 시중자금 독식을 막으려는 것이었다. 하지만 그 이면에는 대우를 향하는 메시지도 있었다. 시장에서 정상적으로 자금을 구하기는 어려울 테니 스스로 계열사 매각 등 자구노력을 강하게 해서 해결하라는 압박이었다. 그러나 대우는 그 메시지를 읽지 못했다"라고 말했습니다.[15]

김우중 수출해서 돈을 벌 수 있는데 왜 자산을 팝니까? 수출해서 계속 벌면 되는 거지…. 그리고 왜 축소경영을 해야 합니까? 한국 금융위기는 금융이 잘못해서 온 것이지, 기업이 잘못해서 온 것이 아니에요. 이것이 금융위기 초기부터 나와 경제관료들 간에 차이였어요. IMF 당시 경제관료들은 우리 기업들에 무슨 커다란 문제가 있기 때문에 금융위기가 왔고 그러니까 구조조정을 많이 해야 한다고 주장했는데, 기본적으로는 금융이 잘못해서 유동성에서 문제가 생긴 겁니다. 그것만 해결하면 되는 거지요. 기업들 투자는 계속 했어야지요. 그 후 2000년대에 벌어진 일들을 봐요. 기업 투자를 못하게 하니까 금융기관들이 소비자 금융으로 돈 벌겠다고 가계부채 늘리고, 신용카드 대란 벌어졌어요. 내가 수출 늘리고 외환보유고 쌓아서 IMF체제 빨리 벗어나자고 한 것이 IMF에서 하라는 대로 하면 그런 일들이 벌어지니까 그랬던 거지요.

그리고 당시 우리는 GM과 합작해서 50~70억 불을 국내에 들여오는 협상을 진행하고 있었어요. 우리는 그게 곧 성사될 거라고 봤고 그것만 되면 우리가 제일 모범적으로 구조조정을 하는 셈이라고 생각하고 있었어요. 내가 개인적으로는 IMF식 구조조정에 반대하지만, 정부가 정책 방향을 그렇게 세웠고, 내가 전경련 회장인데 나는 아무것도 안 하면서 반대만 할 수는 없는 일이잖아요? 우리가 가장 모범적으로 구조조정을 할 수 있다고 생각했으니까 나도 자신감이 있었던 거예요. 정부에서 하라는 것은 그 이상으로 하고, 떳떳하게 정부정책에 문제 있는 것들을 지적한다고 생각하고 있었지요.

정부는 사실 우리에게 자산 팔아서 구조조정 하라고 말할 자격이 없었어요. 우리가 대우조선 정상화 하는 데 넣은 돈만 7,200억 원이예요. 팔 수 있는 자산들은 그때 다 팔았어요. 정부가 요구하는 구조조정, 그때 다 한 거지요. 우리는 원래 부동산도 별로 없었고…. 정부에서는 나중에 우리 보고 대우조선을 6개월 내에 팔아서 외자유치 실적을 쌓으라고까지 했어요. 대우조선이 처음 만들어질 때부터 정상화할 때까지 우리가 했던 걸 아는 사람들이라면 어떻게 그런 얘기를 할 수 있겠습니까?

('수출'이냐, '구조조정'이냐는 대우 해체 과정을 이해하는 데 핵심 사안이다. 여기에서는 간단하게 수치만 비교해 보자. 1998년 한국의 해외투자 유치액은 88억 달러였다. 1999년에는 155억 달러로 늘었다. 대부분이 자산 매각의 결과다. 도합 243억 달러다. 반면 한국의 무역흑자는 1998년 416억 달러, 1999년 284억 달러로 도합 700억 달러가 넘는다. 무역흑자로 벌어들인 돈이 자산매각으로 들여온 외화의 3배 가까이 된다.

대우는 1998년에만 186억 달러를 수출했다. 한국 전체 수출액의 13%가 넘는다. 그해 대우가 수입한 액수는 43억 달러로 143억 달러의 무역흑자를 냈다. 그해 해외투자 유치액의 1.6배가 넘는 금액이다.)

신장섭 그러면 1998년 하반기 정부가 그렇게 강력한 유동성 규제 조치를 내놓을 때에 위기의식을 느끼지 않았습니까?

김우중 그때까지는 위기의식을 갖지 않았어요. (정부가) 그렇게 큰일

(대우를 망하게 하는 것)을 어떻게 하겠나 생각했어요. 상식적으로 생각한 거지요.

신장섭 이 문제를 해결하기 위해 김 회장님은 DJ를 청와대에서 별도로 만나고(1998년 11월 28일), 하노이에서도 만났는데(12월 15일), 그때까지도 대우가 크게 잘못될 수 있겠다는 생각은 하지 않았습니까?

김우중 그런 생각은 전혀 하지 못했어요. DJ가 나에게 확언을 해줬는데…. 열심히 하다 보면 잘되지 않겠는가 하고 생각했어요. 하노이에서도 부부동반으로 아침식사를 함께한 다음에 (DJ가) 강봉균 수석에게 수출금융 문제를 얘기해줬어요. 나도 (강 수석과) 통화했는데 '서울에 가 (상황을) 파악해서 잘하자'고 해요. (강 수석 얘기를) 그래서 믿었지요. 그때까지만 해도 위기의식은 없었어요.

(그러나 경제팀은 즉각 부정적인 결론을 내린다. 당시 금융감독위원회 관계자는 아래와 같이 말한다.

"청와대 비서실의 지시가 내려와 99년 1월 '대우의 해외자동차사업 관련 타당성 검토팀'을 구성했다. 팀은 수출입·산업·조흥 은행 임원들과 대우 임원 2명으로 짰다. 결론은 폴란드 공장 정도가 사업성이 있을 뿐 나머지는 뜬구름 잡는 사업이라 그런 공장에 돈을 댈 수 없다고 나왔다. 청와대에 그대로 보고했다.")[16]

대우 해체 일지

1997. 02	태국 최대 단기금융사 파이낸스원 도산.
	태국 바트화 공격받기 시작.
1997. 07~08	태국 바트화 폭락, IMF 구제금융 신청.
	기아그룹, 사실상 부도.
	한국 정부, 종금사 지원 방안 발표.
1997. 10	인도네시아, IMF 구제금융 신청.
	홍콩달러와 동남아 통화 투기 공격받음.
1997. 11	한국 원화 폭락, IMF 구제금융 신청.
1997. 12	김대중 대통령 당선.
	GM 아시아태평양 본부장, 대우차 방문.
	연말 원달러 환율 2,000원, 콜금리 30% 육박.
1998. 01	한국, 금 모으기 운동 전개.
	단기외채 240억 달러 연장 합의.
1998. 02	대우-GM 합작 양해각서 체결.
	노사정 공동협약 체결, 정리해고 명문화.
1998. 05	GM 휴스 총괄 사장, 실사단 이끌고 방한.
1998. 06	5개 부실은행 퇴출 발표. 5대 그룹 55개 퇴출기업 발표.
	DJ, 미국 방문.
	제일은행, 뉴브리지캐피탈에 매각 결정.
	정주영 현대그룹 명예회장, 소떼 방북.
1998. 07	이헌재 씨, 대우와 GM 합작 결렬됐다고 주장(2012년 발간 회고록).
	정부, 단기자금(CP) 발행 한도 제한조치 발표.
1998. 10	정부, 회사채 발행 한도 제한조치 발표.
	노무라증권, 「대우그룹에 비상벨이 울리고 있다」 보고서 발표.
1998. 11	클린턴 미국 대통령 방한, '5대 그룹 개혁부진' 강조.
	김우중, DJ 면담. 강봉균 경제수석 '김우중 회장 접견 참고자료' 제출.

1998. 12	대우그룹, 41개 계열사 중 10개사 감축 구조조정 계획 발표.
	대우-삼성 간 자동차 빅딜 추진 발표.
1999. 01	채권단, '대우의 해외자동차사업 관련 타당성 검토팀' 구성 및 부정적 결론.
1999. 03	대우-삼성 빅딜 합의안 서명(선인수 후정산).
1999. 04	DJ, '5대 그룹도 워크아웃에 넣을 수 있다' 발언.
	한국금융연구원, 「대우 워크아웃의 경제적 영향」 보고서 발표.
	대우그룹, 추가 구조조정 계획 발표.
1999. 06	삼성차, 법정관리 신청 발표. 대우-삼성 자동차 빅딜 결렬.
1999. 07	대우, '7/19 유동성 개선 자구방안' 발표. 김 회장 사재 포함 12조 원 담보 제출.
1999. 08	대우, 워크아웃 신청.
	정부, IMF 지원자금 전액 상환.
1999. 10	김우중 회장, 해외 출국.
	정부, 대우그룹 실사 결과 발표.
1999. 12	GM, 금감위 이헌재 위원장에게 대우차 인수의향서 비밀리에 제출.
	금감원, 대우 특별감리반 구성.
2000. 05	현대그룹, 유동성 위기 시작.
2000. 06	김대중-김정일 정상회담.
2000. 09	금감원, 분식회계 등으로 대우 임직원 등 52명 검찰 고발.
2000. 12	DJ, 노벨평화상 수상.
2001. 03	대우사태 첫 공판.
2002. 10	GM, 대우자동차 인수.
2003. 08	정몽헌 현대그룹 회장, 투신 자살.
2005. 04	대법원, 대우사태 관련 임직원 23조 원 추징금 등 유죄 확정.
2005. 06	김우중 회장, 귀국.
2006. 05	법원, 김우중 회장에게 징역 10년과 추징금 21조 4,000억 원 선고.

5. GM과의 합작 협상

신장섭 이헌재 씨는 회고록에서 다음과 같이 말합니다. "돌이켜 보면 김우중 대우 회장은 제너럴모터스(GM)와의 전략적 제휴에 모든 걸 걸었던 것 같다. GM에 대우차 지분 절반을 팔아 약 70억 달러의 외자를 유치하려 했다. 그러면 정부의 구조조정 압박을 피할 수 있을 것으로 본 것이다. 그러나 애초부터 불가능한 협상이었다. 대우의 오랜 협력·합작사였던 GM은 대우의 사정을 김 회장만큼 잘 꿰고 있었다. 게다가 시간이 자신들 편이란 것도 알았다. 조건을 바꿔 가며 질질 끌더니 1998년 7월 협상을 깨고 만다."[17] 이에 대해 어떻게 생각하십니까?

김우중 이헌재 씨를 만나면 왜 그런 얘기를 했는지 물어보고 싶네요. 맞는 말이 없어요. 내가 여러 차례 만나서 설명했는데…. 합작은 우리가 제안한 게 아니라 GM이 제안했던 겁니다. 우리가 왜 GM과의 제휴에 모든 걸 겁니까?

신장섭 일반적으로는 대우가 금융위기로 유동성에서 어려움에 처하니까 돈을 끌어들이기 위해 GM에 합작을 타진했던 것으로 알려져 있는데요.[18]

김우중 유동성과는 아무 관계 없이 진행됐던 거예요. 우리는 생각도 않고 있었는데 오펠(OPEL) 사장 하던 휴스(Louis Hughes, 당시 GM의 해외사업 총괄사장)가 (합작을 먼저) 제안해왔어요. 1997년 5월경이니까 한국이 IMF체제에 들어가기 훨씬 전이었지요. 그 뒤 그쪽 실무팀이 여러 차례 왔고 12월에 중국시장까지 관장하는 아시아태평양본부장이 우리를 방문해서 실무 검토를 점검했어요. 그리고 1998년 1월 말 스위스 다보스포럼에서 휴스와 만나 좋게 얘기가 됐지요. 거기서 스미스(John Smith) GM 회장과 직접 통화도 했고 바로 MOU(양해각서)를 체결했어요(1998년 2월 2일).

신장섭 GM이 왜 먼저 합작 제안을 했습니까?

김우중 그때는 GM이 힘들 때였어요. 오펠이 유럽이나 신흥시장에 팔 소형차들을 내놓아야 하는데 잘 안 됐어요. GM 전체적으로도 슬럼프(slump)에 빠져 있었어요. 토요타에 치여서 남미, 유럽, 중국에서 다 밀리고 있었으니까요. 미국 업체 중에서도 중국 진출은 포드가 먼저 했어요. GM이 중국시장에 빨리 들어가려면 우리 차를 갖고 가는 수밖에 없었어요. 우리는 이미 자동차 3종을 개발하고 팔기 시작하고 있었으니까요. GM은 그때 거기에 팔 만한 차종을 갖고 있는 게 없었어요. 휴스가 오펠에 있으면서 우리가 서구에 판매망을 구축하고 동구에 진출해서 현지화 노력 하는 것, 핵심부품 현지 생산기반 구축 한 것 등에 대해 잘 알고 있었어요.

(경영학의 창시자 피터 드러커(Peter Drucker)는 1940년대에 GM의 경영시스템을 연구한 뒤 이를 토대로 경영학이라는 학문을 만들었다. 당시 GM만큼 선진적 경영시스템을 갖고 있는 회사가 없었기 때문이다. 그러나 50여 년이 지난 뒤 영국의 시사주간지 《이코노미스트(The Economist)》 1998년 10월 8일 자는 'GM의 쇠락과 추락(The Decline and Fall of General Motors)'이라는 글을 통해 북미에 공장을 갖고 있는 크라이슬러, 포드, 토요타, 혼다, 닛산 등 경쟁사와 비교할 때에 GM의 생산성이 꼴찌라며 "오늘날 GM은 경영학 책에서 무엇을 하지 말아야 할 것인지에 대한 사례로

만 나온다(Today, GM pops up in management books only as an example of what not to do.)"라고 지적했다.)

신장섭 GM과 결별한 지 얼마 되지 않았는데 대우는 왜 합작에 응했습니까?

김우중 GM과 결별할 때에도 내가 그쪽에 '우리가 잘되면 당신들 다시 들어오라'고 얘기했었어요. '(우리가 혼자 하면) 안 될 거라고 했는데, 봐라, 이만큼 하지 않았느냐' 하면서 나중에 우리가 좀 더 주도권을 쥐고 다시 합작할 수 있을 거라고 생각했어요. 언젠가 그렇게 하려던 건데 GM이 먼저 제안해왔으니까 우리는 당연히 협상에 응한 거지요.

GM과 합작하면 세계시장 진출 하는 데 편리해요. 자동차 해외판매망 구축 하는 게 쉬운 일이 아니에요. 우리는 판매망을 그때서야 구축하고 있던 단계였는데 GM의 판매망을 이용하면 (대우의) 세계경영이 더 빠르게 성과를 낼 수 있었어요. 합작해서 더 키워 더 빨리 더 많이 벌면 되는 거지요.

신장섭 그러면 협상이 어떻게 진행됐습니까?

김우중 아주 잘 진행됐지요. 1998년 4월에 휴스 사장이 한국에 와서 DJ를 직접 만났고(4월 24일), 5월에 세계 4개 지역(유럽, 중남미, 아시아-태평양, 아프리카-중동) 판매 책임자들을 데리고 한국에 왔어요. 마침 박세리 선수가 US 오픈 골프대회에서 우승할 때라서 축하도 받고 그랬지요(5월 18일). 그 팀이 군산 공장에 가서 우리 차 시승도 하고 팔릴 수 있는가도 보고 총체적으로 점검했어요. 우리 자동차와 시설을 보고 굉장히 감동했어요. 휴스가 박수 치고 환호까지 했으니까요.

신장섭 GM 관계자들이 왜 그렇게 좋아했습니까?

김우중 품질과 가격, 차종 포지셔닝(positioning)이 다 좋다고 했어요. 무엇보다도 성능과 디자인에서 크게 놀라워했어요. 르망(Le Man, 대우가 GM과 '월드카(World Car)'로 개발한 소형차. 2장 5절 참조)과 완전히 달라졌으니까요. 차 개발비 얘기 듣고도 놀라워했어요. GM은 차 한 대 개발하는 데 10~20억 불가량 드는데, 우리는 대당 3,000억 원(약 2억 5,000만 달러)밖에 들지 않았거든요. GM은 그때 우리한테 와서 차를 그렇게 싸게 만들 수 있다는 것을 처음으로 알게 됐던 거지요. 그리고 우리가 갖고 있는 차종이 다 GM이 갖고 있지 않거나 약한 것들이었어요. 우리와 경쟁하는 게 아니라 협력할 수 있는 여지가 훨씬 많았던 겁니다.

GM은 그때 토요타와 경쟁에서 계속 뒤졌어요. 그쪽이 꽤 초조했을 겁니다. 그래서 빨리 팔 수 있는 차를 갖기를 원한 거지요. 대우 차가 그때 나오자마자 매출이 빠르게 증가하니까 (우리 차가) 좋겠다고 생각했겠지요. 그리고 우리 군산 공장은 배가 공장까지 들어와서 차를 그냥 싣고 나가요. 중국에 수출할 때 물류비나 시간을 많이 줄일 수 있어요. 내가 DJ와 가깝다고 얘기도 들었을 테니 더 고무되기도 했겠지요.

그 후 GM이 더 적극적으로 나왔어요. 휴스가 '자본 참여는 국내부터 하고 해외사업 협력은 국내외를 다 활용해서 하자'고 했어요. 해외사업장까지 실사를 다 하려면 시간이 너무 많이 걸리니까 빨리 하자는 거지요. 우리는 그때 대우차 국내 지분 50%를 50~70억 불 정도에 팔고 공동경영 하는 걸로 얘기를 진행하고 있었어요.

신장섭 그런데 왜 협상이 갑자기 결렬됩니까?

김우중 결렬된 적이 없어요.

신장섭 이헌재 씨는 GM이 1998년 7월에 협상을 깼다고 했는데요.

김우중 그때는 모든 게 잘 진행되고 있었어요. 5월에 휴스가 한국에 왔을 때 나한테 '빨리 해서 9월에 이사회 승인을 받아보겠다'고 했고 예정대로 진행되고 있을 때에요. 그 후에도 GM이 협상 깬다고 우리에게 통보한 적이 없었고요. 이헌재 씨가 그때는 그런 얘기를 한 번도 꺼내지 않다가 회고록에서 뒤늦게 (2012년 발간) 그렇게 말하는 건 다른 의도가 있다고 할 수밖에 없어요.

신장섭 그게 무슨 얘기지요?

김우중 7월부터 정부가 우리 대우를 겨냥한 유동성 규제에 들어가지 않았습니까? 그런데 GM은 나중에 대우차를 인수해서 큰돈을 벌었어요. 대우 해체 시킨 다음에 대우차를 거의 공짜로 GM에 넘겼는데, 그 잘못을 가리려고 하는 걸로 해석할 수밖에 없지요. '대우차는 이미 부실이었고, GM도 그렇게 인정했으니까 부실이 더 커지지 않게 7월부터 (대우그룹에 대한) 유동성 규제에 들어가서 수습하려고 했다. 그리고 대우차는 워낙 부실이었으니까 헐값에라도 빨리 GM에 넘기는 것이 국민경제에 좋았다' 이런 얘기 하려는 것 아니겠습니까?

신장섭 GM이 도대체 얼마나 돈을 많이 벌었길래 그렇게 단정적으로 말할 수 있는 겁니까?

김우중 GM대우(GM이 2002년 대우차를 인수한 뒤 만든 한국 합작법인)가 돈을 제법 벌었다는 건 좀 알려져 있는데,[19] GM이 대우차로 중국시장에서 크게 성공했다는 건 국내에 거의 알려져 있지 않은 것 같아요. GM이 경쟁사들보다 중국에 제일 늦게 진출했지만 지금은 중국시장에서 1등이 되어 있어요. 거기서 많이 팔린 차들이 뷰익(Buick), 쉐보레(Chevrolet)예요. 그런데 그 차들이 사실은 대우의 누비라, 마티즈, 라노스 모델에 이름만 바꿔 단 거예요. GM이 대우차를 인수한 것 때문에 2000년대에 성공했다고 할 수 있어요. 원래 예정대로 우리와 GM 간에 합작이 이루어졌으면 중국시장을 우리가 함께 갖고 갈 수 있었던 겁니다. 한국 정부가 우리 유동성 규제 하고 대우차 부실이라면서 헐값에 팔아 국가적으로는 큰 손실을 보고 GM 좋은 일만 해줬던 겁니다. 나는 대우차 잘못 매각한 것만으로 한국이 210억 불 이상 손해 봤다고 생각하고 있어요(헐값 매각 손실 내역은 4장 3절 참조).

(아시아 자동차시장 전문가인 마이클 던(Michael Dunne)은 GM의 중국 시장 성공을 다룬 저서 『미국 바퀴, 중국 도로(*American Wheels, Chinese Road*)』에서 다음과 같이 말한다.

"상하이GM의 성공에는 GM대우가 명백하게 핵심적이었다. 2002년에 불과 4억 5,000만 달러에 인수한 이 회사는 GM의 핵심적인 글로벌 제조 베이스가 되었다. 한국에서 개발된 뷰익 엑셀은 … 중국시장에서 상하이GM 매출의 70%를 차지했다. 중국에서 4년 이상 근무한 GM의 한 임원은 'GM대우 인수가 없었으면 상하이GM이 그렇게 성공하지 못했을 것이다'라고 확인해준다. … 대우차 인수는 중국시장에서 GM의 성공에 강력한 요인이었고, 아마도 세계시장에서 GM의 성공에도 그러했을 것이다."[20] 상하이GM의 베스트셀러카 '뷰익 엑셀(Buick Excelle)'은 대우의 '누비라(GM이 대우차 인수 후 '라세티'로 명칭 변경)'를 그대로 갖고 가서 이름만 바꿔 판 것이었다.

대우의 라노스도 상하이GM의 성공에 기여했다. 중국시장에서 2011년 소형차 부문 베스트셀러 1위인 세일(Sail)은 GM의 유럽 모델에 기반을 두었지만 라노스의 모델과 노하우를 많이 흡수했고, 대우차 관계자들은 "핵심 경쟁력은 라노스에서 왔다고 봐야 한다"라고 말한다. 세일은 2011년 17만 5,616대가 팔려 시장점유율 18.7%를 기록했다. 미니카 부문에서는 체리 큐큐가 15만 796대(24.0%)로 1위, 스파크가 7만 258대(11.2%)로 4위를 차지해 마티즈 모델이 35.2%의 압도적 점유율을 기록했다. 콤팩트카 부문에서는 뷰익 엑셀이 25만 3,514만 대가 팔려 12.8%의 점유율로 1위를 유지했다. 22만 1,196대가 팔려 이 부문 점유율 3위에 오른 크루즈(Cruze)는 GM의 유럽 모델이지만 대우차 관계자들은 "엔지니어링은 거의 GM대우가 수행했다"며 "이 차의 핵심 경쟁력도 누비라에서 왔다"라고 말한다.

체리자동차(奇瑞汽車, Chery Automobile)도 대우차 몰락을 이용해서 대성공을 거두었다. 체리자동차는 마티즈 '짝퉁'이라 불리는 큐큐(Cherry QQ)를 2003년부터 생산하면서 중국 주요 자동차회사로 떠올랐다. 2011년 기준으로 중국 내 생산량 7위이다. 큐큐는 체리자동차가 2000년대에 가장 많이 판매한 차이고, 중국 내 미니카 중에서 그동안 가장 많이 팔린 차이다. 실제로 큐큐는 마티즈 짝퉁이 아니라 마티즈 설계도를 그대로 들여와서 만든 것이다. GM은 대우차를 인수한 뒤 마티즈 모델을 쉐보레 스파크(Chevrolet Spark)라는 이름으로 대대적으로 판매하려고 했지만 체리자동차가 큐큐를 6개월 먼저 훨씬 값싸게 내놓는 바람에 쉐보레 스파크를 기대했던 만큼 많이 팔지 못했다. GM은 중국 내에서 체리자동차를

표 3-2. 중국시장의 차종별 10대 베스트셀러(2011년)

순위	미니카		소형차		콤팩트카	
	브랜드	제조사	브랜드	제조사	브랜드	제조사
1	QQ3	Chery	SAIL	Shanghai-GM	BUICK EXCELLE	Shanghai-GM
2	BENBEN MINI	Chang'an	VERNA	Beijing Hyundai	LAVIDA	Shanghai-VW
3	F0	BYD	POLO	Shanghai-VW	CRUZE	Shanghai-GM
4	SPARK	Shanghai-GM-Wuling	LIVINA	Dongfeng Nissan	JETTA	FAW-VW
5	BEIDOUX-ING	Changhe	XIALI A+	FAW–TAIC	BORO	FAW-VW
6	ALTO	Chang'an-Suzuki	FREEDOM FLEET	Geely	ELANTRA	Beijing Hyundai
7	PANDA	Geely	JINGANG	Geely	COROLLA	FAW-Toyota
8	CLASSI-CAL-ALTO	JiangNan	XIALI N5	FAW-TAIC	F3	BYD
9	QIYUN 1	Chery	K2	Dongfeng-Yueda-KIA	VOLEEX C30	Great Wall Motor
10	PRINCE	Haima Automobile	YUEXIANG	Chang'an	SUNNY	Dongfeng Nissan

주: QQ3, Spark는 대우의 마티즈 모델. Buick Excelle은 대우의 누비라 모델. Sail과 Cruze는 GM의 유럽 모델에 기반을 두었지만, 핵심 경쟁력은 라노스와 누비라에서 옴.
출처: Wang(2012)의 Table 1, 2, 3에서 종합.

상대로 소송을 했지만 패소했다. 마이클 던은 2001년 대우차가 GM에 인수되기 전 채권단 관리하에 있을 때에 마티즈 설계도가 대만으로 유출된 뒤 거기에서 체리자동차에 팔렸다고 말한다. 체리자동차가 GM으로부터 설계도를 빼낸 증거는 없기 때문에 GM이 소송에서 이길 수 없었던 것이다.[21] 체리 큐큐까지 합칠 경우 대우차 모델들은 2000년대에 중국의 미니카, 소형차, 콤팩트카 시장을 석권했다고 할 수 있다(표 3-2)).

(마이클 던이 "아마도 세계시장에서 GM의 성공에도 그러했을 것이다"라고 한 말은 2004년에 이미 GM대우의 마케팅 책임자가 다음과 같이 확인한 바 있다.

"실제로 GM대우는 GM의 세계적 확장 계획에서 핵심(lynchpin)이 되고 있다. GM대우의 차는 지금 140여 개국에서 판매되고 있다. 아시아에서는 GM의 시장점유율을 2년 전의 4.2%에서 5.2%로 높이는 데 기여했다. 유럽에서는 GM대우의 5개 모델이 현지 경쟁차종에 비해 고급이면서 저가의 대안으로 판매에 피치를 올리고 있다. GM대우의 마케팅 책임자 앨런 베이티(Alan S. Batey)는 GM대우가 'GM에게 아시아에서는 본격적인 매출 성장, 유럽에서는 가격 대비 가치로 경쟁하는 부문에 기회를 제공하고 있다'고 말한다." ('Daewoo: GM's Hot New Engine', Bloomberg Businessweek 2004년 11월 28일 자))

신장섭 그러면 대우와 GM 간 합작은 왜 늦어진 겁니까?
김우중 나는 둘 중에 하나라고 봐요. 첫째는, 대우에 대해 좋지 않은 얘기들이 많이 나오니까 GM이 상황을 좀 두고 보자는 쪽으로 생각을 바꿨을 가능성이지요. 우리와 경제관료들 간에 관계가 나쁘다는 건 그때 알 만한 사람들이 다 알고 있었으니까요. 정부에서 (98년 7월부터) 우리 돈줄을 죄기도 시작했고요. GM 한국지사에서 본사에 그런 것 다 보고했겠지요. 우리 상황이 불확실해지니까 그쪽에서는 기다려보는 게 낫겠다는 생각을 할 수 있었을 겁니다.

둘째는, 우리 대우를 좋지 않게 보던 정부 관계자들이 GM사람들에게 안 좋은 얘기들을 해서 협상을 방해했을 수도 있겠지요. 나는 경제관료들이 나를 제거하려는 프로그램을 갖고 있었다고 믿고 있어요. 그렇다면 그 사람들 입장에서는 GM과 합작이 되지 못하도록 만들어야지요. 유동성 규제를 할 때에도 대우만 겨냥한 조치를 내놓고, DJ에게 우리 부채 상황 보고할 때에도 '밀어내기 수출'이다, '외상매출'이다, 하며 수출금융 해주지 않은 잘못을 우리에게 뒤집어씌웠지요(3장 4절 참조). 나중에 삼성과 '빅딜'을 할 때에도 도와주지는 못할망정, 오히려 딜이 깨지도록 방해했어요(3장 6절 참조).

신장섭 GM과의 딜이 늦어지는 것에 대해 GM 측에 왜 그러냐고 타진한 적은 있습니까?

김우중 그때 나는 수출금융 정상화가 제일 중요하다고 생각하고 그걸 풀려고 전력을 다하고 있었어요. 우리 제품 수출이 잘되고 있었으니까 금융만 정상적으로 되면 아무런 문제 없었거든요. GM과 합작 협상을 빨리 진행해서 돈을 끌어온다는 생각은 전혀 하지 않았어요. 그 딜은 원래 GM이 우리에게 먼저 제안했던 거니까 잘 기다리면 결국 그쪽에서 오게 되는 거지요. 협상 상대방에게 '왜 빨리 진행하지 않느냐'고 물어보는 건 우리가 다급하다는 신호를 보내는 거니까 가격 협상에서 불리해져요.

신장섭 GM이 고차원의 대우차 인수전략을 취했을 가능성은 없었을까요? GM은 자동차업계에서 인수합병(M&A)의 귀재로 정평이 나 있습니다. GM의 성장과정이 M&A 역사라고도 할 수 있고요. GM이 대우의 유동성 사정을 알게 되자 상황이 아주 나빠질 때까지 기다렸다가 헐값에 사는 전략을 취했을 가능성은 없었겠습니까?

김우중 꼭 사야겠다 하는 걸 헐값에 사려고 그렇게까지 기다리지는 못합니다. GM이 다급하니까 정부가 공개입찰 발표도 하기 전에 이헌재 씨에게 비밀 인수의향서를 보냈겠지요. 나중에 채권단이 매각할 때 GM이 대우차를 꼭 인수하리라는 보장이 없으니까요. 실제로 처음 공개입찰에서는 포드가 우선협상대상자로 선정됐잖아요?

(휴스는 이헌재 금융감독위원장 앞으로 1999년 12월 13일 비밀리에 인수의향서를 보냈다. 정부가 그해 11월 대우 워크아웃 처리 방향을 밝힌 직후다. GM은 이 사실을 대우차에는 나중에 알려줬다. 휴스는 이 의향서에서 "12월 6일 GM이사회의 승인을 받았다"라며 "50~60억 달러의 기업가치"에 대우차를 인수하고 싶다고 밝힌다. GM과 대우차 간에 "보완성과 기타 시너지와 관련해서 대단한 기회(considerable opportunities for complementation and other synergies)"가 있다고 강조한다.[22] 물론 대우가 워크아웃에 들어갔기 때문에 값을 후려쳤다. 대우는 처음에 국내 지분 50%를 넘기며 50~70억 달러를 받겠다고 얘기했는데, 이 의향서에서 GM은 국내외 지분 100%를 확보하고 부채를 떠맡지 않는다는 조건을 내걸었다.

한편, 2000년 6월 29일 대우차 첫 번째 국제입찰에서는 포드가 GM을 제치고 우선협상대상자로 선정됐다. 포드는 그러나 협상을 진행하던 중 대우차 인수를 포기한다.)

6. 삼성과의 자동차 '빅딜'

정부의 회사채 발행 제한조치를 "대우에 비상벨이 울리는" 신호로 받아들인 국내 금융기관들은 본격적으로 대우그룹에 빌려준 자금 회수에 나선다. 이 와중에 1998년 12월 7일 청와대에서 열린 정재계 간담회에서 대우그룹과 삼성그룹은 삼성자동차를 대우가 인수하는 '빅딜'을 추진하겠다고 발표한다.[23] 삼성차는 삼성그룹에나 DJ 정권에나 골칫거리였다. 부산에 연고를 둔 삼성차는 4조 원의 부채를 떠안은 채 표류하고 있었다. 삼성은 적자가 점점 더 커지고 있던 삼성차를 어떤 형태로든 처리해야 했다. DJ 정권은 삼성차를 금융위기 이전 대기업들이 추진한 대표적 '과잉투자'로 낙인찍고 정리 대상으로 결정한 마당에 삼성차를 지원하는 정책을 사용할 수 없었다. 그렇다고 삼성차를 망하게 그냥 놔두면 호남 정권이 영남을 무시한다는 정치적 반발이 나오게 되어 있었다.

자동차 빅딜은 이 골칫거리를 자연스럽게 해결해주는 것이었다. 대우가 삼성차를 인수하면 삼성차가 정리되는 모양새를 갖추게 되고 부산의 삼성차 공장은 계속 가동되니까 영남권의 정치적 반발도 무마할 수 있었다. 유동성 압박을 받고 있던 대우 입장에서는 삼성차 빅딜이 정부 지원을 끌어내면서 유동성 문제를 해결할 수 있는 방안으로 여겨졌다. DJ

정부-대우-삼성의 3자(者) 간에 이해관계가 맞아떨어지면서 '빅딜' 협상이 진행됐고 대우그룹은 7개월가량 유동성 위기를 넘어갈 수 있었다. 그러나 1999년 6월 빅딜이 깨지자 결국 파국이 왔다.

신장섭 삼성과의 자동차 '빅딜', 어떻게 시작된 겁니까?

김우중 정부 쪽에서 우리에게 제안했어요. 삼성과 정부 사이에 그전에 무슨 얘기가 오갔는지는 우리가 알지 못하지요.

신장섭 이학수 당시 삼성그룹 구조조정본부장은 빅딜이 김 회장님의 아이디어라고 주장합니다. "삼성-대우 그룹 간 빅딜은 당초 김우중 회장의 발상이었다. 공식 제안은 김태구 당시 대우자동차 사장이 했다. 삼성차와 대우전자를 맞교환하는 방식이었다. 당시 재정경제부와 금감위 등에서도 이를 구체화시켰으면 좋겠다는 의견이었다"라고 얘기한 기록이 있는데요.[24]

김우중 사업적으로 봤을 때 우리는 삼성차를 인수할 이유가 없어요. 우리는 경제 규모라고 생각하는 연산 250만 대 투자를 다 진행하고 있었는데 거기에 삼성차 20만 대 더하는 건 아무 의미 없는 일이에요. 삼성차는 우리와 차종도 겹치고…. 쌍용차를 인수했던 건(1997년) 우리가 갖고 있지 않는 대형차와 SUV(sport utility vehicle, 레저용차) 라인이 있었고 벤츠 엔진을 쓸 수 있기 때문이었어요. 신차 개발 비용보다 (인수하는 것이) 훨씬 쌌으니까 그랬던 거였지요.

삼성이 그때는 사정이 안 좋았어요. 자동차 어셈블리(assembly, 조립)밖에 안 했는데 일본에서 설비와 기술을 갖고 오면서 비용이 많이 들었어요. 여러 가지 무형으로 갖고 있는 재산도 마이너스였지요. 삼성이 지금은 굉장히 잘나가지만 그때는 어려웠어요. 자동차에 돈 많이 썼지요. 그런데 몇 대 팔리지도 않고…. 삼성전자도 그때는 별로 좋지 않았어요. (삼성전자는 당시 컴퓨터사업 부문을 외국 업체에 매각하려고까지 했었다.)

신장섭 그러면 삼성이 자동차 '빅딜'을 먼저 추진했다고 봐야 합니까?

김우중 그쪽은 그럴 이유가 있지만 우리는 이유가 없어요. 1998년 초에 (DJ 정부 초대 총리로 임명되기 직전) 박태준 씨 아이디어라면서 삼성이 대우차를 인수하는 방안(여기에 대해서는 나중에 '역(逆)빅딜'이라는 이름이 붙는다.)이 논의되고 있다는 얘기가 들려요.[25] 그래서 박태준 씨를 찾아가서 '이런 말이 도는데 이게 말이 됩니까? 이게 사실입니까?'라고 물어봤어요. 그러니까 '그런 적 없다'고 잡아떼어요. 그래서 '절대 그런 일 있으면 안 됩니다' 하고 나온 적이 있어요. (1998년 말) 자동차 빅딜, 삼성 측이 우리를 찾아와서 제안한 겁니다.

(이학수 씨의 얘기와 달리 이헌재 씨는 2012년에 내놓은 회고록에서 빅딜 제안이 삼성 측에서 나왔다고 말한다.

"이 딜을 중매 선 건 김종필(JP) 당시 국무총리다. 1998년 11월 말. 총리실 주재 장관회의에서 나를 불렀다. "삼성이 빅딜에 참여할 용의가 있다는구먼. 자동차를 넘기고 싶은 모양이오. 그냥 알고 계시오." 일절 구조조정 얘기를 입에 올리지 않던 JP였다. 박기석 당시 삼성건설 고문의 부탁으로 말을 전한다 했다. 박 고문은 군(軍) 출신으로 김 총리와 친분이 있다고 했다.

이학수에게 전화를 걸었다. "사실입니다. 생각이 있습니다." 그는 바로 이건희 회장과의 만남을 주선했다. 며칠 뒤 늦은 오후 승지원. 이학수의 안내로 이건희 회장 집무실에 들어섰다. 이 회장은 소파에 앉아 있었다. 곧 이규성 재정경제부 장관이 도착했다.

"빅딜에 들어올 용의가 있으시다고요."

"네, 그렇게 처리하고 싶습니다."

"좋습니다. 정부도 잘 돕겠습니다."

10분간의 짧은 만남. 의사만 확인하면 충분했다. 다시 며칠 뒤 김우중 회장까지 포함한 4자 회의가 대우 힐튼호텔에서 열렸다. 삼성차의 빚은 대우가 가져가고, 대우전자는 삼성이 사들인다. 4자 모두 이런 방안에 합의했다."[26])

신장섭 그러면 대우는 왜 빅딜에 응했습니까?

김우중 정부에서 강하게 권하니까 그런 거지요. (DJ 정권이) 정치적 부담을 빅딜로 처리하려고 한 것이니까. 그렇게 되면 (정부가) 우리 유동성 문제를 당연히 지원해줄 걸로 기대했고요. 정부, 삼성, 우리에게 모두 도움이 되는 딜이 될 수 있다고 생각한 거지요.

신장섭 빅딜을 하면 대우에는 빚이 더 많아지는 건데, 부담이 되지는 않았습니까?

김우중 (우리야) 어차피 자동차는 하는 건데…. (삼성차 인수해봤자) 부담이 조금 더 늘어나는 정도지요. 그리고 정부에서 그렇게 강력하게 애기하는데 (빚에 대해) 대책을 마련해줄 거라고 생각했어요.

신장섭 그런데 빅딜이 왜 결렬됩니까?

김우중 (1999년 2월 3일) 청와대에 갔을 때에 (정부에서) 이 정도면 되지 않겠냐며 안을 내놓고 우리가 양보도 하고 해서 일이 잘될 거라고 생각했어요. 이건희 회장과 만났을 때에도(1999년 3월 22일) 합의한 뒤 이 회장이 기분이 아주 좋았어요. 바로 실무진들끼리 협의를 진행시키자고 했어요. 나도 직접 부산 공장에 내려가 점검하고 공장 가동부터 하면서 계속 협상하라고 지시했어요. 그런데 그 후 삼성과 우리 사이에서 진행이 잘 안 돼요. 딜을 하다 보면 얼마에 사느냐가 굉장히 중요해요. 삼성차는 그때 밸류(value, 가치)가 없는 회사니까 우리가 돈을 얼마나 받고 갖고 올 것인지를 협상해야 하는 거였어요. 그래도 정부가 간여하지 않았으면 빅딜이 순조로웠을 겁니다. 정부가 덤벼서 스케줄을 만들고, 방해해서 안 되게 만들고….

(DJ 정부가 이 딜에 대해 적극적이었던 것은 사실이다. 특히 DJ가 적극적으로 챙겼다. '빨리 삼성차 조업을 재개시키라'고 강봉균 경제수석을 재촉했고 강 수석은 빨리 합의를 끌어내기 위해 '선인수 후정산' 방식을 제의한다.[27] 정부의 합의 종용에 따라 대우는 삼성과 양해각서(MOU)를 체결한다(1999년 2월 3일). 그래도 실무진 간에 협의가 잘 진행되지 않자 강 수석과 이헌재 금융위원장 등의 중재하에 이건희 회장과 김우중 회장이 직접 만나 인수합의안에 서명하고 대우가 인수팀을 파견하기로 한다 (3월 22일).

그러나 삼성차에 파견된 인수팀에게는 많은 과제들이 있었다. 김석환 사장의 얘기를 들어보자. "삼성차의 부채가 4조 원이 넘는데 이걸 우리가 인수하면 바로 우리 부채 규모가 늘어나고 이자 부담도 해야 하는데 이걸 어떻게 처리할지, 삼성차가 계속 적자를 보고 있는데 그 비용을 어떻게 분담해야 할지, 협력 업체들이 삼성차가 생산 규모를 확대한다는 약속에 따라 투자를 이미 했는데 이들의 손실을 어떻게 처리할지 등 여러 가지 문제가 있었어요. 인수를 하려면 우리 책임하에 공장을 돌리는 출발점을 정해야 하는데 그런 것조차 제대로 협의되지 못하고 끝나버린 거지요.")

신장섭 경제팀에서 겉으로는 빅딜에 적극적으로 나서는 것처럼 보였지만 실제로는 방해를 했다는 얘기인가요?

김우중 딜을 하도록 했으면 성과가 날 때까지 분위기를 만들어줘야지요. 그러지는 않고 '빨리 하라', '구조조정을 제대로 하지 않고 있다'고 압박을 하면 딜이 잘 진행될 수 없어요. 거기에서 더 나아가 '대우가 곧 망할 수 있다', '워크아웃에 들어가야 한다'고 정부 사람들이 나서서 얘기하는데 어떻게 딜이 제대로 진행됩니까? 그 딜이 정말 되도록 하겠다는 생각을 가진 사람들이라면 그렇게 행동하지 못하지요.

(1999년 3월 22일 빅딜 합의가 이루어진 지 20일밖에 지나지 않은 4월 12일 강봉균 수석은 5대 그룹의 1999년 1분기 구조조정 실적 점검회의를 앞두고 DJ에게 대우와 현대그룹의 구조조정 실적이 미진하다며 공개적으로 압박해야 한다고 건의했다. DJ는 이 보고를 받고 정재계 간담회

를 연기하고 이틀 후 월례 기자간담회에서 '구조조정 약속을 지키지 않으면 5대 그룹도 워크아웃에 넣을 수 있다'고 밝혔다. 이튿날 강 수석은 대우와 현대를 구체적으로 겨냥해서 '5대 그룹 중 세 곳은 괜찮은데 두 곳이 문제다'라고 말했다.

공교롭게도 여기에 보조를 맞춰서 한국금융연구원은 4월 17일 「대우 워크아웃의 경제적 영향」 보고서를 발표해 "(대우 워크아웃은) 대외신인도에 악영향보다 구조조정을 촉진시켜 신뢰를 상승시킨다. 신속한 기업워크아웃만이 금융부실화에 따른 장기 불황을 극복하는 방안"이라고 주장했다. 대우에 대해 명시적으로 '워크아웃'이라는 말이 정부 관련기관에서 공식적으로 나온 것은 이때가 처음이다. 이에 놀란 대우그룹은 4월 19일 추가 구조조정 계획을 발표했다. 김우중 회장이 직접 나서서 힐튼호텔, 대우중공업의 조선 부문, 대우차의 버스·트럭 및 엔진 부문 등의 자산을 팔아 9조 원을 마련하겠다고 약속했다.[28])

신장섭 경제팀에서 실제로는 빅딜을 방해했다는 다른 심증도 있습니까?
김우중 삼성차가 법정관리에 들어가면서 빅딜이 깨졌잖아요? 나는 그 사람들이 삼성차의 법정관리를 유도했든지 미리 양해했다고 봐요.

(삼성은 대우와의 빅딜을 포기하고 6월 30일 삼성차를 법정관리에 집어넣는다. 법정관리에 따르는 채권단의 손실은 이건희 회장 소유 삼성생명 주식 400만 주를 나중에 상장해서 갚겠다고 밝혔다. 삼성생명의 주가를 주당 70만 원으로 계산했다. 금융기관 채권 2조 8,000억 원을 이 회장의 사재 출연으로 해결하겠다는 것이었다.)

신장섭 삼성차 법정관리와 삼성생명 주식 사재 출연은 삼성그룹 입장에서 당장 현찰을 들이지 않고 삼성차를 처리할 수 있는 '묘수(妙手)'라고 판단해서 한 것으로 알고 있는데, 정부가 유도했을 수 있다는 것이 무슨 얘기입니까?

김우중 우리가 법정관리를 신청하려고 했을 때에는 형사처벌 하겠다고 (정부 관계자들이) 우리 경영진들에게 온갖 협박을 다했어요. 그래서 결국 법정관리 신청을 못 했지요. 그런데 삼성이 법정관리를 할 때에는 그런 얘기가 전혀 나오지 않았어요. 정부와 삼성 사이에 뭔가 이미 얘기가 됐다고 생각할 수밖에 없는 거지요. 6월까지 우리와 빅딜 협상이 진행되고 있었는데 삼성이 갑자기 법정관리로 간다고 했고 정부도 그걸 바로 받아들였으니까요.

만약 빅딜이 됐다면 (경제팀이) 우리를 망하게 할 수 없었을 거예요. 대통령이 나한테 한 얘기가 있는데…. (대우에 대해) 아무리 나쁜 보고가 들어왔더라도 빅딜이 되고 난 다음에는 워크아웃에 넣으라고 할 수 없었을 거예요. 그런데 빅딜이 깨지니까 DJ도 어쩔 수 없었겠지요. (경제팀 입장에서는) 우리를 없애려면 빅딜을 못 하게 했어야 돼요. 만약 빅딜이 됐다면 그쪽이 오히려 더 골치 아팠을 겁니다. 자기들이 얘기하던 '구조조정'과 반대 결과이니까…. 우리한테 삼성차 빚까지 얹어놓은 다음에는 빚 줄여야 한다는 얘기를 함부로 못 했을 거예요. 또 빅딜이 된 다음에 우리를 망하게 하면 처음부터 빅딜을 추진한 것이 잘못이라는 비난을 받게 됐을 거예요. 그 사람들 입장에서는 어떤 형태로든 빅딜이 깨지는 것이 제일 좋았을 겁니다. 말로는 빅딜만 되면 (대우 자금 문제를) 해결해주겠다고 했는데 실제로는 전혀 해주고 싶은 생각이 없었던 거지요.

신장섭 삼성이 법정관리 방침을 통보하니까 정부가 이것을 마지못해 받아들였다기보다, 경제팀이 이제 대우를 워크아웃으로 처리할 준비가 됐으니 삼성이 빅딜을 깨고 법정관리로 가는 것을 허용할 수 있다는 메시지를 보냈다고 생각할 수도 있다는 겁니까?

김우중 (빅딜이 진행되는 동안) 이헌재 씨를 한두 번 만났는데, '대우를 어떻게 부도야 내겠습니까'라고 말해요. 그러면 회사를 살리는 쪽으로 도와줘야 하는 것 아니겠어요? 그래도 나는 믿고 기다렸는데 결국 그렇게 된 거지요. 이헌재 씨가 그런 것(빅딜 하면 대우의 묶인 자금을 풀어주겠다고 한 것)은 (대우가) 법정관리로 가는 것을 막고 시간을 끌기 위해서였을 겁니다.

신장섭 이헌재 씨는 빅딜이 성사됐다 하더라도 대우는 워크아웃으로 갈 수밖에 없었을 것이라고 얘기합니다. 인용문을 보시지요. "결과는 마찬가지였을 것이다. 당시는 시장이 완전히 등을 돌려 … 대우는 워크아웃의 운명을 피할 수 없었을 것이다. 당초 삼성차와 대우전자의 빅딜이 이뤄지고 난 뒤 대우를 워크아웃에 집어넣을 계획이었다. 그렇게 해야 시장이 안정되고 더 유연하게 대우의 부실을 처리할 수 있을 것으로 생각했다. 어차피 3조 원 정도의 유동성이 더 확보된다고 해도 당시 대우의 운명을 되돌릴 수는 없을 것이었다."[29]

김우중 그러면 처음에 왜 빅딜을 하라고 했나요? (김 회장은 이 대목에서 또 흥분했다.) (빅딜이 되면) 전부 다 좋게 된다고 하고서는 지금 와서 무슨 소리냐 말이지…. 우리 김태구 (대우차) 사장이 (정부에) 몇 번 불려갔어요. 빅딜 빨리 하라고 별별 협박을 다 당했는데….

(김수길 외(2003)는 다음과 같이 밝힌다. "사실 금융감독위원회는 일찍부터 대우는 채권단 주도로 구조조정을 해야 한다고 주장해왔다. 1999년 1월 23일 DJ가 (삼성차-대우전자 빅딜의 조속한 합의를 촉구하기 위해) 김우중을 면담했을 때 금감위는 이미 이런 내용의 보고서를 DJ에게 올렸다."[30]

강봉균 수석도 다음과 같이 회고한다. "빅딜 발표 후 부산 민심이 크게 동요했다. DJ도 부쩍 삼성차 문제를 챙겼다. 일단 부산 공장을 정상가동 시키는 것이 급했다. (대우가) 나중에 워크아웃에 들어가는 한이 있더라도 대우가 일단 삼성차를 인수해 공장을 돌렸으면 하는 것이 당시의 솔직한 심정이었다."[31])

7. 워크아웃과 자산실사, 출국을 둘러싼 의문들

신장섭 삼성차의 법정관리 신청으로 빅딜이 무산된 뒤 1999년 7월 19일 김 회장님은 사재 출연 1조 3,000억 원을 포함해 13조 원의 자산을 채권단에 맡기고 자동차 부문, (주)대우 등 일부 계열사 회생에만 전력하겠다는 '7/19 대우 유동성 개선을 위한 자구방안'을 내놓습니다. 그러나 아무 효력이 없었습니다. 이 계획을 내놓을 때에 어떤 생각이었습니까?

김우중 자구계획을 내라고 정부에서 먼저 얘기한 거예요.

신장섭 자금 지원을 받기 위해 대우 측에서 제안한 것이 아니고요?

김우중 (정부가 내 재산이 얼마인지) 다 조사해서 (자구 계획을) 내라고 하니까 깨끗하게 다 낸 거지요.

(이헌재 씨는 회고록에서 다음과 같이 말한다.

"나는 그에게 종이 한 장을 건넸다. 7개항의 구조조정안이 적혀 있었다. 자동차사업부를 그룹의 중심으로 남기고, 조선·상용차·힐튼호텔 등 주력 계열사를 매각하며, 김 회장 소유의 주식 일부를 팔아 자동차사업에 투입한다는 내용이 담겼다. … 김 회장은 하나하나 소리 내어 읽었다. 목소리가 떨렸다. 평생을 일군 기업과 재산을 팔겠다고 자기 입으로 약속을 하고 있는 것이다. …

김 회장은 이날 합의한 내용을 (7월) 19일에 발표했다. 대우로선 일종의 극약 처방이었다. "침몰을 막기 위해 던질 수 있는 건 다 던진다"는 선장의 심정, 그랬을 것이다. 나도 "대우가 큰 결단을 내렸다"라고 맞장구쳤다. 일종의 지원사격이었던 셈이다."[32])

신장섭 그렇게 하면 대우가 회생할 수 있을 거라고 생각했습니까?

김우중 자동차를 포함해서 8개 계열사는 우리가 경영할 수 있게 해주겠다고 했어요. 10조 원을 지원해주겠다고도 하고. 그래서 우리도 13조 원(당시 대우는 18조 원 가치 주장, 이헌재 위원장은 10조 원 가치밖에 안 된다고 생각)을 내놓았어요. 그러면 될 거라고 생각했지요.

신장섭 그런데 왜 잘 안 됐습니까?

김우중 그때까지 우리가 발행한 채권, 수표, 어음 등 합해서 연말까지 갚아야 할 돈이 10조 원이었어요. 그중 은행에 돌아와 있어서 당장 갚아야 할 것이 4조 원 됐고요. 정부가 처음 약속대로 10조 원을 그대로 지원해줬으면 아무 문제 없었을 겁니다. 4조 원을 딱 갚아버리고 6조 원을 들고 있으면 신용이 살아나 시장에서 거부 없이 리볼빙(revolving, 만기연장)이 이루어졌을 테니까요. 그런데 4조 원만 돈을 줘요. 그것도 1주일간 시간을 끌다가…. 은행에 돌아와 있던 4조 원이 그대로 결제 나가고 우리에게는 현찰이 다시 없게 되어버린 거지요. 그러니까 시장에서 아무 인정을 못 받고 똑같은 형태로 (유동성 위기가) 다시 시작됐어요. (정부는 나머지 6조 원에 대해서는 대우가 제공한 담보를 기반으로 '채권단 협약'을 맺어 단기부채가 만기연장 되도록 하겠다고 했지만 시장은 안정되지 않았다.)

신장섭 이헌재 씨는 "대우가 해체된 건 시간 싸움에서 졌기 때문이다…. 시장은 냉랭했다. (자구방안을) 환영은커녕 되레 '대우가 해체 수순을 밟고 있다'는 말들이 쏟아졌다. … 시장은 늘 꼴찌부터 삼킨다. 동물의 세계와 마찬가지다. 대우는 그런 시장의 법칙을 외면했다…. 김우중 회장이 '모든 것을 던지겠다'고 나섰지만 너무 늦고 말았다"고 말하는데요.[33]

김우중 자기들이 나서서 (대우를) 해체한 거지, 어떻게 시장이 해체한 겁니까? 10조 원을 약속대로 줬으면 시장이 알아서 자금 회수를 하지 않았을 거예요. 그런데 10조 원 준다고 시장에는 알려놓고 4조 원만 줬으니 더 역효과가 난 거지요. 거기다가 '대우 해체된다', '김우중 물러나야 한다'고 앞장서서 얘기하니 대우 자금을 회수할 수밖에 없지요. 시장이 자금 회수를 하도록 그 사람들이 계획적으로 더 나쁘게 만든 거예요.

(실제로 '7/19 자구방안' 발표 직후 정부 관계자들은 대우와 김 회장

에 대해 부정적인 발언들을 연이어 쏟아낸다. 이헌재 위원장은 당일 기자 간담회를 갖고 "(김우중 회장이 구조조정에) 실패할 경우 6개월 뒤, 정상화시킨 다음에는 2년 뒤에 퇴진한다고 얘기했는데 이 시한과 관련 없이 자동차를 제외한 모든 부문에서 조만간 손을 뗄 것으로 안다. 자동차 역시 어느 정도 틀이 잡히면 경영 일선에서 물러날 것이다"라고 말했다. 또 "이번 발표로 뇌관 제거 작업에 돌입한 것으로 이해해달라"라고 얘기했다.[34]

한편 강봉균 당시 재정경제부 장관은 이튿날인 7월 20일 "구조조정이 끝나면 김 회장의 지분은 모두 없어진다"며 "김 회장의 사재는 본인이 처분해 … 정상화에 사용하든가, 본인이 처분하지 않으면 채권단이 처분해 사용키로 약속한 것이므로 소유권을 포기한 것과 같다"고 말했다.[35] 이에 따라 "대우는 결국 채권단 주도로 워크아웃에 들어가는 게 아니냐는 우려가 증시를 덮치면서 7월 23일 종합주가지수는 71포인트나 곤두박질했다. 사상 최대 하락폭이었다."[36])

신장섭 정부가 요구하는 대로 자구계획을 내놓았으면 유동성 문제가 잘 해결되도록 도와줘야지, 왜 돈도 약속대로 주지 않고 경제정책 책임자들이 대우에 대해 부정적인 얘기를 즉각 내놓은 겁니까?

김우중 그때는 바로 그 생각을 못했어요. 그런데 나중에 생각해보니 우리 지분을 다 내놓게 한 뒤 자기들 맘대로 대우계열사들을 처리하려고 한 거예요. 통상적인 워크아웃에서는 기존 경영진을 인정해주고 경영진과 채권단이 협력해서 기업을 살리면 경영권을 돌려주잖아요? 그걸 하기 싫었던 거지요.

삼성은 법정관리를 허용하고 우리가 법정관리 들어가려고 할 때에는 절대로 못 하게 막았던 것도 자기들이 만들어놓은 프로그램에 따른 거라고 할 수밖에 없어요. 법정관리로 가면 법원에서 법절차에 따라 계열사들을 처리하니까 자기들 마음대로 못 하게 되지요. 통상적인 워크아웃이나 법정관리로는 자기들 마음대로 못 하니까 '8개 계열사를 경영할 수 있게 해주겠다', '10조 원 자금지원을 해주겠다'고 한 뒤, 우리가 순진하게 사재도 출연하고 담보를 다 내놓으니까 자금도 제대로 지원해주지 않고, 부정적인 얘기를 언론에 계속 해서 우리가 경영권을 잃고 자기들이 만들어놓은 워크아웃으로 갈 수밖에 없도록 만든 거예요.

'뇌관을 제거했다'는 것이 채권시장 안정 핑계를 댔지만 결국은 나를 대우그룹에서 제거했다는 얘기지요. 단순히 기업 살리고 금융시장 안정시키는 것이 목적이었다면 사재 출연 하고 담보를 내놓자마자 처분권 얘기 같은 건 꺼낼 필요가 없는 거예요. 금융시장이 그 메시지를 제대로 읽었으니까 우리 자금을 더 회수해간 겁니다.

신장섭 국내에서는 기업이 어려움에 처할 때마다 오너가 사재를 출연해야 한다는 등의 압력이 나옵니다. 김 회장님도 위기가 올 때마다 사재를 내놓으면서 돌파하려고 했고요. 그런데 이렇게 하는 것이 정말 쓸모 있는 일인지, 사회적으로 바람직한 일인지 다시 생각해보신 적은 없습니까? 경제사가들은 일반적으로 자본주의 발전의 중요한 동력으로 주식회사 제도를 꼽습니다. 이 제도가 주주들에게 유한책임만 지워서 개인들의 금융리스크를 줄였기 때문에 사회적으로 대규모 투자를 벌이고 리스크를 감당하는 것이 가능해졌다고 얘기합니다.[37] 개인 입장에서는 잘못된다 하더라도 완전히 망하는 것이 아니라 주식만 손해 보는 선에서 손실을 막을 수 있기 때문이라는 거지요. 그렇다면 기업이 위기에 처할 때마다 사재를 출연하도록 해서 무한책임을 지우려는 것은 주식회사 제도의 기반을 흔드는 것이라고 할 수도 있습니다. 큰 사업에는 위험부담이 항상 있는데 무한책임을 져야 한다면 누가 그 리스크를 감당하려고 하겠습니까? 이런 것이 한국적 상황에서 정당화될 수 있는 관행인가요? 지금 돌이켜볼 때에 같은 상황이 다시 벌어지더라도 사재 출연을 할 용의가 있습니까?

김우중 (굉장히 강한 어조로) 하지~. 나야 (그동안) 돈 생각 해서 일하지 않았는데… 언제라도 돈을 벌 수 있다고 생각했는데…. 그렇잖아요? 지금도 돈 벌겠다고 하면 얼마든지 벌지… 못할 게 뭐 있어요? (돈 버는 길이 눈에) 다 보이는데… 명예가 중요한 거지.

신장섭 김 회장님은 결국 7월 25일 대우의 경영을 정상화시킨 다음에 명예퇴진 하겠다는 입장을 밝힙니다. 그리고 채권단은 7월 27일 '대우 구조조정 전담팀'을 만듭니다. 채권단과 대우그룹 간의 '불안한 동거' 기간이라고 할 수 있는데 김 회장님은 그때 어떤 일을 했습니까?

김우중 은행에서 나온 사람들이 당장 부품 사는 것도 오케이 하지 않아요. 자동차를 계속 공급하려면 A/S(after service)도 해주고 부품도 계속 사야 해요. 운영자금이 필요해요. 그래야 손해가 덜 나지…. 그게 안 되는데 누가 자동차를 사겠어요? 그래서 청와대에 전화 걸고, 은행장에게 항의하기도 했어요. 그런데 '(김 회장이) 채권단의 말을 안 들으니 도저히 못하겠다'고 얘기가 나와요. 영업이 안 되고 손실이 커지는데 내가 어떻게 가만히 있을 수 있겠어요?

신장섭 채권단이 운영자금 같은 기본적인 것은 지원해주면서 '구조조정'을 해야 하는 것 아닙니까?

김우중 채권단이 관리팀을 보낼 때 원칙을 정해서 보내줘야 해요. 돈이 돌아야 공장이 돌아가지 않나요? 자동차는 딜러가 다 있는데 부품이나 자동차를 보내줘야 (딜러가) 우리에게 줄 돈도 주고 돈이 돌게 돼요. 돌아가는 것을 잘라놓으면 거기에서 오는 손실이 기하급수적으로 커져서 감당하지 못하게 돼요. 너무나 상식적인 얘기인데….

신장섭 대우는 법정관리를 추진하기도 했지만 정부 측의 압력에 못 이겨 8월 26일 워크아웃에 들어갑니다. 그 후에는 어떤 일을 하셨습니까?

김우중 부평 공장에 많이 있었어요. 자동차가 제일 중요하니까…. 운영자금을 대주겠다고 했는데 그 다음에 또 안 나와요. 이것부터 해결해야겠다 싶어서 가 있었던 거지요. 그런데 시간은 가고 계속 이자는 늘고…, '해준다고 하면서 왜 안 해주냐'고 항의도 하고…. 그러다 보니 싸움도 하고….

신장섭 그 기간에 회계법인들이 대우계열사를 실사했고, 바로 발표를 하지 않았지만 김 회장님도 그 결과를 들었다고 하는데요.

김우중 실사 얘기를 듣고 나도 깜짝 놀랐어요. 자산이 30조 원 넘게 줄어든 걸로 나왔으니까요. (1999년 6월 말 대우 12개 계열사의 장부상 자산은 91조 9,000억 원이었다. 그러나 실사 결과는 30조 7,000억 원이나 줄어든 61조 2,000억 원으로 나왔다.[38])

신장섭　왜 그렇게 차이가 많이 난 겁니까?

김우중　멀쩡한 기업을 다 죽었다고 해놓고 청산가치로 평가한 거지요. 받을 수 있는 채권도 받지 못한다고 해놓고…. 금감위가 (회계법인들에게) 지시해서, 어떤 것은 제로(zero, 영), 어떤 것은 50%로 평가하라고 했다고 해요. 보증받은 것조차 그랬다고 하더군요. 기계설비는 고철값으로 톤당 얼마로 계산하고, 공장건물도 쓸 수 없다면서 제로로 처리한 것이 많고…. 그렇게 해서 만들어놓은 수치예요. 인위적으로 만든 거지요.

(이 결과 (주)대우와 대우자동차의 자산가치가 제일 많이 줄었다. (주)대우는 장부상 가치가 29조 2,000억 원이었는데 실사에서는 17조 4,000억 원으로 11조 8,000억 원 줄었다. 대우자동차는 20조 6,000억 원에서 12조 9,000억 원으로 7조 7,000억 원 줄었다. 이렇게 차이가 많이 나게 된 내역에 대해 대우 측 실무진은 다음과 같이 말한다.

"일반 회계 기준에서는 보유 채권 중 혹시 잘못돼서 받지 못할 경우에 대비한 대손상각률을 매출의 1% 정도로 계산합니다. 그런데 실사할 때에는 자의적으로 50% 손실, 100% 손실 등으로 처리했습니다. 예를 들어 파키스탄에 12억 달러(약 1조 5,000억 원)짜리 건설공사가 있었는데 100% 손실로 처리했어요. 리비아 원유수출 대금 받을 것도 1조 원가량 있었는데 그것도 100% 손실 처리 했고요. 조선 수주 한 것도 건조해서 돈 다 받으려면 최소한 3~4년 걸리는 건데 상당 부분을 손실로 처리했어요. 나중에 그런 돈 다 받았습니다. 대우그룹이 해체된 후 채권단에서 청산법인들을 만들었는데 자기들이 손실금으로 잡았던 돈이 계속 들어오니까 청산을 하지 못할 정도였어요. 대우자동차는 해외에 투자를 많이 하고 해외 공장들이 가동되기 직전이었어요. 그런 것들이 거의 다 100% 손실로 처리했습니다. 고철값으로 계산했으니까요. 자동차 3종 개발 하는 데 1조 원 이상 들었는데 그 무형자산 가치가 전혀 계산되지 않았고요.")

신장섭 '워크아웃'은 기업을 살린다는 전제에서 진행되는 기업개선작업으로 알고 있는데요…. 그런데 왜 정부에서 워크아웃을 한다면서 기업가치를 청산가치로 평가하고, 받을 수 있는 채권도 그렇게 많이 손실 처리를 했습니까?

김우중 우리 관계사 사장이 '어떻게 이렇게 나올 수가 있냐'고 금감위에 항의하니까 '가만 있어라. 이렇게 해야 사회적으로 문제가 되고 그래야 돈을 많이 받아 잘 정리가 된다. 그것이 당신들이 경영을 맡더라도 사업하는 데 도움 되지 않겠냐'고 했다고 그래요. 그런데 그게 말이나 됩니까? 기업을 그렇게 나쁘다고 평가해놓으면 기업의 신뢰가 떨어져서 오히려 살아날 수가 없어요. 우리 대우 경영인들이 그렇게 부실하고 부정직하게 기업을 운영한 것처럼 보이게 되는데 (외부에서) 어떻게 그 기업을 믿을 수 있습니까?

신장섭 당시 금감위는 워크아웃 보도자료를 통해 "실사 결과에 대하여 엄격한 책임을 져야 한다는 부담감으로 실사기관들이 상당히 보수적인 시각으로 실사에 임한 것으로 판단된다"며 "이러한 … 보수적인 실사는 부실실사에 대한 시장의 우려를 해소하여 대우문제 처리에 대한 대내외 신뢰도를 제고하는 데 도움이 될 수 있을 것으로 보인다"라고 밝혔습니다.[39]

김우중 자기들이 기준을 다 정해준 건데 왜 회계법인들 핑계를 대지요? 그리고 멀쩡하게 살아 있는 기업들을 청산가치로 실사한 것이 어떻게 시장의 우려를 해소합니까? 궤변이지…. 워크아웃은 잘되면 경영권을 원래 경영자에게 돌려주는 거예요. 우리가 법정관리를 신청하려고 했을 때 못 하도록 막고 워크아웃을 권했을 때에는 정부에서 그 원칙을 얘기했어요. 그런 다음에 청산가치로 실사하는 의도가 뭡니까? 우리가 그렇게 부실하게 경영했다고 뒤집어씌워서 다 내쫓으려고 그랬다고 밖에는 생각할 수 없어요.

(이헌재 씨는 회고록에서 "1999년 12월 실사 결과 대우의 총부채는 최대 89조 원, 자산은 59조 원으로 추산됐다"면서 "시장의 신뢰를 잃어" 대우가 파산할 수밖에 없었다고 강조한다.[40] 대우의 순자산이 마이너스 30조 원이나 되기 때문에 부실이 명백하다는 것이다. 그러나 대우 측은 청산가치로 평가해서 감소한 실사차액, 수출금융 중단에 따른 초고금리 부담, 부당감리액 등을 따지면 당시 장부상으로 순자산이 최소한 플러스 5조 원가량은 됐다고 밝힌다. 금융감독원에서조차 나중에 정부가 워크아웃 때 대우를 '청산가치'로 실사했기 때문에 자산이 20조 원 줄어들었다는 사실을 인정한 바 있다.[41]

대우 측은 또 사업을 할 때에는 장부에 반영되지 않은 유무형 자산이 굉장히 중요하다는 점을 강조한다. 대우는 당시 세계 각국에 100여 개의 해외생산공장을 운용했고, 272개의 해외법인, 140개의 해외지사, 14개의 해외연구소, 4,218개의 해외자동차영업점을 갖고 있었다. 여기에 막대한 비용이 투입됐고 광고비 등이 집행됐다. 그러나 이것은 사업이 이익을 내기 시작하면서부터야 장부에 가치가 반영되는데 당시 장부에는 별로 반영될 수 없었다. 대우의 한 관계자는 "초창기에 거점을 구축하려면 이런 초기 투자가 많이 필요하다"면서 "이런 투자를 잘 하는 것이 대우의 최대 장점이었다"고 말한다.)

신장섭 그리고 김 회장님은 1999년 10월 11일 유럽·아프리카 출장을 떠난 뒤 2005년까지 귀국을 하지 않았습니다. 어떻게 된 겁니까? 일반적으로는 '해외 도피'로 알려져 있습니다. 정부 측에서 권유했다는 얘기도 있고요.

김우중 채권단이 자금을 제대로 지원해주지 않는 것에 대해 내가 계속 항의하니까 여러 경로를 통해 '김 회장이 있으니까 안 된다고 하니 해외에 좀 나가 있어라'는 얘기가 들어왔어요. 그래서 DJ에게 전화해서 확인했어요. '3~6개월만 나가 있으면 정리해서 잘 되도록 하겠다'는 얘기를 들었어요. 이기호 경제수석과도 만났어요. '잘 처리하겠다'고 다짐을 받았고요.

(이헌재 씨는 같은 책에서 김 회장이 '해외 도피'를 했다는 주장과 이기호 경제수석이 김 회장의 출국을 종용했다는 얘기를 동시에 한다.

"… 어디에 어떤 자산이 있고, 어떤 빚이 있는지, 어느 나라 어느 지도자와 어떤 이면 계약을 했는지, 이런 일들은 오직 김 회장만 꿰고 있다. 결자해지, 김 회장이 풀지 않으면 대우차를 풀어낼 사람이 없다. 몇 차례 김 회장을 만나 서로의 생각을 확인하기도 했다. 워크아웃도 그런 식으로 풀어갈 생각이었다.

그러나 이런 바람은 김 회장의 해외 도피로 물거품이 되고 만다. 워크아웃을 받아들이고 한 달여가 지난 10월 11일, 김 회장은 중국 출장길에 올랐다. 그리고 그것이 마지막이었다."[42]

"채권단과 정부는 김 회장에게 '그만 손 떼라'는 메시지를 줬다. 김 회장은 궁지에 몰린 채 영국으로 출국했다. 이를 종용한 건 이기호 경제수석 라인이었다."[43])

신장섭 정확하게 어떤 다짐을 받은 건가요?
김우중 자구방안을 내놓았을 때에 8개 계열사를 경영할 수 있게 해주겠다고 약속했던 거지요. 나는 그것만 돼도 관계없다고 생각했어요.

신장섭 당시에 그 약속을 믿을 수 있었습니까?
김우중 정부가 다 발표하고 신문에도 냈는데, 당연하지요. DJ가 나가면 잘 해결해주겠다고 직접 얘기한 것도 있고…. 아주 나빠져버리니까 지치기도 했어요. 대체 내가 뭘 그렇게 잘못했나 하는 생각도 들고…. 억울하잖아요?

신장섭 김 회장님이 출국하자마자 정부는 회계법인들의 대우그룹 실사결과를 공식 발표 합니다. 무슨 의도였을까요? 이에 대해 이헌재 씨는 "무척 공교로운 일이다. 나는 이 발표가 경솔했다고 생각했다. 결론이 너무 빨랐고, 타이밍도 좋지 않았다. 이 때문에 김 회장 문책론이 불거지고 대우 워크아웃은 궤도를 크게 벗어나고 만다"라고 얘기합니다.[44]
김우중 나보고 나가 있으면 해결해주겠다고 해서 나갔는데, 그래 놓고 무슨 딴소리에요? (김 회장은 여기에서 또 흥분했다.) 그때 나는 다 내놓았는데, (대우그룹을) 어떻게 함부로 하겠냐는 심정이었어요. '당신들이

해봐라. 정말 손해 나봐야 안다' 그런 오기도 들었고…. 어떻게 '경솔하게 해서 문책론이 불거졌다'고 얘기합니까? 내가 돌아올 수 없도록 문책론을 일부러 만든 걸로 밖에는 해석할 수 없어요.

신장섭 해외에서 이 소식을 들었을 때에 무슨 생각을 했습니까?
김우중 그때 내가 그걸 알았으면 (한국에) 들어왔을 겁니다.

신장섭 그러면 국내 소식을 몰랐습니까?
김우중 독일에 갔다가 병원에 가보니 심장이 나쁘다고 해서 바로 입원했어요.

(김 회장은 1998년 10월 말 대우에 대한 회사채 제한조치 직후 뇌혈관 파열로 인한 '뇌경막하혈종'으로 쓰러져 수술을 받았다. 비행기를 타지 말라는 의사의 만류를 듣지 않고 그해 12월 하노이에 DJ를 만나러 갔다. 건강을 타고났다고 자부했지만 이 즈음에는 몸의 여러 곳에서 문제가 생겼다.)

신장섭 소식을 아예 끊고 지냈습니까?
김우중 병원에서 절대 안정 하라고 하고 몸도 마음도 고달파서 외부와 연락을 하지 않았어요. 가족들에게도 연락하지 않았으니까요. 나중에 (대우그룹이) 그렇게 됐다는 소식을 듣고 그때서야 몇 명을 불러서 물어봤어요.

신장섭 그래서 어떻게 했습니까?

김우중 그때는 다 처리되고… 그렇게 되어버렸으니 (모든 게) 귀찮았어요. 신문이고 뭐고 사방에서 내가 잡범(雜犯)처럼 되어버렸으니까…. '세계 역사상 제일 큰 디폴트(default, 파산)'라고 되어 있고…. 이미 그렇게 난 것을 변명하면 우습잖아요? 그래도 그때 내가 들어왔어야 해요. 내가 출국하기 전에 DJ가 한 말도 있고…. DJ가 있을 때에 내가 들어와서 제대로 얘기하고 대책을 마련했어야 했어요.

(금융감독원은 1999년 12월 9일 대우 특별감리반을 출범시킨 뒤 2000년 9월 15일 분식회계 등으로 대우 임직원 등 52명을 검찰에 고발했다. 이에 따라 대검중수부가 대우 관계자들을 소환조사 했고 2001년 2월 3일 대우 분식회계 조사 결과를 발표했다. 검찰은 대우 관계자 등 34명을 기소하고 3월 6일에는 김우중 회장에 대한 체포영장도 발부했다. 2001년 7월 24일 서울지방법원에서 열린 대우사태 관련 첫 공판에서 대우 관계자들은 실형을 선고받는다. 외화유출 등에 대해 23조 원의 추징금도 별도로 선고받는다.[45])

신장섭 해외에 나가 있는 동안 정부 측에서 김 회장님을 체포하기 위해 추적하지는 않았습니까?

김우중 나가라고 해서 나간 건데 추적받을 일이 없었지요. 누가 나에게 와서 행패 부리고 그런 것 없었어요. 구라파에서도 주소 정해놓고 살았는데…. 단지 베트남에 들어왔을 때 국가정보원에서 보고를 한 모양이에요. 그때 베트남 당서기가 한국 대사를 불러서 '우리는 김 회장이 베트남을 도와준 것을 정말 은인으로 생각한다. 그러니까 당신네 정부에서 무슨 얘기가 나와도 우리는 안 듣는다. 우리가 김 회장을 너무나 잘 알기 때문이다. 그렇게 본국에 보고하라'고 해서 아무 일 없었어요.

신장섭 해외에 있는 동안은 무슨 생각을 했습니까?

김우중 몸도 아팠지만 마음이 너무 아팠어요. 어떤 때는 억울하고 분해서 밥 먹기도 힘들 정도였으니까요. 어처구니없이 모든 걸 잃고 말았으니. … 다시 생각해봐도 그 상황이 잘 이해 가지 않는 적이 많았고요.

그렇지만 나는 그저 고맙게 생각해요. 평생 동안 열심히 일할 수 있었고 남자로 태어나서 여한이 없을 만큼 할 것 다 해봤어요. 다른 사람들은 아무것도 안 남기는데 (나는) 흔적이라도 남겼으니 말이에요. 죽어라 돈만 벌겠다고 한 것도 아니고, 내 나름대로 성공하고 그렇게 (사업이) 크게 갔고…. 그런 기회를 하느님이 주셨다는 것이 감사하지요.

직원들은 그래도 나를 아니까 이해하리라고 봤어요. 그런데 직원 가족들은 잘 모르잖아요? (자기네 가장이) 대우에 안 들어가고 다른 좋은 회사 갔으면 사장도 되고 좋은 대우도 받았을 텐데…. (많은 임원들이) 대우를 그만둘 때에 50대였어요. 자녀들이 대학에 가고 비용도 많이 들어갈 때지요. 결혼도 시켜야 하는데 아버지가 직장이 없으면 결혼할 때도 불리하고…. 그런 집에서 나를 원망하겠지요. 그런 게 미안하지요.

우리 대우가 잘못돼서 피해를 입게 된 국내외 거래처 사람들, 투자자들에게도 죄송한 마음이었어요. 사업은 혼자 하는 게 아닌데…. 그 사람들 찾아가서 미안하다고 얘기할 수조차 없었어요. 나는 정말 최선을 다했는데 그렇게 되어버렸으니까요. 그때 뭐라고 얘기하겠어요? 진실이라는 게 하루아침에 밝혀지는 것도 아니고….

| 주 |

1 한국 금융위기 과정에서 경제정책을 총괄했던 관료들에 대해 당시 한국의 언론들은 '신흥관료'라는 표현을 썼다. 나는 이 단어가 정확한 표현은 아니라고 본다. 신흥관료라고 하는 그룹에는 강봉균 당시 경제수석이 이끄는 전통 경제관료와 이헌재 당시 금융감독위원장이 이끄는 민간인 출신 관료들이 혼재되어 있었다. 이헌재 위원장과 금감위 핵심 인물들에 대해서는 '신흥관료'라는 말이 정확하다. 그러나 강봉균 수석이나 청와대 경제수석실, 재정경제원 관료들에게는 신흥관료라는 말이 정확하지 않다. 이들이 함께 IMF프로그램에 따라 과거 한국의 전통적인 경제정책과 다른 정책을 실행했다는 면에서는 '신흥'이라는 말이 걸맞을 것이다. 이들을 통칭하는 다른 적절한 단어가 없기 때문에 이 책에서도 '신흥관료'라는 표현을 그대로 쓴다. 이것이 관료그룹 전체를 지칭하는 것이 아니라 당시 구조조정을 지휘한 주요 경제관료들을 통칭하는 것으로 받아들이기 바란다.
2 Shin and Chang(2003, Table 3.8).
3 대우세계경영연구회(2012, 378쪽).
4 이헌재(2012, 271~273쪽).
5 Shin and Chang(2003, Table 3.2).
6 IIF(1998).
7 김우중(1998b).
8 김 회장은 이 자리가 관훈클럽일 것이라고 얘기했다. 그러나 기억에 자신을 하지 못했다. 《서울경제》는 김 회장이 1998년 7월 31일 관훈클럽에서 이와 비슷한 발언을 했다고 기록했다([秘錄, 김우중신화의 몰락] 〈2막 4장〉 '관료, 그 악연의 사슬', 2005년 6월 22일 자). 한편 《한국논단》 9월 호에 실린 김 회장의 관훈클럽

대화 기록에는 이 내용이 안 들어가 있다('우리는 할 수 있다 – 자신감 상실이 문제', 김우중 회장 관훈클럽초청 조찬간담회 토론 주요 내용). 대우 관계자들이 이 내용을 확인하기 위해 노력했지만 확인이 이루어지지 못했다.

9 필자와의 대화. 2012년 6월.
10 Shin and Chang(2003, Table 4.13).
11 김수길 외(2003, 266쪽).
12 김수길 외(2003, 261쪽).
13 금융감독위원회(1999).
14 금융감독위원회(1999, 4쪽).
15 정기홍 당시 금융감독위원회 통합기획실장(김수길 외 2003, 267쪽).
16 김수길 외(2003, 269쪽).
17 이헌재(2012, 252쪽).
18 프롤로그에 인용한 김수길 외(2003, 264쪽) 참조.
19 GM대우의 매출은 2004년 6조 원에서 2008년 12조 3,000억 원으로 두 배 이상 늘었다. 영업이익은 2004년 3,806억 원 적자, 2005년 353억 원 적자를 기록했지만, 2006년 2,949억 원 흑자, 2007년 4,439억 원 흑자, 2008년 3,327억 원의 흑자를 기록했다. 5년간 영업이익 총액이 6,556억 원(약 5억 5,000달러)이다. 대우차 인수 때 GM이 투입한 현찰 4억 달러보다 더 많은 돈이다.
20 Dunne(2011, 174쪽).
21 Dunne(2011, 132~136쪽).
22 General Motors Corporation(1999).
23 이 자리에서 대우는 총 41개 계열사를 10개로 줄이겠다는 구조조정안도 발표하지만 당장 유동성 해결에 도움이 되지는 않았다. 계열사 감축은 시간이 걸리는 일이기 때문이었다.
24 김수길 외(2003, 276쪽).
25 김종필(JP) 전 국무총리와 함께 자유민주연합(자민련)을 함께했던 박태준 전 포항제철 회장은 DJP연합에 따라 DJ 정권 초대 국무총리(2000. 1. 13~2000. 5.

18)로 임명된다.

26 이헌재(2012, 167쪽).
27 이헌재(2012, 168쪽).
28 김수길 외(2003, 289~290쪽).
29 김수길 외(2003, 283쪽).
30 김수길 외(2003, 290쪽).
31 김수길 외(2003, 278쪽).
32 이헌재(2012, 249쪽).
33 이헌재(2012, 249~251쪽).
34 《동아일보》1999년 7월 20일 자.
35 《동아일보》1999년 7월 21일 자.
36 김수길 외(2003, 294~295쪽).
37 예컨대 Rosenberg and Birdzell(1987) 참조.
38 금융감독위원회(1999).
39 금융감독위원회(1999).
40 이헌재(2012, 254쪽).
41 금융감독원(2000, 53쪽).
42 이헌재(2012, 225~226쪽).
43 이헌재(2012, 252~253쪽).
44 이헌재(2012, 226쪽).
45 추징금 액수 및 내역에 대해서는 4장 5절 참조.

아시아 금융위기와
대우그룹의 해체 – 다시 보기

앞장에서는 한국 금융위기와 '구조조정'을 거치면서 대우그룹이 해체되는 과정을 주요 사건들을 중심으로 살펴보았다. 김우중 회장과 DJ 정부 신흥관료들은 처음부터 한국 금융위기의 원인과 극복 방안에서 커다란 시각차를 보였고 갈등을 지속했다. DJ는 양측을 경합시키다가 결국 관료들의 손을 들어줬다. 그리고 대우그룹은 해체의 길을 갔다.

　이번 장에서는 이 갈등을 보다 긴 안목에서 다시 짚어본다. 이미 한국 금융위기가 벌어진 지 17년이 흘렀고, 대우그룹이 해체된 지 15년이 지났다. IMF체제에서 '구조조정' 했던 것들이 한국경제에 어떤 결과를 가져왔는지 보다 명확히 드러났다. 해체됐던 대우계열사들에 어떤 일이 일어났는지도 이제 좀 더 잘 알 수 있게 됐다. 또 2008년에 세계 금융위기가 벌어지면서 금융위기의 원인과 대응에 대해 다시 생각해볼 수 있는 전기도 마련됐다. 선진국들이 금융위기에 대응한 방식과 한국이 1997년에 대응한 방식이 너무나 크게 차이가 나기 때문이다. 왜 그런 차이가 있는 것인가, 한국이 잘 대응했던 것이었던가 등을 지금의 시점에서 재평가해볼 필요가 있다.

김 회장과 신흥관료들 간의 갈등을 보다 폭넓게 바라볼 필요도 있다. '신흥관료'들이 내놓았던 위기극복 방안은 원래부터 자생적인 것이 아니었다. IMF프로그램은 1960년대부터 신흥국이 금융위기를 당하면 집행되어 온 것이고, 한국은 IMF에 자금 지원을 신청하면서 이를 받아들였을 뿐이다. 그렇다면 단순히 김 회장과 관료들의 갈등이라는 표면적 현상을 넘어서 IMF와 자금을 지원해주는 선진국은 무엇 때문에 IMF프로그램을 요구한 것인지, 한국 정부는 어떤 맥락에서 이것을 '철저하게' 집행하려고 했는지, 김 회장은 이에 대해 왜 적극 반대했는지 등을 다시 검토해볼 필요가 있다.

이를 위해 먼저 김 회장과 신흥관료들 간 한국 금융위기 극복 철학과 세계경제 상황 판단의 차이를 좀 더 자세히 다루었다. 김 회장은 1997년 원화 환율이 치솟자 "지금은 돌을 팔아도 수출할 수 있다"며 수출시장에 대해 낙관적으로 생각했다. 한국과 일부 동아시아 국가들이 금융위기를 당했지만 세계경제 상황은 좋고 환율에서 경쟁력이 생겼다고 판단했기 때문이다. 반면 경제관료들은 세계경제 상황을 썩 좋지 않게 봤다. 그래서 수출이 많이 늘어날 수 있는 가능성을 생각하지 않았다. 이러한 상황 판단 차이는 한국경제와 대우그룹의 '부실' 여부를 판단하는 데서 결정적인 차이를 가져왔다. 김 회장은 '부실'이 원래 크지 않았다고 생각한 반면 관료들은 대단히 크다고 보았다. 그 판단의 차이가 위기 대응 방향의 차이를 결정했다. 지금의 시점에서 돌이켜볼 때에 어느 판단이 정확했는지, 어떻게 하는 것이 한국경제에 더 좋았는지 등에 대해 대화를 나누어보았다(4장 1절).

김 회장과 관료들 간 갈등에서 열쇠를 쥐고 있는 인물은 DJ였다. DJ는 한국이 1997년 11월 IMF프로그램을 받아들였을 때에 IMF와의 '재협상' 얘기를 꺼낸 유일한 대통령 후보였다. DJ는 대통령으로 당선된 뒤에도 김 회장을 주요 회의에 참석시키면서까지 경제관료들과 다른 견해를 청취하려고 했다. 그러나 DJ는 시간이 흐르면서 경제관료들 쪽으로 기울었다. 대우그룹이 침몰하도록 놔뒀고, 마지막에는 김 회장에게 8개 계열사는 경영할 수 있게 해주겠다는 약속도 지키지 않았다. DJ가 왜 그렇게 했을까? 김 회장과의 관계, 한국경제가 앞으로 어떻게 되어야 한다는 자신의 생각, 국내 정치 상황, 대외관계, 특히 미국과 북한의 관계 등 대통령으로서 고려해야 할 사항들, 개인적으로 관심을 두고 잘해보고 싶은 일들을 놓고 나름대로 종합적인 판단을 내렸을 것이다. 그 과정이 어떠했는지, 그 결과가 바람직한 것이었는지 등을 김 회장과의 대화를 통해 평가해보았다(4장 2절).

대우그룹을 워크아웃에 집어넣은 한국 정부는 회계법인들의 실사 결과를 급하게 발표하면서 대우그룹의 '부실'을 강조했다. 이미 있던 부실 때문에 대우그룹이 시장의 신뢰를 잃어 망했다는 것이 대우 몰락의 '정사(正史)'로 굳어져왔다. 김 회장은 그러나 '부실'이 지나치게 과장됐다고 얘기한다. 그리고 대우가 유동성 위기를 겪은 뒤 그룹을 해체시키지 말고 정부가 약속했던 대로 8개 계열사를 유지하면서 위기를 헤쳐나갔으면 엄청난 금전적 손실을 막을 수 있었을 것이라고 말한다. 김 회장과의 대화를 통해 대우 해체의 손익계산서를 다시 만들어보았다(4장 3절).

김 회장이 IMF식 '구조조정'에 반대한 가장 큰 이유는 그것이 대우그룹

보다도 한국경제에 좋지 않다는 확신 때문이었다. 그는 한국이 금융위기 대응을 잘못해서 1인당 국민소득 3~4만 달러에 도달할 수 있는 기회를 날렸다고 말한다. 금융위기를 실제로 극복한 원동력은 그동안 쌓아놓은 1조 달러에 이르는 설비투자였는데, 이것을 제대로 활용할 생각은 안 하고 IMF와 선진국들이 강요하는 '구조조정'에만 너무 매달린 나머지 한국경제의 성장 능력을 깎아먹고 국부 손실을 크게 봤다고 강조한다. 김 회장과의 대화를 통해 IMF 구조조정의 손익을 국가경제 차원에서 다시 계산해보았다(4장 4절). 김 회장에 대한 재판과 사면에 관한 이야기도 별도로 다루었다(4장 5절).

1. 금융위기 극복 철학과 세계경제 상황 판단의 차이

신장섭 김 회장님이 2005년에 귀국하기 직전 강봉균 씨(당시 열린우리당 국회의원)는 자신의 웹사이트에 아래와 같이 입장을 밝힙니다. 이것을 중심으로 김 회장님과 신흥관료들 간의 시각차를 재조명하고 한국 금융위기 대응 및 대우 해체와 관련된 다른 이슈들도 폭넓게 다루는 게 좋을 것 같습니다. 그 내용을 먼저 보지요.

강봉균 의원의 '김우중 회장 귀국에 대한 입장'(2005년 6월 14일)

IMF 경제위기는 우리나라 대기업들과 금융기관의 동반 부실에서 비롯된 것이었다. 재벌기업들이 무리한 차입 재원으로 방만한 투자사업을 확대하여 부실경영을 초래하였는데 그 배경에는 관치금융이 있었다. 따라서 IMF 위기 극복은 관치금융의 폐해를 치유하는 것이었다. 부실대기업을 정부가 선별적으로 구제하는 것은 바로 관치금융의 부활을 의미하였기 때문에 당시 정부로서는 전혀 불가능한 일이었다. 선택은 시장의 신뢰를 잃은 부실기업이 부도를 내고 파산하게 하느냐 아니면 부실경영의 책임을 물어 경영주를 퇴진시키고 채무구조를 재조정(소위 워크아웃)해서 채권금융단의 관리체제로 가느냐의 길뿐이었다.

… 김우중 회장은 대우그룹이 점차 심각한 자금난에 빠져들자 정부가 나서서 유동성 위기를 극복해주기를 바랐다. 왜 정책 당국자들은 이런 요청을 들어주지 않았던가?

첫째로, 만약 정부가 금융기관장들을 소집해서 대우그룹에 정책금융을 지시했다면 국제금융 사회에서는 한국 정부가 외환위기의 원인을 치유할 의지가 전혀 없는 것으로 판단하여 국제적 금융 지원을 중단했을 것이다. 실제로 그 당시 세계 언론들은 한국 정부가 특정 재벌기업에게 정책적 금융 지원을 해서는 절대 안 된다는 경고를 계속해서 보내고 있었던 것이다.

둘째로, 만약 당시 정부가 국제적 경고를 무시하고 국내 금융기관들에게 대우 지원을 지시했더라도 금융기관들이 이를 받아들일 가능성이 거의 없었다. 왜냐하면 국내 금융기관들도 부실채권을 정리하지 않으면 생존의 위협을 받는 상황이었기 때문이다. 결국 대우그룹의 해체는 정책 당국자들의 판단에서 초래된 결과라기보다는 시장의 신뢰를 상실한 김우중 회장 스스로가 자초한 결과였던 것이다.

신장섭 IMF체제에서 "특정 재벌기업을 도와줄 수 없었다"라는 말에 대해서는 어떻게 생각하십니까?

김우중 도와줄 게 뭐가 있어요? 나쁘게만 하지 말지…. 나는 처음부터 수출확대에 대해 특혜를 달라는 것이 아니라 분위기를 만들어주고 정상적인 금융 지원을 해달라는 것이라고 얘기했어요. 수출금융은 선진국들도 해주는 겁니다. 1998년 상반기에는 국내 은행들이 자기들 구조조정한다고 수출금융을 해주지 못했다 하더라도, 하반기에 정상화된 다음에는 수출금융도 정상화시켜야 하는 것 아닌가요? 그리고 그것이 정말 국제금융 사회가 하지 말라는 특혜라면 대우가 워크아웃 들어간 다음에도 계속 하지 말아야 하는 것 아닙니까? 그런데 우리를 쫓아내고 정부가 경영권을 잡은 다음에는 대우계열사에 대한 수출금융을 다 정상화시켜줬어요. 국제금융 사회에서도 거기에 대해 아무런 문제 제기를 하지 않았습니다. 우리가 경영하고 있을 때에만 국제금융 사회가 수출금융이 특혜라고 생각했고, 정부가 경영할 때에는 특혜가 아니라고 생각한다는 것은 궤변이지요. 국제금융 사회 얘기는 핑계일 뿐이에요. 정부에서 우리에게 수출금융을 해주지 않았을 뿐이지요.

신장섭 "시장 신뢰를 잃은 기업에 대해서는 정부가 은행에 지원을 지시해도 은행이 받아들일 가능성이 거의 없었다"에 대해서는….

김우중 그때 은행들이야 정부가 하라는 대로 다 하는 거지요. 금융위기 이후 은행 구조조정을 한다면서 은행들이 정부 통제에 더 많이 들어갔어요. (정부가 하라면 안 받아들일) 능력이 없었지요. 현대그룹 처리 할 때에는 은행들이 정부 말 잘 들었어요(4장 2절 참조). '관치금융', 그때가 더 심했지요.

(이헌재 씨는 회고록에서 정책적 필요에 따라 금융권에 압력을 넣었다는 것을 스스로 밝힌다. 1998년 하반기 현대그룹과 LG그룹 간의 반도체 '빅딜' 막바지에 LG가 반도체를 넘기지 않겠다고 버티고 있을 때의 이야기이다.

"(구본무 회장에게) '마음 정리를 하시라'는 말은 반도체를 포기할 각오를 하라는 것이었다. 금감위는 이미 LG반도체의 자금줄을 조이는 중이었다. (12월) 28일 시중 금융기관에 'LG반도체에 대한 금융제재를 결의하라'는 메시지를 팩스로 전달했다. 금융회사들은 곧바로 'LG반도체에 대한 신규 대출중단'을 발표했다. 반도체 하나라면 어느 정도 버틸 수 있을 것이다. 하지만 LG그룹 전체까지 여파가 미치면 더 버티기 어려워질 것이었다. 나는 이미 공개적으로 '(빅딜) 약속을 안 지키면 제재 조치를 각오해야 할 것'이라고 말해놓고 있었다."[1]

신장섭 한국 금융위기의 원인에 관해 앞에서 대화를 나누었지만(3장 1절), 좀 더 자세히 얘기할 필요가 있을 것 같습니다. 강봉균 씨는 대기업의 '무리한 차입에 의한 부실경영'을 금융위기의 중요한 원인으로 강조했습니다. 여기에 대해 김 회장님은 생각이 굉장히 다른데, 정리해서 다시 말씀해주시지요.

김우중 빚 많으면 부실이라고 하는데, 그것부터 잘못됐어요. 돈을 많이 빌릴 수 있다는 건 그만큼 신용이 높다는 얘기예요. 우리는 해외에서 돈을 많이 빌렸어요. 국제 금융기관들이 사업 내용 보고 될 거라고 생각하니까 우리에게 빌려주는 거지, 그냥 빌려주지 않아요. 우리는 일찍부터 연결재무제표를 했어요. 회계사들이 붙어서 다 검토하고…. (회계법인) KPMG와 했을 거예요. 남보다 20년은 앞서서 했어요. 체이스맨해튼은행에서 권고하길래 내가 나서서 연결재무제표를 만들라고 했어요.

(당시 대우그룹 국제금융팀을 이끌었던 이상훈 전무는 이에 대해 다음과 같이 말한다. "1977년에 수출금융 금리가 8%이고 홍콩채권 금리는 9%였는데 김 회장님께서 홍콩채 발행을 추진하라면서 연결재무제표를 만들라는 거예요. 실무자들은 금리 더 주면서 해외채권 발행할 건 생각도 하지 못하던 때였어요. PMM(Peat Marwick & Mitchell, KPMG의 전신)과 작업해서 연결재무제표를 만들었어요. 회장님께서 일찍부터 해외금융의 중요성을 알았기 때문에 시킨 거지요.")

그리고 우리 대우는 빚 늘어난 것 중에서 많은 부분이 부실기업 인수하면서 그 회사들이 갖고 있던 빚도 인수하니까 그렇게 됐던 거예요. 정부 부담을 우리가 떠안았던 거지요. 한국기계, 새한자동차, 옥포조선도 그렇고 나중에 삼보증권, 경남기업, 쌍용자동차 등이 다 그랬어요. 강경식 재무장관(1982~83년) 등이 나를 찾아와서 인수해달라고 부탁했던 거지요. 정부가 약속을 불이행해서 이자에 이자가 붙었는데 우리가 부담한 것도 많아요. 이렇게 떠안은 빚이 10~15조 원은 됐을 겁니다. 쌍용자동차도 임창렬 재정경제원 장관(1997~98년)이 나를 찾아와서 인수해달라고 했던 거예요. 이건 1998년 3월에 정식 인수 했으니까 금융위기 전에 쌓인 '부실'이라고 얘기하는 것과 아무 관계 없는 거지요.

또 우리가 돈 빌려서 허튼 데 쓴 게 없어요. 다 공장에 투자한 거지요. 다른 대기업들도 비슷할 거예요. 그래서 그 시설이 가동되면 경제가 좋아지는 건데…. 금융위기 때 가동률 떨어진 건 금융이 제 기능을 못하니까 그랬던 거지, 어떻게 투자해놓은 것이 잘못이라고 합니까? 한국이 금융위기 빨리 극복한 것도 다 이 설비가 가동됐으니까 가능했던 겁니다.

신장섭 실제로 '동아시아의 경제기적'을 얘기할 때에 중남미와 동아시아의 가장 큰 차이가 거기에 있습니다. 중남미는 외국에서 빚을 끌어와 소비를 많이 했는데 동아시아는 외국빚으로 투자를 많이 했다는 점입니다.[2] 1990년대 중반의 동남아와 동북아를 비교해봐도 동남아는 외국돈 빌려서 부동산에 투자한 것이 제법 되는데 한국은 거의 다 시설에 투자했습니다.[3] 그런데 아시아 금융위기가 터지니까 한국이 투자한 것이 갑자기 '과잉'이고 '부실'이라고 얘기하는 분위기가 됐습니다.

김우중 내가 그때 한국경제연구원을 시켜서 계산해보니 한국이 갖고 있는 생산 시설이 1조 불어치 정도 돼요. 1조 불 시설의 자본코스트를 연 10%만 계산해도 매년 1,000억 불의 천연자원을 수출할 수 있는 능력을 가진 것과 마찬가지예요. 또 우리가 갖고 있는 게 최신 시설이에요. 그걸 운용하니까 선진국과 비교해서도 충분히 경쟁력을 갖고 있었어요. 그게 우리가 그동안 쌓은 능력이에요. 그걸 자랑스럽게 생각하고 활용할 생각은 하지 못하고 (정부가) 왜 스스로 부실이다 과잉이다 하면서 깎아내립니까?

신장섭 '과잉' 여부를 떠나 1990년대에 세계경영을 너무 빨리 진행했다는 생각이 든 적은 없습니까?

김우중 빨리 한 것은 틀림없어요. 그렇지만 자동차 투자는 이왕 시작했으면 빨리 해야만 되는 일이었어요. 생산 시설과 판매망을 빨리 늘려야지 단가가 떨어지고 경쟁력이 생겨요. 오히려 빨리 하지 못하면 위기가 벌어질 수 있는 거지요. 우리는 경제성이 확보된다고 생각하는 연산 250만 대 수준을 가능한 빨리 달성하려고 했어요. 1997년 말에 200만 대 생산능력 갖추면서 완성단계에 들어갔고요. '세계경영'은 빨리 해야지 성공할 수 있는 거였어요. 빨리 한 게 위기 요인이 아니에요. IMF사태만 없었으면 (세계경영에) 아무 문제가 없었을 겁니다. 한국이 금융위기에 들어간 다음에도 해외보다 국내에서 돈이 문제가 됐어요. 해외에서는 우리 부도 못 내요. 다 신용으로 빌렸는데, 문제없었어요.

신장섭 아시아 금융위기와 같은 돌발 상황에 대비해서 '환위험(foreign exchange risks)'을 제대로 관리했어야 하는데, 대우가 그걸 잘못했다는 견해에 대해서는 어떻게 생각하십니까?

김우중 우리는 환위험을 제대로 관리했어요. 정부가 환율 관리를 잘못해서 우리가 피해를 많이 봤을 뿐이지…. 우리는 주로 해외에서 빌려 해외에 투자했어요. 부채도 외화이고 자산도 외화니까 환리스크를 걱정할 필요가 없는 거지요. 외화를 빌려 국내에 투자했다가 환율이 나빠지면 환리스크 관리를 잘못한 거지만, 우리는 그게 아니잖아요? 다 앞뒤 맞춰서 가는 거지…. 그런데 (정부나 언론에서) 부채비율 수치만 들이대면서 부실이다, 위기 관리를 못했다고 얘기해요. 외화부채야 똑같이 갖고 있는 건데…. (원화) 환율이 갑자기 올라 원화로 환산했을 때 부채가 늘어서 부채비율이 올라간 거지요.

(부채비율은 부채를 자기자본으로 나누어서 구해진다(부채비율=부채/자기자본). 한국 기업들의 자기자본은 처음부터 원화로 되어 있다. 반면 부채 중에는 외화부채가 있을 수 있다. 이 경우 환율이 변하면 원화로 계산한 외화부채가 변하고 이에 따라 전체 부채가 변한다. 부채비율도 따라서 변한다. 정부는 주로 이 비율을 사용해서 기업의 부실 및 위험관리 실패를 따졌다.

반면 경영자 입장에서의 환리스크 관리는 부채와 자기자본이 아니라 부채와 자산을 비교해서 이루어진다. 예를 들어 외화부채를 들여와서 국내자산을 샀을 경우 원화환율이 나빠지면 환리스크 관리에 실패한 것이 된다. 그러나 외화부채로 외화자산을 샀을 경우에는 부채와 자산을 '스퀘어(square)'시켜서 환리스크를 잘 관리했다고 할 수 있다. 기업 부채비율과 환리스크 관리는 별개의 사안이다.)

신장섭 자동차 말고는 '과잉'이나 '부실'이라고 얘기할 여지가 없었나요?

김우중 다른 회사들은 문제 될 게 없었습니다. (주)대우와 대우자동차만 문제가 됐지요. (주)대우는 자체적으로 돈을 잘 벌었지만, 자동차에 금융 해주고 보증도 해주다 보니 자동차가 나빠지면서 함께 나빠진 거예요.

신장섭 그러면 정부 관계자들은 기업 부실을 왜 그렇게 강조했을까요?

김우중 반(反)기업 정서에 영합한 거지요. '이 기회에 대기업들 제대로 손을 봐야 한다'는 생각을 가진 사람들도 있었고요. (실제로 이헌재 당시 금감위원장은 200% 부채비율 가이드라인을 "재벌을 옭아매는 담 중 하나였다"고 말한다. 3장 1절 참조) 정부나 은행이 잘못한 것에 물 타기 한 거라고도 할 수 있고요.

신장섭 정부 관계자들이 상황 판단을 잘못한 것은 없었을까요?

김우중 갑자기 외환위기를 당하니까 자신감이 없어진 거지요. 자신감이 없으면 판단력도 흐려져요. 그러니까 (다들) 우리가 그동안 잘했던 것을 다 잘못했다고 생각하는 거예요. IMF나 외국 언론에서 얘기하는 거나 그대로 따르려고 하고…. 바깥 돌아가는 사정도 잘 몰랐던 것 같아요. 그때 수출을 많이 늘릴 수 있을 거라고 얘기한 사람이 없었잖아요? 나는 "이 정도 환율에서는 돌을 팔아도 수출할 수 있다"고 얘기하고 다녔어요.

신장섭 정부 당국자들은 아시아가 금융위기를 겪고 있으니까 다른 해외시장도 좋지 않을 거라 생각하고 한국이 갖고 있는 설비를 '과잉'이라고 받아들였던 것 같습니다. 그러니까 수출이 늘어날 수 있다는 생각도 못 했고요.

김우중 그걸 못 본 거지요. (1990년대 초반부터) 한 20년 가까이 세계경제가 호황이었어요. 그때 아시아만 잠깐 금융위기였을 뿐이지, (세계) 실물경제는 문제가 없었어요. 관리들이 (경제를) 길게 보지 못해요. 20년 이상은 예상하고, 10년은 내다보면서 정책을 세워야 하는데…. 그때는 외국 금융기관, 컨설팅회사들이 내놓는 보고서들만 쳐다보고 얘기했어요. 우리가 세계경영 투자를 멈추지 않았으면 2000년대에 크게 열매를 거둘 수 있었을 겁니다. 나중에 대우계열사들이 다 좋아졌잖아요? 그 열매를 그 회사들을 인수한 외국투자자들이나 출자전환 해서 들어온 금융기관들이 다 갖고 간 거지요. 기업 '부실'이 그렇게 컸다면 있을 수 없는 일이에요.

신장섭 세계경제 호황은 국제 채권 시세에도 그대로 나타나 있습니다. 채권 시세가 20여 년 동안 장기 호황을 보인 것은 자본주의 역사상 유례가 없는 일입니다.

김우중 한국경제가 나쁘다는 것에만 포커싱(focusing)한 거지요. 우리가 정부에 수출금융 정상화를 요청했을 때 수출이 진짜로 어떻게 되나, 해외시장 상황이 구체적으로 어떤가 등을 물어보거나 가져오라고 한 적이 한 번도 없어요. 그냥 안 된다고만 하는 거지요. 100억 불 투자한 공장들이 앞으로 잘될 건지를 심사단이 갑자기 며칠 동안 와서 어떻게 판단할 수 있나요? 그 사람들은 세계시장 상황과 우리 투자가 어떻게 맞아들어 갈지는 별로 생각하지 않아요. 아직 완성되지 않은 시설만 보고 돈 더 주고 싶은 생각이 안 드는 거지요. 전체가 어떻게 돌아가는지를 잘 봐야 하는데….

2. DJ와 미국, 북한의 정치경제학

신장섭 강봉균 씨 얘기로 다시 돌아가보지요. "만약 정부가 금융기관장들을 소집해서 대우그룹에 정책금융을 지시했다면 국제금융 사회에서는 한국 정부가 외환위기의 원인을 치유할 의지가 전혀 없는 것으로 판단하여 국제적 금융 지원을 중단했을 것이다. 실제로 그 당시 세계 언론들은 한국 정부가 특정 재벌기업에게 정책적 금융 지원을 해서는 절대 안된다는 경고를 계속해서 보내고 있었던 것이다"라고 말합니다.
국제금융 사회가 왜 그런 압력을 넣었을까요? 한국이 그래야만 정말 잘된다고 믿었기 때문에 한국을 위해서 그런 걸까요? 한국 정부는 왜 그 말을 그대로 따라야 한다고 생각했을까요? 그 경고가 정말 맞다고 믿었기 때문일까요? 그렇지는 않더라도 어쩔 수 없어서 따랐던 건가요? 다른 이유는 없었을까요?

김우중 그때 우리가 정부에 요청한 것이 정책금융을 지원해달라던 것이 아닙니다. 자꾸 우리가 정부에게 무슨 특혜를 제공해달라고 했다고 얘기들 하는데, 그게 아니에요. 수출금융이 작동하지 않고 있으니 그걸 정상화시켜달라는 것일 뿐이었지요. 그때 IMF가 한국 정부에 수출금융

해주지 말라고 요구한 적이 있나요? 외국에서 그런 압력을 넣더라도 정부에서 그걸 막아줘야지, 오히려 정부가 앞장서서 수출 못 하게 하고 외국 압력을 핑계 대서 국내 자산을 헐값에 넘기게 만들었지요.

그때 구조조정 한다면서 우리가 외국에 자산 팔아서 손해 본 것이 얼마나 많아요? 대우자동차만 적어도 210억 불가량 되는 것 같고(4장 3절 참조). 구조조정 하라고 해서 다른 대기업들이 판 것들도 많잖아요? 제일은행, 한미은행, 외환은행 등 금융기관들도 다 헐값에 팔았어요. 그때는 잘 몰랐지만 지금 시간이 지나고 나서 보니까 너무 싸게 팔았다는 것들이 많지 않습니까? 그래서 지금까지 국부(國富) 해외유출 문제가 나오는 거예요. 우리가 그렇게 싸게 판 것이 산 사람들 입장에서는 큰 이익이지요. 그 사람들은 '한국이 문제 많다, 구조조정 해야 한다'라고 자꾸 얘기해서 좋은 매물이 싸게 나오면 자기들에게 좋은 거예요. 그리고 우리 대기업들이 구조조정 해서 약해지면 선진국 경쟁기업들에 좋은 거고요.

(김 회장은 이런 주장을 IMF사태 초기부터 개진해왔다. 1998년 5월 한 강연 내용을 보자.

"지금 IMF체제도 형식상으로는 국제 금융기관에서 우리나라를 돕고 있는 것처럼 보이지만, 오히려 어떤 면에서 얘기하면 그것은 돕는 것이 아니라 관리체제로 바꾸어가는 것이라고 할 수 있습니다. 그렇기 때문에 이 체제가 오래가면 우리가 살아남을 수가 없습니다. … (IMF체제에 들어갔던 다른 나라들은) 길게 가면서… 10년, 20년 동안 어려움을 겪으면서 극복을 했다고 봐야 합니다.

… 지금은 대기업만 없으면 이 IMF체제도 안 왔을 것이라는 식의 인식

이 있습니다. 내가 보기에는 경쟁하기 골치 아프니까 대기업을 없애자는 것이 선진국 기업들의 생각이 아닌가 봅니다. 그래서 지금 IMF와 선진국들이 계속해서 얘기하는 우리나라 대기업을 구조조정 하라는 요구도 결국 (대기업을) 줄이라는 것이거든요. 이것은 어떻게 보면 선진국이 바라는 쪽으로 이 사람들이 만들어낸 이론이라고 봐야 해요. 그리고 우리나라의 현실을 제대로 연구할 기회를 갖지 못한 학자들이 동조해서 만들어낸 얘기를 일반 국민들에게 자꾸 퍼뜨리고 있는 겁니다."[4]

신장섭 "자산을 해외에 빨리 팔아서 외국자본을 유치하는 것이 애국하는 일이다." 지금 돌이켜 보면 참 어처구니없는 얘기인데, 그 당시에는 사회 분위기가 그렇게 갔습니다. 그런데 지금 세계 금융위기를 당한 다음에 다시 돌아보지요. 이번에는 그런 얘기가 거의 나오지 않았습니다. 미국이 2008년 세계 금융위기의 진원지였는데 무슨 구조조정을 했습니까? 경제사가인 퍼거슨(Niall Ferguson) 하버드대학 교수는 미국경제가 회복되기 위해서는 인프라 관련 자산을 적극적으로 매각해서 해외자금을 유치해야 한다고 주장했습니다. 그렇지만 미국 정부는 이 교과서적 충고를 듣지 않았습니다. 대신 자산매각은 최소화하고 달러를 마냥 찍어내면서 경기회복을 시도했습니다.

이렇게 국제 금융기관이나 선진국들이 앞뒤 맞지 않게 행동하는 것에 대해 '이중잣대'라고 비판하는 사람들이 있습니다.[5] 그렇지만 저는 이해관계라는 관점에서 보면 일관된다고 생각합니다. 개도국들이 금융위기를 당했을 때에는 구조조정을 철저히 해서 자산을 많이 팔게 하는 것이 국제 금융기관들이나 선진국들의 이익에 좋고, 자신들이 금융위기를 당했을 때에는 구조조정을 제대로 하지 않는 것이 자신들의 이익에 좋습니다.[6] 회장님이 "우리가 미국에 귀속해서 가는 것은 말이 아니다"라고 강봉균 수석에게 얘기했던 것도 같은 맥락 아니겠습니까(3장 3절)?

김우중 나 같은 장사꾼보다 정치인이나 관리들이 국익을 더 많이 따져야지요. 국익에 뭐가 좋은지 제대로 보고 생각해야 해요. 미국이 하라는 것이 왜 한국에 좋다고 하는지, 우리는 어떻게 대응할지 그런 걸 잘 따져야 해요. 그런데 그 사람들이 눈앞에 떨어진 일들만 하는 데 급급해요. IMF프로그램이다 하면 거기 정해진 것들을 기일 맞춰 하고, 그렇게 한 걸 갖고 성공이라고 얘기하는 데에만 신경을 쓰는 거지요.

신장섭 그런데 'IMF관리체제', '선진국들의 의도' 등을 강조했던 것이 '반미(反美)'로 받아들여지고, 대우그룹에 나쁜 영향을 끼치리라는 생각은 하지 않았습니까?

김우중 전혀 그런 생각은 하지 않았어요. 대우는 원래 미국과 관계가 좋았어요. 미국 기업들과 조인트벤처(joint venture, 합작기업)는 우리가 (한국 기업 중) 제일 많이 했을 겁니다. 미국 유수 대학에 우리가 지원도 하고 우리 직원들이 많이 연수 가서 배워도 오고…. 내가 하버드대학이나 보스턴대학 등에서 이사를 오래했어요(5장 3절 참조).

우리가 GM과 합작을 오래했잖아요? 그쪽과 의견이 달라 싸운 적도 있고 갈라서기도 했지만, 그 사람들이 나를 반미주의자라고 절대 생각하지 않아요. 같은 장사꾼일 뿐이지…. 키신저, 헤이그와 같이 미국 내에서 쟁쟁한 사람들이 우리 회사 고문을 오래했어요(5장 3절 참조). 내가 반미주의자라면 어떻게 그 사람들이 우리 회사와 같이 일을 했겠어요? 나는

4. 아시아 금융위기와 대우그룹의 해체 – 다시 보기

아직도 우리나라에게 미국과의 관계가 제일 중요하다고 생각해요. 미국 헤게모니가 앞으로도 100년은 갈 겁니다. 미국과의 관계를 잘해야만 한국이 계속 발전할 수 있어요.

신장섭 그러면 IMF체제에서처럼 한국의 이해관계에 어긋나는 것을 하도록 선진국들이 강요하는 것에 대해서는 어떻게 대응해야 합니까?

김우중 그래서 내가 빨리 수출 많이 해서 IMF체제 벗어나자고 한 겁니다. 수출해서 돈 벌어 빌린 돈 빨리 갚고 리저브 쌓으면 그쪽도 할 말 없어지는 것 아니겠어요? 저쪽이 생각하지 못하는 걸 치고 나가서 협상을 해야 돼요. 우리 이익을 지키기 위해 노력하고 협상할 생각은 하지 않고 왜 저쪽이 하라는 그대로 해야만 된다고 생각하나요? 그게 다 자신감을 잃었기 때문에 벌어지는 일이지요.

그리고 수출을 늘리면서 외자 유치도 충분히 할 수 있어요. 나는 우리가 GM과 합작을 진행하면서 가장 모범적으로 금융위기를 극복하는 사례가 될 거라고 생각했어요(3장 5절 참조). GM과 서로 필요하니까 다시 합쳐서 외자도 들여오고, 우리가 수출을 많이 해서 리저브도 쌓고 원화 환율 안정시키는 데도 기여하니까…. 콤비네이션(combination, 조합)으로 하는 거지요. 이거다 저거다 나누지 말고 전체적으로 봐야 해요.

신장섭 당시 금융위기 극복 대안 중 하나로 내놓았던 '리딩뱅크' 구상도 비슷하게 '콤비네이션'으로 하는 일이라고 볼 수 있겠습니까?

김우중 리딩뱅크는 원래 금융이 잘못돼서 금융위기가 왔으니까 모범 은행을 만들어보자는 뜻에서 제안했던 건데… 그렇게 볼 수 있겠네요. 외국 은행들과 합작해서 좋은 은행을 만들자는 거니까. 외국 은행들도 관심을 보일 테고, 우리도 금융을 강화할 수 있는 방안이었지요. 금융은 해본 경험이 있어야 잘해요. 금융 오래해 본 외국 은행들과 합작해서 선진 기법도 배우고 금융인을 제대로 키워보자는 거였어요. 정부는 그때 우리 은행들을 외국에 팔려고만 들었는데, 그게 국가 이익에 무슨 도움이 된다고 생각했는지 알 수가 없어요.

(김 회장은 전경련 조찬 특강에서 아래와 같이 '리딩뱅크' 혹은 '슈퍼뱅크' 구상을 내놓았다. 김 회장은 "절대적으로" 외국 금융기관이 들어와야 한다는 얘기까지 했다. 그러나 이 제안은 당시 '재벌들이 개혁할 생각은 하지 않고 은행업에 진출하려고 한다'는 비판을 언론과 정부로부터 동시에 받았다.

"그리고 두 번째는 금융기관들이 철저한 경영원칙하에 독립적으로 경영하게 해줘야 합니다. 이를 위해서는 절대적으로 외국 금융기관이 들어와야 합니다. 우리나라도 리딩뱅크가 생기면, 이것을 통해 배우고, 인재를 키우고, 그리고 외국 금융기관들이 하는 대로 분위기가 바뀌어갈 것입니다. 그렇게 몇 년을 해야 은행이 독립적으로 경영될 수 있습니다. 은행의 자율경영과 금융의 국제신뢰도 제고를 위해서라도 반드시 외국 금융기관이 들어와야 합니다.

그래서 제가 주장하는 것이 국내 우량기업 50~100개가 돈을 조금씩 내고 외국 은행이 들어와서 리딩뱅크로서의 역할을 옳게 해야, 결과적으로 우리나라 은행들이 독립경영을 할 수 있고, 공평·공정하게 우리나라 금융산업을 키울 수 있다고 봅니다. 만약 이번에 서울은행·제일은행의 국제입찰이 실패할 경우, 우리 업계가 앞장서서 외국 금융기관들이 들어올 수 있게 해 금융 때문에 코스트가 올라가서 기업이 경쟁력을 잃는 일이 없도록 최선을 다해야 될 것입니다. 그렇게 해서 국제금리를 적어도 옛날 수준, 즉 'LIBOR + 1%' 이내의 금리로 빌릴 수 있도록 만드는 것이 시급합니다."⁷⁾

신장섭 선진국들은 당시 자신들이 원하는 방식으로 한국경제를 구조조정 시키겠다는 의지가 굉장히 강했던 것 같습니다. 과거 다른 개발도상국에 IMF프로그램을 적용할 때에는 기업 구조조정이라는 것이 없었습니다. 한국 프로그램에 사상 처음 들어온 겁니다. 그 후 IMF프로그램이 다른 나라들에 적용될 때에 '기업 구조조정'이 들어갔는지 별로 들어본 적이 없고요. 아주 부정적으로 해석하면, 다른 개발도상국에는 강한 민간기업들이 별로 없어서 기업 구조조정 시켜봤자 먹을 게 별로 없으니까 공공부문을 구조조정 시켜 민영화 등으로 이익을 챙겼던 것이고 한국은 알짜 민간기업들이 많으니까 이걸 구조조정 시켜서 이익을 챙긴 것이라고 할 수 있습니다.

실제로 빌 클린턴 미국 대통령까지 나서서 한국의 기업 구조조정을 압박했습니다. 1998년 11월 한국을 방문해서 DJ와 정상회담을 한 뒤 "5대 그룹 개혁이 부진하다"고 직접 언급했습니다. 미국 신용평가회사인 무디스도 때맞춰 "5대 그룹 구조조정을 지켜본 뒤에야 한국에 대한 신용평가 등급 상향 조정을 고려할 수 있다"고 발표했습니다.⁸ 당시에 김 회장님이나 대우그룹이 감당하기에 너무 강한 외풍(外風)이 불어왔다고 할 수는 없을까요?

김우중 당시 (유동성 위기가 시작된 직후) 시티은행이 우리에게 와서 구조조정안을 만들어주겠다고 제안했는데 거절했어요. (지금 돌이켜 보면) 그때 꾹 참고 했으면 여기까지 오지는 않았을 거예요. 그때 내가 다른 사람들에게 "자신감을 상실했다"고 얘기하고 다녔는데, 어쩌면 내가 너무 자신감이 넘쳐 있었던 건지도 몰라요. 그때는 전경련 회장으로서 우리 경제가 어떻게 금융위기를 극복해야 하는지에 집중하고 있었고 대우에 큰 문제가 생기리라는 건 전혀 생각하지 않았으니까요.

신장섭 그러면 DJ의 입장은 어떻게 보십니까? DJ는 대통령 후보일 때에 IMF와 재협상 얘기도 꺼냈습니다. 대통령에 당선된 뒤에도 경제관료들의 얘기만 듣지 않고 김 회장님의 얘기를 함께 듣고 판단하려 했고요. '경제대통령'을 하라고 할 정도면 김 회장님 견해에 굉장한 신뢰를 보낸 것이라고 할 수 있지 않습니까? 그런데 무엇 때문에 김 회장님에 대한 생각이 바뀌었을까요?

김우중 DJ가 처음에는 IMF관리체제가 우리나라에 좋지 않다고 생각했던 것 같아요. 그러니까 재협상 얘기를 꺼냈겠지요. 그때 IMF가 우리와 굉장히 터프(tough)하게 네고했잖아요? IMF 총재가 한국에 직접 와서 대통령 후보들에게 각서도 받아가고…. 그렇지만 DJ가 그대로 따라 하려고 했던 것 같지는 않아요. 그러니까 나를 자꾸 불러서 (경제에 대해) 물어보고, 회의에도 참석시켜 토론시키고 했겠지요. 그런데 (밑에서) 보고를 받다 보니 조금씩 부정적으로 간 거지요. 대통령들이 처음 와서 관리들을 믿지 않다가도 점점 가면서 그 사람들이 우수하다고 생각하게 되는 적이 많잖아요?

신장섭 DJ의 입장 변화에는 미국과의 관계, 대북정책 등도 영향을 미쳤다고 볼 수 없을까요? IMF프로그램에 대한 DJ의 생각이 재협상 얘기를 꺼낸 지 한 달 만에 갑자기 바뀌었다고 보기는 어렵고요. 오히려 IMF 프로그램을 적극적으로 받아들이는 대신 자신이 원하는 다른 것을 받아내는 '딜(deal)'을 했을 가능성은 없을까요? 특히 DJ는 취임 초기부터 대북관계를 개선하는 데에 적극적이었고 '햇볕정책'을 자신의 중요한 업적으로 삼고 싶어 했습니다. 그런데 햇볕정책이 잘되려면 미국의 지원이 필수적입니다. 그 과정에서 경제 부문에 대한 미국의 요구를 적극적으로 받아들였고 이것이 김 회장님에게는 전반적으로 불리하게 작용하지 않았을까요? DJ 정부 때 대북관계에 대해 어떻게 생각하십니까?

김우중 나는 북한문제가 서둘러서 할 것이 아니라고 DJ에게 조언했어요. '그쪽에서 연락이 올 때까지 기다리는 것이 최선이다. 연락이 오면 그때 형편 봐서 슬슬 하면 된다'고 얘기했어요. 그때 우리도 IMF사태를 극복하는 것이 최우선 과제였으니까요.

신장섭 대통령이 지대한 관심을 갖고 있는 사안이면 일반 기업인들은 도와주는 척이라도 하면서 자신의 이익을 챙기려고 할 텐데, 그런 생각이 전혀 안 들었습니까?

김우중 전혀 없었어요.

신장섭 그렇지만 DJ 정부는 현대그룹을 통해 북한과의 관계 개선을 적극 추진 합니다. 그때 어떤 생각을 했습니까?

(현대그룹은 정몽헌 회장이 그룹 공동회장으로 취임한 1998년 1월 13일

이후 대북사업에 적극 뛰어든다. 그 결과 1998년 6월 16일 정주영 명예회장이 소 500마리를 몰고 판문점을 통과하는 '소떼 방북'이 실현되었다.[9] 현대그룹은 DJ 정권 대북사업의 긴밀한 파트너가 됐고, 북한에 자금을 지원하는 창구 역할을 한다. 2000년 6월 15일 김대중-김정일 정상회담이 성사되지만 현대그룹은 자금난에 빠진다. 그 후 불법 대북송금 문제가 불거지면서 정몽헌 회장이 검찰조사를 받게 되고, 2003년 8월 4일 정 회장은 투신자살한다. 정 회장은 조사과정에서 남북정상회담을 하는 조건으로 5억 달러의 현금을 북한에 지급하기로 약속했다고 진술했다.[10] 미국 의회조사국 보고서는 1999~2000년 동안 현대그룹이 공개적, 비공개적으로 10억 달러의 현금을 북한에 제공했다고 밝혔다.[11] DJ는 2000년 12월 10일 한국의 민주화와 한반도 긴장 완화에 기여한 공로로 노벨평화상을 수상했다.)

김우중 나는 당시 초청강연 등에서 질문을 받으면 남북 간 비즈니스는 북한이 고향인 사업가들이 하면 좋겠다고 얘기했어요. 그런 분들은 이익을 앞세우지 않고 고향을 위한다는 마음으로 잘할 수 있을 거라고 본 거지요. 현대그룹 일가가 북한 출신이니까 대북사업에 적임자일 수 있다고 생각해요. 방법에 대해서는 서로 생각이 다를 수 있겠지요. 나는 북한관계는 비밀로 진행하는 것이 좋다고 생각했어요. 너무 오픈(open) 하면 유연하게 협상이 이루어지지 못하니까요.

신장섭 공교롭게도 정주영 회장이 '소떼 방북'을 하던 시점에 DJ는 미국을 방문해서 클린턴 대통령과 정상회담을 가집니다(1998년 6월 9일). 당시 DJ는 미국의 요구사항에 대해 뭔가 가시적인 성과를 들고 가기 위해 노력했습니다. 정황을 볼 때에 DJ는 클린턴에게 미국이 경제 부문에서 요구하는 것을 수용하고 대신 햇볕정책에 대한 지지를 끌어냈다는 추론도 가능합니다.[12] 실제로 DJ 재임 기간에 DJ와 클린턴은 관계가 돈독했습니다. 클린턴은 DJ의 햇볕정책에 대해 적극적인 지지를 보냈고 임기 말에는 북한을 방문하려고까지 했습니다.

대우에 대한 유동성 규제가 나온 1998년 후반에 들어서면 클린턴과 DJ 간에 적극적인 '공조'가 두드러지게 나타납니다. 클린턴이 직접 '5대 재벌 개혁이 부진하다'고 얘기하고 DJ도 기회 있을 때마다 '반드시 재벌 구조조정을 연내 마무리 짓겠다'며 5대 그룹 구조조정을 다그쳤습니다.[13] 경제관료들 입장에서는 김 회장님이 얘기하는 금융위기 극복 방안보다 IMF프로그램에 따라 '구조조정'을 적극 집행 하는 방향으로 DJ의 생각이 굳어졌다고 의중(意中)을 읽을 수 있지 않았겠습니까? 그러니까 대우에 대한 공격을 강화할 수 있었을 테고요.

김우중 그때에는 경제팀의 연초 무역수지 전망이 완전히 틀렸다는 것도 다 드러났어요. 당시 언론에서도 이 문제를 많이 다루었지요. 그때는 또 금융위기가 최악을 벗어나고 경제가 회복되기 시작하고 있었을 때에요. 그러면 경제가 자기들이 처음에 그렇게 부정적으로 생각했던 것과 다르다는 걸 인정했어야지요. 경제팀에서 연초 무역수지 전망이 왜 틀렸고, 경제상황이 어떻게 바뀌었고, 그러니까 금융위기 극복 방안을 어떻게 고쳐야 한다는 얘기가 나온 게 하나도 없어요.

신장섭 대신 경기회복세를 유지하려면 '구조조정'을 더 적극적으로 해서 외국인투자자들의 신뢰를 제대로 회복해야 한다는 얘기만 나왔지요.

(당시 '정부 5대 그룹 구조조정 적극 개입 의미'라는 제목으로 실린 기사를 보자.

"정부가 본격적으로 재벌개혁에 나서고 있다. 대통령이 직접 "한국의 개혁은 5대 재벌의 개혁에 달려 있다"며 독려하고 나섰고 정부 관련 부처의 장들이 모두 나서 이를 뒷받침하고 있는 형국이다. … 정부의 고위 관계자는 "이번엔 진짜다. 과거 정권처럼 '재벌 길들이기' 정도가 아니라 30년 이상 계속된 재벌구조에 근본적인 변화가 생길 것"이라고 최근의 분위기를 전했다. …

이를 위해 정부는 5대 그룹 간판기업 일부와 이에 연결된 부실계열사에 대한 워크아웃을 강제적으로라도 추진하겠다는 계획이다. … 정부가 이처럼 재벌개혁의 수위를 높여 전방위적인 압박에 나선 것은 그간 5대 그룹 구조조정이 부진하다는 국내외의 비판여론이 높았기 때문이다. 빌 클린턴 미국 대통령의 '5대 그룹 개혁 부진' 발언이나 미국의 신용평가회사인 무디스사가 '5대 그룹 구조조정을 지켜본 뒤에야 한국에 대한 신용평가 등급 상향조정을 고려할 수 있다'고 한 데서 보이듯 재벌개혁은 한국의 개혁의지에 대한 마지막 시금석으로 비춰지고 있기 때문이다. … 이헌재 금감위원장이 이제는 본격적으로 재벌개혁의 고삐도 매고 안장을 얹을 때가 됐다는 얘기도 이런 맥락에서 나온 것으로 풀이된다".[14])

김우중 DJ가 그때 정말 나라 경제를 위해서 판단을 잘 했어야 해요. 금리도 많이 떨어지고 원화가치도 많이 회복됐는데 기업들을 잘 살려서 더 빨리 경제를 회복시켰어야 돼요. 그러면 수출도 더 늘고 IMF체제도 더 빨리 벗어날 수 있었을 거예요. 우리 자산을 해외에 그렇게 헐값에 많이 팔지 않아도 됐고…. DJ가 처음부터 북한에 돈 주면서 관계 개선 하려고 했겠어요? IMF 초기에는 그런 생각 안 하고 금융위기 극복 하는 데 집중했을 겁니다. 그런데 경제가 회복되는 것 같으니까 자기가 원하는 일들을 하고 싶어졌겠지요.

신장섭 저는 정부가 회사채 발행 제한조치(1998년 10월 27일)를 했을 때에 대우그룹이나 자금시장에 그렇게 나쁜 영향이 미치리라는 것을 DJ가 전혀 몰랐던 것인지 궁금합니다. 본인이 김 회장님을 경제관료들과의 대결 구도 속에 끌어들이고 '내가 대통령인데 그런 일(대우가 어려워지는 일)이 어떻게 발생하냐… 책임진다'고까지 얘기했으면 그렇게 하기 어려운 것 아닌가요?

김우중 DJ는 당시 회사채 발행 제한조치가 어떤 영향이 있는지 잘 몰랐을 겁니다. 경제팀도 대기업들이 자금시장에서 돈을 너무 많이 끌어 쓰는 것을 막기 위해 취하는 조치라는 정도로만 보고했겠지, 우리(대우)나 자금시장에 그런 영향이 있으리라는 건 얘기하지 않았겠지요. 나는 (유동성 규제에서) 관료들이 대통령을 오도했다고 봐요.

신장섭 그렇더라도 대우그룹이 어려워진 것이 뚜렷하게 드러난 다음에는 약속을 지키려는 노력을 했어야 하지 않나요?

김우중 약속을 지키려고 했겠지요. 하노이에서 (나와) 만났을 때에도 (1998년 12월) 강봉균 수석에게 잘 상의해서 해결하라고 지시했었고…. 모르지요. 정치가이니까 입 딱 씻고 조용히 가타부타 얘기 안 하고 있었던 건지도…. 정치인들은 팔색조(八色鳥)라고 하잖아요? 각서 써놓은 것도 안 지키는데…. 나는 각서조차 받아놓은 것이 없었고.

신장섭 처음부터 DJ에 대한 신뢰가 없었습니까?

김우중 DJ를 믿었으니까 내가 앞장서서 얘기했지, 내가 망하면서까지 어떻게 그렇게까지 나섰겠어요? 그런데 (밑에서) 자꾸 부정적인 얘기가 올라오니까 (DJ) 생각이 달라졌겠지요.

신장섭 대우 워크아웃이 결정되고 김 회장님이 해외에 나갈 때에 (1999년 10월) 8개 계열사를 경영할 수 있게 해주겠다고 약속을 했는데, 그것마저 지키지 않은 것에 대해서는 어떻게 생각하십니까? DJ를 가장 나쁘게 해석하면 처음부터 지키지 못할 약속들을 했다고 할 수 있고, 좋게 해석하면 처음에는 약속을 지키려고 했는데 경제팀의 보고를 계속 받고 미국이나 북한 등 국제상황을 보면서 생각이 바뀌었다고 할 수 있을 것 같습니다. 그렇지만 아무리 좋게 해석을 하려고 해도, 김 회장님에게 출국을 권유하면서 나갔다 오면 정리해서 8개 계열사를 경영할 수 있도록 하겠다고 말한 뒤 그 약속을 지키지 않은 것은 좋게 해석할 방법이 없는데요.

김우중 글쎄요…. 그 약속은 지켰어야지…. 금감위도 그렇게 얘기했고, 정부에서 공식적으로 발표해서 신문에도 다 났던 얘기인데…. 무슨 이유로 그 약속을 지키지 못했는지는 내가 알 수 없지요. (그동안) 들은 바도 없고….

3. 대우 해체의 손익계산서

신장섭 강봉균 씨 얘기로 다시 돌아가보지요. "선택은 시장의 신뢰를 잃은 부실기업이 부도를 내고 파산하게 하느냐 아니면 부실경영의 책임을 물어 경영주를 퇴진시키고 채무구조를 재조정(소위 워크아웃)해서 채권금융단의 관리체제로 가느냐의 길 뿐이었다"고 했습니다. 그때 실제로 파산이냐 워크아웃이냐의 두 가지 선택밖에 없었습니까?

김우중 (우리가) 사재와 담보를 내놓으면 (정부가) 10조 원 자금을 지원해주고 8개 계열사를 경영할 수 있게 해준다고 약속했는데, 그렇다면 처음부터 지키지 않을 약속을 했다는 얘기밖에 안 되지요. 자기들이 불가능하다고 생각하는 것을 해주겠다면서 (우리보고) 담보를 제공하라고 했으니까 …. 워크아웃으로 몰아가려고 맘은 먹고, 거짓말로 살려주겠다고 하면서 사재와 담보를 받아냈다고밖에 생각할 수 없지요.

신장섭 정부 당국자들 입장에서는 채권단 주도의 워크아웃을 통해 계열사들을 잘 살리면 경영자만 바뀔 뿐 기업이나 국가경제에는 손해가 없다고 생각할 수도 있는 것 아닙니까?

김우중 그 다음부터는 그런 걸(대규모 워크아웃을) 한 적이 없어요. 현대그룹이 문제 됐을 때에는 전혀 못했어요. 대우 처리 때에 얼마나 큰 손실을 봤는지 알게 됐고, 그만한 손실을 다시 볼 수는 없었기 때문 아니겠어요? 최근에는 금호그룹 그 작은 것도 처리를 못했어요. 투명성 있게 워크아웃을 하고 좋은 주식을 팔려고 했는데도….

(현대그룹은 DJ 정권의 대북사업 지원으로 자금 수요가 많아지는 가운데 현대건설의 이라크 미수금 분식이 드러나고, '왕자의 난(亂)'이라 불리는 경영권 승계를 둘러싼 형제들 간 분쟁이 벌어지면서 2000년 5월경 유동성 위기에 직면한다. 정부는 '일시적 유동성 위기'일 뿐 현대그룹의 전망이 밝다는 점을 강조하며 '회사채신속인수제'라는 새로운 제도를 도입하면서까지 금융권에 자금 지원을 독려했다. 금융권이 현대그룹에 지원한 액수는 33조 원에서 많게는 40조 원에 달했다.[15])

신장섭 대우를 워크아웃에 집어넣었기 때문에 실제로 어떤 손실이 났습니까? 정부 측에서는 대우 워크아웃이 성공적이었다는 얘기만 나왔습니다. 이헌재 씨의 평가를 보지요. "대우그룹은 죽지 않았다. 워크아웃을 거친 대우계열사들은 더 튼튼히 살아남았다. 아직 주인을 찾지 못했지만 대우조선해양은 업계 대표주자로 성장했다. 우여곡절을 겪었지만 대우건설도 굳건한 위상을 유지하고 있다. 워크아웃 당시 기술 자립이 어려웠던 자동차를 제외하면 다른 계열사의 체질은 더 강해졌다. 다만 대우라는 브랜드의 결속이 느슨해졌을 뿐이다. 하나 덧붙이자면 김 회장과 소액주주의 지분이 다 날아간 정도랄까."[16]

김우중 대우조선이나 대우건설은 워크아웃 전부터 원래 튼튼한 회사였어요. 대우조선은 우리가 인수한 뒤 1980년대에 적자 보는 가운데 계속 투자했고 1980년대 말에 경영정상화 하면서 7,200억 원 투입했어요. 그 결과 1991년 이후에는 계속 흑자를 내고 있었지요. 대우건설은 원래부터 돈을 잘 벌고 있었고요. 그 회사들이 잘되는 건 워크아웃과 아무 상관이 없어요. 대우차에 파이낸싱 해주다 잠깐 어려워졌던 것일 뿐이지요. 정부가 워크아웃 한다면서 사업구조를 조정하거나 인적 쇄신을 한 것이 없어요. 막혔던 자금만 풀어준 거지요. 그 회사들은 대우그룹 시절의 경영철학과 사업구조, 인력으로 잘하고 있는 겁니다.

신장섭 대우계열사들이 나중에 회복됐다는 사실은 같은데, 이것을 놓고 '워크아웃을 잘했기 때문이다', '원래 좋은 회사였기 때문이다'며 서로 정반대의 해석을 하고 있는 거네요.

김우중 그렇지요. 우리 회사들이 다 회복돼서 정부가 공적자금 투입한 걸 다 회수하고도 남았습니다. 이것만 봐도 대우가 국가경제에 피해를 줬다고 얘기하기 어려운 거지요. 거기다가 우리 채권을 출자전환 했던 금융기관들은 크게 이익을 봤어요. 지금까지 4조 원 넘게 돈을 번 것 같아요. 대우 해체가 국가경제에 실제로 어떤 영향을 미쳤는지 전체를 함께 놓고 판단해주면 좋겠습니다.

(공적자금은 자산관리공사와 예금보험공사, 두 기관을 통해 나누어 투입됐다. 자산관리공사는 12조 7,000억 원을 투입해 2013년 12월 말까지 14조 3,000억 원을 회수했다. 대우 측은 추가 회수 예상액 2조 6,000억 원가량을 감안할 때에 총 16조 9,000억 원이 회수될 것이라고 전망한다. 이에 따라 표면적으로는 자산공사 투입 공적자금에서 4조 2,000억 원 이익이 났다.

예금보험공사 투입액은 정확한 계산이 쉽지 않다. 예보가 대우계열사에 직접 투입한 것이 아니라 은행들의 부실채권 해소와 자본 확충을 위해 지원해줬고, 은행들이 이 돈을 대우 워크아웃 처리에 얼마나 썼는지가 정확히 나오지 않기 때문이다. 재정경제부는 2005년 6월 국회에 제출한 자료에서 17조 원 내외가 투입된 것으로 추정한다고 했다. 그렇지만 그 근거를 밝히지 않았다. 대우 측은 이보다 훨씬 적은 9조 5,000억 원가량이 예보에서 투입된 것으로 추산한다. 정부 측이 서울보증보험에 들어간 예보 자금에 대우 이외에도 삼성차, 기아차, 한보 등에 투입된 자금을 포함시켰고, 금융기관의 대손율을 실제보다 과다 계산했다고 보기 때문이다. 대우 측은 예보 투입액 중 5조 4,000억 원이 회수됐거나 회수될 것으로 예상한다. 이에 따라 예보 투입 공적자금에서는 4조 1,000억 원의 손실이 난 것으로 된다.

그렇다면 자산공사와 예보의 공적자금을 모두 합치면 총 22조 2,000억 원 투입에 22조 3,000억 원 회수로 1,000억 원 정도 이익이 난 것으로 보인다. 그러나 대우 측은 정부에서 대우자동차를 잘못 처리해서 손해난 부분은 공적자금 손실액 계산에서 제외해야 한다고 주장한다. 자산공사에서는 대우차 채권에서 1조 6,000억 원을 손실처리했고, 예보에서는 (주)대우와 대우중공업이 보유하던 대우자동차 주식이 정부가 대우차를 GM에 넘기면서 아무 가치가 없는 것으로 처리됐는데 이것이 액면가 만으로도 4조 5,000억 원이 된다. (대우 측에서 생각하는 대우차의 실제 가치는 물론 이보다 훨씬 크다. 아래 이어지는 대화와 3장 5절 참조) 대우 측은 따라서 이를 손실에서 제외하면 실제 공적자금 초과 회수액이 최소한 6조 2,000억 원에 달한다고 주장한다.

이와 별도로 금융기관들은 대우채권을 액면가로 출자전환 한 뒤 그 주식을 매각하거나 지금까지 보유하고 있어서 커다란 이익을 봤다. 대우 측은 (주)대우와 대우중공업 2개사의 정리만으로 채권금융기관들이 차입금을 모두 회수하고도 4조 1,000억 원가량의 이익을 본 것으로 추산한다. 이외에도 GM대우수익증권, 대우자동차 청산법인, 대우캐피탈 주식, 대우캐피탈 수익증권, (주)대우 파산채권 등을 합치면 금융기관들이 거둔 이익은 더 커지게 된다.)

신장섭 그러면 대우차는 어떻게 해석해야 합니까? 시세가 바닥일 때 그냥 팔았을 뿐이니까, 회복될 수 있었는지, 만약 회복됐으면 어떻게 됐을지를 판단하기 쉽지 않은데요….

김우중 그러니까 워크아웃이 성공했는지 판단하는 데 제일 중요한 게 대우차예요. 나는 경제팀이 잘못 판단해서 국가경제에 막대한 손해를 끼쳤다고 봅니다. 처음 워크아웃 할 때부터 대우차를 쓰레기 취급 했으니까요. GM이 대뜸 우리와 협상하던 가격의 5분의 1밖에 안 되는 값에 사겠다고 한국 정부에 편지를 보낸 것도 그것 때문이지요. "기술 자립이 어려웠다"는 건 근거가 없는 말이에요. 그러면 GM이 왜 우리와 다시 합작하자고 제안합니까? 그냥 무시하면 되는 거지…. GM은 우리가 독자개발한 모델이 탐났으니까 합작하자고 한 거예요(3장 5절 참조).

남들은 없는 것도 잘 포장해서 비싸게 팔려고 하는데, 한국 정부는 그때 우리가 잘 갖고 있는 것도 쓰레기라고 대문짝만 하게 얘기해놓고, 그런 다음에 이 물건 살 사람 없냐고 찾아다니고 있었던 셈이지요. 파는 사람이 나쁜 물건이라고 얘기하는데 누가 제값을 쳐주고 삽니까? 제일 중요한 걸 엉터리로 처리한 다음에 그건 쏙 빼놓고 워크아웃이 성공이라고 얘기하고 있는 거지요.

신장섭 좀 더 구체적으로 대우차에서 어떤 손해를 봤는지 얘기해줄 수 있습니까?

김우중 GM은 대우차를 거의 공짜에 인수한 거나 마찬가지예요. 인수가격이 12억 불이다, 20억 불이다 얘기하지만 산업은행한테 20억 불 자금 지원 받고, 각종 좋은 조건이란 조건은 다 붙였으니까 거저 갖고 갔다고 할 수 있어요. 나는 정부가 대우차를 잘못 처리해서 많게는 210억 불(약 29.4조 원) 넘게 손해 봤다고 생각합니다.

신장섭 그렇게 액수가 많습니까? 수치가 어떻게 그렇게 나오지요?

김우중 대우가 손해 봤다는 것이 아니라 한국경제가 손해 봤다는 겁니다. 정부가 대우차를 GM에 매각한다면서 대우차 빚을 거의 다 까준 거나 마찬가지예요. 대우차가 살아 있었으면 그럴 필요 없는 거지요. 그만큼 국민경제가 손해 본 겁니다. 그리고 헐값에 팔면서도 GM이 원하는 좋은 조건은 다 붙여줬어요. 부실자산 다 빼내고 GM이 우량자산이라고 생각하는 것만 골라서 가질 수 있게 하고, GM이 현찰 4억 불밖에 내지 않는데 산업은행이 20억 불 자금 지원 해주고… 우리가 개발하는 데 1조 원 이상(약 10억 불) 들였던 자동차 신모델들도 그냥 넘겨줬고, 대우중공업에 있던 티코(마티즈) 생산라인도 대우차 팔 때 함께 줬어요. 이거 다 따지면 GM은 대우차를 거의 공짜로 갖고 간 거지요.

정부가 우리를 워크아웃에 집어넣으면서 실사했을 때 대우차 자산 가치가 110억 불(약 13조 원)가량 나왔어요. 그때 우리가 갖고 있던 자산도 누락시키고 청산가치로 나쁘게 평가했는데도 그 정도 나온 거예요(3장 7절). 이것과 비교해도 한국경제가 110억 불 돈을 날린 거지요. 1999년 말

감사보고서에는 대우차 자산이 150억 불(약 18조 원)로 되어 있어요. 대우차가 채권단에 넘어간 다음에 만들어진 보고서니까 잘못됐다고 얘기하지는 못하겠지요. 이것과 비교해도 150억 불을 국부에서 손해 본 거예요.

만약 내가 사재 출연 할 때(1999년 7월) 정부가 했던 약속을 지켜서 8개 계열사를 경영할 수 있게 해줬으면 더 크게 차이가 나요. 우리가 계속 투자하고 마케팅도 해서 자산가치를 더 높였을 테니까요. 3년간 자산가치를 매년 10%씩만 높였다고 하더라도 2002년에는 190억 불(약 24조 원)이 넘습니다. 우리가 처음 GM과 협상하던 것이 그대로 진행됐을 경우와 비교하면 더 크게 손해 봤지요. 당시 국내사업 지분 50%를 50~70억 불에 팔려고 했고 해외자산 등이 100억 불가량 됐으니까, 총 200~240억 불(약 27.7~33.2조 원)이라고 할 수 있어요. GM과 협상 타결 하고 함께 자산가치를 높였으면 손해액이 그보다 더 많아지는 거지요. 한국 금융위기 때 IMF로부터 빌린 돈 만큼의 액수를 대우차 잘못 처리해서 손해 본 겁니다. GM이 대우차 인수해서 나중에 크게 성공한 것까지 따지면 우리나라가 손해 본 것이 훨씬 더 커지고요(3장 5절 참조).

(대우 임직원들의 도움을 받아 만들어낸 구체적인 손실액수 계산은 다음과 같다.

GM이 대우차를 인수할 때 대우차의 표면상 총가치는 신설 법인 출자금 5억 9,700만 달러(GM 4억 달러, 채권단 1억 9,700만 달러)와 채무 인수 17억 7,300만 달러(우선주 지급 12억 달러, 직접적 채무 인수 5억 7,300만 달러)를 합쳐 총 23억 7,000만 달러가 된다. 그렇지만 산업은행은 우선주 지급 12억 달러의 현재 가치를 8억 5,800만 달러로 계산했다. 이렇게 따지면 실제 총가치는 20억 2,800만 달러가 되고, GM 지분 67%의 가치는 13억 5,900만 달러(1조 7,000억 원)가 된다.

GM이 1999년 12월 이헌재 위원장 앞으로 대우차 비밀 인수의향서를

표 4-1. 대우차 자산가치 평가 변동 및 GM 매각 시나리오별 손실 계산서

	자산	내역
1998년 중 협상 (A)	220억 달러 (30.8조 원)	국내 지분 50%를 50~70억 달러에 매각 의사. 해외자산 등 100억 달러 수준 → 국내외 지분 100%의 가치는 200~240억 달러
1999년 6월 장부가치 (B)	173억 달러 (20.6조 원)	대우차 회계보고
1999년 8월 실사가치 (C)	108억 달러 (12.9조 원)	청산가치 적용(삼일회계법인)
1999년 말 감사보고서 (D)	153억 달러 (18.2조 원)	대우 워크아웃 이후 작성
'7/19 자구방안' 이후 대우가 경영했을 경우 (E)	193억 달러 (24.2조 원)	"계속 투자하고 마케팅도 해서 (D) 대비 자산가치를 3년간 매년 10%씩 높였다고 가정"
1999년 12월 GM 비밀 인수 제안 (F)	55억 달러 (6.5조 원)	• 국내외 지분 100%를 50~60억 달러에 인수 • 부채는 인수하지 않는다
2002년 10월 GM 실제 인수 (Z)	13억 달러 (1.6조 원)	표면적으로는 국내외 지분 67%를 13.6억 달러에 인수했지만 각종 특혜를 감안할 때 부채 인수 없이 100% 지분을 13억 달러에 인수한 것으로 가정
시나리오별 국민경제 손실액*	(A-Z) 207억 달러(29.2조 원) (B-Z) 160억 달러(18.9조 원) (C-Z) 95억 달러(11.2조 원) (D-Z) 140억 달러(16.5조 원) (E-Z) 180억 달러(22.5조 원) (F-Z) 42억 달러(4.9조 원)	

* 실제 인수 때(Z) 자산가격 산정(13억 달러)에서 GM이 부채를 인수하지 않은 것으로 가정했기 때문에 A, B, C, D, E, F의 경우 부채를 빼고 자산만 놓고 계산하더라도 국민경제상 손실액은 차이가 없음(원 달러 환율은 해당년 평균환율 적용).

보냈을 때에는 다른 부대조건 없이 대우차 부채를 인수하지 않는다는 전제하에 국내외 지분 100%를 인수하는 데 50~60억 달러(약 6~7조 원)를 제시했다. 2002년 10월 GM이 대우차를 인수할 때에는 67% 지분만 인수하면서 채무도 일부 떠안았지만, 우량자산 선택 인수, 현찰은 4억 달러만 투입하면서 산업은행으로부터 20억 달러 자금 지원, 대우중공업의 마티즈 라인 함께 인수 등의 파격적 특혜 조건들을 감안할 때에 채무를 떠안지 않으면서 100% 지분을 13억 6,000만 달러에 인수한 것보다 훨씬 더 유리하게 인수했다고 할 수 있다. 보수적으로 봐서 GM이 대우차 지분 100%를 채무 인수 없이 13억 달러(약 1조 6,000억 원)에 샀다고 가정하고 4-1과 같은 표를 만들어보았다.)

신장섭 그러면 그 차액이 다 어디로 간 겁니까?

김우중 우리가 투자했던 걸 고철 취급 해서 값싸게 팔고, 부실이라고 아예 없애버린 것도 많지요. 해외 공장에 투자했던 것들은 거의 회수하지 못했다고 봐야 해요. 돈 떼인 것도 많아요. 대우가 워크아웃 들어갔다고 하니까 딜러들이 A/S가 안 돼서 돈 못 준다는 등 핑계 대고 잘 안 주는 거지요. 채권단은 그런 걸 적극적으로 회수하겠다고 나서지 않아요. 조금 하다가 안 되면 그냥 다 부실자산으로 처리해버리는 거지요. 워크아웃 한다는 사람들이 비즈니스를 잘 모르니까, 또 자기들 책임지는 선에서만 일하니까 생긴 손실이에요. 운영자금 지원 해줘야 한다고 채권단과 싸운 것도 다 그것 때문이었어요(3장 7절 참조).

신차개발비, 로열티 등도 그냥 넘어갔어요. 이건 장부에 잡혀 있지 않은 게 많았을 거예요. 신차 개발은 (주)대우가 돈을 대서 한 걸로 되어 있었으니까…. 채권단은 장부에 없는 거니까 자기들이 책임질 일 아니다 하고 그냥 넘기는 거지요. 신차 1대당 3,000억 원씩 전부 1조 원 이상 들어간 거예요. 우리가 정예인력 잘 훈련시켰는데 그것도 거저 준 거고…. 국내 공장도 너무 싸게 팔았어요. GM이 나간 다음에 (1992년) 우리가 군산 공장을 토지, 건물, 시설 다 투자해서 30만 대 규모로 지었어요. 부평 공장도 30만 대 증설을 했는데 헐값에 넘긴 거지요.

신장섭 대우차 워크아웃으로 다른 손해라고 할 것은 없습니까?

김우중 한국 자동차산업 구도를 봐도 현대자동차와 대우자동차의 2사(社) 체제로 갔으면 훨씬 좋았어요. 서로 경쟁도 되고…. 전자산업에서 삼성과 LG가 경쟁하면서 우리나라가 세계 1등 하는 게 많아졌잖아요? 지금 한국 자동차산업은 현대-기아의 독과점 체제에요. 현대-기아가 지금 돈을 많이 벌고는 있지만 국내시장 경쟁이나 부품업체 등을 생각하면 2사 체제가 맞는 거지요.

신장섭 정부에서는 GM이나 다른 외국 자동차회사가 들어오면 경쟁 체제가 될 거라고 생각했던 것 아닙니까?

김우중 그게 산업에 대해 잘 모르니까 그러는 거지요. 우리가 GM과 합작하면서 이미 경험을 다 했잖아요? GM은 한국시장 중심으로 생각하지 않아요. 자기네 글로벌 경영 차원에서 한국시장을 생각하는 거지요. 그런데 우리는 대우 차를 '월드카(World Car)'로 키우려 했고 그러니까 GM과 갈등이 생겼던 거예요(2장 5절 참조).

지금 GM이 군산 공장과 부평 공장을 대폭 축소하는데 그게 다 한국

내수만 하던 옛날로 돌아가는 거예요. GM이 그동안 우리가 투자했던 걸로 돈을 많이 벌었지 자기들이 한국에 투자는 별로 안 했어요. 그리고 이제 자기네 세계전략이 변하니까 한국에서 수출하지 않고 중국이나 유럽 현지 공장을 늘리는 거지요. 우리가 대우차를 갖고 있었으면 절대로 그렇게 되지 못합니다. 우리는 국내에서도 계속 투자하고 해외에 현지 진출한 것도 묶어서 전체를 계속 키워나갔을 겁니다.

영국의 경우를 돌이켜 봐요. 자기네 자동차회사(Rover)가 어려우니까 독일 BMW에 팔았어요(1994년). 처음에는 BMW가 하면 굉장히 잘될 거라고 기대가 높았지요. 그런데 BMW가 자기네 세계 전략상 필요없다고 생각이 바뀌니까 (로버자동차를) 바로 처분해버렸어요(2000년). 영국 제조업이 그러니까 안 되는 거예요. 한국 금융위기 때 우리나라 정책결정자들 중에서 산업 차원에서 문제를 보는 사람이 없었어요. 그러니까 (국내 회사를) 외국 회사에 팔면 저절로 (국가경제가) 잘될 거라고 비현실적인 얘기들을 하는 거지요.

(그동안 GM에서 라세티(Lacetti, 누비라 모델, 준중형)의 생산중심기지는 군산 공장이었고, 스파크(Spark, 마티즈 모델) 등 미니카와 아베오(Aveo, 라노스 모델) 등 소형차의 R&D기지는 부평 공장이었다. 그렇지만 GM은 최근 라세티 생산과 소형차의 R&D기지를 유럽의 오펠로 옮겼다. 이에 따라 군산 공장의 생산이 대폭 줄어들어 공장이 주 3일 밖에 가동하지 못하고 있다. 부평 공장에 있는 국내 R&D 인력도 상당수 불필요해졌다. 현재 R&D 인력 중 많은 인원이 오펠에 파견 형식으로 나가 있다. 오펠 측에 R&D 역량이 전수되면 한국 직원들이 그렇게 많이 필요하지 않게

된다. GM대우의 생산직과 연구직 인력이 모두 고용불안에 시달리고 있다. 김석환 전 대우차 사장은 "GM이 한국 내수시장만 주로 바라보고 차를 팔던 시절로 돌아가는 것"이라며 "이렇게 한국의 자동차산업이 짜그라들어서 한국경제가 입게 된 손실은 '헐값 매각' 여부를 떠나 돈으로 환산할 수 없는 것"이라고 말한다.)

신장섭 처음에 회장님께서 GM에게 자동차 경영을 배워보겠다며 자동차 사업을 시작하셨고 (1장 3절 참조), '월드카' 문제로 GM과 갈등을 벌이다가 결국은 GM 지분을 인수해서 세계경영에 나섰는데 (2장 5절 참조), 세계경영 완성을 목전에 두고 대우그룹이 해체된 뒤 회장님과 임직원들은 온갖 고초를 겪고 대우차는 GM에 헐값에 넘겨져 단물 다 빨린 뒤 다시 GM의 내수 하청기지로 전락한 거네요. 대우차의 스토리는 비극적인 서사시를 읽는 것 같습니다. 회장님의 비극이기도 하고, 한국경제의 비극이기도 한 것 같습니다.

마찬가지 맥락에서 GM이 대우차를 인수할 때에 대우가 신흥시장에 투자했던 것들을 인수하지 않거나 헐값에 산 것도 내국 출신 다국적기업과 외국 출신 다국적기업 간 세계 전략의 차이 때문에 한국경제가 입게 된 손실이 됐다고 할 수 있지 않을까요?

김우중 우리가 신흥시장에 투자했던 것들이 대부분 그런 케이스지요. (대우가) 폴란드에 그렇게 힘들게 진출해서 성공적으로 해나가고 있었는데… GM은 그걸 비싸게 주고 살 이유가 없는 거지요. 그때 폴란드 정부에서 3억 5,000만 달러나 지원해주겠다면서 한국 정부보고 (대우FSO를) 같이 살리자고 했어요. 그런데 우리 정부에서 아무 답변을 주지 않았어요.[17] 워크아웃 하면서 외국 회사에 넘기겠다고 방침을 정하니까 (폴란드 자동차공장에 대해) 한국 정부 입장이 GM 입장과 똑같아졌던 거지요.

대우자동차 이란법인도 마찬가지예요. 우리가 1,200만 불 투자했는데 불과 몇 년 만에 자산만 1억 불이 넘었어요.[18] 이란 비즈니스는 우리만 할 수 있는 거였어요(5장 2절 참조). 이란이 미국 정부의 생션을 받고 있는데 GM이나 다른 외국 회사들은 엄두도 내지 못하는 거지요. 대우차 해외매각 방침이 정해지니까 (이란법인에) 물량 공급이 끊겨서 다 없어져버렸어요.

미국시장도 마찬가지예요. GM의 텃밭이니까 여기에서 우리가 마케팅 네트워크 깔고, 브랜드 인지도 높인 것이 아무런 가치가 없어졌어요. 어느 자동차회사건 미국시장에서 성공하는 것이 세계시장에서 성공하는 데 굉장히 중요해요. 우리는 미국에 딜러망을 500여 개나 구축하고 (GM에 인수될 때까지) 20만 대를 팔았어요. 소비자만족도 조사에서 BMW에 이어 4등을 한 적도 있어요. 현대차나 기아차는 우리보다 훨씬 일찍 진출했지만 30등 이내로 들어온 적이 없었지요. 미국시장에서 성공하고 있었는데, 정부가 대우차를 GM에 넘기겠다고 하니까 그동안 투자했던 것, 성공했던 것들이 다 쓸모없어져 버렸어요. 미국에서 광고비만 1억 불 이상 들였는데….

(이동진 당시 대우모터스 아메리카 대표는 다음과 같이 말한다. "대우차가 처음 미국에 진출할 때에는 딜러망 구축에 돈이 많이 드니까 대학생들에게 직접 판매하려고 했어요. 그렇지만 대우차 인지도가 낮아 부모들이 보증을 서주지 않아서 초기 판매에는 어려움을 겪었습니다. 그래서 전략을 바꾸어서 딜러망을 적극 개척했어요. 다행히 레간자, 누비라,

라노스 등 신차종들이 미국 딜러들에게 좋은 평을 받았어요. 미국에서는 자동차 딜러를 하려면 자기 돈을 최소한 150만 달러 이상 투입해야 됩니다. 자동차 품질에 대해 자신이 없으면 그 돈 내놓으면서 딜러 하겠다는 사람들이 없지요. 한국에서 생산되는 레간자의 80%가 미국에서 팔릴 정도로 인기가 좋았어요. 딜러들 사이에서는 대우가 '제2의 혼다'라는 얘기까지 나왔습니다.

2000년 7월 JD 파워(JD Power)가 발표한 고객만족도 지수 조사(CSI, Customer Service Index Survey)에서 대우차가 미국 내 진출해 있는 37개 자동차회사 중 4등을 차지했습니다. 렉서스, 새턴, BMW 다음이었어요. 현대차는 34등이었고, 기아차는 37등이었고요. 2000년에 우리가 미국 시장에서 판 것만 7만 대에 달했습니다. 기아차가 7년 걸려 달성한 판매 대수와 같은 수준이었지요. 2001년에 디트로이트에서 열린 국제 오토쇼(Auto Show)에서는 레간자와 라노스가 가장 선호하는 차량 톱 파이브(Top 5)에 선정됐습니다.

우리가 미국시장 진출할 때에 한국 금융위기가 터져서 본사에서 광고비 등을 지원 받을 수 없었습니다. 그래도 딜러망을 통해 차가 잘 팔리니까, 우리가 현지에서 번 돈으로 광고하고 딜러들도 광고해서 전체 광고비만 1억 달러가량을 썼어요. 그게 다 대우가 미국에 쌓아놓은 무형자산이었지요. 그렇지만 대우차가 GM에 인수되면서 그 노력이 다 수포로 돌아갔습니다.")

신장섭 또 손해라고 얘기할 것들이 많이 있습니까?

김우중 (주)대우도 잘못 처리했어요. 일반 사람들이 잘 모르는데 (주)

대우는 당시 세계 최고의 종합상사였어요. 일본 종합상사들은 상사와 메이커(maker, 제조업)가 분리되어 있어요. 우리는 다 같이 있어요. 거기에 건설까지 들어와 있고. 우리가 훨씬 종합적으로 할 수 있어요. 그러니까 우리가 신흥시장에서 일본 종합상사들보다 더 잘할 수 있었던 거지요. 신흥시장이 계속 커지니까 (주)대우가 일본 종합상사들보다 커지는 건 시간문제였어요. 일본 종합상사들은 국내 거래를 많이 하지만 우리는 국내 거래가 없어요. 국제 거래만 따지면 (주)대우가 외형에서 별로 뒤지지 않았어요.

그런데 종합상사는 자산이 다 무형자산이에요. 인력이 제일 중요한 거고… 사업하는 네트워크, 정보력이 다 경쟁력 기반이 되는 거지요. (정부에서) 워크아웃 한다면서 (주)대우도 배드컴퍼니라고 해버렸어요. 회계법인이 실사할 때도 그런 무형자산을 하나도 계산하지 않고 완전히 부실기업 취급 했어요(3장 7절 참조). 워크아웃에 들어가면서 좋은 사람들이 많이 나갔고, 자원 개발 등 사업 진행 하던 것들 놓친 게 많아요. 지금 종합상사만 나누어져서(대우인터내셔널) 그래도 잘하는 건 그나마 그동안 쌓아놓은 노하우와 조직이 남아 있으니까 그런 거지요. 워크아웃 들어가지만 않았으면 지금 훨씬 좋아졌을 겁니다.

그리고 자동차 해외투자는 (주)대우가 많이 했어요. 그런데 대우차와 (주)대우를 분리시켜서 워크아웃으로 처리하니까 그 자산이 그냥 날아갔어요. 그나마 중국 것(옌타이 부품공장 등)은 GM이 사갔지만 그것도 거의 거저 가져간 거지요. 굿컴퍼니, 배드컴퍼니 나누지 않고 그렇게 워크아웃 시키지 않았으면 (대우 채권자나 투자자 등) 제3자 중에 손해 볼 사람이 전혀 없는 거였어요. IMF사태 지나면서 바로 저금리 체제가 되고 세계경제는 계속 좋았으니 (자금 순환에서) 시기만 조절해줬으면 아무 문제 없었을 거예요. 우리는 그대로 정상화되는 거지요. 관계인들은 다 살아나고, 금융기관들도 고생할 것 없고…. 산업은행에서 (대우그룹을) 잘못 처리했다고 후회하는 사람들이 있다고 하더라고요.

신장섭 그러면 정부 당국자들은 왜 그렇게 대우의 '부실'을 강조했다고 생각하십니까? GM과의 합작도 처음부터 되지 않을 것이었다고 얘기하고, 실사가 진행되고 있는데 협상이 깨졌다고 말하고, 대우차가 기술자립이 어려웠다고 하고….

김우중 부실이 아니었다는 걸 인정하면 자기들이 대우 처리를 잘못했다는 게 되니까 그런 거지요. 그 다음에 아무리 새로운 사실이 나와도 인정할 수 없게 되어버린 겁니다. 대우가 부실 때문에 망했다고 해야지만 자기들이 워크아웃 한 게 잘한 일이 되는 거니까….

(실제로 정건용 당시 산업은행 총재는 대우차 매각 본계약을 체결한 직후 일부 기자들과 저녁 식사를 하면서 "이 땅에서 대우자동차 매각 같은 비굴한 협상이 두 번 다시 있어서는 안 된다"라고 토로했다. "해외매각 이외엔 다른 대안이 없었기 때문에 협상 내내 (GM한테) 일방적으로 끌려다닐 수밖에 없었다", "칼자루를 쥔 쪽이 저쪽이라 억울해도 싫은 소리 제대로 못했다. 너무나 자존심 상하고 분통이 터져 자다가도 벌떡 일어나 속앓이를 한 날이 하루이틀이 아니다. 당장이라도 협상을 깨버리고 야인으로 돌아가고 싶은 적도 많았다"라고 말했다.[19]

대우 관계자들은 정 총재가 "야인으로 돌아간다"라고 한 표현에 주목한다. 본인이 계약을 깨고 싶어도 청와대 등 '윗선'에서 GM과 계약을 어떻게든 마무리 지으라고 압력이 있었던 것 아니냐, 그래서 '윗선'의 말을 듣지 않으면 야인으로 돌아가야 한다고 생각했던 것 아니냐는 것이다. 협상에 참여한 대우 관계자는 정 총재가 굴욕적으로 느꼈을 만한 사안 중 하나로 대우 브랜드 사용 협상을 꼽는다.

대우 측은 GM이 대우차를 인수하더라도 대우차 브랜드를 유지해야 한다는 점을 강력히 주장했다. 브랜드를 유지해야 대우차의 연구개발(R&D) 능력과 해외마케팅 네트워크가 유지되기 때문이다. 그러면 GM 내에서 뷰익(Buick), 오펠(Opel), 새턴(Saturn) 등과 같이 독립사업부 체제를 유지하면서 성장을 지속할 수 있다는 것이다. 그렇지 않을 경우에는 향후 한국 내 생산비용이 올라가면 GM이 중국으로 생산거점을 옮기고 한국은 하청공장으로 전락한다는 것이다. 결국 브랜드 사용 여부는 대우차가 "성장하느냐, 축소되느냐의 갈림길"이었고, 산업은행도 이에 동의해서 대우 브랜드 사용을 밀어붙였다. 이로 인해 마지막 단계에 있던 협상이 3개월가량 늦춰졌다. GM은 대우 브랜드를 유지하지만 "경영진의 판단에 따라 조정할 수 있다"는 단서조항을 넣는 대안을 내놓았다. 대우차와 산업은행 측은 이에 반대했지만, 결국 '윗선'에서 압력이 내려와 GM의 제안대로 합의했다고 한다.)

4. IMF 구조조정의 손익계산서

신장섭 대우그룹을 해체시킴으로서 어떤 손익이 있었는지를 따져봤는데, IMF 구조조정을 '충실하게' 집행하면서 한국경제에 어떤 손익이 있었는지도 좀 더 넓고 길게 따져봐야 할 것 같습니다. IMF와 한국 정부는 한국이 IMF프로그램을 충실히 이행한 결과 과거 IMF 자금지원을 받은 어느 나라보다도 빨리 경제가 회복됐고 경제체질도 개선됐다고 말합니다. 반면 김 회장님이 "IMF관리체제를 빨리 벗어나야 한다"며 다른 위기극복 방안을 내놓았던 것은 IMF체제가 한국경제에 좋지 않다고 판단했기 때문입니다. 어느 방안이 한국경제에 결과적으로 더 좋았던 것인지를 대우그룹 해체의 손익과 별도로 재검토해보는 것이 좋을 것 같습니다. 만약 한국이 김 회장님이 주장한 방식으로 위기를 극복했다면 무엇이 달라졌을까요?

김우중 그때가 한국이 선진국으로 올라갈 수 있는 찬스였어요. IMF 사태 처리를 잘했으면 지금쯤 1인당 국민소득이 3~4만 불 되어 있을 겁니다. 그때 구조조정 한다면서 기업 투자를 못 하게 했어요. 투자해놓았던 것조차 '과잉'이라고 폐기하고 헐값에 팔아먹고…. 그리고 사람 자르고 월급 줄였잖아요? 정규직 줄이고 비정규직만 늘리고, 제조업 투자 안 하고 서비스업 한다고 하고…. 그래서 (우리나라가) 성장을 제대로 못했어요. 그러니 아직까지 중진국에서 벗어나지 못하는 거지요.

(김 회장의 이 얘기를 듣고 계산을 해봤다. 경제성장률과 환율이 실제와 달랐을 경우 1인당 국민소득 3~4만 달러에 어떻게 이르게 되는지를 시나리오별로 살펴본 것이다. 2000년부터 2010년까지 한국의 연평균 성장률은 4.6%였고, 평균 환율은 달러당 1,130원이었다. 1인당 국민소득은 2010년에 2만 759달러였다. 성장률이 실제보다 좀 더 높았다든지, 원화 환율이 좀 더 안정됐다든지 했으면 결과가 크게 달라진다.

표 4-2. 가상 시나리오별 한국의 1인당 국민소득 수치(미 달러화 기준)

GDP 성장률 (가상)	5%			6%			7%			실제 소득 (성장률 4.6%, 환율 1,130원)
원-달러 환율 (가상)	900	1,000	1,100	900	1,000	1,100	900	1,000	1,100	
2000	16,688	15,019	13,654	16,847	15,162	13,784	17,006	15,305	13,914	11,292
2001	18,064	16,258	14,780	18,410	16,569	15,063	18,759	16,883	15,348	10,631
2002	19,471	17,524	15,931	20,033	18,030	16,391	20,605	18,545	16,859	12,100
2003	21,068	18,961	17,238	21,882	19,694	17,904	22,720	20,448	18,589	13,460
2004	22,707	20,437	18,579	23,809	21,429	19,480	24,954	22,459	20,417	15,082
2005	23,949	21,555	19,595	25,351	22,816	20,742	26,820	24,138	21,944	17,531
2006	24,989	22,490	20,446	26,704	24,033	21,848	28,518	25,666	23,333	19,722
2007	26,660	23,994	21,813	28,760	25,884	23,531	*31,004*	27,904	25,367	21,695
2008	28,601	25,741	23,401	*31,148*	28,034	25,485	33,895	*30,506*	27,732	19,296
2009	*30,914*	27,822	25,293	33,987	*30,589*	27,808	37,333	33,600	*30,546*	17,193
2010	33,478	*30,130*	27,391	37,157	33,441	*30,401*	*41,200*	37,080	33,709	*20,759*

예를 들어 이 기간 중 연평균 성장률이 5%이었으면 달러당 900원 환율을 유지했을 경우, 2009년에 1인당 국민소득 3만 달러를 넘어선다. 달러당 1,000원의 환율을 유지했을 경우에는 2010년에 1인당 소득 3만 달러를 넘어선다. 평균 6% 성장률을 달성했다면 환율이 달러당 900원을 유지했을 경우, 2008년에 1인당 소득 3만 달러를 넘어선다. 환율이 1,000원을 유지했다면 2009년에 1인당 소득 3만 달러에 올라선다. 환율이 1,100원일 경우에는 2010년에 1인당 소득 3만 달러를 달성한다. 연평균 7% 성장률을 달성했다면 환율이 달러당 900원일 경우에는 2007년에 1인당 소득 3만 달러를 넘어서고, 2010년에는 4만 달러를 초과한다. 환율이 달러당 1,000원일 경우에는 2008년에 1인당 소득 3만 달러를 넘어

선다. 환율이 1,100원일 경우에는 2009년에 1인당 소득 3만 달러를 달성한다(표 4-2 참조).

1997년 금융위기를 당하기 전 한국경제의 성장률 및 환율과 비교할 때에 이 시나리오가 지나치게 낙관적인 것이라고 보기는 어렵다. 1990년부터 1997년까지 한국의 연평균 경제성장률은 7.7%였다. 이 기간 중 원화의 평균 환율은 794원이었다. 시나리오에서 가장 낙관적으로 본 경제성장률 7%도 금융위기 이전 평균 성장률보다 낮게 잡았고, 가장 낙관적으로 본 달러당 900원 환율도 금융위기 이전보다 달러당 100원 이상 올려 잡은 것이다.)

신장섭 금융위기 이전과 이후의 한국경제를 보면 설비투자 실적과 기업금융 시스템에서 굉장히 커다란 차이를 보입니다. 1990년부터 1997년까지 한국의 연평균 설비투자 증가율은 8.4%였습니다. 그런데 1998년에 전년 대비 42.2% 감소한 뒤 정체 상태를 유지하다가 2005년이나 되어서야 간신히 1996년의 투자 수준에 복귀합니다. 거의 8년간 투자증가율이 마이너스였다는 얘기지요. 이렇게 설비투자가 부진했던 가장 큰 원인은 금융 부문이 기업 부문에 자금을 공급해주지 않았기 때문입니다. 1997년에는 금융기관이 기업에 공급해준 자금이 43조 3,000억 원이었습니다. 그런데 1998년에는 15조 8,000억 원을 회수해갔습니다. 그 후 자금 공급이 조금 늘었지만 1999년부터 2005년까지 연평균 공급된 돈이 19조 6,000억 원입니다. 1997년의 45%에 불과합니다. 금융기관이 기업에 자금을 조금밖에 공급해주지 않고, 기업이 투자를 적게 하고, 그래서 성장률이 떨어지는 악순환에 들어갔다고 할 수 있습니다.[20]

김우중 기업이 투자를 많이 하는 것이 잘못된 일이라고 하니까 투자를 할 수 없는 거지요. 부채비율 200% 넘으면 부실기업이라고 하는데 아무리 투자 기회가 보여도 기업들이 그전처럼 과감하게 돈을 빌려 투자할 수 없게 된 거예요. 금융시스템을 그렇게 만들어놓으니까 금융기관들도 기업에 돈을 충분히 빌려줄 수 없는 것이고.

그러니까 엉뚱하게 벤처다, 부동산이다 해서 허튼 걸로 성장하겠다고 한 거지요. 물론 벤처기업이 필요해요. 그렇지만 조금씩 해야지 거기에 너무 기대면 안 돼요. 벤처기업들이 처음에는 다 조그맣게 시작하는데 경제성장에 실제로 도움될 때까지 시간이 많이 걸려요. 그리고 벤처기업 10개 중에서 1개만 잘되도 성공이라고 하는데, 실패한 9개 기업들 뒷처리하는 비용은 누가 감당합니까? 있는 기업들이 잘 투자하고 성장하면서 벤처기업도 나와야지, 있는 기업들은 투자 못 하게 하고 벤처만 해서 성장할 수는 없어요.

그리고 DJ, 노무현 대통령 정부 때에 부동산 가격이 제일 많이 올라갔어요. '진보'라고 얘기하는 두 대통령 때에 그렇게 부동산 가격이 올라간 것을 어떻게 설명할 수 있겠어요? IMF체제에서 시스템을 그렇게 만들어놨으니까 부동산 규제 정책을 아무리 써도 부동산 가격 올라가는 걸 막을 방법이 없게 된 거지요. 은행들이 기업에 돈 빌려주는 것을 막으니까 개인들에게 모기지다 하면서 부동산 투기 할 수 있는 돈을 빌려준 거예요. 개인들은 그것 빌려서 투기에 들어간 거고…. 정부도 부동산 규제 한다고 말은 하면서도 부동산 관련으로 세금이 많이 들어오니까 흥청망청 돈을 쓴 거지요.

(실제로 1997년 이전까지 한국 정부는 모기지(mortgage, 장기주택담보 대출) 금융을 거의 허용하지 않았다. 기업투자 쪽으로 돈을 흐르게 하려는 정책 목표도 있었고, 모기지를 허용할 경우 부동산 투기가 더 기승을 부릴 것에 대한 우려도 있었기 때문이다. 그러나 IMF체제에서 금융자율화 조치의 일환으로 모기지 금융은 대폭 자율화됐다.

금융권의 가계대출 잔액은 1997년에 185조 원이었는데, 1999년 192조 원으로 늘어난 뒤 2005년에는 493조 원으로 증가했다. 6년 사이에 2.5배 이상 급증했다. 이 중 모기지가 특히 크게 늘었다. 모기지는 본격적으로 시행된 2001년 83조 원이었고 2005년 190조 원으로 4년 사이에 2.3배 증가했다. 예금은행들의 금융자산에서 가계대출이 차지하는 비중은 금융위기 직전 15%가량에서 2004년에는 28% 수준까지 높아졌다. 반면 예금은행 금융자산에서 기업대출이 차지하는 비중은 금융위기 직전 40% 수준에서 금융위기 이후 2004년에 31%가량으로 떨어졌다.[21])

신장섭 한국경제의 성장 패턴을 보면 IMF사태가 커다란 변곡점이었습니다. 그전에는 한국경제가 투자와 수출 위주였습니다. 외국 언론이나 많은 학자들이 이 기간에는 한국이 국내 소비를 등한시했다고 평가할 정도였습니다. 그런데 실제 성장 내용을 들여다보면 이때에는 국내 소비도 함께 커지고 임금도 같이 올라갔습니다. 그런데 IMF사태 이후에는 투자를 줄이고 국내 소비를 키운다고 했는데 오히려 내수증가율이 떨어졌습니다. 임금상승 속도도 뚝 떨어지고요.

김우중 (그게 다) 기업이 투자를 계속해야 하는데 그걸 못 하게 하니까 벌어진 일이에요. 투자를 해야 일자리가 만들어지고 근로자들도 임금이 올라가서 소비를 하는 거지요. 적정 임금에서 쓰고 남아 저축이 된다고 생각해야 소비를 하지, 그렇지 않으면 소비를 제대로 못해요. 빚 얻어서 소비하는 거야 금세 다시 빚 갚아야 하니까 안 되는 일이고…. 빚으로 소비 늘리려다가 다 문제 생겼던 것 아니에요? 개인들에게 그렇게 돈 많이 빌려줘서는 안 돼요. 씀씀이 많아지면 돈 들어오는 게 뻔한데…. 그래서 무리하게 소비하다 보니까 신용카드 대란 일어나고…. 지금까지도 가계부채 문제로 경제가 어려운 거지요.

미국에서 공부했다고 하는 사람들이 미국 것이면 다 선진 제도라고 해서 한국도 그렇게 바꿔야 한다고 한 게 다 문제 되고 있는 거예요. 미국도 지금 빚으로 소비하다가 어려워진 거지요. 선진국에서도 그런데 우리 같은 중진국에서 개인들이 빚으로 살아가게 하면 경제가 잘될 수가 없어요.

그 덕분에 은행들만 그동안 돈 많이 벌었어요. 쉽게 개인들에게 대출해줘서 쉽게 돈 벌었으니까…. 그렇지만 이제는 금융기관들도 그것 때문에 많이 고생할 거예요. 기업에 빌려준 것은 기업이 성장하면 갚을 수 있어요. 그런데 가계부채 늘어난 것을 개인들이 어떻게 갚겠어요? 월급이 그렇게 늘어날 거라고 생각해서 (부채를) 늘린 게 아니라 부동산 가격 올라갈 거라고 해서 빚 내서 투기한 건데…. 부동산 가격이 침체하면 (개인이 부채) 갚기 어려워지는 거지요. 그렇다고 개인들 소득이 갑자기 올라갈 전망이 있는 것도 아니고…. 금융기관들이 단기적으로 이익을 많이 내려고 하니까 벌어지는 일이지요.

신장섭 제가 보기에도 내수 증대의 정석은 투자를 하고, 일자리가 늘어나고, 임금이 계속 상승해서 소비를 늘리는 겁니다. 그런데 IMF체제에서 구조조정 한 다음에는 투자를 억제하니까 소비도 제대로 늘어나지 못했던 것 같습니다. 그러니까 성장률이 부진할 수밖에 없지요. IMF체제로 인해 한국경제가 손해 본 것이 있다면 또 어떤 것이 있을까요?

김우중 지금 얘기되는 중산층 붕괴다, 양극화다 하는 것도 다 그때 잘못된 거지요. 나는 그때 정리해고에 반대했어요. (IMF사태 초기) 서머스(Larry Summers) 미국 재무차관이 한국에 왔을 때 '한국의 실업인구가 앞으로 약 200만 명까지 늘어날 것'이라고 말한 적이 있어요. 그래서 내가 그랬지요. '나라마다 다르겠지만, 내가 옥포조선소에 있을 때의 경험에 비춰보면 우리나라에 실업자가 200만 명 생기면 정부가 아무리 실업 보장을 해서 돈을 준다 해도 부인들이 애기를 안고 거리에 나와서 남편 직장 달라고 아우성을 칠 것이다. 엄청난 사회문제가 벌어지고 사회 기반 자체가 붕괴된다. 그런 예민한 문제가 있기 때문에 당신들 생각을 달리해야 한다' 그랬더니 얼굴이 빨개지고 아무 소리도 못했어요.

기업이 인력을 정리할 필요가 있더라도 경기가 좋을 때에 사람을 내보내야지 그렇게 경기 안 좋을 때 내보내면 어디로 가란 말입니까? 선진국에서는 그게 될 수도 있어요. 실업수당도 있고 다 있으니까. 그런데 우리나라에는 그때 아무것도 없었는데 그 사람들 어떻게 하란 말입니까?

'정리해고' 얘기 하는 사람들은 우리 기업들이 그때 굉장히 부실했기 때문이라고 생각하는 건데… 우리 기업들 사실 그렇게 나쁘지 않았어요. 오히려 너무 잘하니까 선진국 기업들이 겁났던 거지요. 그리고 당시 한국 기업들 코스트(cost, 비용)를 보면 인건비 포션(portion, 비중)이 15%밖에 안 됐어요. (사람) 잘라봐야 효율이 별로 높아지지 않아요. 그런데 미국 같은 경우에는 임금 비중이 높으니까 인력 조정 효과가 클 수 있지요. 나라마다 상황이 다른데 다 똑같이 하는 것이 문제에요.

실업이 생긴 다음에 사후적으로 대처하는 것보다 실업이 생기지 않도록 하기 위해 무엇을 하느냐가 중요합니다. IMF 위기가 벌어졌을 때도 여러 가지 어려웠지만 (우리나라) 수출은 6% 성장하고 있었어요. 수출에 총력을 기울여 IMF관리체제를 벗어나자는 얘기도 그래서 했어요. 공장만 정상적으로 가동되면 실업이 생기지 않아요. 정규직, 비정규직 문제도 지금보다 훨씬 작았을 테고.

신장섭 '동아시아의 경제기적'을 얘기할 때에 다른 나라에서 한국을 부러워한 것이 중산층이 커졌던 겁니다. 중남미는 성장률도 높지 못했지만 굉장히 불균등하게 성장했습니다. 동아시아의 4마리 용(龍) 중에서도 사실 홍콩, 싱가폴은 불균등하게 성장했습니다. 성장도 잘 하고 분배도 잘 유지된 나라는 한국과 대만밖에 없었습니다. 한국의 임금 추이를 보면 1980년부터 1992년까지는 임금도 올라가고 임금불평등도(度)도 지속적으로 줄어들었습니다. 1993년부터 1997년에는 임금이 올라가는데 임금불평등도는 변화가 없습니다. 그런데 IMF 구조조정 이후에 크게 달라집니다. 1998년부터 2006년까지는 임금 올라가는 속도도 줄어들고 임금 불평등이 확대됐습니다.[22]

김우중 IMF사태 전에는 국민들 대부분이 자신을 중산층이라고 생각했어요. 미래에 대한 희망이 있었지요. 그런데 (지금) 그 희망이 많이 없어졌어요. 외국인투자자들이 들어와 자기네 배당 늘리고, 스톡옵션이다 하면서 최상위 경영자들만 월급이 많이 올라갔어요. 중산층이라 하던 사람들이 월급으로는 그걸 쫓아갈 수 없으니까 주식이다 부동산이다 하면서 자기들도 큰돈 벌어보겠다고 뛰어들다가 손해나니까 지금 (살기가) 어려운 거지요.

얼마 전에 대우에서 시작해서 직장생활 한 지 21년 된 사람을 만났어요. 그런데 지금 연봉을 4,500만 원에서 5,000만 원 받는다고 해요. 그것 달러화로 따지면 얼마 되지 않아요. 그렇게 받으면서 왜 일하냐고 물어보니 다행히 부인이 일을 해서 합치면 1억 원이 된다고 해요. 만약 IMF 때 한국 정부가 위기 처리를 제대로 했으면 그 사람 지금 혼자서 1억 원 벌 수 있었을 거예요. 그 사람에게 "그렇게 지내지 말고 경험 많으니까 여기 베트남에 와서 일해보라"고 했어요. 한국의 고용시장이 그렇게 변해서 중산층이 어렵게 된 거지요.

신장섭 지금 돌이켜 보면 참 역설적이다 싶은 것이 진보를 대표하는 세력으로 처음으로 정권을 잡은 DJ 정부에서 정리해고를 받아들였다는 점입니다. 노동운동가들도 그냥 받아들였습니다. 당연히 반대했어야 되는데. 진보를 내세운 DJ 정부가 한 일이기 때문에 그리고 외환위기 분위기에 밀려 반대하지 못했습니다. 그런데 김 회장님은 정리해고에 반대했는데 IMF사태 때 재벌개혁 분위기에 휩쓸려 해체된 그룹은 대우가 되어 버렸습니다. 이거, 어떻게 설명해야 하나요?

김우중 근로자들이 그러니까 잘 알고 기업 비판을 해야 돼요. 우리가 대우조선을 정상화할 때도 그래서 근로자들 의식교육 시키는 일부터 했어요. 직원들이 다 같은 가족이라는 생각 갖도록 하고… 외부에서 들어와 선동하는 사람들 차단하고…(2장 4절 참조). 근로자들만을 위한다면 정리해고에 어떻게 찬성하겠어요? 노동운동 한다면서 정치하려는 사람들이 정리해고에 찬성했겠지요.

5. 재판과 사면, 그리고 역사의 평가

김 회장의 재판과 사면은 아직도 남아 있는 역사적 재평가 대상이다. 법원 판결까지 난 사안은 법적으로 되돌릴 방법이 없다. 역사의 기록으로 영원히 남는다. 후대 사람들은 계속 이것을 인용한다. 그러면서 역사의 평가가 굳어진다. 그렇지만 판결 내용에 대해 다른 시각은 항상 존재한다. 판결과정에서 간과되거나 부정확하게 해석된 사실이 있을 수 있다. 이를 중심으로 새로운 해석을 내놓고 새로운 역사 평가를 하려는 작업이 종종 진행된다. 김 회장의 재판과 사면도 비슷한 경우이다.

예를 들어 '23조 원 추징금'이라는 판결을 받았다면 일반적으로 23조 원의 기업돈을 빼돌린 것으로 받아들여진다. 그렇지만 대우그룹의 경우, 기업 바깥으로 빠져나간 돈은 없다. 사면도 마찬가지이다. 기업인들의 사면에 대한 일반적 인식은 유죄선고를 받은 사람들이 돈과 네트워크를 이용해 정치권에 로비를 해서 받는 것으로 되어 있다. 그러나 김 회장의 사면 과정을 보면 그런 식의 로비라고 할 것이 없었다. 그렇지만 노무현 대통령은 퇴임 직전 김 회장을 사면해준다. 김 회장의 재판과 사면에 어떤 인과관계가 실제로 얽혀 있는지 김 회장에게 별도로 들어보았다.

신장섭 김 회장님은 1999년 10월에 출국한 뒤 해외에서 6년가량 머물다가 2005년 6월 귀국합니다. 그 후 검찰조사를 받고 법원 판결을 받게 됩니다. 어떻게 해서 귀국하게 됐습니까?

김우중 대우사태와 관련해서 임원들에 대한 대법원 확정판결이 났어요(2005년 4월 29일). 예상한 것보다 너무 강한 내용이었어요. 우리 임원들이 실형까지 받았는데, 내가 모른 척하고 밖에 계속 있을 수는 없었어요. 그래서 들어오겠다고 마음먹었지요. 내가 책임져야겠다 생각하고….

신장섭 검찰조사는 어떻게 받았습니까?

김우중 조사 받는 데는 시간이 많이 걸리지 않았어요. 조사 시작 해서 기소하는 데까지 두 달에 끝내야 하는데 병원에서 수술 받느라고 한 달 이상 있었어요. 병원에 가니까 안 좋은 곳이 많다고 해서 여섯 번인가 대수술을 받았어요. 검찰조사관들이 예의 갖춰서 잘 대해줬어요. 검찰에서 물어보는 것 다 시인했어요.

신장섭 억울한 부분이 많았을 텐데 왜 다 시인했습니까?

김우중 우리 임원들이 이미 다 판결을 받았어요. 분식회계와 외환관리법 위반의 사실관계에 대해서는 임원들 재판 과정에서 다 밝혀졌으니까 나도 그대로 시인한 거지요. 그렇지만 형량과 추징금은 법적 근거도 그렇고 너무 과중하게 매겨진 것 같아서 내 재판 과정에서 다시 한 번 다투어 보려고 했는데 잘 안 됐어요.

신장섭 그 후 8년이 지났는데 지금 말씀하시고 싶은 얘기가 있습니까?

김우중 분식회계에 대해서는 국민들이나 다른 관계자들께 죄송스럽다는 말씀을 다시 드릴 수밖에 없습니다. 우리가 회계규정대로 하지 않았으니까요. 그렇지만 세간의 오해에 대해서는 몇 가지 얘기하고 싶네요. 먼저 우리가 분식을 했더라도 그 돈을 비자금이나 다른 용도로 빼돌린 게 전혀 아닙니다. 이건 검찰 기소장이나 법원 판결문에도 명시되어 있어요. 그리고 당시 관행에 비추어볼 때 분식 규모가 기업을 부실하게 운영했다고 할 수준이 절대 아니었다는 사실을 이해해줬으면 좋겠어요. 사업상 필요에 따라 한 것이 많이 있었습니다.

당시 회계감리에 대해서는 공정성에 문제가 있다고 생각하고 있어요. 대우가 워크아웃 들어간 뒤 우리 대우의 잘못을 부각시키려는 사회 분위기가 강했고, 금융기관들도 출자전환 과정에서 유리한 조건을 얻어내려고 우리 잘못만 내세우는 상황이었어요. 회계감리가 우리 대우 사람들을 중죄인 취급하는 가운데 이루어졌지만 당시 대우 사장단이 10조 원에 대해서는 분식 혐의를 인정하지 않았어요. 그런데 그것까지 다 넣어서 분식 액수가 부풀려진 거지요.

(이에 대해 대우그룹의 재무 담당자는 다음과 같이 말한다. "분식으로 판정받은 것 중 제일 큰 액수는 런던에 있는 (주)대우의 국제금융계좌(BFC계좌) 때문에 생겼는데, 국제금융상 편의를 위해 장부에 올리지 않았던 겁니다. 그렇지만 이에 대한 회계장부는 명확하게 별도로 운영했어요. 워크아웃 들어가자마자 우리가 금융감독원에 자발적으로 이 계좌를 보고했습니다. 그 후 금감원 조사관들이 현지에 나가 장부와 증빙서류를 일일이 조사했고, 검찰조사도 받았지만 대우그룹의 해외사업에 썼지 다른 용도로 빼돌린 것은 없다고 판정받았어요.

그리고 해외자동차사업을 위해 초기 지출한 비용을 당기에 전액 처리하면 손실이 너무 커져서 계상하지 못한 부분이 있습니다. 초기 투자가 너무 클 경우에는 몇 년에 걸쳐 비용을 처리하는 것이 당시 관행이었습니다. 금융위기 때 원화 표시 부채가 갑자기 올라가니까 장부에 올리지 않은 것들도 많았어요. 달러당 800원 대에 있던 환율이 1997년 말에 갑자기 달러당 2,000원을 육박했기 때문에 그걸 해당연도에 그대로 반영하지 않은 거지요. 이런 것들을 장부에 다 올리면 기업이 지나치게 위험하게 보여서 더 어려워질 수 있습니다. 우리가 갖고 있던 자산에 대해 평가를 제대로 받지 못한 부분도 있었고요. 한 가지 이해를 구하고 싶은 것은 분식회계라는 것이 사업을 진행하기 위해 불가피한 면도 있어서 당시에는 선진국에서조차 어느 정도 용인되어 왔다는 사실입니다.")

신장섭 분식회계에 대해서는 법원에서 실형을 선고받았습니다. 그런데 이와 별도로 법원으로부터 거액의 추징금을 선고받았는데, 실상이 어떤 겁니까?[23]

김우중 추징금 23조 원은 액수도 그렇고, '재산 도피'라고 본 것도 그렇고… 수긍하기 어려운 면이 많아요. 국내자금을 해외법인으로 보낼 때 신고하지 않은 것, 해외 현지법인 차입금 신고하지 않은 것 등을 전부 합산해 개인들이 외화를 불법반출 한 걸로 잡아서 추징금을 매겼으니까요. 해외 현지법인 차입금은 상환하고 다시 차입하며 롤오버(roll-over)를 했는데 차입금만 단순 합산 했어요. 도박판에서 판돈 계산하는 것과 마찬가지로 한 거지요.

(실제 추징금은 이상훈 전무 23조 359억 원, 김우중 회장 17조 9,253억 원 등으로 크게 차이가 난다. 전무가 회장보다 더 많은 추징금을 받았다. 환율 변동 때문에 나타난 결과이다. 외화에 대한 원화환율이 높을 때에 나온 재판 결과는 액수가 크고, 환율이 내려갔을 때에 나온 재판 결과는 액수가 작다. 법원은 대우 임원 7명에게는 연대해서 추징금을 내도록 했고, 김 회장에게는 별도로 추징금을 부과했다. 똑같은 사안에 대해 이중으로 추징금이 매겨진 것이다. 사면도 본질형인 징역형에 대해서는 사면이 이루

표 4-3. 대우 임직원 추징금 부과 현황

단위 : 조 원(억 달러)

성명	당시 직책	적용 죄목			계	적용 원-달러 환율
		재산국외도피 (수입대금 송금)	재산국외도피 (자동차수출대금)	외환관리법 위반 (미신고 해외 현지법인 차입금)		
김우중	회장	1.4 (15.3)	1.7 (17.8)	14.9 (157.7)	17.9 (190.8)	939
이상훈	전무	1.8 (15.3)	2.2 (17.8)	19.1 (157.7)	23.0 (190.8)	1,207
이동원	부사장		2.2	19.1	21.2	"
성기동	이사		2.2	19.1	21.2	"
장병주	사장	1.6	2.2		3.7	"
강병호	사장		2.1		2.1	"
김영구	부사장	1.5			1.5	"
김용길	전무	1.8			1.8	"

어졌지만 부가형인 추징금에 대해서는 사면이 이루어지지 않았다.)

신장섭 외환거래를 신고하지 않았으면 그에 상응하는 처벌을 하면 되는 것 아닌가요? 어떻게 그 많은 금액을 단순 합산 해서 개인에게 '추징금'으로 매길 수 있는지 제 상식으로는 잘 이해가 되지 않네요. 23조 원이면 이건희 삼성그룹 회장 일가가 지금 갖고 있는 재산보다도 많은 금액인데요….[24]

김우중 법원이 그걸 전부 '재산국외도피'라고 판단했기 때문인데, 우리들로서는 받아들이기 어려운 일입니다. 회사 돈을 개인이 빼돌렸다면 도피라고 할 수 있겠지만 우리는 회사로 다 들어갔어요. 그동안 금융감독원과 회계법인들이 나서서 그렇게 다 조사했어도 100% 해외사업이나 차입금 상환 등에 사용된 것으로 확인됐어요. 개인이 횡령한 것이라면 당연히 추징금을 내야 하지만 회사에 들어가 있는 돈에 대해 개인이 어떻게 추징금을 냅니까? 전 대법관 중에서 이건 추징금 못 물리는 사안이라고 얘기해준 사람도 있었어요. 법원에서 판결 낼 때는 개인이 그 추징금 낼 수 없다는 걸 알면서도 '징벌적'으로 하는 거라고 했어요. 내용을 모르는 사람들은 추징금 판결 때문에 우리가 23조 원이라는 엄청난 돈을 해외에 빼돌렸다고 생각하고 있는 거지요.

(이에 대한 대법원 판결문은 다음과 같다.

"대우임직원에 대한 추징금은 범죄로 인한 이득의 박탈을 목적으로 한 형법상의 몰수, 추징과는 달리 재산 국외도피 사범에 대한 징벌의 정도를 강화하는 소위 징벌적 성격의 처분이라고 보는 것이 상당하므로, 그

도피재산이 위 피고인들이 아닌 회사의 소유라거나 위 피고인들이 이를 점유하고 그로 인해서 이득을 취한 바가 없다고 하더라도 위 피고인들 모두에 대하여 그 도피재산의 가액 전부의 추징을 명하여야 한다."

한편 대법원은 2007년 6월 대우 추징금 대상자들의 해외여행제한에 대한 행정소송에서 "당사자의 재산국외도피 등의 범죄 사실은 대우그룹에 재직하면서 대우그룹의 자금난으로 인하여 발생하였고, 개인재산을 축적하였다고 볼 수 없다"라고 판정하고 해외여행을 허가했다.)

신장섭 저에게는 '징벌적'이라는 말이 너무 이상하게 들립니다. 사법부는 증거에 따라 처벌해야 하는 것 아닙니까? '재산 도피'라는 증거가 없다는 것을 인정하면서도 재산 도피로 간주해서 추징금이라는 징벌을 내리는 건 상식적으로 도저히 이해가 되지 않습니다.

김우중 검찰에서 기소할 때에는 그래서 추징금이 없었어요. 그런데 법원 판결 과정에서 "화이트컬러 범죄를 엄중히 다스려야 한다"는 사회 분위기가 만들어지면서 추징금이 추가됐다고 하더군요.

신장섭 그러면 이름은 '추징금'이라고 붙였지만 '징벌금'이라는 이름을 붙이는 것이 더 낫겠군요. 대우사태를 일으켜서 국가경제에 막대한 피해를 입혔으니까 이런 상징적 징벌금을 강하게 물려서 사회에 경종을 울리자는 것으로 해석할 수 있는 것 아닙니까? 그렇다면 법원이 대우사태에 대해 너무 일방적인 판단을 했던 것이 아닌가 싶습니다. 대우 측이 100% 잘못해서 대우사태가 벌어졌고, 국가경제에 대한 피해가 그 당시 정부 측에서 얘기하던 만큼 막대하다는 전제를 깔고 있는 것 같습니다.

그렇지만 우리가 그동안 대화해왔던 것처럼 실제로 따져보면 대우가 국가경제에 미친 피해라는 것이 그렇게 크지 않고, 대우자동차 부실처리처럼 정부 측이 국가경제의 피해를 크게 키운 부분도 있습니다. 한국금융위기 처리 과정에서 대우가 오히려 피해를 입었다고 할 수 있는 부분도 많이 있는 것 같고요. 법원이 나름대로 내린 대우사태 평가와 이를 개인에 대한 추징금으로 연결시킨 것에 대해서는 역사적으로나 법률적으로 재평가해야 할 것 같습니다.

(대우 관계자들은 법원에서 추징금 액수를 계산할 때에 지나치게 부풀렸다는 사실도 지적한다. 예를 들어 미신고 해외 현지법인 차입금에 대해 법원이 추징금을 부과할 때에는 금융감독원에서 BFC 계좌의 최종 잔액이 36억 달러(약 4조 3,000억 원)로 확정한 후였다. '재산국외도피'를 굳이 적용하려면 국외에 있다고 금융당국에서 확정한 재산에 대해 해야 하는데, 그것을 무시하고 법원이 중복 합산해서 수치를 158억 달러(19조 1,000억 원)로 크게 과장됐다는 것이다.)

그런데 추징금과 별도로 세금 체납 건이 최근까지도 언론 지상에 오르내렸습니다. 그건 내용이 어떻게 된 겁니까?

김우중 나는 여지껏 기업을 하면서 모범납세에 관한 상은 다 받았습니다. 그런데 갑자기 대우그룹이 해체된 뒤 세금 체납자로 몰리니까 정말 억울한 일이지요. 체납이라고 하는 것들이 사재를 내놓은 뒤(1999년 7월, 3장 7절 참조) 발생한 배당소득세, 재산세, 양도소득세 등을 내지 않았다는 겁니다. 그 재산에 대한 배당이나 양도차익은 채권단에서 다 가져갔고 세금 고지서만 내 이름으로 나왔어요. 내가 내야 할 것이 아니라고 생각했으니까 그냥 놔두고 있었는데, 거기에 가산금이 붙고 해서 계속 늘어난 거지요.

(세금 체납 내역은 거제 임야 양도세 및 가산세 63억 원, 안산농장 양도세 및 가산세 15억 원, 교보생명 배당소득세 및 가산세 18억 원, 교보생명 양도세 및 가산세 10억 원 등 2011년 4월 기준 146억 원이었다. 채권단은 김 회장이 1조 3,000억 원의 사재를 내놓을 때에 제외시켜줬던 방배동 자택, 일찍 세상을 떠난 첫째 아들(김선재)의 묘소가 있는 안산농장까지 나중에 압류해서 경매처분 해버렸다. 그리고 세금은 김 회장에게 나가게 했다.)

신장섭 노무현 대통령이 2007년 말 퇴임 직전 김 회장님을 사면해줬습니다. 노 대통령과 그전에 관계가 있었습니까?

김우중 특별한 건 없었어요. 만날 일이 있을 때에 친하게 얘기했을 뿐이지요. 우리 대우를 좋게 보고 내가 노조 탄압 하는 사람 아니라는 걸 알았어요.

신장섭 노 대통령이 대우의 노사관계를 좋게 본 특별한 계기가 있었나요?

김우중 대우조선 분규 때 당시 노무현 변호사가 노동자 측에 서서 제3자개입을 해서 우리 직원들에게 고발당했어요. 그것 때문에 감옥에도 가고 변호사 자격도 정지되고 했어요. 그런데 우리가 옥포에서 하는 것을 실제로 보면서 호감을 갖게 된 것 같아요. 그 다음에는 옥포에 노사분규가 생기면 현장에 와서 중재해주기도 했어요. 우리가 노사관계를 모범적으로 하려고 노력했으니까요.

(이때부터 함께 있던 대우 관계자들이 대화에 끼어들면서 얘기가 더 진행됐다. 이들과의 대화도 함께 정리했다.)

A 노동 현장에서 무슨 문제가 생기면 김 회장님은 굉장히 전진적 액션(action)을 많이 취했어요. 그런 게 노동운동권 지원 하던 분의 입장에서는 우호적으로 보일 수 있었을 겁니다. 노 대통령이 노동운동할 때에 타깃(target)이라고 했던 것이 삼성에 노조 설립 하는 것과 현대에서 노조 강하게 만드는 것이라 얘기했어요. 그런데 대우에 대해서는 아무런 얘기가 없었지요.

김우중 노조원들과 같이 밥 먹으면서 항상 내가 성장한 과정 설명 하고 그랬어요. 인간적으로 그렇게 된 거지요. 우리한테 그렇게 인간적으로 느끼니까 노조문제에서 덕을 본 것이 있겠지요.

A 김 회장님께서 한참 불경기 심할 때에 여론에서 사람 잘라야 된다고 하면 "인원 줄이면 어떡하냐, 일자리를 더 만들어야지, 호황기에 잘라야 된다" 등의 얘기를 했던 것이 그쪽 사람들에게 신선하게 받아들여졌을 겁니다. 학생운동권 출신들을 대거 채용한 것도 그쪽 사람들이 볼 때에는 새롭게 생각됐을 겁니다. 그 친구들, 신원조회에 걸려서 어디

에 취직합니까? 그때(1993년) 그렇게 된 친구들을 서울대 학생만 50명가량 받았어요.

신장섭 무슨 생각으로 학생운동권 출신들을 대거 뽑았습니까?

김우중 대학 다닐 때 학생운동 한 친구들은 적어도 국가에 대한 소명의식이 있어요. 그러니까 개인적인 욕망을 버리고 그런 활동을 하는 거지요. 거기에다 서울대 나왔다면 능력이 있는 거고…. 당시 우리가 세계경영 하느라고 사람이 많이 필요했어요. 이념적 성향 같은 건 이미 사회주의가 무너지고 세상이 변했는데 더 이상 의미가 없다고 봤어요. 세상이 어떻게 변했는지 그 친구들에게 보여줘야겠다는 생각도 있었고…. 기회를 다시 줘보자는 거지요. 그래서 내가 그 친구들 입사한 뒤 대화도 하고 연수도 굉장히 오래 시켰어요. 우리 해외사업장 견학도 다 시키고….

옛날에 대우자동차에 위장취업 해서 들어온 대학생들이 문제가 된 적이 있어요(1985년). 우리 노조 담당 직원들이 그 친구들과 붙으니까 이론 싸움에서 상대가 되지 않아요. 그래서 운동권 출신을 노조 담당으로 데려다 놓고 자기들끼리 합의되면 내가 그걸 따르겠다고 했어요. 그런데 자기들끼리 해보니까 별 게 없는 거지…. 그래서 노사문제가 잘 됐어요.

A 우수한 애들이 낙인찍혀서 취직 못 하는데, 사람 만들고 일 시키겠다, 교육시켜 생각을 바꾸게 하면 제대로 기여하지 않겠는가? 이 생각이 더 컸을 겁니다. 노조 관리는 마이너(minor) 해요. 그것 때문이라면 한두 명만 채용하면 되는 거지. 그렇게 많이 뽑을 필요 없었어요.

B 회장님이 통이 컸다고도 볼 수 있는 거지요. 위장취업으로 들

어왔다 발각된 뒤 (회장님이) 잘 설득해서 관리직으로 전환시켜서 나중에 임원까지 된 사람도 있었어요.

  A 오픈 하고 전향적인 액션이에요. 우리는 '저 골칫거리들을 왜 받아?' 하면서 싫어했는데 (김 회장님이) 하셨으니까(웃음).

김우중 (대우에) 들어와서도 노동운동 하다가 사고 치고 감옥에 들어간 친구들이 있었어요. 그러면 내가 먹을 것 갖고 구치소에 찾아갔어요. 그러고 나면 그 안에서 평이 좋아지는 거지요. '회장님이 직접 갖고 와서 같이 먹자고 했다'면서…. 아주 (노동운동 성향이) 강한 사람은 아예 해외로 보냈어요. 거기서 진짜 냉정한 현실을 보고 들으면서 알아서 다시 생각해보라고.

  A 그 사람들이 어떻게 적응했냐는 제각각이에요. 어떤 친구들은 정말 잘 적응했고, 적성이 맞지 않아서 나간 사람들도 있고…. 나중에 우리 그룹이 해체된 뒤 다른 회사에 가서 사장까지 된 사람도 있어요. 국회의원 된 친구도 있고…. 그래서 (노 대통령에게 우리의) 종합적인 이미지가 좋을 거예요.

  B 거꾸로 생각하면 운동권에서 핵심으로 활동하던 사람들이 왜 대우가 부른다고 왔겠어요? 아무리 대우가 '당신네들 사회활동 할 기회를 못 잡은 것이 안타깝다, 뜻을 올바르게 펼쳐봐라' 해도 대우가 하는 일에 동의하지 못하면 들어오지 못하는 겁니다. 그 사람들도 들어올 때에는 '대우가 정말 그런지 검증해보겠다. 그래서 괜찮으면 우리도 대우에 참여하겠다' 하면서 왔어요. 그 사람들 들어오자마자 다 세계경영 현장에 보

내서 경험 쌓게 했어요.

A   그 친구들이 의리가 있어요. 내가 회사 그만두고 (대우사태로 기소돼) 구치소에 들어가 있을 때 찾아온 친구들도 있고요. 해마다 한두 번 씩은 만나서 밥도 같이 먹어요.

B   김 회장님이 2005년에 귀국하실 때에 대우 출신들 중에서 모임을 구성해서 귀국에 대해 우호적 성명을 발표해준 사람들이 그 친구들이었습니다. 그때는 대우세계경영연구회도 없을 때지요. 프레스센터에서 세계경영 재조명에 관한 콘퍼런스도 그 친구들이 나서서 했어요. 회장님에 대해 진실성이 있다는 얘기이지요.

신장섭   사면된 다음에 노무현 대통령은 만났습니까?

김우중   사면된 지 얼마 지나지 않아서 청와대에 부부 동반으로 초청을 받아서 한 시간가량 저녁을 같이 했어요. 대통령 물러난 다음에는 내가 봉하마을에 찾아갔지요. 다른 사람들이 거기 가면 안 된다길래 '내가 죽을죄를 지은 것도 아닌데 못 갈 게 뭐냐' 하면서 갔어요. 노 대통령이 그렇게 세상 떠날 줄 누가 알았겠어요? 정치가 그렇게 무상(無常)한 거지요.

| 주 |

1 이헌재(2012, 159~160쪽).
2 예컨대 Palma, G.(2003) 'The Latin American Economies during the Second Half of the Twentieth Century', in Ha-Joon Chang(ed.)(2003), *Rethinking Development Economics*, London: Anthem Press.
3 Lane, Timothy et al.(1999), "IMF-Supported Programs in Indonesia, Korea, and Thailand: A Preliminary Assessment", International Monetary Fund.
4 사법연수원생 대상 초청강연, '자신감을 가지고 경제위기를 극복하자', 1998년 5월 22일 10:00~12:00.
5 예컨대, Stiglitz(2007) 참조.
6 신장섭(2009) 참조.
7 김우중(1998c).
8 《중앙일보》, '정부 5대 그룹 구조조정 적극 개입 의미', 1998년 11월 28일 자.
9 김시래(2005 상, 45~51쪽).
10 김시래(2005 하, 235~236쪽).
11 《한국경제》, "북, 경협자금 70억 달러로 핵무기 만들었다 – 미 의회조사국 보고서", 2010년 1월 31일 자.
12 신장섭(2009).
13 연합뉴스, '98 한국경제회고 – 재벌과의 전쟁', 1998년 12월 10일 자.
14 《중앙일보》1998년 11월 28일 자.
15 2002년 9월 국정감사 자료(이한구 한나라당 의원)는 지원금이 33조 6,000억 원이라고 밝혔다. 《조선일보》는 1년 후 현대에 지원된 자금이 40조 원이 넘는다고

보도했다(2003년 2월 10일 자).

16 이헌재(2012, 253쪽).
17 이에 대한 자세한 내용은 대우세계경영연구회(2012, 425~429쪽) 참조.
18 대우세계경영연구회(2012, 129~130쪽).
19 《한국일보》 2002년 5월 8일 자, 《한국경제매거진》 2002년 5월 13일 자.
20 신장섭(2008, 2.4절), '금융산업, 산업금융과 투자의 삼각함수'.
21 신장섭(2008, 109~112쪽).
22 박철성(2012).
23 추징금 관련 대화는 독자들에게 그 맥락을 별도로 설명해야 할 것 같다. 김 회장과 인터뷰를 진행했을 때 김 회장은 재판과 사면에 관한 얘기를 극구 하지 않으려고 했다. 마지못해 얘기했을 때에도 이 부분은 책에 넣지 말자고 했다. "변명하는 것으로 보이고 싶지 않다", "의도가 있는 것 아니냐는 얘기가 나올 것 아니냐", "정치적으로 받아들여지는 것이 싫다"는 등의 이유 때문이었다. '프롤로그'에서 밝혔다시피 김 회장은 과거를 놓고 잘했느니 못했느니 따지기보다 미래에 대해 얘기하고 싶어 했다. 그렇지만 필자는 이 부분을 꼭 집어넣어야 한다고 주장하며 계속 질문을 했다. 답변하기 꺼려하는 것을 억지로 꺼내게 한 부분들도 있었다. '프롤로그'에서 "선지자가 처형당한 뒤 부관참시(剖棺斬屍)까지 당하는 수준이었다"고 평가했는데 '부관참시'의 핵심이 재판이라고 생각했기 때문이다.

결국 2013년 8월에 출간하기 위해 만든 원고는 추징금 관련 대화를 짤막하게 처리했다. 기본 사실만 제시하고 그에 대해 독자들의 판단을 구하는 수준이었다. 판결 문장조차 인용하지 않았다. 재판 관련 내용을 넣지 않거나, 최소한으로 다루기를 원하는 김 회장의 뜻을 반영한 것이었다.

그러나 출간은 8월에 '전두환 추징법'이 통과되고 '기업인 추징법안(공식 명칭은 '범죄수익은닉 규제 처벌법')'이 발의되면서 연기됐다. 김 회장의 인생과 대우그룹의 공과를 전반적으로 다루고 그 기반 위에서 한국의 젊은 세대에게 "아직도 세계는 넓고 할 일은 많다"는 희망의 메시지를 전하고자 하는 책인데, 추징금을 해명하기 위해 책을 내는 것처럼 받아들여지는 것이 싫다는 김 회장의 강한 뜻을 거절할 수 없었기 때문이다. 그렇지만 전두환 대통령 추징금 문제가 일단 락되자마자 "다음 타깃은 김우중"이라는 사회 분위기가 만들어졌다. 일부 언론에서는 기업인 추징법안을 "김우중 추징법"이라고 제목을 붙이면서까지 김 회장을 다시 희생양으로 내몰았다. 김 회장 측이 어떤 형태로든 추징금에 대한 해명을 하지 않을 수 없게 됐다. 이러한 상황 변화에 따라 추징금에 대한 내용을 어쩔 수 없이 자세히 넣게 됐다. 기업인 추징법안이 발의된 후 김 회장과 내가 나눴던 대화를 추가해서 다시 정리했다. 마찬가지 이유 때문에 2013년 8월 원고에 들어가 있지 않았던 김 회장의 세금 체납 건에 관한 대화도 추가했다.

24 재벌닷컴의 발표에 따르면 이건희 삼성 회장의 재산이 13조 원이고, 가족 재산까지 합쳐 봐야 20조 8,000억 원이다(《경향신문》 2013년 7월 1일 자 인용). 대우가 해체된 것이 14년 전인 1999년인데, 김 회장이나 대우인들이 이보다 많은 돈을 그 당시 해외에 불법으로 갖고 있다고 생각하는 것은 상식에 어긋나는 일이다.

5

'세계경영'의 노하우와 리더십

대우의 '세계경영'과 그룹 해체는 마치 샴(Siam)쌍둥이인 것처럼 취급되어왔다. 대우가 세계경영을 본격적으로 진행하는 과정에서 그룹 해체라는 비운(悲運)을 만났기 때문이다. 대우그룹이 내실을 다지지 않고 세계경영을 무리하게 추진하다가 금융위기를 당했고, 그래서 그룹 해체에까지 이르렀다는 것이 그동안 한국이나 국제사회에 일반적 인식으로 자리 잡았다. 실제로 그렇다면 세계경영은 대우 해체와 함께 역사의 뒤안길로 사라진 일회성 이벤트에 불과해진다.

그러나 앞 장에서와 같이 대우그룹이 해체되는 과정과 그 결과에 대해 보다 긴 안목으로 재평가해보면 얘기가 달라진다. 대우그룹은 한국경제나 세계경제에서 '구조조정론'이 극성기(極盛期)에 도달해 있을 때에 구조조정을 등한시한 대표적인 재벌로 몰리면서 해체를 당했다. 그렇지만 구조조정론은 한국 금융위기가 정말 한국의 구조적 문제 때문에 벌어진 것이었는지, 한국이 그렇게 구조적으로 커다란 문제를 갖고 있었으면 어떻게 그전에 경제기적을 이루었는지, 구조조정이 도대체 누구를 위한 것이었는지, 구조조정을 통해 한국경제가 실제로 좋아졌는지 등 원인부터 결과까지 근본적으로 많은 의문을 남기고 있다. 김 회장이 주장하듯 IMF와 한국 정부가 추진한 구조조정이 잘못된 방향의 것이었다면 대우그룹은 잘못된 구조조정의 희생양으로 이해되어야 할 것이다.

대우그룹의 해체 과정이 이렇게 재평가된다면 마찬가지 맥락에서 대우의 '세계경영'도 재평가돼야 한다. 대우그룹이 몰락했더라도 세계경영은 살아남을 수 있다. 실제로 세계경영은 한국 금융위기 직전에 갑자기 만들어진 것이 아니라, 대우그룹이 30여 년 동안 세계시장을 무대로 성장해 온 철학과 노하우가 결집된 경영전략이다. 불의의 사태를 만나 그룹이 해체됐다고 해서 신흥국 최대 다국적기업을 만들어낸 전략이 그 효용을 갑자기 상실하지는 않는다. 실제로 대우계열사들은 뿔뿔이 흩어졌어도 지금도 세계경영을 전 세계에서 집행하고 있다. 그룹 차원의 컨트롤 타워는 사라졌을지 몰라도 세계경영의 정신과 시스템은 대우인터내셔널, 대우건설, 대우중공업(현 두산인프라코어), 대우조선해양 등에 그대로 남아 있다. 그리고 이 회사들은 신흥시장에서 대우의 성공신화를 계속 써나가고 있다. 세계경영은 과거의 일화가 아니라 현재 진행형이고 미래에도 계속될 수 있는 것이다.

이번 장에서는 대우그룹 해체 여부와 관계없이 시대가 달라져도 변하지 않을 세계경영의 일반적 노하우와 리더십을 다룬다. '세계경영'은 중진국에서 출발한 다국적기업이 신흥시장을 중심으로 세계적 규모의 경영을 할 때 필요한 전략과 경영 노하우를 담고 있다. 따라서 짧은 시간 내에 성공적으로 글로벌 비즈니스를 펼쳐나가려는 신흥국 출신의 모든 경영자들에게 많은 교훈을 던져주는 것 같다. 신흥국에 진출하려는 선진국 기업들에도 신흥국에서 어떤 여건을 다루어야 하고, 어떤 전략과 조직이 필요한지에 대해 던져주는 함의도 많다. 신흥시장과 선진시장, 신흥국 기업과 선진국 기업 가릴 것 없이 보편적으로 적용할 수 있는 경영원리도 상당히 있는 것 같다.

세계경영의 보편적 원리와 교훈을 알아보기 위해 김 회장에게 먼저 세계경영의 전략과 조직에 대해 보다 자세한 질문들을 던져봤다(5장 1절). 필자가 가장 특이하게 받아들인 것은 김 회장의 '50 대 50 원칙'이다. 일반 경영학에서는 기업성장론과 위험관리가 별도로 다루어진다. 두 가지를 종합적으로 다루는 이론이나 저술은 거의 없다. 반면 김 회장의 '50 대 50 원칙'은 신흥시장에서 기업성장과 리스크 관리를 동시에 추구하는 경영철학이라고 할 수 있다. 이에 대해 좀 더 자세하게 대화를 나누었다(5장 2절). 김 회장이 세계를 무대로 활동하기 위해 국제인맥을 어떻게 만들어 나가고 활용했는지도 별도로 다루었다(5장 3절). 대우그룹의 사훈(社訓)은 '창조, 도전, 희생'이다. 이 사훈은 신흥시장에 진출해서 불확실성과 어려움을 돌파하는 정신력으로 이해할 수 있다. 김 회장 본인이 창조력과 도전정신을 어떻게 갖게 됐는지, 신흥시장에서 어떻게 활용했는지, 임직원들이 창조와 도전을 할 수 있게 하려면 경영자들이 무엇을 해야 하는지에 관해 대화를 나누었다(5장 4절). 창조와 도전을 향해 조직이 제대로 움직이려면 임직원들이 주인정신을 갖고 자발적으로 열심히 일할 수 있도록 해야 한다. 이렇게 하도록 임직원들의 마음을 붙잡은 김 회장의 비결이 무엇인지도 들어보았다(5장 5절).

1. '세계경영'의 전략과 조직

신장섭 경영학이나 서양의 다국적기업에서도 세계경영(global management)이라는 말을 많이 쓰고 있습니다. 기업들이 국경을 뛰어넘어 세계적 범위에서 사업을 진행하고 현지화를 추진하는 전략이라 할 수 있습니다. 이런 일반적 세계경영과 비교할 때에 대우의 세계경영이 갖고 있는 특징이 무엇이라 할 수 있습니까?

김우중 그런 이론들은 선진국 기업 중심으로 만들어져 있어요. 선진국 기업이 후진국 기업보다 경영을 잘하고 능력도 많고, 그러니까 그걸 갖고 후진국에 가서 그쪽의 자원이나 인력을 활용해서 사업한다는 것 아닙니까? 그런 식으로만 생각하면 능력 있는 선진국에서만 다국적기업이 나오고 후진국에서는 그런 능력 있는 기업들이 없기 때문에 다국적기업이 나오기 어렵다고 보게 되는 거지요.

선진국 기업은 능력이 많고 후진국 기업은 능력이 적다. 그래서 세계적 경영은 선진국 기업들이 하는 거고 후진국 기업들은 거기에서 배워야 한다는 생각부터 바꿔야 해요. 내가 일찍부터 일본, 미국 등 선진국에 있는 회사들을 여러 군데 가봤는데 그렇게 능률적이지 않아요. 내 눈에는 그렇게 해서 (회사 경영이) 잘될 거라고 보이지 않더라고요. 백화점 같은 데는 비교적 괜찮았어요. 그런데 큰 회사들은 요란만 떨지 그렇게 경영을 잘한다는 생각이 들지 않았어요.

신장섭 구체적으로 어떤 부분이 문제로 보였습니까?

김우중 일단 1년에 절반밖에 일하지 않는 거지요. 하루에 8시간만 일하고 휴가도 길잖아요? 정신적으로도 해이해져 있는 것 같고.

신장섭 해이해져 있다는 것이 느껴졌습니까?

김우중 집중적으로 일을 해야 하는데, 일이 너무 분리되어 있어요. 연구하는 사람은 연구만 하고…. 그러니까 연구한 걸 현장에 적용하는 데 시간이 한참 걸려요. 시스템이 있다지만 단계단계 결재 라인마다 기록을 남겨야 하고. 밑에 (있는) 사람들이 책임지고 일하려 하지 않고 위에다 올려서 책임을 회피하는 것처럼 보이는 게 많았어요. 겉에서는 잘하는 것 같이 보이지만 내 눈에는 그렇게 보이지 않은 거지요. 벡텔이 건설에서 세계 1등이라고 해도 안에서 돌아가는 걸 보니 엉성한 것이 많아요. GM도 그래요. 차 하나 만드는 데 3~5년씩 걸리고, 디자인 하나만 붙잡고 그렇게 오랜 시간을 보낼 필요가 있겠냐 이거죠. 사람도 (업무 수요에 비해) 많고…. 그걸 보니까 자신감이 생겨요. 우리가 갖고 있는 걸 잘 이용해서 이 사람들이 못하는 걸 하면 세계시장에서 경쟁할 수 있겠다 하는 생각이 드는 거지요.

신장섭 선진국 기업들에서 그런 엉성한 부분을 발견하니까 신흥국 기업들은 그것을 잘 고쳐서 경쟁할 수 있다, 그리고 그 능력을 바탕으로 '세계경영'을 할 수 있다, 그런 얘기라고 할 수 있겠습니까?

김우중 그렇지요. 우리는 (선진국 기업들보다) 훨씬 유연하게 할 수 있어요. 8시간 일하는 대신 2교대나 3교대로 24시간 일할 수 있어요. 그러면 자본비용이 크게 줄어들고 현지에 필요한 부품이나 완제품들의 수요를 빨리빨리 맞춰줄 수 있어요. 그렇게 열심히 일하고 유연하게 일을 빨리 진행하는 것이 현지 진출 하는 데 큰 힘이 돼요. 우리 직원들이 현지에 가서 그쪽 사람들과 함께 일하면서 그 사람들을 열심히 일하게 만들 수 있으니까요. 선진국 사람들은 현지에 가서 직원들에게 일을 시킨다 하더라도 우리처럼 열심히 못 해요. 우리는, 현지 직원들은 저녁 때 퇴근시키더라도 본사에서 나간 직원들이 늦게까지 남아서 일하는 경우가 많아요. 그렇게 일하고 그래서 일이 잘 진행되는 것을 직접 보니까 현지 직원들이 따라오는 거지요.

신장섭 신흥국 기업들은 열심히 일하고 빨리 일을 진행시키는 역량이 현지 진출의 경쟁력이 된다는 얘기네요. 그렇게 하려면 본사에서 현지에 나가는 직원들이 먼저 주인의식과 책임감을 갖고 열심히 할 수 있어야 하는 것 아닙니까?

김우중 그래서 우리는 처음부터 중간 관리자나 대리급들을 믿고 그 사람들에게 많은 책임을 줬어요. (주)대우에서는 대리에게 2,000만 불까지 계약할 수 있는 자율권을 주었으니까요. 그러니까 본인들도 책임의식을 갖는 거고 일이 빨리 처리되는 거지요.

신장섭 아무리 열심히 일을 하더라도 기술력이 어느 정도 있어야지 현지에 진출하는 것 아닙니까? 기술력은 어떻게 확보해야 하는 겁니까?

김우중 최고급 기술을 고집하지 않고 소비자들이 필요로 하는 기능만 잘 집어넣어서 값싸고 튼튼하게 물건을 만들 수 있어요. 일이라는 것이 전문가가 요소요소에서 중요한 것 20%만 잘하면 되는 경우가 많아요. 그런 걸 모르는 사람들이 많아요. 중요한 부분을 집중해서 잘하면 일이 빨리 끝나고 비용도 크게 줄어들어요. (경영은) 다 인풋(input) 대비 아웃풋(output)으로 봐야 해요. 필요한 아웃풋만 잘 나오게 하겠다고 하면 인풋을 줄일 수 있는 것들이 많아요.

신장섭 '세계경영'이 한참 진행될 때 '탱크주의'나 '미드테크(Mid-Tech)' 등을 강조한 것이 그런 맥락이라고 볼 수 있겠습니까?

김우중 대우전자에서는 그 개념이 딱 맞았어요. 국내에서도 우리가 삼성전자나 LG전자에 비해 후발주자니까 기술력이나 디자인으로는 당장 승부하기 어려웠어요. 대신 값싸면서도 소비자들이 믿을 수 있는 품질의 제품을 만들어서 경쟁하는 거지요. 이 전략이 개발도상국으로 가면 더 잘 통해요. 거기에는 한국 기업들 간에 누가 더 잘하는지 구분이 없어요. 선진국 기업들과 비교해서 한국 기업들이 얼마나 뒤처져 있는지도 잘 알지 못하고요. 튼튼하고 실속 있는 제품을 빨리 내놓으면 고객층이 만들어지는 거지요. 그렇게 신흥국 시장에 일찍 진출하면 그 시장에서는 브랜드 파워에서도 선진국 기업에 뒤지지 않게 돼요. 그런데 대우자동차의 경우는 '미드테크'라고 하기 어려워요.

신장섭 그게 무슨 얘기지요?

김우중 자동차는 이미 기술이 많이 성숙해서 GM이 쓰는 기술이나 우리가 쓰는 기술이나 그렇게 큰 차이가 없어요. 브랜드나 딜러망, A/S 등에서 차이가 많이 나는 거지요. 그러니까 내가 다보스회의에 가서 어셈블러들이 자동차산업 발전에 기여한 게 뭐가 있냐고 큰소리칠 수 있었던 거예요(2장 5절 참조). 우리가 동구권, 중앙아시아 등에 자동차공장 지을 때에는 우리가 생산할 수 있는 차종에서 하이테크로 현지화시켰어요. 그래야만 경쟁력이 생겨요. 튼튼하고 안전한 제품 만드는 것은 전자와 마찬가지로 필수적인 일이고요.

그런데 우리는 공장을 지을 때에 선진국 회사들보다 더 값싸게 지을 수 있어요. 선진국 회사들은 생산과정이 자동화된 지 오래되서 신흥국에 갈 때에도 그(자동화된) 시설을 그대로 갖고 가요. 시설을 다르게 해야 하는 걸 생각하지 못하지요. 그렇지만 우리는 자동화된 지 얼마 되지 않기 때문에 반자동화했을 때 어떻게 하는지 다 알고 있어요. 그때 일했던 엔지니어들이 다 남아 있고요. 그러니까 신흥국에 갈 때 거기 상황을 봐서 로봇을 30%만 쓰고 나머지 70%는 옛날(반자동) 방식으로 하면서 유연하게 할 수 있지요. 현지 임금과 설비 코스트를 비교해서 제일 좋은 방안을 찾는 거예요. 그리고 임금이 올라가면 리노베이션(renovation) 하면서 자동화 비중을 높이는 거고…. 그렇게 지으면 우리 공장이 선진국 기업 공장에 비해 당연히 경쟁력 있는 거지요.

신장섭 제가 그동안 나름대로 연구해온 것이 '캐치업(catch-up)' 역사인데, 거기에서도 중요한 것이 후발주자의 이점(利點)입니다. 보통 선발주자들이 유리한 점을 많이 갖고 있고 후발주자들은 불리한 점이 많다고 생각하는데, 실제로 현실을 제대로 살펴보면 후발주자들의 이점도 있고 선발주자들의 이점도 있습니다. 선발주자와 후발주자들이 각자의 강점과 약점을 갖고 경합하고 있는 것이지요. 캐치업은 이런 상황에서 후발주자들이 자신들의 강점을 활용하고 약점을 극복하는 과정에서 벌어지는 현상입니다.[1] 대우의 '세계경영'은 이런 캐치업을 신흥국 출신 기업이 세계적 범위에서 실현하는 전략이라 할 수 있을 것 같습니다.

김우중 그래서 선진국 사람들이 못하는 걸 해야 돼요. 우리가 이길 만한 곳을 찾아서 가야지요. 아프리카에도 그래서 갔어요. 선진국 사람들은 몸이 편한 데에 굳어져서 거기 못 가요. 동남아에서도 우리는 일본 기업들이 별로 진출하지 않은 나라들을 골라 갔어요. 동구도 화교자본이나 일본 기업이 약하니까 선택해서 들어간 거고.

신흥국에서는 먼저 진출해서 소비자들에게 브랜드를 심어주는 것이 중요해요. 브랜드는 한번 심으면 그 파워가 오래 유지되요. 우리가 전자나 자동차에서 삼성이나 현대보다 늦게 시작했지만 신흥국에는 먼저 진출해서 브랜드를 인정받은 경우가 많아요. 일본 기업들과 비교해서도 브랜드 파워에서 밀리지 않은 곳들이 많아요. 이게 다 선점하니까 나타나는 효과이지요.

그런데 선진국 시장은 신흥국 시장과 달라요. 거기는 (사업이나 마케팅) 시스템이 이미 되어 있으니까 언제든지 들어갈 수 있어요. 먼저 들어가건 늦게 들어가건 시스템대로만 하면 되니까요. 거기에도 우리가 공략할 수 있는 소비자들이 있어요. 고급은 아니더라도 내구성이 좋으면서 값싼 제품을 잘 만들어내면 그 사람들에게 언제든지 팔 수 있는 거지요. 선진국에서는 그런 물건들을 어떻게 잘 만들어 팔 건지에만 신경을 쓰면 돼요. 선점이 별로 큰 의미가 없는 것이지요.

신장섭 선진국 시장은 이미 열려 있는 시장이고 신흥국 시장은 상대적으로 닫혀 있는 시장이라는 얘기가 재미있네요. 그러니까 선진국 시장은 들어갈 준비만 잘 갖추면 언제든지 들어갈 수 있고, 신흥국 시장은 해볼 만한 곳을 골라서 먼저 치고 들어간다는 전략이라고 할 수 있을 것 같습니다. 그러면 같은 신흥국 시장을 놓고 선진국 기업들과 경쟁할 때에 대우 같은 신흥국 출신 기업이 어떤 경쟁우위를 확보할 수 있습니까?

김우중 신흥국에서 경쟁할 때는 우리가 유리한 게 실제로 여러 가지가 있어요. 식민지 경험이 있는 곳들이 많으니까 선진국 기업보다 우리에 대해 경계심이 적어요. 비슷하게 약자였는데 한국 기업들은 그동안 이렇게 노력해서 성공했으니까 잘 배워야겠다는 생각도 강하고요. 선진국 기업에서 일하는 사람들은 자기 나라가 잘사는 시기에 자라났기 때문에 경제개발에 대해 체험한 게 없어요. 그런데 우리는 경제개발을 생생하게 경험했기 때문에 어떻게 하면 되는지를 잘 알아요. 내가 신흥국 정치지도자들을 만나서 "한국을 건설해주겠다"고 얘기할 수 있었던 것도 내가 그 경험을 제대로 갖고 있기 때문이에요. 선진국 기업 회장이나 사장은 그런 국가개발 경험이 전혀 없어요. 신흥국 지도자들을 만나면 그 사람들보다 내가 얘기할 것이 훨씬 더 많은 거지요.

신장섭 그렇겠네요. GM 회장이 신흥국에 가서 "당신 나라를 미국으로 만들어주겠다"고 얘기하면 굉장히 비현실적으로 들릴 겁니다. GM 회장이 국가경제를 건설한 경험도 없고 미국이라는 선진국은 신흥국들이 도달할 수 없는 먼 나라 얘기로 들릴 테고요. 대신 김 회장님이 "당신 나라를 한국으로 만들어주겠다"는 것은 그 사람들에게 굉장히 현실적으로 다가올 것 같습니다. 좀 전에 말씀하신 자동차공장을 반자동으로 싸게 건설하는 것도 한국 기업들이 최근의 경제개발 경험을 갖고 있기 때문에 신흥국에 진출할 때 더 경쟁력 있게 되는 이유인 것 같고요.

한국의 대기업들이 다각화되어 있는 것도 선진국 기업들에 비해 신흥국에서 경쟁할 때 더 유리한 점이라고 할 수 있지 않을까요? 대우가 아프리카나 중동 등에서 건설대금을 천연자원으로 대신 받아 팔 수 있는 것이나, 생필품을 공급하고 돈을 받는 대신 건설공사나 다른 사업을 따내는 것은 대우가 건설, 무역, 중공업, 전자 등 다각화된 사업구조를 갖고 있기 때문 아니겠습니까?

김우중 분명히 그런 면이 있지요. 그래서 우리는 현지화와 함께 복합화를 전략으로 세웠어요. 무역, 자동차, 건설, 중공업, 전자, 금융 등이 다 함께 현지에 진출해서 그쪽에서 필요한 일들을 종합적으로 해주는 거지요. 단순히 사업 하나 해서 돈 버는 것이 아니라 현지국가의 경제개발을 전체적으로 도와주는 거예요. 그쪽에 돈이 모자라면 우리가 파이낸싱까지도 해주고…. 선진국 기업들이 컨소시엄을 만들어 협력하는 경우가 있지만, 한두 개 사업에서나 그렇게 하지 우리처럼 폭넓은 분야에서 종합적으로 들어가지 못해요. 우리는 그룹에서 전체를 관리하니까 일 진행하는 게 훨씬 효율적이고요.

신장섭 그런데 복합화를 너무 강조하면 전문성에서 경쟁력이 떨어지는 부분이 있지 않을까요?

김우중 전문으로 해서 양산체제를 갖춰야 경쟁력이 생기는 일이 많은 것은 맞는 얘기예요. 그렇지만 일반론으로만 얘기해서 전문화냐 복합화냐 양자택일하라고 하면 안 돼요. 어느 것이 좋은지는 상황에 따라 달라져요. 두 가지를 잘 섞을 수도 있어요. 그래서 우리는 현지화를 할 때 개별 국가 단위로 하지 않고 지역본사제를 했어요. 경제 규모가 되는 지역을 하나로 묶어서 개별 품목에서 전문성도 생기게 하고, 다른 사업들과 묶어서 복합화도 하는 거지요.

자동차가 굴러다니면서 다른 사업에 마케팅 효과가 있다고 얘기한 것도 복합화라고 할 수 있는데, 실제 효과는 상황에 따라 달라져요. 선진국에서는 효과가 그렇게 크지 않아요. 거기에는 전문화된 기업들이 많으니까 자동차를 잘한다고 다른 걸 잘할 거라고 별로 인정해주지 않지요. 그렇지만 신흥국에서는 달라요. 자동차를 잘 만들면 강한 기업이고 다른 분야에서도 물건 잘 만들 거라고 생각해줘요. 신흥국에 가면 자동차가 다른 사업에 주는 시너지가 큰 겁니다. 요새 융합 얘기가 많이 나오는데 그것도 마찬가지예요. 어떤 분야는 융합이 좋은 게 있고 그렇지 않은 것도 있어요. 다 특성이 달라요. 그런 것들을 상황에 맞춰서 잘 엮어야지요.

신장섭 각 지역본사마다 현지화를 너무 많이 추구할 때에 나타나는 단점도 있지 않겠습니까? 본부가 핵심 기술이나 인력을 각 지역본사에 너무 많이 공급해주면 이익이 지역본사에 많이 생기게 되고 본부에는 불만이 있을 수 있습니다. 글로벌 경쟁이 벌어지는 시대인데 지역본사 간에 서로 경쟁하는 부분도 많이 생길 테고요.

김우중 처음 시작할 때는 그런 갈등이 별로 크지 않아요. 현지에 빨리 뿌리를 내리고 거기서 잘 커나가는 것이 중요하지요. 지역본사끼리 경쟁하는 일은 나중에 어느 정도 크고 나면 벌어질 수 있겠지만, 그게 꼭 나쁜 게 아니에요. 지금 현대차그룹 같은 경우는 현대차와 기아차를 다 갖고 같은 차종에서도 서로 경쟁시키잖아요? 지역 간에 경쟁시킬 부분도 있고, 협조할 수 있는 부분도 있어요. 상황에 따라 유연하게 하면 되는 거지요.

본부와 지역본사 간에 갈등 되는 부분은 우리도 많이 생각했어요. 그래서 나중에 지역본사들이 커지면 이것들을 런던이나 뉴욕 등 금융센터의 증권시장에 상장해서 해결하려고 계획을 세웠어요. 부모가 자식 키우는 것과 마찬가지이지요. 지역본사가 커질 때까지 본부가 이것저것 도와주는 건 어쩔 수 없어요. 본부가 지역본사에 처음부터 기술료 얼마, 인건비 얼마 해서 전부 다 비싸게 받으면서 과실송금 하라고 하면 지역본사가 클 수 없지요. 자식들이 어릴 때에 양육비를 벌어서 내놓으라고 하면 자식들이 클 수 없는 것과 마찬가지예요. 본부가 어느 정도 희생을 해야만 해요. 그 대신 본부는 지역본사에 대해 소유권을 쥐고 있다가 (지역본사가) 충분히 커졌을 때에 상장해서 그 차익을 거두는 거지요. 그것까지 됐다면 대우의 세계경영이 완성됐다고 할 수 있었을 겁니다.

신장섭 제가 방금 들은 것을 그림으로 정리하면 다음과 같이 될 것 같네요. 마지막 단계에서 지역본사들을 국제 금융센터에 상장해서 투자이익을 회수하는 방안이 특이합니다. 선진국의 다른 다국적기업들은 이런 생각을 거의 하지 못할 것 같습니다.

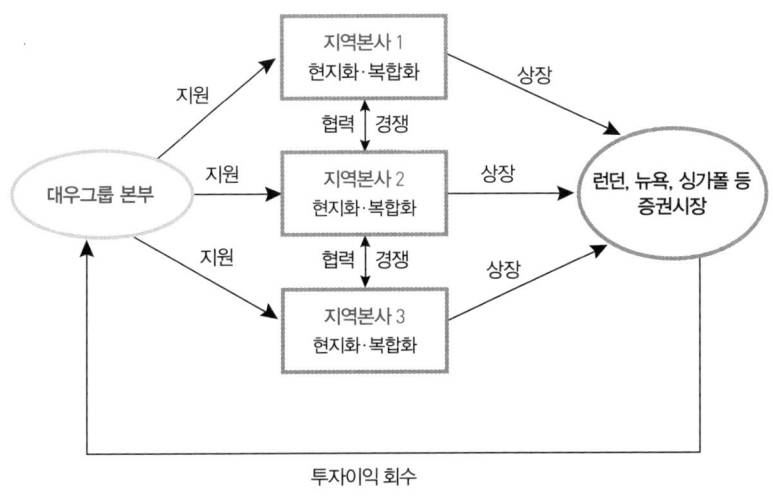

대우 세계경영의 **투자이익 회수** 방안

2. 50 대 50 원칙 — 성장과 리스크 관리의 철학

신장섭 대우의 세계경영은 신흥국에서 특별히 경쟁력이 있는 것 같습니다. 대우그룹의 성공이 다른 지역보다 신흥시장에서 더 두드러지기도 했고요. 그런데 신흥시장에는 기회도 많지만 리스크도 굉장히 큽니다. 사업 기회를 잡으면서 리스크 관리는 어떻게 했습니까?

김우중 리스크는 어떻게 관리하느냐에 따라 아예 없애고 갈 수도 있어요. 미리 관리하고 가면 되는 거지요.

신장섭 "리스크를 아예 없앨 수 있다", 그게 어떻게 가능한 겁니까?

김우중 신흥국에서는 제일 중요한 것이 정부와 얘기하는 거예요. 거기에서 누구와 얘기할 수 있겠어요? 사기업이 발전한 것들이 없는데…. 이미 사기업들이 커져 있는 나라에서는 그쪽 기업인들과 합작해서 돈을 벌게 해주면 그 나라 정부에도 얘기를 해줘요. 그런데 사기업이 단단하지 않은 데에서는 정부와 직접 얘기할 수밖에 없어요. 그래서 그 나라가 필요로 하는 것들을 골라서 잘 해줘야 해요. 아무래도 그렇잖아요? 자기 나라에 도움 되는 일을 해주는데 싫다고 할 사람이 어디 있어요?

그래서 나는 리비아에서 사업할 때부터 돈을 벌면 50%만 회사 이익으로 하고 50%는 그 나라를 위해 쓰는 원칙을 정했어요. 처음에는 이익을 적게 얻는 것처럼 보여도 매출이 두 배로 늘어나면 50%만 벌던 게 본전이 되고, 매출이 20배로 늘어나면 이익이 10배가 될 수 있는 거예요. 신흥시장에서는 매출이 10배, 20배 느는 것이 금방이에요. (그쪽에서 볼 때에 우리가) 돈 버는 걸 빤히 다 아는데, 내 돈만 벌겠다고 하다가 잘못 보이면 무슨 규제든 할 수 있어요. 대신 자신들에게 도움 되는 일을 잘 해주면 규제를 할 일이 없어지는 거지요.

신장섭 일반적으로 '고위험 고수익'이라고 얘기하는 신흥국 투자를 '저위험 고수익' 투자로 바꿀 수 있는 비법이라고 할 수 있는 것 같습니다. 리스크 관리를 하면서 빨리 성장할 수 있는 방법이라고 할 수도 있을 것 같고요. 신흥국에서 '50 대 50 원칙'을 적용한 사례를 구체적으로 설명해주실 수 있습니까?

김우중 제일 중요한 것이 그쪽에서 필요로 하는 것들을 값싸게 잘 공급해주는 거예요. 리비아에서는 카다피가 적극적으로 학교나 주택, 도로 등을 건설하려고 했어요. 그걸 아니까 우리는 남보다 싸게 빨리 지어주는 방향으로 나가는 거지요. 더 비싸게 수주할 수 있어도 적당한 이익을 올릴 수 있는 선에서 해줘요. 그쪽도 당연히 그걸 알게 되지요. 그러니까 처음에는 (사업권을) 경쟁입찰 부치다가 나중에는 우리에게 그냥 다 수의계약으로 주게 됐어요.

현지의 유능한 사람들을 위해 투자하는 것도 중요해요. 수단에 처음 진출해서는 카르툼(Khartoum)대학에 장학금을 줬어요. 1년에 다섯 명씩 구라파, 미국 중에서 골라서 공부하고 오라고. (우리가 진출하는) 다른 나라에서도 장학금을 많이 줬어요. 그쪽에서야 당연히 고맙게 생각하는 일이지요. 그렇게 장학금 받은 사람들이 한참 지나서 도움을 주는 경우도 있어요. 내가 (대우 해체된 뒤) 수단에 잠시 머물렀는데, 그렇게 유학하고 돌아온 사람들이 차관 등 고위관료가 되어 있어요. (주)대우 현지법인이 돈을 못 받고 있는 문제가 있다고 하길래 (내가) 그 사람들을 불러 저녁 먹으면서 얘기하니까, '알았다' 하고 며칠 만에 바로 해결해줘요. 선진국은 시스템이 있으니까 (문제 해결 하는) 루트(route)가 빤해요. 그렇지만 신흥국은 전부 인간관계이지요. 그러니까 사람에 더 투자해야 돼요.

신장섭 신흥시장에서 버는 것의 50%는 현지 사회복지기금으로 떼어놓는 철학이라고 해석할 수 있겠습니까?

김우중 50% 정도는 해줄 수 있는 거지요. 일단 그렇게 떼어놓겠다고 생각하는 것이 중요해요. 그러면 그 나라 상황을 봐가면서 언제든지 해줄 수 있어요. 병원, 교육 등등 현지 사람들에게 무엇이 제일 문제냐를 우리가 찾아내서 그쪽에서 (도움을) 제기하기 전에 골라서 제안하면 되는 거예요. 이런 일들은 한번 시작하면 끝낼 때까지 보통 2~3년은 걸려요. 그 동안에는 그쪽에서 (우리가 하는 다른 사업에 대해) 아무 소리 안 하는 거지요. 또 그 일들이 잘되면 그걸 보고 우리를 믿어주고, 허가도 해주고, 좋은 조건에서 새로운 사업을 주는 거예요. 그게 보험이에요. 그걸 아깝다고 생각하면 큰 장사를 못 해요.

신장섭 정당한 일을 해서 떳떳하게 보험을 거는 것이라고 할 수 있겠네요.

김우중 (우리가 하는 일이) 그 나라에 이익이 된다는 것을 보여줘야 해요. 그래야 무슨 일이 있어서 그쪽에서 우리 사정을 봐주더라도 '이렇게 하니까 봐줬다'고 확신을 갖고 해줄 수 있는 거지요. 보험이라고도 할 수 있지만, 더 중요한 건 이런 일로 인해서 신뢰관계가 쌓이고 사업이 더 커나갈 수 있다는 거예요. 자기들에게 좋은 일을 해줬으니까 앞으로도 계속 해달라고 (우리에게) 새로운 일을 주는 거지요.

근본적으로는 (현지) 종업원들에게 잘 해줘야 합니다. 종업원 의견이 굉장히 중요해요. 회사가 종업원들에게 어떤 평판을 받는지 (그 나라 정부에서) 다 보고 받아요. 직접 (우리에게) 말을 안 해서 그렇지, 사실 외국에서 일하는 것이 쉽지 않아요. 처음에 돈을 들고 가면 누구나 환영하지요. 그게 자기들에게 도움이 된다고 생각하니까 그러는 거지요. 그런 다음에 도움이 안 된다고 생각하면 태도가 금세 바뀌어요.

(신흥국 사람들은) 옛날부터 피해의식이 많아요. 외국 기업이 들어와서 (자기네) 이익을 빼앗아갔다고 생각하니까요. 현지 사업에 성공하려면

우리 기업들이 들어가서 현지인들에게 도움이 되고 자기들의 생활이 좋아진다고 생각하도록 해야 돼요. 그러면 대하는 것이 완전히 달라져요. 서로 도움이 되는 일을 지속적으로 하지 못하는 것은 우리 잘못이에요. 정부나 대사관 등과 협조해서 이런 일들을 어떻게 전략적으로 해나갈 건지도 계획을 잘 세워야 해요.

신장섭 아프리카 말고 50 대 50 원칙을 적용해서 성공한 다른 사례도 얘기해주실 수 있습니까?

김우중 이란도 마찬가지예요. 다른 사람들이 위험하게 볼 때에 그쪽이 절실하게 필요로 하는 일을 해줘서 신뢰관계를 쌓고 사업을 키웠으니까요. 이란이 생션(sanction)을 받고 (1995년) 기름값도 떨어져 외화가 없어서 어렵게 된 적이 있어요. 그때 우리가 하던 이란 장사도 디폴트(default, 불이행)까지는 가지 않았어도 대금 지불이 딜레이(delay, 연기) 되고 있었어요. 이미 들어와 있던 다른 회사들은 다 떠나고…. 밖에서 보는 사람들에게는 위험이 굉장히 높은 거지요. 그런데 우리는 대형유조선도 만들어주고, 생필품을 값싸게 공급해줬어요. 도로공사도 해주고…. 런던에 있는 은행들을 연결시켜서 돈까지 빌려줬어요.

신장섭 대우가 다 위험을 떠안는 것처럼 들리는데, 위험부담은 어떻게 해결했습니까?

김우중 신용장을 이란 중앙은행에 개설해달라고 했어요. 이란국영석유회사(NIOC)가 보증을 서달라고도 하고요. 그때 이란 입장에서야 민간은행들은 어차피 외화를 취급하지 못하고 있었으니까 중앙은행이라도 신용장을 개설해서 외화가 들어올 수 있다면 하는 것 아니겠어요? 우리는 런던에 있는 외국 은행들에 이란 중앙은행이 취급해주니까 안전하다며 금융거래를 하자고 얘기하기 쉬워지는 거고요. 그래서 한때는 런던에서 20억 불까지 구해줬어요. 이란국영석유회사에는 보증을 서주는 대가로 당신네 석유를 해외에 팔아주겠다고 했고요. 우리가 이란 석유를 굉장히 많이 팔아줬어요. 이란에서는 그래서 나를 굉장히 고맙게 생각하지요. 그 덕분에 자동차 합작회사도 만들게 된 거고요. 이런 게 다 그 나라에서 절실하게 필요한 일을 해주고, 그 과정에서 그 나라 대통령부터 중앙은행 총재까지 다 잘 알게 되니까 이루어지는 일이에요.

(『대우는 왜』에는 이 거래가 좀 더 자세하게 기술되어 있다.

"(NIOC의 보증이 결정되자) 김우중 회장은 즉석에서 1억 달러씩에 5척의 VLCC(Very Large Crude oil Carrier)를 건조해주기로 약속했다. … 이후 이란에서는 추가로 … 10억 달러 상당의 선박 10척을 대우에 발주하기까지 했다…. (이란 정부가 생필품 수입을 도와달라는 요청을 하자) 대우는 3억 달러의 신용을 제공하고 그에 상응하는 곡물과 생필품의 공급권을 보장받았다. 여기에 더해 추가로 2억 달러의 신용을 공여하고 이란이 보유한 LPG, MEG 등의 석유제품을 대우가 팔아주기로 했다. … 이렇게 해서 … 대우는 매년 10억 달러 이상의 거래를 이란과 이어갔다.

비록 이란이 외환위기로 인해 모라토리엄을 선언한 상태였지만, 대우는 단 한 푼도 돈을 떼이지 않았다. 오히려 대우의 신용과 거래실적을 기반으로 다른 한국 기업들이 받지 못한 미수금을 모두 받도록 주선해주기까지 했다. 당시 한국의 다른 기업들은 이란에서 6억 달러 규모의 거래

금액을 지불정지 당한 상태였다. 대우는 이란에서 확고한 신뢰를 구축하며 한국의 이익을 지켜냈던 것이다.")**2**

신장섭 신흥국에서 정치지도자들을 상대할 때에 '검은 돈'이나 '유착' 등의 얘기가 많이 나옵니다. 이들에게 정치자금이나 뇌물을 제공하는 것이 기업 입장에서는 '보험'이라는 얘기들도 하고요. 정치지도자나 관리들이 돈을 달라고 요구할 때에 어떻게 대응했습니까?

김우중 정치자금이나 뇌물은 절대로 위험한 거예요. 돈 받은 사람이 당장 잘 해줄지 모르지만 (시간이 지나면) 사람이 바뀌어요. 정권이 바뀌거나 해서 다른 사람이 들어오면 그전에 돈 준 것이 큰 리스크가 돼요. 사업을 망하게 할 수도 있는 거지요. 그건 절대로 보험이 아니에요. 정적(政敵)을 만들 수 있어요. 그런 것 조사 들어오면 골치 아픕니다. 절대로 권력이나 특혜를 바라고 가서는 안 돼요. 그런 건 한 번으로 끝나요. 우리와 사업을 같이 하는 것이 그 나라에 이익이라는 것을 그쪽에서 알도록 해야지만 리스크가 줄어들어요. 그 나라에서 모범이 되게 해야 돼요. 숫자 따져서 이론적으로 하는 것이 아니라 그렇게 결정하고 행동하면 되는 거예요.

신장섭 그래도 현지 권력자들이 돈을 달라고 하면 어떻게 합니까?

김우중 그런 나라와는 가능한 한 거래하지 말아야지요. 우리가 한 신흥국에서 통신회사를 산 적이 있어요. 그런데 (권력자가) 이것저것 붙여 달라고 하길래 빨리 다시 팔았어요. 그런 일 때문에 문제가 터지면 거기서 해놓은 다른 사업들도 날아갑니다. 판단을 잘해야지요. 그런 걸 제대로 판단하려면 현지에 직접 가서 잘 봐야 해요.

신장섭 한국에서 사업할 때에도 50 대 50 원칙을 마찬가지로 적용했다고 할 수 있습니까?

김우중 당연하지요. 한국에서는 '50 대 50'이 아니라 우리가 내놓은 게 훨씬 더 많아요. 해외에서 번 돈으로 중화학산업에 투자했던 걸 따지면 대우가 마이너스였던 적도 많아요. 국내에서는 내 것이다 한국 것이다 그런 구분 자체가 의미가 없는 일이지만 말이지요.

신장섭 지금 한국에서 대기업들이 계속 비판의 대상이 되고 사회공헌을 제대로 해야 한다는 얘기들이 나오고 있습니다. 다른 기업들에도 50 대 50 원칙을 적용하라고 권유하시겠습니까?

김우중 대기업이 사회에 공헌하는 데 제일 중요한 건 일자리 만들고, 투자하고, 중소기업들을 함께 잘 키워나가는 거예요. 그리고 기부 같은 사회공헌은 스스로 해야 돼요. 강제적으로 압박해서 하는 것은 바람직하지 못해요. 기업인들이 정치적으로나 사회적으로 문제가 생겼을 때 그걸 피해가기 위해 내놓는 것도 모양이 좋지 않고요.

나는 지금 한국의 대기업들이 사회공헌에서 한몫을 해야 한다고 생각합니다. 50%까지는 아니더라도 20%만 내면 큰일을 할 수 있을 거예요. 기업 입장에서는 20% 내면 10% 정도는 세금에서 감면받으니까 실제로 내는 돈은 이익의 10% 정도밖에 안 돼요. 이렇게 낸 돈을 기업들이 각각 사회사업 하는 것보다 한군데 모아서 잘 계획해서 쓰면 할 수 있는 일들이 많이 있을 거예요. 복지문제를 무턱대고 재정에서 다 쓰려고 하면 여러 가지 문제가 생겨요. 효율적으로 쓰이지도 못하고…. 국내 대기업들이 힘을 합쳐서 교육이나 의료나 어느 한 분야를 잡아서 모범적으로 제대로 하면 사회적으로 뜻깊은 일이 될 겁니다.

기업이 돈 버는 걸 일반인들이 좋게 보고 인정해주는 분위기가 만들어지는 것이 중요해요. 기업들이 돈 버는 과정에서 일자리가 많이 만들어지고, 사회공헌 사업을 하면서 돈 번 것을 사회에 돌려주니까 다들 이득이 된다고 생각하게 되는 거지요. 돈 버는 것이 떳떳해져야 사업하려는 사람들도 늘어나고 기업들도 더 열심히 하게 돼요. 그게 국민이나 기업 모두에게 좋은 일이지요.

(김 회장은 일찍부터 사회공헌 사업에 기여했다. 김 회장은 1978년과 1980년에 250억 원을 출연해서 대우재단을 만들었다. 대우재단은 기초학술연구 및 교육 기관들을 지원하는 일을 해왔다. 신안, 완도, 무주, 진도 등 낙도 오지에 병의원을 설립했고, 소년소녀 가장들의 삶터인 '대우꿈동산'도 건립해서 운영하고 있다. 김 회장은 이에 앞서 1977년 사재 50억 원을 출연해서 학교법인 대우학원을 설립했다. 대우학원은 아주대학교를 비롯해서 거제대학(나중에 대우조선해양에 운영권 이양), 대천대학(아주자동차대학으로 명칭 변경) 등 3개 고등교육기관을 운영했다. 그 후 김 회장 개인과 대우계열사들이 학교 시설 등을 지어주며 학원에 투자한 금액은 7,000억 원이 넘는다.

김 회장은 본인이 '전문경영인'을 자처했기 때문에 대우그룹에 대한 본인의 지분율이 낮아지는 것을 두려워하지 않고 사재 출연을 계속했다. 대우 임원들은 그래서 김 회장이 소유권이 아니라 '창업자 프리미엄'으로 경영을 했다고 말한다. 김 회장의 지분이 낮았기 때문에 1998년 금융위기 당시 대우계열사를 매각하는 데에도 문제가 생겼다. 해당 계열사를 매입하는 데 관심 있는 투자자들이 김 회장의 지분을 사더라도 경영권을 확보할 수 없었기 때문이다.)

3. 국제 네트워크 관리 및 정보 획득

신장섭 대우그룹과 같이 세계적 스케일에서 경영을 하는 경우, 세계 정세를 제대로 읽고 사업하는 지역의 상황에 대해 고급정보를 잘 획득하고 판단하는 능력이 굉장히 중요할 것 같습니다. 리더가 이 능력에서 지도력을 발휘해야 직원들이 믿고 따라올 텐데, 김 회장님께서는 이 역량을 어떻게 확보해나갔는지 궁금합니다.

김우중 여러 사람들과 오래 인간관계를 지속하면서 도움을 받는 것들이 많아요. 큰일 할 때에는 그 사람들의 의견도 듣고, 한국 나와서 강연할 수 있도록 해주고, 중요한 사람들을 만날 수 있도록 주선도 해주고…. 우리 어드바이저(advisor, 자문)로 공식 위촉한 사람들도 있어요.

신장섭 어떤 사람들이 어드바이저로 도와줬습니까?

김우중 여러 명이 있었는데 대표적인 사람이 키신저(Henry Kissinger) 전 미국 국무장관, 헤이그(Alexander Haig) 전 미국 국무장관 등이지요.

신장섭 키신저는 처음에 어떻게 알게 됐습니까?

김우중 친하게 지내던 라자드 은행장이 소개시켜줬어요. 우리가 (미국에) 가면 (라자드 은행장이) 자기 집에서 파티를 열어줘요. 와이프(wife)를 데려가면 부부동반으로 열고…. 그 자리에 미국의 은행장, 금융회사 부회장 등 같이 모이는 그룹이 있었어요. 많을 때는 20~30명 정도까지 모였으니까, 부인까지 합치면 40~60명 정도 되지요. 그 자리에서 여러 사람들을 소개시켜줬는데 키신저도 거기에서 소개받았어요.

신장섭 키신저에게 구체적으로 어떤 도움을 받았습니까?

김우중 만나서 세계정세나 최신 동향 등을 듣는 거지요. 미국만이 아니라 전 세계에 걸친 얘기들에 관한 대화가 오가요. 사업과 관련해서 중요한 판단을 해야 할 때 그런 정보가 큰 도움이 돼요. (1980년대에) 우리가 이란과 이라크에 다 진출해 있었어요. 그런데 미국과 두 나라 사이가 나빠지니까 (1991년 이라크전쟁 벌어지기 전) 어디에서 철수하는 것이 좋을지를 키신저에게 물어봤어요. 그때 대부분은 미국과 이라크의 관계가 그전에 좋아서 이라크를 더 안전하게 보고 있던 때였어요. 그런데 키신저가 이란에서 (사업을) 하라고 해요. 그 말을 듣고 이라크에서 철수했어요.

신장섭 그 결정이 대우에 금전적으로 굉장히 큰 도움이었겠네요.

김우중 다른 회사들은 이라크에서 일한 다음에 돈도 못 받고 많이 고생했지요. (예를 들어 현대건설은 이라크에서 13억 달러의 미수금이 발생했다. 4장 2절 참조). 그런데 우리는 다른 사람들이 이란을 불안하게 보고 있을 때에 일찍 들어가서 장사를 많이 했어요. 그러니까 이란에서 크게 성공할 수 있었지요(5장 2절 참조).

신장섭 키신저가 다른 일 도와준 것은 없습니까?

김우중 여러 가지가 있는데, 내 입장에서 제일 도움된 것이 사람들을 연결시켜준 거예요. 미국에 출장 갈 때에 키신저에게 연락해서 금융계 사람들을 만나게 해달라면 대여섯 명 정도 데리고 와요. 주요 은행에서 최고 의사결정권자들이지요. 같이 점심도 먹고 저녁도 먹으면서 그 사람들에게 금융시장이 어떻게 돌아가나, 앞으로 금리가 어떻게 되나 들어보는 거지요. 그 사람들이 나에게도 이것저것 물어보고요. 키신저가 또 미국 정계 실력자들과 만날 수 있는 모임을 주선해주기도 하고, 다른 모임에 데려가주기도 해줬어요. 익스클루시브(exclusive) 만찬에도 두세 차례 갔어요. 거기에 내로라하는 사람들이 다 나와요. 그래서 미국 내 인맥이 넓어지고 덕분에 미국에서 일을 많이 했어요.

버마(지금의 미얀마) 가스사업 할 때에도 키신저의 도움을 받았어요. 버마에서 가스가 나온다고 하던 초기예요. 정확한 매장량을 확인하고 가스를 LNG(액화천연가스)로 만들어 한국에 가져올 생각을 하고 함께할 만한 사람을 소개시켜달라고 했어요. 오일 메이저(major)는 아니고 인디펜던트(independent)로 하던 사람인데 아주 건실하고 좋은 사람을 소개받았어요. 그 사람이 갖고 있는 자가용비행기를 타고 같이 버마에 갔지요. 당시 버마 권력서열 1, 2, 3인자를 다 만나고 일이 잘되어 갔었어요.

신장섭 그런데 어떻게 됐습니까?

김우중 그때 에너지장관 하던 부총리가 자기를 통하지 않고 (일을) 하니까 반발을 했어요. 이 사람이 한국대사관에 얘기했고 대사관을 통해 다른 한국 회사가 알게 돼서 경쟁이 붙었어요. 결국 둘 다 못 하게 됐어요. 버마 쪽에서 어느 한쪽을 밀어주면 입장이 곤란해지니까…. 그 틈을 프랑스의 엘프(ELF)가 끼어들었어요. 우리가 1년 이상 작업을 해서 다 되는 거였는데….

나는 그때 한국 회사 때문에 그런 일이 벌어진 걸 전혀 모르고 있었어요. 나중에 대사관을 통해서 알아보니 그렇게 된 거였어요. 내가 미리 알았다면 (그 업체를) 만나 설명하고 해결 방법을 찾을 수 있었을 거예요. 버마도 그때 우리와 가스사업이 제대로 진행됐으면 생션을 받지 않을 수도 있었을 거예요. 우리가 미국 업체와 같이 들어가는 거였으니까요. 인터레스트(interest, 이해관계)가 있으면 미국이 그렇게까지 하지 않았을 수 있는 거지요.

(애플 창업자 스티브 잡스의 전기(傳記)를 써서 잘 알려져 있는 월터 아이작슨(Walter Isaacson)은 키신저 전기에서 대우의 버마 가스사업에 대해 다음과 같이 기록해놓았다.

"미(美) 루이지애나 주(州)에 본사를 둔 광업개발업체 프리포트 맥모런(Freeport-McMoRan)과의 거래는 키신저의 전형적인 컨설팅 서비스 사례이다. 키신저는 이 회사의 사외이사로 되어 있고, 그의 컨설팅회사 키신저 어소시에이츠(Kissinger Associates)는 이 회사의 국제 컨설팅 의뢰기관(retainer)이었다. 이 회사가 버마에서 석유와 가스 시추사업을 하려고 할 때 키신저는 프리포트 맥모런의 최고경영자들과 그의 또 다른 고객인 한국의 거대 기업집단 대우와의 미팅을 주선했다. 이들은 함께 40억 달러 규모의 합작사업을 하기로 했다. 프리포트 맥모런은 탐사와 시추사업을 하고, 대우는 액화천연가스 공장을 건설하고 가스를 한국으로 수송하는 것이었다.³

신장섭 흥미진진합니다. 현실 국제정치경제학 강의를 듣는 것 같습니다. 헤이그에게서는 어떤 도움을 받았습니까?

김우중 헤이그가 나토(NATO, 북대서양조약기구) 사령관(1974~79)을 해서 유럽에 대해 잘 알아요. 중요한 사람들도 많이 알고. 헤이그에게 유럽이 어떻게 돌아가는지 얘기도 듣고 사람들도 소개받았어요. 한국에 오게 해서 우리 중역들과 대화도 나누고 세계정세에 대해 강연도 여러 번 하게 하고요.

대우조선이 잠수함을 만들 때 헤이그에게서 크게 도움을 받았어요. 당시 한국은 미국과의 관계 때문에 공격용 무기는 못 만들고 방어용 무기만 만들게 되어 있었어요. 헤이그와 상의하니까 서독 고위 관계자를 소개시켜줘요.[4] 그 사람에게 '잠수함 개발은 한국 해군의 염원이다. 독일도 한국처럼 분단되어 있는 상황이니까 이해할 수 있지 않느냐. 한국은 3면이 바다라서 안보를 지키려면 잠수함이 꼭 필요하다'고 설득했어요. 그 사람 덕분에 일이 다 풀렸어요. 독일에서 기술제휴 받는 것도 도움을 받고. 그렇게 하다 보니 유럽 인맥이 자꾸 넓어져요. 슈미트, 콜 (서독)수상도 만나게 됐고, 불란서에서는 시라크 수상과 친하게 됐고….

신장섭 혹시 키신저나 헤이그에게 자문료를 얼마나 지불했는지 얘기할 수 있습니까?

(김 회장은 필자에게 액수를 얘기했다. 그러나 그 내역을 지면에 밝힐 수는 없다. 일반적으로 듣기에 거액인 것은 사실이다. 김 회장이 통 크게 투자했다는 생각도 든다. 그렇지만 이 컨설턴트들을 통해 대우그룹이 실제로

도움 받은 내용을 들어보면 투자를 굉장히 잘했다고 생각되는 액수이다.

아이작슨은 키신저 전기에서 그 액수를 추측할 수 있는 단초를 제공한다. 그는 1990년대 초반에는 키신저가 보통 연간 상시의뢰비용(retainer fee)으로 20만 달러를 받았고, 개별 프로젝트에 대해 별도로 월간 10만 달러를 받았다고 말한다. 이러한 컨설팅 수입과 강연료 등을 합쳐서 키신저는 당시 연간 800만 달러가량의 소득을 올렸다.)[5]

신장섭 그 외에 국제인맥을 쌓은 것은 어떻게 됩니까?

김우중 중요한 사람들과 친하게 되니까 그 사람들을 통해 인맥이 계속 넓어져요. (내가) 여러 회사와 기관에서 어드바이저리 보드(Advisory Board, 자문위원회) 멤버가 됐어요. 각 자문위원회마다 인원이 20명에서 많게는 50명까지 돼요. 그런 자리를 통해 사람들을 또 만나게 되고…. 자문도 하지만 거기 가면 부탁하는 일들도 있게 돼요. 그 사람들이 내가 만나고 싶은 사람들을 만나게 해주기도 하는 거지요.

(김 회장은 세계경제포럼 위원회(WEF Council Meeting), 세계경제포럼 자동차분과 위원회, 시어스월드트레이드, 유나이티드 테크놀로지(United Technology), ITT, 상해 시, 중국개발은행, 펜실베이니아대 와튼스쿨, 보스턴대, 미시간대 등에서 자문위원을 역임했다. 하버드 경영대 이사직도 맡았다. 당시 WEF 자문위원 50명 가운데 김 회장만이 유일한 아시아인이었다.)

신장섭 미국 쪽에서 특히 자문위원으로 있었던 곳이 많은데요.

김우중 우리가 원래 기술은 독일에서 많이 들여왔는데, 미국 인맥이 많아지면서 ITT(통신회사) 등과 합작도 하고 미국과 조인트벤처(joint venture, 합작회사)가 많아졌어요. 미국 무역대표부 대표 했던 칼라 힐스(Carla Hills, 1989~93)도 알게 되고, 칼라일(Carlyle)그룹 회장도 만나게 됐고…. 체니(Dick Chenney, 부시 대통령 때 부통령 역임)도 젊었을 때 만났어요. 소개해준 사람이 앞으로 대통령이 될 수 있을 정도로 장래성 있다고 말했던 기억이 나요. (미국 재무장관을 지낸) 서머스(Larry Summers)도 옛날부터 그렇게 안면이 있어요.

신장섭 세계 정치경제의 '후즈 후(Who's Who)'를 다 만났다고 할 수 있네요. 그런 사람들을 만나서 무슨 얘기를 나눕니까? 어떻게 친해집니까?

김우중 그런 자리에 가면 세상 돌아가는 얘기나 자기네 전략에 관한 얘기들이 나와요. 그걸 잘 듣는 거지요. 그래서 그때 나한테 인포메이션(information, 정보)이 참 많았어요. 내가 그 사람들에게 날카로운 질문을 던지기도 하고 그랬어요. 우리가 전 세계에서 사업하는 곳이 많으니까 현지 사정에 대해 내가 훨씬 잘 아는 것들이 있어요. 그러니까 야코죽을 것 없이 얘기하는 거지요. 내가 어디를 가든 헤드테이블에 앉혀줬어요. 자기들이 그만큼 나를 필요하다고 생각하니까 그런 것이겠지요.

하버드대학교에 강연을 갔다가 총장 영빈관에서 석학 20~30명과 밤 11시까지 앉아서 얘기한 적도 있어요. 그래서 하버드경영대학 이사도 됐어요. 그 사람들에게 다른 사람들을 소개받기도 하고…. 우리도 대학(아주대학)이 있잖아요? 대학 운영을 어떻게 하는지도 볼 수 있고. 이사회에서 펀드 운용도 설명해요. 그러면 학교 재정 돌아가는 것도 알고, 금융시장 돌아가는 것도 알게 되는 거지요.

(하버드대학기금은 2011년 말 자산 규모 320억 달러(약 37조 원)로 전 세계 대학 중 최대 규모이다. 또 지난 20년간 연평균 12.9%의 수익률을 올렸다. 헤지펀드 중에서도 이 정도의 장기수익률을 올린 것은 몇 개 되지 않는다. 하버드대학펀드가 이렇게 높은 장기수익률을 올리는 비결은 전 세계에 흩어져 있는 고위정치인, 정책결정자, 최고경영자 동문들에게서 고급정보를 지속적으로 공급받는 데에 있다.)

신장섭 선진국뿐만 아니라 신흥국에서도 마찬가지로 다양한 인맥을 쌓았던 걸로 알고 있는데요..

김우중 내가 (중국) 상해 시 정부 자문위원을 오래했어요. 시장, 서기장과 다 친했고 그 사람들이 중앙정부로 옮겨서 정치국원들을 많이 하고 총리, 부총리도 하게 되면서 사람들을 많이 알게 됐어요. 그래서 강택민(장쩌민) 전 주석과도 알게 된 거지요.

신장섭 중국에 그런 네트워크는 어떻게 만들게 된 겁니까?

김우중 제일 처음 중국에 들어갈 때는 복건(푸젠)성에 냉장고공장을 만들었어요(1987년). 한국과 중국이 수교하기 전이지요. 보시라이(薄熙來)의 아버지 보이보(薄一波)가 그 때 정식 외교관계가 없는 나라들을 담당했어요. (보이보는 중국 공산당 8대 원로 중 한 명이다. 보시라이는 '태자당(太

子黨)'의 핵심 인물로 다롄 시장, 중국 상무부 부장, 충칭 시 당서기 등을 역임하며 차세대 리더로 승승장구하다가 2012년에 벌어진 부인의 영국인 독살 교사사건과 부정부패 등의 혐의로 몰락했다.) 원로로서 뒤에서 하는 거지요. 보이보의 딸, 보시라이의 누나지요. 이 사람을 소개받아서 보이보와 연결됐어요.

홍콩에서 거부가 된 사람이 있는데 그 사람과도 가까웠어요(룽즈젠[榮智健], 홍콩명 래리 융). CITIC(중국국제신탁투자공사)이 처음에는 종합무역공사처럼 시작했는데 나중에 금융재벌처럼 컸지요. 그 아버지(룽이런[榮毅仁])가 중국 부주석(1993. 3~1998. 3)도 하고 CITIC을 설립한 사람이에요. CITIC이 당시 홍콩지점을 법인화했는데 이 친구가 그걸 맡았어요. 내가 초청해서 한국에도 몇 차례 들어왔었지요. 얼마 전에 한국 신문과 인터뷰한 것을 봤는데 기자가 한국에 잘 아는 사람이 누가 있냐고 물으니까, '김우중밖에 모른다'고 얘기했더군요.

신장섭 그런 사람들을 처음에 어떤 경로를 통해서 알게 됐습니까?
김우중 북경대학을 나오고 상당히 젊은 사람이 다리를 놓았어요. 공산당 간부였지요.

신장섭 인맥을 그렇게 만들어나가는 데 처음 소개시켜주는 사람의 역할이 중요하지 않나요?
김우중 꼭 그렇지는 않아요. 처음에 연결시켜주는 것이 필요하지만 그 다음은 내가 해야 하는 몫이에요. 서로 몇 번 만나보면 알게 돼요. 그 사람들이 나만 소개받는 것이 아니라 여러 사람을 소개받을 테니까, 소개받았다고 해서 되는 게 아니지요. 만나서 뜻이 맞아야지 관계가 제대로 돼요.

신장섭 중국 인맥을 상해에서 처음 구축한 것이 큰 도움이 됐을 것 같은데요….

김우중 강택민이 주석이 되면서(1990년) 상해에 알고 있던 사람들이 북경 중앙정부로 많이 옮겨갔어요. 그러니까 자동적으로 높은 사람들을 만나게 된 거지요. 그 덕분에 내가 북경에 가면 부총리, 총리, 주석 다 만날 수 있었어요. 그래서 내가 중국에서 유명해졌어요. 내가 누구든지 만나게 해달라고 얘기하면 만나게 해줘요. 영빈관(댜오위타이, 釣魚台国賓館)에 (필요한) 사람들을 데려와 같이 밥 먹고 얘기할 수 있게 해주는 거지요.

신장섭 한중수교(1992년)가 된 다음에 뒤늦게 진출한 한국 기업이라면 어림도 없는 일이었을 텐데, 대우는 수교 전에 남들보다 일찍 들어가서 관계를 쌓았으니까 가능했던 것 아닙니까?

김우중 그렇지요. 그쪽이 절실하게 필요로 할 때에 먼저 갔으니까요. 그러니까 내가 달라고 하지도 않았는데 자꾸 사업권을 주려고 해요. 통신사업권을 주겠다는 얘기도 나왔었고요. 그때 자동차 때문에 많이 다녔어요. 제일자동차(中国第一汽车)와 합작해서 완성차를 만들기로 다 됐는데 그 회사 사장이 갑자기 교통사고로 반신불수가 되는 바람에 늦어지고, 우리도 워크아웃에 들어가면서 되지 않았지요. 그렇지만 자동차부품회사는 그때 만들어져서 나중에 많이 커졌어요. (하지만 그 이득은 나중에 GM이 챙겨갔다. 4장 3절 참조)

신장섭 신흥국에 다른 인맥은 어떤 것들이 있습니까?

김우중 태국 부총리 하던 사람(암누아이 비라반)과는 지금까지도 가까워요. 다른 회사 자문위원을 함께할 때 만났는데 일본전기(NEC)에서 나온 사람과 같이 동양 사람이 우리 셋뿐이라서 잘 어울렸어요. 대우가 태국에는 사업이 없어요. 그래도 서로 인간적으로 친해졌어요. 오다가다 만나고, 내가 태국에도 가고, 그 친구가 한국에도 오고… 집안끼리도 친했지요.

사업이 직접 연결되는 것이 없어도 친해지니까 도움 받는 게 있어요. 다른 동남아 국가에 갈 때 그 친구에게 그쪽 사정을 물어보면 듣는 정보가 있어요. 풀어야 할 일들이 생기면 도와주기도 하고…. 우리가 라오스에 수력발전소를 지었는데 거기에서 나오는 전기를 태국에 팔았어요. 그때 전기 판 돈이 절반은 미국 돈으로 절반은 태국 바트로 받게 되어 있는데 바트화 가치가 자꾸 떨어져요. 그 친구에게 얘기했더니만, 태국 측에 연결시켜줘서 조건을 변경할 수 있게 도와줬어요.

신장섭 인간관계를 잘해 놓으니까 뜻하지 않게 도움을 받는 경우가 많이 생기네요. 지금 기업 하는 사람들에게 국제 인맥을 쌓으려면 어떻게 하라고 조언하고 싶으신가요?

김우중 각 나라에서 한 사람은 꼭 친하게 지내는 사람을 만들어야 해요. 길게 마음 터놓고 얘기할 수 있는 사람을… 보험 든다고 생각하고. 우리가 라자드와 종합금융 할 때(한국종합금융) 영국 라자드와 합작했지만 미국 라자드 은행장과 친하게 됐어요. 그 사람 덕분에 미국 인맥들이 만들어졌어요. 그 친구와 참 친했어요. 내가 얘기하면 무슨 수를 써서도 소개시켜줘요. (나에 대해) 좋게 얘기해주고요.

이런 것이 하루아침에 안 돼요. 한번 사귀었다고 그냥 놔두지 말고 한국에 한두 번이라도 들어오게 해야 돼요. 바쁜 사람들이니까 내가 현지에 가면 잠깐밖에 만날 수 없어요. 그렇지만 한국에 여행 오게 하면 시간이 많이 나요. 다른 사람들 만날 일이 별로 없으니까요. 그러면 이런저런 얘기 오래하고 친해질 수 있는 거지요. 그 사람들을 한국에 초대할 때 꼭 부부동반으로 불렀어요. 그런 게 되면 서로 믿고 뭐든지 할 수 있게 돼요.

4. 창조와 도전

신장섭 대우 '세계경영'의 한 가지 특징은 선점 전략이라고 할 수 있을 것 같습니다. 남들이 가지 않은 곳이나 하지 않는 일을 먼저 장악하고 그것들을 세계적인 범위에서 결합시키는 것이라고 할 수 있을 테고요. 그래서 대우의 사훈에 창조와 도전이 들어가 있는 것 같습니다. 그런데 '창조와 도전', 말은 하기 쉬워도 실행하기는 대단히 어려운 일입니다. 김 회장님은 경영자로서 창조와 도전을 어떻게 실행했습니까?

김우중 나는 어렸을 때부터 다른 사람들이 보지 못하는 걸 보는 능력이 좀 있었던 것 같아요. 신문 배달 할 때도 다른 사람들과 다르게 해서 방천시장을 완전히 독점했어요(아래 설명). 처음 한성실업에 들어갔을 때도 '일을 이렇게 하면 잘될 텐데…' 하는 것들이 눈에 보였고요(1장 1절 참조).

(창조와 도전을 하려면) 마음이 절실해야 돼요. 어떻게든 잘해 보겠다는 생각이 있어야지요. 열심히 노력도 하고, 궁리도 하고…. 절실하면 꿈 속에서도 해답이 나와요. 몸은 자고 있어도 머리는 계속 돌아가는 거지

요. 조그만 일에서 해결책을 찾아 성공하면, 그 다음에 자신감이 생겨요. 그러면 더 큰 일에 도전할 수 있는 거고, 그걸 잘하려고 노력하다 보면 또 좋은 생각이 떠오르는 거지요. 그게 한 번에 되는 게 아니에요. 조금씩 쌓아 올라가는 거지요. 그렇게 몇 번을 하다 보면 더 큰 자신감이 생기게 돼요.

(김 회장은 6·25전쟁으로 가족이 대구로 피난 갔을 때에 14세 소년 가장이 된다. 아는 사람이 아무도 없던 방천시장에서 아무도 생각하지 못한 아이디어로 몇 달 만에 신문 배달을 석권했다.

"나는 신문을 받아들면 중간에서는 한 장도 팔지 않고 방천시장에 달려갔다. … 항상 1등이었다. 그러나 … 한 장 팔면 거스름돈을 주어야 하는데 그렇게 하다 보니 시간이 많이 걸렸다. … 3분의 1쯤 파는 사이에 뒤에 따라온 아이가 나를 앞질러서 팔아버렸던 것이다. … 궁하면 통한다는 말이 있다. 나는 더 효과적인 다른 방법을 쓰기로 했다. 그것은 거스름돈을 미리 삼각형으로 접어서 주머니에 잔뜩 넣어 가지고 있는 것이었다. … 신문과 거스름돈을 던져주고 돈을 받으며 앞으로 나아가니 시간을 상당히 절약할 수 있었다. 그러나 그렇게 해도 … 한 3분의 2쯤 가다 보면, 또 뒤에서 다른 아이가 쫓아와서 앞서 나간다. 마지막으로 내가 생각한 방법은 아예 신문값은 받지 않고 신문만을 던져주고 나서 나중에 그 길을 돌아오면서 느긋하게 신문값을 받아내는 것이다. 그렇게 하니 이제 아무도 나를 뒤쫓아 올 수가 없게 되었다. … 몇 달 동안 내가 이런 식으로 신문을 팔자 다른 신문팔이는 그곳에는 나타날 생각을 하지 않게 되었다. 그래서 방천시장을 나 혼자 차지하기에 이르렀다."[6]

신장섭 '도전 → 창조 → 자신감 → 또 다른 도전'으로 이어지는 선순환을 만드는 것이네요. "포기한 그들이 불가능한 계산을 하고 있을 때 나는 가능한 계산에서 출발한다. … 사업가는 1퍼센트의 가능성만 있으면 이 가능성을 불쏘시개로 삼을 줄 알아야 한다"[7]고 얘기했던 것도 도전을 통해 남들이 보지 못하는 것을 창조해나갔기 때문에 가능했던 것이라고 할 수 있지 않겠습니까?

김우중 도전하지 않는 사람들에게는 그 가능성이 보이지 않아요. 리비아에서도 생션(sanction)을 받고 미국과 관계가 악화되니까 사업하던 사람들이 다 철수했어요. 그때 나는 반대로 생각했어요. 우리가 이것을 뚫고 사업을 하면 크게 할 수 있다고. 오히려 무주공산(無主空山)이 된 거잖아요? 수단에서 타이어공장을 짓는 것도 일반 사람들은 타이어 만들어본 경험도 없는 회사가 어떻게 타이어공장을 짓느냐고 생각했겠지요. 그런데 우리는 수단과 타이어 장사를 하면서 가능성을 봤으니까 타이어공장을 지어주겠다고 제안할 수 있었던 거예요(2장 1절).

앤트워프 정유공장도 마찬가지예요(2장 2절). 우리가 정유공장 돌린 경험이 한 번도 없어요. 그런데 현지 조사를 해봤더니 사장이 무관심하고 관리자들이 태만해서 노사분규도 생기고 해서 (공장) 문을 닫았다고 해요. 근로자들을 다시 모으고 우리 우수 인력을 파견해서 관리혁신을 하면 해결이 가능하다고 판단했어요. 영업에서는 자신이 있었어요. 리비아 원유를 잘 처리해서 팔면 된다고 본 거지요.

신장섭 앤트워프 공장의 경우, 성공을 '창조'하는 데에 대우가 갖고 있던 리비아 원유공급선과 그동안 쌓은 부실기업 정상화 노하우를 결합시킨 게 중요했던 것 같습니다. 혁신(innovation) 연구로 유명한 경제학자 슘페터(Joseph Schumpeter)는 혁신을 '새로운 결합(new combination)'이라고 정의합니다. 보통 사람들은 옛날 결합만 생각하니까 가능성이 없어 보이고 새로운 일을 못하는 거지요. 그런데 혁신가는 다른 사람들이 생각하지 못하던 새로운 결합을 만들어내서 이익을 거둔다는 겁니다.

김우중 우리가 그런 책을 읽고 한 건 아니지만 지나고 나서 보면 원리는 다 비슷해요. 우리가 아는 노하우, 우리가 만들 수 있겠다, 할 수 있겠다고 생각하는 것들을 남들이 하지 못한다고 생각하는 것들과 결합시키는 거지요. 우리가 부실기업 인수해서 정상화한 것도 마찬가지예요. 은행들이 포기하고 우리에게 맡긴 회사들이 많아요(고려피혁, 삼호상사, 신성통상 등). 은행들은 어떻게 회사를 돌리는지 알 수가 없지요. 시설이라는 것이 안 돌리고 5년만 지나면 고철이 되니까 갖고 있어 봤자 골치만 아프고요. 제일은행이 인수 제의를 하길래 리스트 만들어달라고 한 뒤 개별 회사 자료를 하나하나 따지지 않고 전체를 다 받은 적도 있어요.

신장섭 무슨 자신감이 있어서 통째로 받은 겁니까?

김우중 그게 다 뻔하지요. 그때 은행 사람들은 국내시장밖에 생각하지 못했어요. 그걸로만 생각하면 다 망해야 할 기업이지요. 재무제표에는 그렇게밖에 나와 있지 않아요. 그런데 우리는 해외시장을 알아요. 일단 (부실기업들을) 받아서 해외시장과 결합할 방법을 찾아내면 되겠다고 생각한 거지요. 마켓(market, 시장)이 있어야지 기업이 살아요. (다른 사람들은) 밖을 모르니까 그런 생각을 못하는 거지요.

신장섭 한국기계, 대우조선 등 중화학산업에서 부실기업을 정상화할 때도 제품을 해외에 파는 능력을 결합할 수 있었기 때문에 가능해졌다고 할 수 있겠네요.

김우중 그러니까 정부나 다른 기업들에는 불가능한 계산인데, 우리한테는 가능한 계산이 된 거지요. 한국기계도 그래서 해외에 대량으로 수출할 수 있는 기획생산체제로 바꿨어요. 국내에서도 시장을 안정적으로 만들었고요(1장 3절 참조). 조선이야 원래 해외에 파는 건데… 처음에는 나도 실적이 전혀 없으니까 불가능할 거라고 생각했어요. 그런데 해외에 돌아다니면서 선주들을 만나고 알아보니까 가능성이 보여요. 어렵게 계약을 따내 어렵게 배를 만들어내고 보니 그 다음에 점점 자신감이 생기는 거지요(2장 4절 참조).

신장섭 대우식으로 세계경영을 하려면 회장 혼자만 도전하고 창조하는 것이 아니라 직원들도 마찬가지로 미지의 세계에 뛰어들어 새로운 것을 만들어내는 자세와 능력을 갖춰야 하는 것 아닙니까? 특히 신흥시장에서는 예상하지 못한 일들이 많이 일어나고 본국과 실시간으로 상의하는 것이 불가능할 테니까, 현지에 나간 직원들이 스스로 문제를 해결하고 사업을 키워나가는 능력이 중요할 것 같습니다. 직원들이 도전정신과 창조력을 갖게 하기 위해서는 무엇을 어떻게 해야 하는 겁니까?

김우중 가르친다고 되는 게 아니에요. 일단은 본인들이 해보겠다는 각오가 있어야 해요. 처음부터 이렇게 해라 저렇게 해라 하면 자기들이 생각하지도 않고 의욕도 생기지 않아요. 일단은 맡겨야 돼요. 조그만 것부터 맡겨보는 거지요. 맡기고 언제까지 해내라고 하면 스스로 방법을 찾는단 말이에요. 거기에서 알파(α)가 생기는 거지요. 모든 게 한 번에 되는 게 아니에요. 조금씩 하다 보면 요령을 알게 돼요. 그러면 자신감이 생겨서 더 큰 일도 스스로 하는 거지요. 거기에 일하는 즐거움과 환희가 있어요. 축구 하는 사람들이 처음에는 골을 넣지 못하다가 자꾸 연습하고 요령이 생기면 골을 넣게 돼요. 그래서 시합에 나가 골을 넣게 되면 손 흔들고 기뻐하고 자신감이 생기는 거지요. 1등 골잡이가 되더라도 골 넣는 것이 즐거워요. 더 잘 넣으려고 노력하고 그렇게 계속 하다 보면 영웅이 되는 겁니다.

신장섭 혹시 그런 걱정은 하지 않았습니까? 스스로 해보라고 재량권을 너무 많이 주면 실패를 해서 회사의 리스크로 올 가능성이 있는데요. 창조적으로 뛸 수 있도록 판을 벌려주는 것과 리스크 관리 하는 것을 어떻게 조화시켰습니까?

김우중 잘될 때는 자기들이 해서 막 나가는데, 잘못되면 꼭 상의하러 들고 오지요(웃음).

신장섭 잘못될 때만 갖고 온다?

김우중 그걸 풀어야 하니까…. 내가 함께 들어보고, 사람들도 만나고 해서 조금만 방향을 틀어주면 다시 해결되는 거지요.

신장섭 한국 정부만 김 회장님을 문제 해결 청부사로 취급한 것이 아니라, 대우 직원들도 김 회장님을 문제 해결 청부사로 취급했던 겁니까(웃음)? 일이 잘못되더라도 회장이 도와주면 풀릴 수 있을 것이라는 기대와 자신감을 직원들에게 함께 심어줬던 것 같네요.

김우중 대부분의 직원들이 그렇게 생각하지요. 길을 못 찾을 때 내가 같이 들여다보면 되는 경우가 많아요. 어떤 일들은 그 친구들 수준에서 해결책이 나오지 않는 경우들이 있어요. 예를 들어 (물건 받기 전에 거래 상대방에게) 돈을 미리 줘야 하는 것은 자기들이 생각하기 어렵지요. 또 상대방 쪽에서 '어떻게 네가 그렇게 큰 결정을 할 수 있느냐'면서 실무자를 믿지 못하는 것 같으면 나에게 와서 함께 가서 만나자고 해요. 그러면 같이 가서 해결하는 거지요.

신장섭 직원들에게 재량권을 너무 많이 줘서 실패한 경우는 없습니까?

김우중 고쳐서 성공으로 만들어야지요. 실패하려는 것이 보일 때 그때부터 고쳐서 성공으로 만들어야 돼요.

신장섭 혁신을 얘기하는 사람들은 실패를 두려워하지 말아야 한다고 합니다. 실패가 있더라도 그걸 밑거름으로 삼아서 도전을 벌일 수 있다고….

김우중 실패했다고 하는 일들, 그대로 맡겨놨으니까 그렇게 된 거예요. 다 길이 있어요. 풀 수 있는 길이 있는데 그걸 못 찾으니까 실패가 되는 거지요. 실패해도 된다는 얘기, 그거 다 거짓말이에요. 실패해도 된다면 자꾸 실패하는 거지요. 그러면 자신감도 없어져요. 성공할 가능성이 더 줄어드는 거지요.

실패하는 것 같아도 상대방 중역을 만나면 해결 방법이 나오는 경우도 있어요. 사장을 만나서 일을 키우든지, 주고받고 하면서 해결이 되는 것도 있어요. 한 분야에서 실패하는 것 같아도 그 옆에 다른 업종으로 가면 비슷하게 해서 성공할 것들이 있어요. 그러면 바꿔서 하는 거지요. 그게 장사예요. 확신을 갖고 길이 있다고 생각하면 다 풀려요.

신장섭 실패하는 조짐을 보일 때 빨리 극복할 길을 찾아야 한다는 얘기네요.

김우중 그렇지요. 안 되면 자문을 받든지 해서 방법을 찾으면 길이 있어요. 실패했다 하더라도 바꾸면 되요. 그런 실패는 실패도 아니에요. 그런 걸 갖고 얘기도 않고 끙끙 앓고 있으면 곤란하지요. 숨기면 부정이 일어나요. 일찍 상의해야 해결책이 쉽게 나와요. 투자 100만 불 할 것을 1,000만 불로 늘려서 해결하는 경우도 있어요.

신장섭 그렇게 재량권을 주면서도 유사시에 회장이 관리해줄 것을 믿어서 그런지 김 회장님보다 일을 더 세게 벌이는 직원들도 있습니다. 직원들을 대담하게 키웠던 것 같습니다.

김우중 자신감이 있으니까 그렇게 하는 거지요. 잘못 되면 자기들이 책임져야 하는 것 아니겠어요? 종종 정말 특출한 사람들이 있어요. 자기 분야에서 나보다 더 잘 해요. 거래 상대방에서도 인정해주고…. 그런 사람들한테는 더 큰 일을 주면서 계속 맡기는 거지요.

(대우의 한 임원은 김 회장에 대해 다음과 같이 평가한다. "김우중 회장은 항상 남들이 안 한 일에 도전하기를 즐겼다. 항상 일을 벌이고 보는 성격이라 주변 사람들은 한시도 마음 편할 날이 없었지만, 한편으로는

그 성격으로 인해 대우의 업적에 '최초'라는 단어가 많이 따라붙었다"[8]
그런데 이런 김 회장보다도 더 앞장서서 일을 저질렀던 대우 임직원들도 많다. 그들의 얘기를 들어보자.

"리비아 정부는 대우가 평소 가져가던 물량의 4배나 되는 원유를 … 가져갈 수 있는지 물었다. 그러면서 지급 조건을 절반은 현금으로, 절반은 건설대금으로 해주겠다고 제안했다. … 시장 상황에 따라 이익이 날 수도 있고 손해가 날 수도 있었다. 그런 만큼 계약 또한 복잡했다. … 걱정이 전혀 안 되는 것은 아니었다. … (그러나) 장기적으로 볼 때는 분명 이익을 낼 것이라고 판단했다. … 다음 날, 계약을 체결했다. …

잠을 자고 있는데 전화벨이 울렸다. … "나 회장인데, 서울로 잠깐 들어와." … 김우중 회장이 나에게 물었다. "이번 리비아 원유 계약은 수익성이 있는 계약인가?"

"지금 당장은 손해가 납니다. 하지만 … 장기적으로 보면 분명히 이익이 날 것으로 전망합니다."

"뭐야? 당장은 손해라고? 그렇게 큰 계약을 나한테 보고 한마디 없이 결정했단 말이야? 지금 이 일이 회사에 얼마나 중요한 일인지 알기나 해?" 김우중 회장은 나를 야단치기 시작했다.

"회장님, 저를 이렇게 야단치시면 제가 허위보고를 할 수 있습니다." 내가 이런 어처구니없는 말을 하자, 김우중 회장은 내 기분을 파악하고는 이내 화를 풀었다.

"알았어, 야단을 치지 않을 테니 앞으로 정직하게 보고해." …

대우는 항상 담당자에게 재량권을 많이 부여한다. 다른 회사에서는 간부 정도 돼야 누릴 수 있는 권한이 실무자에게 직접 주어진다. 이런 여건 덕분에 나와 동료들은 하고 싶은 거의 모든 사업을 시도하고 성공할 수 있었다."⁹

"당시에 해외투자는 김우중 회장의 재가를 받게 되어 있었다. '해외투자 심의위원회'의 심사를 거치고 김우중 회장의 수락을 받는 것이 정상이었다. 하지만 나는 그런 과정을 안 밟고 그냥 진행했다. "큰돈이 아니니까 그냥 진행하겠습니다." … 사장에게만 보고했다. … 사실 나는 일하면서 회장의 허락을 받고 한 일이 거의 없다. 내가 먼저 무슨 일을 하자고 제안하면 회장은 "그건 좀 이따가 하지"라고 할 때가 많았다. 그래서 회장에게 보고하기 전에 먼저 일을 벌이는 편이 일하기 편했다.

내 성격을 안 김우중 회장은, 내가 수동적으로 일하는 것보다 무엇이든 소신대로 하도록 믿고 맡기는 것이 효과적이라는 생각을 가지고 있었던 듯싶다. … 내 목적은 회사를 키우는 데 일조하는 것이었다. 일본의 종합상사를 따라잡고, 대한민국을 일본 이상으로 살기 좋은 선진국으로 만들고 싶었다. … 따라서 회사는 나의 목적을 달성하기 위한 수단이고, 사장과 회장은 나를 도와주는 분들이라고 여겼다. 그러니 내가 먼저 앞서나가야 됐다. 먼저 무슨 일을 하자고 제안해야 했다.")¹⁰

신장섭 그렇게 자신감 있고 일 잘하는 직원들은 혹시 조금 잘못됐을 때에도 "이 친구가 실수는 했지만 그동안 잘해 왔고 가능성이 있으니까 계속 밀어준다"는 분위기를 만든 겁니까?

김우중 사람이라는 게 그래요. 카지노에 가서 도박하는 친구들이 있는데… (확률적으로 보면) 당연히 돈을 날린단 말이지요. 그런데 그런 사람들이 일을 벌일 줄 알아요. 실제로 보면 머리도 좋고, 자신감도 있고…. 카지노 같은 데서 (자기는) 돈을 딴다고 생각하니까(웃음). 사고 치면 대신 갚아주고 그냥 놔둬요.

신장섭 직원들 노름빚까지 갚아줬습니까?
김우중 그런 사람들이 맘 잡고 하면 아주 큰 일을 하지요.

신장섭 그런 사람들이 더 큰 사고를 치면 어떻게 합니까?
김우중 큰일일수록 더 주의하지요. 자기가 찾아서 하는 거니까요. 기존에 있는 것만 갖고 엔조이(enjoy) 하는 것이 아니잖아요? 그런 것들이 종합되면서 좋은 결과가 나와요.

5. "사람의 마음을 붙잡아라"

신장섭 리더가 아무리 주인정신을 갖고 도전하라, 일을 창조하라고 직원들에게 얘기하더라도 직원들이 실제로 그렇게 하려면 먼저 리더를 믿고 따라야 하는 것 아닙니까? 그런 마음이 들게 하려면 리더가 무슨 일을 해야 합니까?

김우중 첫째는, 능력에서 리더십을 발휘해야 돼요. 밑에 사람들이 일을 해서 나에게 갖고 오면 처음부터 100% 오케이 되는 것이 없어요. 부장이 잘했다고 하는 것도 나에게 갖고 오면 뭔가 지적을 받아요. 그런

면에서 나에게 올 때 함부로 못하지요. 갖고 오려면 굉장히 연구를 해야 하고요.

둘째는, 모범이 돼야 해요. 내가 희생해야지요. 호텔도 200불 넘는 곳은 내가 다니지 않았어요. 수천 명이 출장다니는데 100불만 더해도 큰돈이잖아요? 술도 안 하고, 가족들과 떨어져서 출장 다니고…. 나라고 가족들과 오붓하게 사는 재미를 모르겠어요? 다 자기와의 싸움이에요. 리더가 희생하지 않으면 직원들이 마음에서 쫓아오지 않아요.

셋째는, 잘하면 인정을 해주고 기회를 더 주고 해야지요. 그렇게 돼서 (대우가 해체돼서) 제대로 해주지 못한 것이 미안하지요….

(김 회장은 지도자의 덕목으로 소명의식과 희생정신을 꼽으면서 다음과 같이 말한다.

"한 집단의 지도자가 된다는 것은 바로 가시밭길로 들어선다는 것을 뜻한다. … 다른 개인들의 안락을 보장해줄 뿐 아니라, 그 집단을 바른 길로 이끌기 위해서는 개인적인 안락을 포기하는, 누군가가 있어야 하지 않겠는가? 적어도 지도자라고 불리기를 원한다면 그만한 희생쯤은 각오해야 하리라.

우리 대우에서는 이와 같은 정신을 인사 정책에 반영하고 있다.

창조적이고 도전적인 자세가 있으며 희생적으로 성실히 일하는 사람을 대우는 가장 좋아한다. 그는 마땅히 지도자의 자격을 갖춘 사람이다. 그는 대우의 사장이 될 수 있다. 창조력은 모자라나 성취욕이 높고 성실하게 최선을 다하는 사람을 또한 대우는 좋아한다. 그는 대우의 임원이 될 수 있다. 이 두 부류의 사람들은 개인적인 이익보다 회사의 이익을 먼저 생각하고, 사적인 용무보다 공적인 임무를 더 중요하게 여기는 사람이다. …

　반면에 회사에서 맡긴 일은 하되 개인적인 이익을 추구하며 사생활을 즐기는 사람이 있다. 그는 회사의 발전과 성공에 이바지하는 보람을 누리려 하지 않는 대신 개인적인 안락과 가정에서의 행복으로 만족한다. 그는 대우에서 부장 이상의 직책을 맡지 못할 것이다. 대우가 가장 꺼리는 사람은 공적인 일과 사적인 일을 분간하지 못하는 사람이다.")[11]

신장섭　해외 건설 현장에 직원들 격려하러 다니느라고 연말연시를 집에서 보낸 적이 없다고 하더군요.

김우중　연말연시면 항상 현장에 있었지요. 얼마 전에 우리 딸을 만나니까 내가 자식들 생일을 챙겨준 적이 한 번도 없다고 해요. 생각조차 못 하고 있었던 일인데 듣고 깜짝 놀랐어요. 사실 내가 자식들을 위해 해준 것이 하나도 없어요. 다들 잘 커준 것이 고맙지요. 아내(정희자 여사)가 혼자서 그렇게 해준 게 제일 고마운 일이고요.

　직원들은 내가 자기들보다 엄청나게 열심히 일하니까 다 동의하고 열심히 하는 거예요. 해외 건설 현장에 있으면 연말연시나 명절 때 집에 다 가고 싶지요. 그래도 일부만 다녀오고 대부분은 거기에서 계속 일할 수밖에 없어요. 내가 현장에 가 있으면 그 사람들이 집에서 전화가 오더라도 "회장님도 여기에 와 계시다"고 하는 거지요. 그러면 가족에게 덜 미안하게 되고…. 그런 것 때문에 가는 거지요. 설도 거기서 직원들과 같이 지내고, 현장에서 시무식도 해주고 그러는 거지요. (리비아 공사가 한창일 때는 대우그룹의 신년 시무식도 리비아 현지 시무식으로 대체됐다.)

신장섭 리비아에서 모래폭풍을 뚫고 500km를 달려와 새벽 1시에 현장에 도착해서 직원들을 격려한 다음에 잠도 자지 않고 다시 사막을 달려 그 다음 날 아침에 런던으로 떠나는 비행기를 탔다는 기록도 있습니다.[12] 회장이 그러는 것을 보면 직원들이 자연히 우리도 열심히 해야겠다고 생각하지 않겠습니까?

김우중 그때는 차만 타면 잤으니까요. 모래폭풍이 부는지도 모르고… 내리라고 하면 내리는 거지요.

신장섭 아니, 모래폭풍이 부는 것도 모를 정도로 차에서 잠을 잤습니까?(웃음)

김우중 벵가지(2대 도시)에서 트리폴리(수도)까지 1,000km가 넘을 거예요. 거기에 우리 건설 현장이 여러 군데가 있었어요. 한 도시에서 저녁때 출발해서 현장을 다 둘러보는 거지요. 한두 시간 차에서 자다가 내려서 현장 얘기 듣고, 지적할 것 지적해주고, 격려도 하고…. 다시 차 타고 가면서 자고, 내려서 또 보고받고… 그러다가 새벽이 되면 반대쪽 도시에 도착해요. 다른 사람들은 현장 다 둘러보는 데 일주일 걸릴 거예요. 그런데 나는 하룻밤에 다 끝냈어요. 한번은 사막에서 길을 잃은 적도 있어요. 차드 국경에 공항을 짓던 데… 카다피가 왔던 데 있잖아요?

신장섭 우조 공항이요?

김우중 거기에 가려고 파이프라인을 따라가는데 모래바람이 덮여서 길을 잃고 딴 데로 갔어요. (파이프라인을) 넘어가서 한참 가다 보니 길을 잃어버렸던 거지요. 다행히 한두 시간 만에 파이프라인을 찾았어요. 원래 사막에서 밤에 그렇게 가면 안 되는데….

그때는 나에게 두려운 게 없던 시절이에요. 비행기 타고 갈 때 기류 때문에 흔들리는 적이 있잖아요. 다른 사람들은 비행기가 추락할까봐 두려워하는데, 나는 '어디 한번 떨어져봐라. 내가 죽나 어떤가 보자'라고 생각할 정도였어요(웃음). 자신감이 있고, 운명이 있다고 믿으니까 그렇게 밤에 사막을 달릴 생각을 하는 거지요.

(김 회장이 시간을 아껴가며 초인적으로 일한 사례는 곳곳에 널려 있다. 김 회장은 선진국 사람들이 '나인 투 파이브(9 to 5, 아침 9시부터 오후 5시)'로 일을 한다면 한국과 같은 개발도상국 사람들은 '파이브 투 나인(5 to 9, 아침 5시부터 저녁 9시)'으로 일을 해야 한다고 강조했다. 그는 그 이상을 실천했다. 한 임원의 증언을 보자. "나는 김우중 회장과 함께 해외 출장을 다닐 기회가 많았다. 그럴 때마다 김 회장과 나는 비행기 안에서 눈을 붙였다. … 13일간 11개 나라를 방문하기도 했다. 출장길에서 단 하루도 호텔방 침대에 몸을 눕혀보지 못했다. 부족한 잠은 매번 밤 비행기를 타고 다음 약속 장소로 이동하면서 보충했다. 비행기에서 잠을 자다가 아침에 깨어나 공항에 내리는 시간이 곧 출근시간이었다."[13]

신장섭 리더가 열심히 일하고 희생할 뿐만 아니라 직원들의 마음을 잘 헤아리면서 미래 비전을 제시하는 것도 직원들의 마음을 붙잡는 데에 중요한 일이 아닐까요? 한국기계 인수 초기에 오버타임 선급제를 도입했다는 말을 듣고 그런 생각이 들었습니다(1장 3절 참조). 일감도 없는데 직원들이 오버타임을 할 수 있게 해달라고 하면 일반 경영자들은 "말도 되지 않는 소리를 어떻게 하느냐"며 무시할 수 있는 것 아닙니까? 그런데 아이디어를 짜내서 '오버타임 선급제'라는 제도를 만들어내는 것이 쉬운 일이 아닐 것 같습니다. 직원들 입장에서는 당장 돈을 더 받는 것 못지않게, 경영자가 앞으로 오버타임을 시킬 수 있을 정도로 회사가 잘될 거라는 자신감을 갖고 있다고 생각하게 되니 얼마나 의욕이 나겠습니까?

김우중 모든 게 그래서 인간관계에요. 사람이 하는 거지요. 일을 제대로 시키려면 마음을 붙잡아야 해요.

| 주 |

1 Gershenkron(1962); Shin(1996).
2 대우세계경영연구회(2012, 126~127쪽).
3 Isaacson(2005, 731쪽).
4 김 회장은 이 사람이 누구인지 필자에게 얘기했다. 그러나 민감한 사안인 만큼 책에서 밝히지 못한다.
5 Isaacson(2005, 735쪽, 744쪽).
6 김우중(1989, 100~101쪽).
7 김우중(1989, 18~19쪽).
8 대우세계경영연구회(2012, 56쪽).
9 리비아 오일 거래를 개척한 추호석의 경우(대우세계경영연구회 2012, 85~95쪽).
10 남아프리카공화국을 개척한 유충걸의 경우(대우세계경영연구회 2012, 121~124쪽).
11 김우중(1989, 122~124쪽).
12 대우세계경영연구회(2012, 247~249쪽).
13 대우세계경영연구회(2012, 249쪽).

기업발전과 상생相生, 그리고 국가발전

일반 경영학이나 경제학에서는 기업이 이윤이나 매출을 극대화하는 목표를 갖고 행동한다고 다룬다. 국가나 다른 사회 환경은 기업활동을 하는 외부 여건으로 상정된다. 이것은 기업활동을 쉽게 이해할 수 있도록 도와주기 위한 하나의 사고틀일 뿐이다. 그렇지만 이 사고틀이 학교에서 반복적으로 교육되고, 학자들의 연구나 언론의 보도가 이 틀에 입각해서 반복적으로 진행되다 보니, 기업이 이렇게 행동하는 것이 일반적이고 더 나아가 바람직하다고 받아들여지는 경향이 있다.

김우중 회장의 경영이나 인생 역정은 이런 틀로 이해될 수가 없다. 그에게는 기업활동을 하는 목표가 이윤 극대화나 매출 극대화와 같이 한 가지로 표현할 수 있는 것이 아니었다. 그에게 기업을 키우려는 야심은 분명히 있었다. 남들이 따라오지 못할 정도로 큰 야심이었다. 그렇지만 그 야심의 종착역은 국가발전이었다. 그는 기업발전과 국가발전을 동시에 추구했다. 둘 중 무엇이 우선이었냐는 질문이 굳이 들어온다면 국가발전이라고 말했을 것이다. 이 책에서 그를 '세계를 경영한 민족주의자'라고 표현한 이유도 여기에 있다.

그러면 김 회장처럼 경영하는 것은 예외적인 일로 취급해야 하는가? 경제개발이라는 시대정신이 사라진 다음에는 의미가 없어지는 일과성 경영방식이라고 치부해야 하는가? 김 회장은 이에 대해 강력하게 '노(No)'라고 대답한다. 그는 모든 기업인들이 기업발전과 국가발전을 항상 함께 생각해야 한다고 강조한다. 경제개발이 어느 정도 이루어져 중진국에 달하고, 더 나아가 선진국에 도달할수록 두 가지 목표를 조화시키는 것이 오히려 쉬워진다고 주장한다. 김 회장에게 있어서 경영인들이 기업발전과 국가발전을 동시에 추구하는 것은 경영의 일반론이고 경영의 목적론이라고 할 수 있다.

김 회장의 이런 철학은 기업을 실제로 경영하는 방식이나 김 회장과 대우그룹이 사회와 상호작용하는 양식에서 드러난다. 경영학이나 경제학 교과서에서는 종업원들의 고용을 기업이익 달성을 위해 언제든지 조정할 수 있는 변수(variable)로 취급한다. 그러나 김 회장은 기업인들이 종업원들의 고용에 대해 책임을 져야 한다고 말한다. IMF사태 때에 그래서 '정리해고'에 극력 반대했다. 일반적으로 학계나 언론에서 기업의 '사회적 책임'을 얘기할 때에는 이윤 극대화를 목표로 돈을 번 뒤에 그 돈으로 사회에 어떻게 기여해야 하는지를 다룬다. 그러나 김 회장은 기업이 사업을 하면서 동시에 사회적 책임을 다해야 한다고 강조한다. 대기업과 중소기업의 관계도 경영활동을 통해 해결하는 방안을 찾아야 하고, 심지어 어떤 업종을 택해서 사업할 것인지도 사회적 필요와 연계해서 결정해야 한다고 말한다.

김 회장은 또 경영활동 초기부터 적극적으로 사회사업에 사재를 출연해왔다. 그 결과 대주주로서의 지분은 얼마 남지 않았고 대우그룹 경영은 보유지분이 아니라 '창업자 프리미엄'으로 했다. 돈을 번 다음에 사회사업을 하는 것이 아니라, 사회에서 당장 필요한 일이 있으면 자신의 돈을 내서 할 수 있도록 하고 자신은 언제든지 다시 돈을 벌 수 있다는 자신감의 표현이기도 했다. '전문경영인'을 자처했던 것처럼 소유욕으로부터 거리를 둔 때문이기도 했다.

이번 장에서는 국가나 사회라는 공동체와의 관계 속에서 기업과 기업인들이 스스로를 어떻게 자리매김하느냐와 관련된 이슈들을 놓고 김 회장과 대화를 나누었다. 기업발전과 국가발전의 관계에 대한 김 회장의 전반적인 생각에서부터, 근로자들의 고용문제, 주주와 기업의 관계, 대기업과 중소기업 상생(相生) 방안 등의 주제를 다루었다. 한국의 경제와 사회 발전을 위해 왜 제조업 육성이 중요한지, 어떻게 해야 하는지에 대해서도 들어보았다.

김 회장은 한국 내에서 남북관계 개선에 관해 큰 그림을 갖고 이를 달성하기 위해 오랫동안 노력해온 몇 안 되는 인물이다. 기업인들 중에서는 두말할 나위 없이 독보적이다. 북한문제 전문가라고 하는 사람들 중에서도 김 회장만큼 북한 고위층들을 직접 만나 오랜 기간 대화를 나누었던 사람이 없다. 김일성, 김정일과만 스무 차례 이상 직접 만났다. 김 회장만큼 장기적 시각을 갖고 북한문제를 보는 사람도 많지 않을 것이다. 김 회장은 1976년 수단과 외교관계를 만들어낼 때부터 북한문제에 관심을 갖기 시작했다. 1980년대 후반 대북특사를 하면서 남북관계 개선에 관해 여러 가지 구체적인 아이디어를 많이 내놓았다. 김 회장은 '통일비용'이라고 하는 것이 흔히 얘기되는 것보다 훨씬 작을 수 있다고 말한다. 또 남북관계를 개선하기 위해서는 북한을 개방으로 유도하는 것이 제일 중요한데, 북한 내에 공단을 만드는 것보다 동북3성에 한국 기업들이 적극 진출 해서 북한을 간접적으로 개방시키는 것이 훨씬 더 현실적인 방안이 된다고 제안한다. 남북관계 발전에 관한 김 회장의 구체적인 생각을 들어보았다 (6장 6절).

1. 기업발전과 국가발전

신장섭 대우그룹의 사훈(社訓)을 보면 굉장히 특이합니다. '창조, 도전'까지는 쉽게 이해되는데, '희생'이라는 말이 사훈에 들어가 있는 회사는 본 적이 없는 것 같습니다. 지도자의 덕목으로 희생을 얘기했습니다만 (4장 5절), 기업에서 그렇게 희생을 강조하는 특별한 이유가 있습니까?

김우중 내가 1936년생인데 그때 태어난 사람들이 특징이 있어요. 한글로 교육을 받은 첫 세대이지요. (한국은 1945년에 일본의 식민지배를 벗어났다. 김 회장 세대는 9세쯤부터 한글로 교육을 받은 것이다). 또 고등교육을 이수하고 국가발전에 뛰어든 첫 세대라고 할 수 있어요. 그래서 그런지 우리 세대에는 한국의 낙후한 부문을 근대적 모델로 바꿔야 한다는 국가의식과 희생정신을 가진 사람들이 많았어요.

한 세대가 희생하지 않고 잘되는 나라가 없습니다. 우리 부모님 세대는 국가 독립을 위해 희생한 세대예요. 우리는 부모님 세대 덕분에 교육을 받고 국가를 건설하는 주역이 된 세대였어요. 그러면 우리도 거기에 보답해야지요. 그래서 다음 세대가 선진 한국의 첫 세대가 되도록 우리는 희생해야 한다고 처음부터 직원들에게 그런 얘기를 계속 했어요.

회사 내에서도 희생이 필요해요. 2,000명이 같이 입사하지만 사장은 1명밖에 못 돼요. 조직을 위해 희생하고 솔선수범해야 리더로 올라설 수 있어요(5장 5절 참조). 신입사원들에게 항상 그렇게 강조했어요. 그렇지 못할 사람은 여기서 배워 밖으로 나가라고 말하고….

신장섭 대우그룹이 성장하고 국제화하면서 '희생'이라는 사훈을 바꾸자는 의견은 없었습니까? "당신, 희생하러 이 회사에 들어와"라고 하면 특히 젊은 세대나 외국 사람들이 그 회사에 들어가고 싶은 생각이 나겠습니까?

김우중 내부에서 몇 번 토의가 있었어요. 기업문화실에서 외부 전문가들과 논의해서 '희생(sacrifice)' 대신 '헌신(dedication)'으로 바꾸는 것이 좋겠다는 의견을 내놓아요(1989년). 그래서 직원들 설문조사를 했는데, 오히려 젊은 직원들이 희생을 그대로 쓰자고 나왔어요. 임원들은 자신들이 당연히 희생하는 세대이고, 젊은 사람들 세대에는 좀 바뀌어야 하지 않겠느냐고 생각했는데….

신장섭 굉장히 의외의 결과네요.

김우중 신입사원과 중간사원들이 (사훈 바꾸는 것을) 자기들이 편하게 살자는 것으로 오해받기 싫었다고 하더라고요. 그래서 그냥 그대로 왔어요.

신장섭 회사 분위기가 도대체 어떻길래 젊은 사람들이 그런 생각을 합니까?

김우중 대리, 과장들이 회사의 중심인데…. 우리는 이 사람들에게 어떤 일을 하라고 하지 않았어요. (대우는) 처음부터 자기가 창조해야 인정받는 회사였으니까요. 선배들이 하는 것을 봤겠지요. 전체 분위기가 그러니까 자기들도 그렇게 계속 (희생)하겠다고 했던 것 같아요.

(이 설문조사에 관여했던 대우 관계자는 젊은 직원들 사이에서 '대우

가 그동안 해오던 것을 있는 그대로 보이자', '희생이라는 말에 들어 있는 정신이 더 강하다' 등의 이유를 대며 그대로 가자는 방향으로 컨센서스(공감대)가 만들어졌다고 설명한다.)

신장섭 "지금까지 많이 성장했어도 조금만 더 희생하자, 그러면 미래를 위해 더 좋은 결과가 나올 것이다"라는 분위기라고 할 수 있겠습니까?

김우중 그래서 직원들에게 토요일에 골프 치지 말라고 했으니까요. 거래처에서 부탁이 와도 부킹이 안 된다고 핑계 대고 못 하게 했어요. 토요일 오전에 다 열심히 일하는데, 골프복 입고 나와서 다른 사람들보다 일찍 (사무실을) 나가면 분위기가 안 좋아지잖아요? 비용도 많이 나가고…. 비서진에게 두 가지를 알아보라고 한 적이 있어요. 한국에서 공단과 골프장 중 어느 것이 면적이 더 큰지, 어느 것이 단위당 조성비용이 더 많이 드는지… (1990년대 초반) 확인해보니 둘 다 골프장이 더 컸어요. 그 수치를 들고 "지금 공단을 더 만들어야지 골프장 만들 때인가"라고 얘기하며 다녔어요.

신장섭 대우그룹의 경우 '희생'이라는 것이 조직 내에서의 희생 못지않게 국가와 사회를 위한 희생으로 강조되었던 것 같습니다.

김우중 개발도상국 기업은 국가의 위상이 굉장히 중요해요. 나라가 변변치 못하면 밖에 나가서 대접을 못 받는 거지요. 해외에 나가보면 대우에 대한 신뢰는 자신이 있는데 (대우가) 한국 기업이기 때문에 불이익을 받는 적이 많았어요. 한국이 선진화하지 않고는 대우가 선진화할 수 없다는 한계를 계속 느끼는 거지요. 우리가 자랄 때는 정말 배고팠어요. 배를 채워본 적이 없으면서 자랐으니까요. 나라가 잘살아야 해요. 나라가 힘이 있어야 기업도 클 수 있어요.

신장섭 기업발전과 국가발전이 항상 일치할 수 있다고 보십니까? 국가이익을 내세우다 기업이 손해 볼 수 있다는 생각은 안 해봤습니까?

김우중 국가에서 필요한 걸 잘해 나가는 과정에서 나도 돈을 벌겠다는 거지요. 그게 잘 안 돼서 기업이 손해 볼 거라는 생각은 없었어요. 한국기계도 열심히 하면 다 된다는 자신감도 있었지만 국가에서 필요한 일이니까 잘 해내야 한다는 생각도 있으니까 맡았던 거예요. 처음에 돈을 벌게 되면 당연히 재미있고 그 재미 때문에 열심히 일하게 돼요. 그렇지만 돈을 위해서 사는 게 아니에요. 처음부터 우리 회사는 국가발전에 기여하는 분야에서 돈을 번다고 정해놓으면 그렇게 가는 거지요.

(김 회장은 자신이 사업을 하는 목적에 대해서 다음과 같이 말한다. "나는 제법 큰 기업의 경영자이긴 하지만 소유에는 별 관심이 없다. 기업인이 소유욕 때문에 기업을 경영한다고 생각하는 사람들은 큰일을 이룬다든지, 사업을 크게 일으킨 대가로 얻게 되는 성취의 커다란 기쁨을 전혀 이해하지 못한다. 하루 24시간이 모자랄 정도로 밤낮없이 뛰어다니며 힘들게 일하는 대가가 고작 재산의 확대에 불과하다면 나처럼 불행한 사람도 없을 것이다."[1]

신장섭 한국이 못사는 나라일 때에는 희생하고 국가발전을 앞세운다는 의식이 강할 수 있지만, 국민소득이 중상위권에 도달한 지금에도, 그리고 만약 한국이 선진국에 도달한 때에도 그렇게 해야 한다고 생각하십니까?

김우중 당연하지요. 지금 국민소득이 3~4만 불 됐다면 두 가지를 일치시키는 것이 훨씬 더 쉬워져요. (부실기업 같은 문제도) 민간에서 인수할 수 있는 기업이 훨씬 많아지고, 인수합병 전문가들도 많아지니까 민간에서 해결할 수 있지요. 정부가 능력이 있으니까 다른 방식으로 해결할 수도 있고, 정부가 미리 예방할 수도 있는 것이고…. 선진국이 되면 국가에서 필요한 일을 하는 데 희생할 필요가 많이 줄어드는 거지요. 기업들이 국가에서 필요한 일을 하면서 돈을 벌 기회도 더 많아져요.

신장섭 흔히 사회가 발전하면 민간 중심으로 가고 정부는 최소한의 간섭만 해야 한다고 말합니다. 이런 얘기에는 기본적으로 민간기업들이 자신의 이익을 위해 뛰다 보면 그것이 국가의 이익으로 된다는 자유주의적 사고방식이 깔려 있는데, 김 회장님의 생각은 많이 다른 것 같습니다. 선진국이 되더라도 기업들이 자기 이익만 추구하지 말고 국가와 사회의 이익을 함께 추구해야 한다, 선진국이 될수록 그렇게 하는 게 더 쉬워지는데 왜 그걸 하지 않느냐고 질책하는 것 같고요.

김우중 그러니까 마음을 어떻게 먹느냐가 중요하지요. 기업 하는 사람들이 그런 생각을 먼저 해야 돼요. 정부에서도 기업인들에게 억지로 그렇게 하라는 것이 아니라 그렇게 할 분위기를 잘 만들어줘야 하고요.

신장섭 기업이 글로벌화하면서 국가경제 발전이 기업활동 우선순위에서 밀리는 것은 어떻게 생각하십니까? 다국적기업에게 국적은 의미 없다는 얘기도 흔히 나오고요. 국내에서 필요하다고 하는 것에 너무 매달리다가 기업들이 해외에 확장해나갈 기회를 놓치는 경우도 있는 것 아닙니까?

김우중 기업이 이익 중심으로만 보면 그렇게 갈 수밖에 없어요. 고용에 대해서도 그렇고 세금에 대해서도 그렇지요. 스웨덴이나 핀란드 회사들이 본사를 해외로 이전하는 것도 다 그런 거예요. 그렇지만 국내에서 고도화 투자를 하고 고용을 창출하도록 하는 전체적인 분위기를 만드는 것이 중요해요. (세계적으로 경영하다 보면) 중국이나 다른 임금 싼 곳에서 (저부가) 부품들을 만들어 쓰는 것이 낫고, 그걸 국내에 가져오기도 해요. 하지만 한국 임금이 아무리 올라간다 해도 한국에서 하는 게 더 경쟁력 있는 것들이 많이 있어요. 고급제품들은 한국에서 하면 돼요. 섬유산업만 해도 사양 산업이니까 임금이 낮은 개도국으로 이전해야 한다고 말하는 사람들이 많지만, 부가가치가 큰 고급제품은 한국에서 할 수 있는 가능성이 충분히 남아 있어요. 이태리, 프랑스가 선진국이라도 패션 등 고부가 부문은 계속 자기네 나라에서 갖고 세계시장을 주도하고 있잖아요? 우리나라 안에서 고부가 부문을 더욱 열심히 해야지요. 길게 보면 그래야 정규직으로 고용을 늘릴 수 있어요. 그게 기업의 역할이지요.

대우는 해외에 나가서도 국익을 위해 양보한 게 많아요. 리비아 같은 데 우리가 먼저 해외건설을 개척해서 나가면 그 후에 로비해서 뚫고 들어오는 회사들이 있어요. 다른 데서 우리 대기업들 간에 덤핑하는 것도 문제였고요. 그런 일 있으면 우리가 웬만하면 양보했어요. 한국 기업들이 해외에 많이 진출하고 같이 잘되면 나라에 좋은 거라고 실무자들을 설득하기도 했어요. 기업들이 해외에 나가서도 국익에 대한 개념을 갖고 사업을 해야 돼요. 단기적으로 내 이익만 올리겠다고 하면 그런 생각이 없게 되지요. 그렇지만 장기적으로 보면 진출 국가의 입장도 고려해주고 내 나라 국익도 함께 생각하면서 같이 좋아지는 방안을 찾는 것이 기업 이익에도 더 도움이 돼요.

2. "웰치(Jack Welch)처럼 사람 자르는 것이 구조조정 아니다"

신장섭 1998년 IMF사태 때 '정리해고'에 극력 반대 했던 것도 기업경영을 할 때에 국가발전을 항상 함께 생각해야 한다는 견해의 연장선에서 해석할 수 있는 겁니까?

김우중 당시 우리나라 신문이나 경영자들이 웰치(Jack Welch) GE 회장을 거의 신격화하고 있었어요. 웰치처럼 우리도 밑지는 사업 부문을 과감하게 팔고 사람들도 잘라내야 한다고…. 사람 잘라서 이익 늘리는 사람을 어떻게 경영자라고 할 수 있습니까? 그건 누구나 할 수 있는 일이에요. 무슨 수를 써서라도 기업 이익만 늘리겠다고 하면 그런 식으로 할 수 있겠지요.

직원들을 데리고 사업이 어려울 때도 잘 이겨나가는 것이 제대로 된 경영자입니다. 경영자는 무엇보다도 자기 직원들에 대해 책임을 져야 해요. 일 시킬 때는 같이 열심히 하자고 한 다음에, 경영이 어려워지면 고용 유지 하지 못한다며 직원들보고 나가라고 하면 책임 있는 자세가 아니에요. 특히 중역들은 그 나이 때에 돈을 제일 많이 써야 하고 자식들 교육도 시켜야 하는데 월급 많이 받는 사람들이라고 무조건 잘라내면 안 돼요. 그동안 회사 발전에 많이 기여해서 그런 자리까지 올라간 사람들인데…. 그리고 직원들을 꼭 정리해야 한다면 가능한 한 기다렸다가 호황 때에 내보내야지요. 그래야 그 사람들이 다른 일자리를 찾을 수 있어요. 우리 대우그룹이 해체될 당시에 국내 그룹 중 고용 규모가 아마 제일 컸을 거예요. 그렇지만 우리는 인력조정을 거의 하지 않았어요.

(잭 웰치는 기업이 해고를 상시화해서 경쟁력을 높여야 한다고 주장했다. 그래서 매년 하위 10% 직원들을 잘라내고 상위 20%에게는 스톡옵션 등으로 인센티브를 더 주는 시스템을 만들었다.[2] 회사 건물은 그대로 놔둔 채 사람만 없앤다고 해서 '중성자탄 잭(Neutron Jack)'이라는 별명을 얻기도 했다. 미국의 경제주간지 《포브스(Forbes)》는 1999년 웰치를 '세기의 경영자(Manager of the Century)'로 선정했다. 한국의 경영자들 사이에서도, 특히 IMF사태를 겪은 뒤, 웰치식 경영이 크게 인기를 끌었다.)

신장섭 그러면 기업이 위기에 처할 때에 인력조정을 어떻게 해야 합니까?

김우중 고용을 줄이지 않고 어떻게 (위기를) 극복할 건지를 먼저 잘 연구해야 해요. 무엇보다도 새로운 시장을 찾으려고 노력하는 것이 중요하지요. 아무리 불황이라 하더라도 성장하는 분야나 성장하는 지역이 있어요. 그런 곳을 잘 찾으면 인력조정 할 필요가 원천적으로 없어지지요. 지금 상생(相生)에 대한 얘기가 많이 나오는데, 기업은 고용을 유지해주는 것이 제일 큰 상생이에요. 회사와 경영자, 근로자들이 상생하는 것이 제일 중요하지요.

다른 위기 타개책이 없어서 할 수 없이 인건비를 줄여야 한다면 근로시간을 줄이고 임금도 함께 줄여서 잡셰어링(job-sharing)을 먼저 해야 돼요. 지금 함께 6시간씩 일하고 나중에 경기가 회복되면 12시간씩 일할 수 있는 거지요. 그래야만 직원들의 충성심도 높아지고 위기를 어떻게든 함께 이겨나가려는 노력을 하게 되는 거지요. 창조와 도전에 대해 얘기했는데, 창조적으로 위기를 이겨내겠다고 함께 도전하면 불가능처럼 보이던 것들이 이루어져요. 경기가 지금 많이 나쁜 것 같아도 어느 순간 돌아서는 경우도 많아요. IMF사태 때 봐요. 그렇게 금세 회복될 수 있을 거라고 얘기한 사람이 얼마나 있었나요?

사람 자르는 건 회사가 망할 때나 할 수 없이 하는 겁니다. 그렇게 사람 많이 자르게 되면 경영자도 책임지고 물러나야지요. 그래 놓고 자기는 자리를 지키겠다면 안 돼요. 책임 있는 자세가 아니에요. 다른 사람이 와서 새롭게 시작할 수 있게 해줘야지요.

신장섭 기업의 효율성을 높이기 위해서 인력조정을 계속 해야 한다는 입장에 대해서는 어떻게 생각하십니까?

김우중 기업이 잘되려면 일 잘하는 사람과 못하는 사람 간에 계속 차별을 둬야 해요. 잘하는 사람에게는 더 큰 일을 주고 승진도 시키고 월급도 더 많이 주면서 격려해야지요. 못하는 사람들은 교육도 시키고 잘할 수 있도록 풀어줄 건 풀어주고… 그래도 안 되는 사람들은 조그만 일을 주든지, 적당한 기회에 다른 곳에 가서 새롭게 살 수 있게 해줘야 하고…

일은 사람이 하는 건데 사람 관리가 기업에서 제일 중요한 거예요. 그런 식의 인력조정은 항상 해야 하는 거지요. 그런데 웰치처럼 무조건 10%는 잘라내겠다, 그렇게 해서 직원들이 잘릴 게 무서워서라도 열심히 일하도록 하겠다는 건 비인간적이에요. 직원들을 인간 취급 하지 않는 거지요. 이익 올리기 위한 도구로만 생각하는 거지…. 그렇게 막 잘라서는 국가경제에 좋을 수가 없어요. 고용도 유지하지 못하고 억울하게 직장을 잃었다고 생각하는 사람들이 사회에 대해 불만도 갖게 될 테고….

신장섭 선진국에서도 일자리 창출에 관해 과거와 다른 생각들이 나오고 있습니다. 1990년대와 2000년대에 미국이 경기가 좋았고, 특히 기업들이 이익을 많이 올렸지만 이 기간에 '일자리 없는 성장(jobless growth)'을 했습니다. 그리고 세계 금융위기 이후 기업 이익은 좀 회복됐지만 '일자리 없는 회복(jobless recovery)'이 이루어지고 있습니다. 분배도 많이 악화됐습니다. 호황기에 임금이 올랐어도 CEO 등 최상급 임원들의 임금만 대폭 올랐을 뿐 중간 이하는 그대로 있거나 하위층은 깎인 걸로 나옵니다. 불황기에는 이 격차가 더 벌어집니다. 웰치식으로 구조조정을 했다는 것이 그대로 나타납니다.

그러면 이 과정을 통해 미국 기업들이 더 '효율적'이 되어서 경쟁력이 높아졌냐 하면 꼭 그렇지도 않습니다. 오히려 장기 경쟁력이 손상받았다는 주장이 나옵니다. 직원들이 조금만 월급을 많이 받게 되면 잘리게 되고, 기업들이 단기 이익을 올리기 위해 일감을 해외로 옮기다 보니 회사 내부에 역량이 축적되지 않는다는 겁니다.[3] 미국에서 기업의 중간관리층 이상 지냈던 사람들의 실업문제가 심각합니다. 이 계층이 소비도 많이 하는 사람들인데 고용이 불안해서 소비를 못하니까 내수가 빨리 회복되지 않고 정부에서 돈을 뿌려도 임금이 회복되지 않습니다. 미국에서도 사람 잘라서 장기 효율성을 높이지 못한다는 거지요.

김우중 원리는 어디든지 마찬가지예요. 지금 애플이 세계에서 제일 잘나가는 기업처럼 되어 있지만 미국경제에 기여하는 것은 별로 없다고 비판이 나오고 있잖아요? 해외에 공장 다 만들고, 부품도 국내에서 구입하는 것이 별로 없고… 중국 공장에서 직원들 처우를 제대로 해주지 않아서 문제가 생기기도 하고…. 기업이 제대로 크려면 자기 나라 경제에도 잘 기여해야 하고, 진출한 나라 경제에도 잘 기여해야 돼요. 그런 일 하지 않고 이익만 늘리면 오래갈 수 없어요. 경제를 살리는 건 정부가 하는 일이고 기업인들이 나는 돈만 벌면 된다고 생각하면 되지 않아요. 기업을 하는 이유가 뭡니까? 돈만 벌겠다면, 적당히 번 뒤 그만두고 편히 돈 쓰면 되는 거지요. 사회에 기여하고 존경을 받아야 만족감이 생깁니다.

신장섭 미국과 반대 케이스는 독일인 것 같습니다. 유럽이 위기를 겪고 있지만 독일은 선진국 중에서 현재 경제가 제일 잘 굴러가고 있습니다. 그런데 2000년대 초반까지 독일은 '유럽의 병자(sick man in Europe)'로 불렸습니다. 동독 사람들에게 서독 사람들과 같은 수준의 임금을 주고, 동독경제를 지원하는 등 통독(統獨) 후유증 때문이었습니다. 그렇지만 사람을 마구 자르지 않고, 제조업을 지키고 고용을 유지하면서 어려운 기간을 지나다 보니 지금 잘 돌아갑니다. 동독 사람들도 일자리가 없는 상태에서 교육받은 것이 아니라, 회사에 들어와서 교육을 받고 거기에서 일하면서 생산성이 올라갔습니다. 고용창출 문제는 범세계적으로 재조명해야 하는 중요한 과제라고 생각합니다.

김우중 지금 복지 얘기가 많이 나오지만 고용만큼 좋은 복지가 없어요. 일자리가 없는 상태에서 아무리 복지를 늘린다고 한들 효과가 없어요. 일을 하고 월급을 받아야지 사람도 건강하고 사회도 건강한 거지요. 일 안 하고 복지수당만 받으면 점점 쓸모없는 사람이 되고 사회도 병들어요.

옥포조선에 내려갔을 때(1989년) 현장에 꽉 차 있는 근로자들을 쳐다보고 나니 '이 많은 사람들을 어떻게 먹여 살려야 하나' 하고 덜컥 겁이 나기도 했어요. 그 사람들을 데리고 어떻게 사업을 잘 정상화시킬 것인지가 내가 해야 하는 일이었어요. 그러니까 처음부터 직원들 교육시키고, 가족들까지 버스에 태워서 다른 현장에 방문하도록 했던 거지요(2장 4절). 웰치처럼 생각해서는 그런 것 전혀 할 필요가 없어요. 그냥 해고하면 되는 거지요. 폴란드 자동차회사(FSO) 인수할 때도 마찬가지예요. GM은 사람을 대폭 줄이겠다고 했는데 나는 그대로 다 고용하고 앞으로 고용을 더 늘려주겠다고 했어요. 그러니까 폴란드 정부에서 우리를 환영한 거지요(2장 5절). 경영자가 직원들 고용을 우선하고 그 사람들과 더불어 함께 잘 되려는 생각을 할 때에 근로자들에게도 마음이 통하고, 그 나라에도 마음이 통해요.

3. "주가 올리려는 경영 하지 말아야"

　　신장섭 웰치식 경영이 미국이나 다른 나라에서 환영받았던 제일 큰 이유는 주주들에게 큰 이익을 가져다줬기 때문입니다. 주가를 계속 올리고 배당도 많이 해주니까 주주들이 웰치를 영웅으로 취급했습니다. (웰치가 GE 회장이 되던 1981년에 GE의 시가총액은 140억 달러였다. GE의 시가총액은 2004년에 4,100억 달러로 30배 가까이 뛰어올라 세계에서 가장 주식가치가 높은 기업이 됐다.) 주식시장을 중심으로 세상을 보는 금융가에서도 마찬가지였고요. 기업경영을 하면서 주식시장의 평가를 무시하기 힘든 것 아닙니까? 주주들은 주가를 올리도록 경영하라는 압력을 넣는 것이 당연한데, 경영자로서 나름대로 세운 상생 등의 경영원칙과 주식시장의 요구를 어떻게 조화시켜야 합니까?

　　김우중 주가 올리는 것이 경영 목표가 돼서는 안 돼요. 주가는 경영을 잘했을 때 결과로 나타나는 것일 뿐이지요. 주가 오르는 것에 버블이 얼마나 많아요? (GE의 시가총액은 2011년 말 2,225억 달러로 2004년의 절반 수준이 됐다.) 회사를 튼튼하게 만들고 배당을 제대로 할 수 있을 때까지 잘 키우는 것이 중요해요. 그렇지 않고 처음부터 주가만 쳐다보면 기업을 제대로 키울 수 없어요. 우리나라가 중화학산업을 일으킬 때를 봐요. 투자를 많이 하면 주가가 처음에는 낮을 수밖에 없어요. 투자는 계속 많이 들어가는데 이익을 낼 때까지 시간이 많이 걸려요. 대우조선이 흑자 내는 데 10년이 넘게 걸렸어요. 그동안에 주가 따지면 투자를 하지 못하는 거지요. 사람도 마찬가지예요. 사람에 투자해서 결과가 나올 때까지 시간이 걸려요. 시설이나 사람에 대한 투자가 기업의 경쟁력을 만드는 데 제일 핵심적인 겁니다. 이렇게 투자를 한 뒤 매출이 어떻게 되는지, 이익 전망이 어떻게 되는지 등 기업의 실제 경영지표를 쳐다보고 거기에 맞춰서 경영해야 돼요.

신장섭 주가보다 매출, 이익 등 경영의 실질적인 지표에 초점을 맞추고 거기에 따라 주식시장의 평가를 받으라는 것은 너무 원칙론으로 받아들여지지 않을까요? 주식시장 투자자들 중에 그렇게 길게 바라보는 사람이 별로 없습니다. 그래서 당장 주가에 긍정적인 영향을 미칠 수 있는 경영이 이루어지기를 원합니다. 지금이 펀드자본주의 시대라고 하는데 이런 요구를 완전히 무시할 수 있겠습니까?

김우중 단기 이익을 바라보고 주식 투자 하는 사람들에게 맞춰서 경영하는 것은 절대로 되지 않아요. 그 사람들은 말은 투자자이지만 실제로는 투기꾼이에요. 기업경영에는 관심이 없고 단기 차익에만 관심이 있는 사람들이에요. 어떻게 이 사람들 주문에 맞춰서 기업을 경영합니까? 기업의 경영 내용을 제대로 보고 주식을 오래 갖고 있을 투자자들에게 맞춰서 경영하면 돼요. 장기 투자로 인해 주가가 단기적으로 떨어질 수밖에 없을 때에는 그 사람들을 잘 설득해야 하고요. 투기하는 사람들은 기업경영을 이렇게 해라 저렇게 해라 간섭할 자격이 없습니다. 주식을 오래 들고 그 회사를 내 것이라고 살피는 사람이라야 주인으로 대접하는 거지, 잠깐 샀다가 파는 사람을 어떻게 주인으로 대접해줍니까?

주가에 너무 연연하다 보면 경영을 제대로 할 수가 없어요. 주가가 기업 실적 때문에만 움직이는 게 아니잖아요? 기업이 아무리 잘하고 있어도 경기가 나빠지면 주가가 떨어질 수밖에 없어요. 정부가 금리를 올려도 떨어지게 돼요. 경영자가 그런 여러 가지 환경을 극복해가는 과정에서 회사가 튼튼해지고 그 다음에 주식시장에서 평가받는 겁니다. 회사가 잘 유지돼야지요. 그런 걸 제대로 따지지 않고 주가만 올리겠다고 하면 경영자들이 숫자로 장난치게 돼요. 주식은 종잇조각에 불과해요.

신장섭 기업을 장기적으로 보는 대주주들과 투자 목적으로 들어오는 소수주주들 사이에 항상 갈등이 있는 것 같습니다. 그런데 소수주주들의 투표권을 합치면 대주주들보다 많아지는 경우가 생깁니다. 자칫 소수주주들이 단결하면 대주주들이 주주총회 투표에서 질 수도 있고, 경영권을 빼앗길 가능성도 있습니다. 미국에서 1980년대부터 '기업사냥꾼'들이 등장하고 인수합병(M&A) 열풍이 불었던 것도 소수주주들을 모아서 기존 대주주들을 몰아내고 기업을 해체해서 팔든지, 아니면 자기들 원하는 대로 새롭게 경영해서 주식가치를 높이겠다고 했던 것 아닙니까? 그 이후 미국이나 다른 선진국에서 소수주주들의 입김이 굉장히 강해졌고, 그 사람들의 입장에 맞춰서 기업을 경영해야 한다는 주주자본주의가 득세했던 것 같습니다.

그런데 이런 소수주주 위주 시스템은 경제의 성장동력을 약화시키는 것 같습니다. 기업들이 이 사람들 입김에 맞추다 보니 주식시장에서 유상증자 등을 통해 자금을 조달하지는 못하고, 오히려 자사주 매입이나 배당 등을 통해 기업이 갖고 있는 돈을 빼내주기만 합니다. 한 연구에 따르면, 1970~89년 사이에 주식시장을 통해 조달된 신규 투자자금의 비중이 미국 마이너스 8.8%, 영국 마이너스 10.4%, 독일 0.9%, 일본 3.7%, 프랑스 6%로 나타납니다.[4] 주식시장이 발달한 나라일수록 자사주 매입과

M&A 등으로 기존 주식을 폐기한 것이 신주 발행보다 더 많았습니다.

김우중 한국도 마찬가지이지요. IMF사태 때 구조조정 한다면서 주식투자자 위주로 시스템을 만들었어요. 그러면 대주주들이 투자를 제대로 못하는 게 당연하지요. 그러니까 성장률도 떨어지고 중산층이 줄어드는 거예요.

(김 회장이 얘기하는 것은 한국경제에서 그대로 나타났다. 2000년부터 2005년 기간 동안 한국 주식시장이 조달한 자금은 연평균 10조 3,480억 원이다. 그러나 자사주 취득, 배당으로 빠져나간 돈이 연평균 11조 3,790억 원이다. 연평균 1조 310억 원에 달하는 돈이 주식시장에서 순수하게 유출됐다. 여기에 유상감자액까지 더하면 유출액수는 더 많아진다. 2000년 이후 주식시장은 자본조달 창구라기보다는 자본유출 창구의 기능을 했다. 주식시장 발달이 부진했다는 그 전(前) 기간에는 오히려 주식시장이 자본조달 창구 기능을 했다. 1970년부터 1989년 동안 주식시장은 투자재원의 13.2%를 조달해줬다.[5])

신장섭 그러면 지금 한국경제는 어떻게 해야 하는 겁니까?

김우중 기업인들이 먼저 생각을 올바르게 해야 돼요. 명예를 위해 일하는 거냐, 돈을 위해 일하는 거냐, 여기에서 차이가 나는 거예요. 유상증자의 경우도 그렇지요. 소수주주들이 반발하는 게 두려워서 증자를 못하면 안 돼요. 기업발전을 위해서는 (증자를) 해야 한다고 주주들을 설득해야지요. 그 과정에서 대주주들이 조금 손해볼 수도 있어요. 유상증자를 하는 대신 배당을 대주주는 1%만 받고 소수주주에게는 5% 주겠다고 할 수도 있는 거예요. 그렇게 하지 않고 지금 벌어들이는 것을 나눠 먹기식으로 가져가려고만 하면 기업이 클 수도 없고, 고용을 늘릴 수도 없어요.

신장섭 차액배당을 얘기하는 겁니까?

김우중 그렇지요. 대우는 과거에 증자하면서 차액배당을 많이 했어요. 그래야 소수주주들을 설득할 수 있는 거지요. 특히 금리가 높을 때는 증자를 많이 하는 것이 회사발전에 좋아요. 왜 열심히 일해서 돈을 번 다음에 은행들에게 이자로 많이 갖다줍니까? 힘들더라도 주주들이 증자하면 금리비용을 아끼고 그것이 회사에 쌓여요. 그러면 나중에 배당을 많이 줄 수 있는 거고, 기업 주가도 올라가는 거지요. 한국기계 인수했을 때에도 그래서 바로 증자해서 고리부채를 다 갚았어요(1장 3절). 대우조선도 그래서 산업은행에 계속 증자하자고 했는데, 산업은행이 그걸 해주지 못하고 이자만 받아갔던 거지요(2장 4절).

정부에서도 기업인들이 투자해서 기업을 키워갈 수 있는 분위기를 잘 만들어줘야 해요. 처음에 수술료를 많이 내더라도 시스템을 바꿔야 해요. 제조업에 실물투자 하는 사람들 위주로 시스템이 가야지요. 우리나라 같은 중진국이 어떻게 금융으로 먹고삽니까? 제조업 투자가 잘 이루어지도록 시스템을 바꿔야 해요. 정부조직도 바꿔야 해요(6장 4절 참조).

4. "제조업이 살길이다"

신장섭 김 회장님은 '금융의 귀재'라는 별명을 얻을 정도로 금융에 밝았고 한때 대우를 금융 중심 그룹으로 키울 생각까지 했었는데(1장 3절), 제조업의 중요성을 왜 그렇게 강조하십니까?

김우중 미국 같은 선진국은 금융으로 세계 각국에서 돈 벌 수 있는 것들이 많이 있어요. 오일 메이저가 세계를 지배한다고 얘기들 하지만, 실제로 금융 메이저가 제일 무서운 거예요. 이 사람들이 오퍼레이션(operation) 한 번 하는 것이 웬만한 나라 경제 규모보다 큰 때가 많아요. 그런데 그렇게 금융으로 큰돈을 벌 수 있는 나라는 세계에서 별로 없어요. 한국이 완전히 선진국 되기 전에는 그렇게 하는 것이 쉽지 않아요. 노무라증권 회장도 일본이 다른 것은 다 되는데 금융만큼은 미국과 경쟁이 안 된다고 하더군요. 금융이 그만큼 어렵다는 거지요. 금융 쪽에서도 계속 인재를 키웠어야 했는데, 그러지 못했으니 어떻게 국제금융에서 경쟁할 수 있겠습니까? 선진국에서는 금융이 국내거래보다 국제거래에서 더 많은 이익을 내는데, 우리는 국제거래에서 손실을 보는 적이 많아요. 이런 문제를 해결하기 위해서는 은행에 자율권을 주고 책임을 지도록 해야 합니다.

내가 금융그룹을 하겠다고 했던 것은 금융을 모범적으로 해보고 싶어서였어요. 금융으로 돈만 벌겠다고 하면 쉽게 벌 수 있는 것들이 많이 있지요. 내가 그렇게 돈을 벌려고만 했다면 금융그룹을 하고 (정부가 요청하는) 부실기업들을 인수하지 않았을 거예요. 한국경제가 제대로 성장하려면 금융이 역할을 제대로 해줘야 돼요. 산업에서 필요한 자금을 잘 공급해주고, 금리도 너무 높게 받지 않고…. 한국은 수출을 통해 클 수밖에 없어요. 한국이 수출할 수 있는 것은 제조업이에요. 제조업이 커져야지 좋은 일자리도 많이 생기지요. 금융은 그런 수출 제조업을 잘 도와줘야 해요. IMF 때 '리딩뱅크'를 만들자고 했던 것도 마찬가지 생각에서 나온 거였어요. 한국의 금융이 낙후돼서 (나라) 경제발전을 제대로 도와주지 못하니까 외국 은행들과 합작해서 모범 은행을 만들어보자는 것이었으니까요(3장 2절 참조).

신장섭 한국의 금융이 낙후되어서 새롭게 발전시켜야 한다는 점에 대해서는 IMF사태 때 김 회장님이나 당시 경제팀이나 비슷한 인식을 갖고 있었던 것 같습니다. 그렇지만 금융을 실제로 어떻게 발전시켜야 할지, 제조업에 어느 정도나 관심을 기울여야 할지에 대해서는 크게 차이를 보였던 것 같습니다. 당시 한국 정부는 제조업이 이미 많이 컸고 '과잉투자'라는 비난까지 받고 있는 정도였으니까, 이를 억제하고 서비스산업, 금융산업을 획기적으로 키우겠다는 생각을 했습니다. 그래서 금융산업을 차세대 성장산업으로 육성한다, 한국을 동아시아의 금융허브로 만들겠다는 청사진 등을 내놓았고요.

김우중 그게 잘못된 거지요. 한국이 그때 선진국이 되려면 한참 멀었는데 제조업에 계속 더 투자하고 제조업을 더 키웠어야 해요. 그때 투자를 계속했으면 한국은 지금 이미 선진국이 되어 있을 거예요(4장 4절 참조). 제조업을 키우면서 금융도 같이 키워야지, 제조업 투자를 억제하면서 금융을 키우겠다는 것은 굉장히 잘못된 겁니다. 그때 한국이 제조업에 투자를 지나치게 많이 했다고 했는데 그게 다 한국 기업이 더 강해지는 것을 막기 위해서 선진국 기업들이 그렇게 말한 거예요. 사정을 잘 모르는 국내 학자들과 경제관리들이 거기에 동조한 거지요.

그때 금융을 키워야 한다던 사람들이 실제로 했던 건 금융으로 돈을 버는 거지 경제를 키우자는 게 아니었어요. 월가(Wall Street)에서 왔던 사람들, 월급 많이 받고 돈 많이 버는 게 목적이지 나라 경제가 어떻게 되는지 관심 없던 사람들이에요. 제일은행이나 외환은행, 한미은행 등 값싸게 샀다가 판 거나, 다른 기업체들 M&A(인수합병)한 것들 다 그런 것 아니었습니까? 그 사람들 맘대로 사고 팔 수 있게 하는 것이 금융산업을 키우는 일이고 한국경제에 좋은 거라고 얘기하던 사람들이 잘못 생각한 거지요. 그러면서 국부 유출된 게 얼마나 많아요?

신장섭 저도 2000년대에 한국에서 진행된 일들을 보면 어처구니없다는 생각이 드는 것들이 많이 있습니다. 한국 정부가 한국을 동북아 금융허브로 만들겠다면서 기구를 만들었는데(서울파이낸셜포럼) 골드만삭스의 고문으로 일하는 분이 그 대표를 맡았습니다. 명시적으로 얘기하지는 않았지만, 암묵적으로는 골드만삭스에 좋은 일이 한국금융에 좋고, 한국경제에도 좋다는 생각을 한 것 아닙니까? 어떻게 외국 투자은행에 좋은 일이 항상 한국경제에 좋은 겁니까? 골드만삭스와 같은 투자은행을 만드는 것이 금융선진화의 최종 목표인 것처럼 얘기가 되기도 했습니다. 그 목표를 내세우면서 산업은행이 리먼브러더스를 인수하려고까지 했고요.

김우중 그게 다 혼돈이에요. 그 사람들이 쉽게 큰돈 버는 것만 자꾸 신문지상에서 크게 다루니까 제조업을 제대로 하려는 사람들이 점점 줄어드는 거지요. 똑똑하다는 젊은 사람들이 너도 나도 외국 금융기관이나 컨설팅회사에 취직하려고 하잖아요? 그렇게 해서 일부 사람들은 돈을 많이 벌지 모르지만 국가경제는 잘 돌아가지 못해요. 제조업, 서비스산업 골고루 갖추고 각 부문에서 고도화가 이루어져야 해요. 제조업이 더 이상 안 된다고 생각하지 말고 고부가가치 제조업을 계속 해야 돼요. 어디서든 경쟁이 심해지면 고도화를 해야만 살아남아요. 서비스산업에서도 마찬가지예요. 옛날에 변호사가 고부가가치 업종이라고 했지만, 지금은 변호사 수가 많아지니까 그렇지 않잖아요? 거기에서도 고부가로 가는 변호사들만 보수를 많이 받을 수 있는 거예요.

중산층이 잘살 수 있으려면 한 번 취직하면 퇴직할 때까지 있을 곳이 많이 있어야 돼요. 고부가가치로 계속 투자하고 규모를 늘리는 기업들이 많아야지만 고용이 안정돼요. 제조업이 늘어나야 코스트다운(cost down)이 되고 경쟁력도 생겨요. 그게 안정적인 정책이지요. 특히 요즈음 여성 취업이 늘어나는데 직장이 더 많아져야지만 전체 고용을 유지할 수 있어요. 일자리를 더 적극적으로 만들어야지요. 이렇게 되려면 한국 기업들이 전 세계 시장에 더 빠르게 확장하고 국내에서 고부가 부문 투자를 계속 늘려야 해요. 사회가 안정되려면 중산층이 마음 편히 살 수 있을 정도로 직장이 많이 만들어져야 합니다. 그래야 희망이 있지요.

신장섭 싱가폴의 경우도 비슷한 이유 때문에 제조업을 강조합니다. 흔히 싱가폴을 금융센터로만 생각하는 사람들은 싱가폴 제조업이 얼마나 큰지 잘 모릅니다. 2010년 기준으로 제조업 비중이 국내총생산(GDP)의 22%를 차지합니다. 선진국 중에서 가장 높은 수준입니다. 1990년대 초 싱가폴이 국민소득 2만 달러를 넘어서며 선진국에 진입했을 때 싱가폴 정부는 'M 2000'이라는 제조업 부문 장기계획을 세웁니다. 핵심은 제조업을 GDP의 25% 수준으로 유지하겠다는 겁니다. 임금이 계속 올라가는 상황에서 이 비율을 유지하려면 고부가치산업으로 계속 고도화 투자를 확대해야만 합니다. 서비스산업으로만 특화하려고 했다가는 주변국에 대한 의존도가 지나치게 높아지고, 제조업과 연관된 서비스산업의 발전이 제대로 되지 않는다는 생각 때문이었습니다. 선진화된 도시국가에서도 제조업을 이렇게 강조하는데 한국과 같이 인구도 많고 중진국에 불과한 나라에서 제조업에 대해 희망을 잃거나, 제조업을 경시하는 것은 뭔가 크게 잘못된 것 같습니다.

김우중 한국도 주변 국가와의 관계를 잘 살펴서 제조업을 어떻게 끌고 나갈 건지 계획을 세워야 돼요. 중국으로 저부가 제조업이 옮겨가는 것은 어쩔 수 없어요. 오히려 우리가 중국에 빨리 투자해주고 그쪽 시장을 확보해야지요. 그렇지만 우리 수준에 맞춰서 고부가산업은 계속 유지해야 돼요. 중국이 발전하면 우리는 더 고부가로 가야 하고…. 중국과 교류를 하면서 우리가 하는 고부가 제조업이 더 커질 수 있어요. 그쪽이 필요한 고부가 부문을 우리가 공급해주면 되는 거니까요. 그 큰 나라가 성장하는 데 (필요한) 수입 물량이 굉장히 많아요. 우리 수출을 계속 늘리고 고부가 부문 규모를 키울 수 있어요. 대우가 세계경영을 할 때에도 자동차부품에서 저부가 부문은 중국이나 동구에 넘겨줬지만 고부가 부품은 우리가 계속 할 수 있도록 대우계열사에 투자를 늘렸어요. 국내 부품업체들이 고부가 투자를 할 수 있도록 유도하기도 했고요(2장 5절 참조).

신장섭 제조업 경쟁력 유지, 고용창출, 중산층 지키기가 다 같이 엮여 있는 문제인 것 같습니다. 중산층이 유지되려면 이 사람들의 고용이 유지되면서 임금이 계속 올라가야 하고, 그렇게 되려면 제조업이 규모를 늘리고 고부가가치로 옮겨가면서 경쟁력을 유지해야 하고요.

김우중 수출이 그래서 중요해요. 수출을 하고 세계시장을 개척해야만 규모를 키울 수 있어요. 서비스에서는 그렇게 규모를 키울 수 있는 것이 별로 없어요. 제조업이 수출시장을 늘리면 본사에서 연구개발 투자도 더 많이 해야 하고, 고부가 제품 투자도 늘리고, 마케팅 관련 투자도 많이 하게 돼요. 은행은 아무리 해외에 나간다 해도 본부에서 연구개발 투자나 고부가 부문 투자 이루어질 것이 별로 없어요. 한국 같은 중진국에서 은행이 외국에 나간다고 경쟁력 확보 할 수 있는 여지가 그렇게 많지 않고요.

신장섭 제조업 부문과 금융 부문은 국제화가 실제로 많이 다른 것 같습니다. 제조업에서는 개도국이나 중진국 기업들이 국제화할 수 있는 경쟁 요소가 있습니다. 일단 임금이 선진국에 비해 싸니까 이걸 활용하는 조직력만 갖추면 국제경쟁력이 생깁니다. 그렇지만 금융에서 제일 중요한 경쟁력은 금리 경쟁력입니다. 선진국은 돈이 많으니까 조달금리가 낮아서 그 돈을 들고 해외에 나가서 굴리는 것이 쉽습니다. 그렇지만 개도국은 조달금리가 높으니까 금융 부문이 해외에 나가서 경쟁력 얻는 것이 쉽지 않습니다. 싱가폴에 오는 한국 금융기관들이 다 비슷한 얘기를 합니다. 현지 금융기관들이 워낙 자금을 싸게 조달하기 때문에 컨소시엄을 하려고 해도 금리조건이 잘 맞지 않는다고 하더군요.

김우중 금융이 해외에 나가서 돈 버는 게 쉽지 않아요. IMF 전에도 한국 금융기관들이 해외에 갑자기 나갔다가 손해 많이 봤잖아요(3장 1절 참조)? 해외 정보가 많아야 하는데 그걸 확보하는 게 쉽지 않아요. 해외 고객들 상대하는 노하우도 축적해야 하고…. 그러니까 금융은 국내에서 경쟁력을 먼저 잘 키워야 해요. 국내 기업들이 필요한 금융을 해주면서 그 노하우를 축적해야 하고 그러면서 성장해야 하는 거지요. 해외 진출은 그렇게 빨리 할 수 없어요. 제조업을 키우면서 금융도 함께 커야 해요.

신장섭 제조업을 육성하려면 정부에서 무엇을 해야 합니까?

김우중 과거 정부들이 조직 개편을 잘못했어요. 예전에는 상공부에서 산업발전에 관한 목소리를 내고 재무부가 금융 쪽 목소리를 내고, 경제기획원이 균형을 맞춰줬어요. 그런데 (YS 때부터) 재정경제원에 권한을 다 주니까 은행들 좋은 방향으로만 정책이 만들어졌어요.[6] 그러니까 은행들 원하는 대로 가계대출을 많이 늘려준 거지요. 빚으로 소비 늘리면 어떻게 합니까? 소득 늘어나는 게 빤한데… 그 이상을 쓰면 안 되지요. 소득은 늘지 않는데, 카드대출, 주택담보대출 이런 것들이 늘어나다 보니 중산층 몰락으로 이어진 겁니다. 그때 시장경제 한다면서 실제로 한 것은 금융기관들 좋은 데로만 한 거예요. 기획원처럼 경제정책을 전체적으로 총괄하는 부서를 만들어서 산업 쪽과 금융 쪽 얘기를 같이 듣고 정책을 결정해야 해요.

신장섭 저도 김 회장님의 의견에 동의합니다. 산업자본의 논리와 금융자본의 논리가 엇갈리는 적이 많습니다. 산업자본은 장기적인 시각을 갖고 있지만 금융자본은 단기적인 경우가 많습니다. 금융자본은 장기사업에 산업자본과 함께 투자한 다음에도 상황이 어려워진다 싶으면 손을 빼 수 있는 옵션을 갖고 있습니다. 돈을 빼내면서도 자신들이 처음에 판단을 잘못했던 것이 아니라 돈을 빌린 산업자본가들이 잘못했기 때문에 그러는 거라는 합리화도 가능하고요.[7] 시장에서 자유롭게 거래가 이루어지게 그냥 놔두어도 돈을 가진 사람들의 힘이 세기 때문에 산업자본보다 금융자본 위주로 일이 진행되는 경우가 많습니다. 그런데 금융 위주로 정책을 하면 산업자본이 더 위축됩니다.

김우중 대우그룹이 해체될 때 2000년대부터 중국이나 다른 신흥국에서 자동차 수요가 그렇게 많이 늘어날 거라고 예상한 금융기관이 도대체 어떤 데가 있었습니까? 우리는 그걸 바라보고 투자했는데, 그게 근거 없는 일이라고 하면서 정부와 금융기관들이 우리를 해체시켰지요. 대우차도 헐값에 넘기고요. 결국 GM 좋은 일만 해줬어요(4장 3절 참조). 그때 상공부 같은 부서의 이야기가 충분히 전달되고, 기획원과 같이 중간에서 정책을 조절하는 부서가 있었으면 그렇게까지 가지 않았을 거예요. 산업 쪽 얘기가 경제정책에 제대로 반영될 수 있는 정부조직이 만들어져야 합니다.

5. 대기업-중소기업 상생(相生)의 경영

신장섭 국내에서 제조업 육성을 논의할 때면 항상 나오는 얘기가 대기업은 국제경쟁력이 있지만 중소기업은 경쟁력이 떨어진다는 겁니다. 대기업들이 중소기업들을 착취한다는 얘기도 나오고요. 제조업이 제대로 잘되려면 경쟁력 있는 대기업 못지않게 경쟁력 있는 중소기업들이 많이 있어야 할 텐데, 대기업과 중소기업의 문제, 어떻게 해결해야 하는 겁니까?

김우중 기본적으로는 마케팅의 문제예요. 중소기업들이 국내 대기업에만 의존하지 말고 세계시장에 제품을 팔 수 있어야 해요. 국내 대기업에만 (제품을) 공급하면 그쪽에서 단가 낮춰라, 기술 정보 내놓으라고 할 때 거절하기가 힘들어요. 국내 대기업에 제품을 공급하면서 빨리 해외거래선을 확보해야 해요. 중소기업들이 이렇게 해외거래선을 확보할 수 있도록 종합상사들이 역할을 잘 해줘야 하고요.

㈜대우는 사실 중소기업들 수출을 대행해주면서 컸어요. 1974년에 종합상사 지정 받을 때에도 수출 품목이 얼마 이상 돼야 한다는 조건이 있었는데, 우리가 여러 중소기업들 수출을 해주다 보니 품목이 많아서 첫 번째로 된 거였어요. 우리는 중소기업들 수출을 단순히 대행한 것이 아니라 새로운 수출제품을 개발하는 것까지 도와줬어요. 중소기업들이 처음부터 독자적으로 해외에 나가기가 어려워요. 해외에 나가서 일하는 경험이 자꾸 쌓여야 돼요. 우리가 제품을 수출해주면 생산이 늘어나고 그 사람들도 경험이 쌓이고… 그러면서 커지는 거지요. 대기업이 처음부터 대기업인가요? 대우도 중소기업으로부터 시작했어요. 우리 직원들에게도 처음 중소기업으로 시작할 때의 절실한 마음을 갖자고 했어요. 그러면 회사일도 열심히 하고 중소기업들과 협조도 잘되는 거지요.

신장섭 대기업들도 납품하는 중소기업들의 경쟁력이 있어야 자신들의 경쟁력이 생기는 것 아닙니까? 중소기업을 도와준다기보다는 함께 경쟁력을 키운다는 관점에서 중소기업과 상생(相生)을 모색해야 하지 않을까요?

김우중 그래서 내가 다보스포럼에서 '어셈블러(assembler)들이 자동차 기술개발에 기여한 것이 뭐가 있냐'고 얘기했던 거예요(2장 5절 참조). 부품업체들이 조립업체들의 경쟁력을 만들어주는 부분이 많아요. '세계경영'을 할 때도 그걸 많이 생각했어요. 국내시장이 개방되는데 중소기업들이 경쟁력을 확보하지 못하고 가만 있으면 대기업도 함께 망해요. 중소기업은 선진국 중소기업들에 밀리고 대기업들은 국내에서 경쟁력 있는 부품을 구하지 못하니까 경쟁력이 떨어지는 거지요.

우리가 해외에 진출할 때 중소기업들을 데리고 같이 나간 게 그것 때문이에요. 중소기업들이 해외에 대기업들과 함께 가면 국제경쟁을 어떻게 해야 하는지 배울 수 있어요. 또 해외 생산을 늘리면 생산 규모가 늘어나고 그래서 생산단가를 떨어뜨릴 수 있어요. 우리가 우즈베키스탄 자동차공장 기공식을 할 때 함께 간 사람들의 3분의 2가 중소기업인들이었어요. 그게 블록화에 대비하는 방법이기도 하지요. 완제품 수출길이 막히면 대신 중소기업들에서 나오는 부품을 수출하면 돼요. 세트메이커는 현지로 옮기고 부품은 국내에서 나가면 대기업과 중소기업이 같이 사는 거지요.

한국경제에서 중기업이 커야 해요. 교세라(Kyocera)도 중기업에서 컸어요. 보쉬(Bosch)도 그렇고, 니혼덴소(日本電裝)도 다 중기업에서 커서 세계적인 기업이 됐어요.(2011년 매출은 교세라 153억 달러, 보쉬 515억 유로(약 720억 달러), 니혼덴소 319억 달러다.[8])

신장섭 그러면 대기업들이 중소기업들에 어떻게 해줘야 합니까?

김우중 대기업이 중소기업에게 조금 더 좋게 해준다고 해서 추가로 들어가는 비용은 별로 크지 않아요. 근본적으로는 대기업이 (제품을) 많이 사주거나 해외시장에 많이 팔도록 소개해줘서 중소기업들이 양산할 수 있도록 해주는 것이 중요하지요. 중소기업들은 자본코스트(cost)가 비싸요. 양산하면 코스트가 싸지는 거지요. 100만 개 만들던 것, 1,000만 개 만들면 값이 반으로 떨어져요. 2교대 하는 것, 3교대로 해서 24시간 돌리면 오버헤드(overhead)비용이 떨어져서 그게 경쟁력이 돼요. 그러면 대기업도 좋은 제품을 값싸게 살 수 있거나 수수료를 더 많이 받을 수 있으니까 같이 좋아지는 거지요.

마케팅이 해결되면 아이디어를 줘서 상품을 개발할 수 있게 해줘야 돼요. 상품 개발은 마케팅에서 조금 더 가는 거니까 조금만 도와주면 돼요. 한국 중소기업들이 기본기술은 모자라도 머리가 좋고 플렉시빌리티(flexibility, 유연성)가 많아서 만드는 걸 잘해요. 유능한 엔지니어들이 팀을 만들면 자체로도 상품을 개발할 수 있고, 전문적으로 하면 얼마든지 크게 할 수 있어요.

신장섭 대기업들이 그런 원리를 모르지는 않을 텐데…. 그런데 왜 대기업들이 중소기업들의 납품단가를 지나치게 후려친다든가, 똑같은 업종에 진출해서 중소기업들을 도태시킨다는 비판이 계속 나오는 겁니까? 이 문제를 어떻게 해결해야 합니까?

김우중 우선은 대기업 하는 사람들이 생각을 바꿔야 해요. 중소기업들을 잘 키워야 대기업도 산다는 것을 최고경영자부터 실무자들까지 똑같이 생각해야 돼요. 실무자들이 자기 실적 올리겠다고 납품단가를 지나치게 낮추지 못하도록 대기업 내부에 시스템도 만들어야 해요. 사실 대기업이 중소기업 제품을 개발하는 게 참 어려워요. 자신들이 하지 못하는 건데 중소기업들이 잘할 수 있도록 도와줘야지요. 그 사람들을 잘 키워서 같이 돈 벌고 같이 나눠 먹어야 해요. 자기만 살겠다고 하면 오래 못 가는 거지요. 중소기업이 하는 것에 대기업이 들어가서 돈 벌 수 있어도 스스로 하지 말아야 해요. 대기업은 중소기업들이 못하는 걸 찾아서 해야지요. 새로운 기술을 개발하고 새로운 제품을 계속 창조하는 것이 대기업의 의무예요.

신장섭 중소기업과의 관계에서도 '50 대 50 원칙'을 적용하라는 얘기로 받아들이면 되겠습니까?

김우중 그런 얘기지요. 실제로 대우는 그렇게 해왔어요. 이익을 서로 나눠 갖고 함께 크면 전체 이익 액수는 더 커지는 거예요. 지금 보이는 이익을 더 많이 갖고 가겠다고 싸우지 말고 앞으로 이익을 더 키울 생각을 해야 돼요. 사업을 같이 키우겠다고 생각하면 서로 양보할 수 있고 도울 수 있는 일들이 많아요.

신장섭 지금 대기업들에 구체적으로 이렇게 해주면 좋겠다 싶은 얘기는 없습니까?

김우중 대기업들이 중소기업들의 납품이나 수출 물량을 늘려준 다음에 어떻게 하느냐가 중요한 것 같아요. 대기업이 물량을 늘려줘서 생산단가가 떨어졌으니까 그 이익을 대기업과 중소기업이 나누는 건 당연한 얘기예요. 이때 중소기업들이 앞으로 더 성장하고 경쟁력을 더 키울 수 있도록 하는 선에서 납품단가를 조정해야 해요. 지금은 중소기업들의 생산단가가 떨어지면 대부분의 대기업들이 원가 계산을 다시 해서 가격을 낮춘 뒤 거기에 플러스 몇 퍼센트 해서 얹어주는 것 같아요. 그러면서 연구비가 얼마나 들어가는지는 계산을 안 해주는 것 같고요. 단가를 그런 식으로 너무 많이 깎으면 연구비를 쓸 수 없어요. 과감하게 연구할 수 있도록 계산해줘야 돼요. 모든 부품에 대해 다 그렇게 해줄 수는 없겠지만 중요한 부품 몇 개 그렇게 해준다고 몇 푼이나 되겠어요? 중소기업들이 더 클 수 있게 해줘야 해요.

자동차의 경우는 페이스리프트(face-lift, 모델 변경)를 너무 빨리 하는 것 같아요. 자꾸 새로운 걸 내놓으면 (중소기업들이) 4년 정도 써야 할 금형을 1년 쓰고 바꿔야 하는 경우도 생겨요. 1년 쓰고 감가상각 하려니 불량자산이 되는 거지요. 새로 부품을 만들게 하면 처음부터 최소한 2년 정도는 쓸 수 있게 해주든지, 조금만 변형하면 계속 쓸 수 있도록 처음 개발할 때부터 고려해줘야 해요. 중소기업은 물건 판 다음에 애프터서비스 부품이 나가면서 돈을 벌 수 있어요. 그런데 너무 모델을 빨리 바꾸면, 옛날 금형은 애프터서비스 때문에 유지해야 하고 새로운 모델에 맞는 금형을 별도로 만들어야 하니까 돈 벌기가 어려워요. 이런 사이클을 잘 오거나이즈(organize, 조직) 해서 중소기업들이 돈을 벌 수 있게 해줘야 해요.

신장섭 중소기업들이 스스로 해야 하는 것들은 없습니까?
김우중 중소기업은 중소기업다워야 해요. 내가 대우그룹 경영 할 때에도 중소기업 사장들이 나보다 더 좋은 차를 타고 나타나는 경우들이 있었어요. 중소기업은 자기네가 열심히 하고 납품하는 대기업 제품의 단가를 낮춰주려고 노력한다는 걸 보여줘야 해요. 싸게 잘 만드는데 대기업들이 안 살 이유가 없는 거지요. 그렇게 열심히 할 생각 안 하니까 잘 안 되는 경우가 많아요.

중소기업들은 자기 분야를 전문적으로 해서 규모를 키울 생각을 해야 돼요. 연구개발 투자 열심히 하고… 돈 조금 벌었다고 다른 곳에 한눈 팔지 말아야지요. 엉뚱한 데 투자하다 망한 중소기업들이 많아요. 전문적으로 한 데는 망한 곳이 거의 없어요. (정부나 일반인들이) 중소기업들 중에서 안 되는 회사들 얘기만 들어서는 안 돼요. 잘 하는 중소기업들 얘기도 자꾸 들어야지요. 근본적으로 (중소기업들이) 연구개발로 가도록 분위기를 밀어줘야 해요.

신장섭 마케팅을 항상 강조하셨는데, 중소기업들이 마케팅 능력을 키우기 위해서는 어떻게 해야 합니까?

김우중 중소기업 스스로 마케팅 능력을 키우기 위해 노력하는 것이 우선이지요. 마케팅 능력이 없는 기업은 절대로 발전할 수가 없어요. 대기업과 중소기업 관계를 보면, 중소기업의 역량이 부족하니까 연구개발비를 대기업의 지원을 받게 되고 대기업은 그 대신 다른 곳에 팔지 못하게 하는 경우들이 있어요. 그렇게 되면 중소기업은 영업의 기회도 경험도 갖지 못하고 거래하는 대기업만 바라보게 돼요. 이것이 문제예요. 연구개발 할 때부터 마케팅을 고려해서 독자적인 입지를 구축해야 해요. 그리고 최선을 다해서 판로를 개척해나가야 해요. 많이 만들어 많이 팔아야 단가가 떨어지고 경쟁력이 생겨요. 독자적인 마케팅 능력이 생기면 다른 제품을 개발해서 또 팔 수 있는 거지요. 하청에만 안주하면 안 돼요.

중소기업이 잘되면 대기업도 참 쉬워져요. 골치 아프지 않고…. 예를 들면 품질검사 하는 데 비용이 많이 들어요. 중소기업에서 납품되는 것들이 틀림없이 정확히 만들어지면 검사비용도 줄고 사고도 나지 않아요. 대기업에서 일하던 임원들이 나가서 일할 자리도 많아져요. 그 사람들이 월급은 적게 받더라도 중소기업에서 중역으로 일하면 노하우가 전수되고 서로 좋아지는 거지요. 그게 얼마나 큰 자산입니까? 한국에서 국제경쟁력 있는 중견기업이 200개는 만들어져야 해요.

6. 남북관계와 동북3성 진출

신장섭 공동체에 관한 얘기를 좀 더 넓혀보지요. 김 회장님은 대북특사도 하고, 한국 기업 최초로 북한에 남포공단을 설립하기도 하고, 오랫동안 남북관계 개선에 적극적으로 참여했습니다. 지금 단계에서 남북문제에 대해 어떻게 접근해야 합니까? 남북이 통일되어야 한다는 사람들도 있고, 통일보다는 평화공존으로 만족해야 한다고 생각하는 사람들도 있습니다만….

김우중 통일되면 우리가 선진국 되는 것이 더 쉬워져요. 통일에 반대하는 사람들은 통일비용이 굉장히 많이 들어간다고 그러잖아요? 국책연구소 등에서도 통일비용이 굉장히 많이 들어가는 것처럼 보고서를 내고 있어요. 그런데 나는 통일비용이 사실상 그렇게 많이 들어가지 않을 거라고 봐요.

신장섭 왜 그런 겁니까?

김우중 인플레다, 보조금이다 해서 돈 들어가는 것만 계산하지, 북한 사람들과 함께 일하게 되면서 돈을 벌게 되는 건 계산에 별로 넣지 않으니까 그런 거지요. (남북이) 합치면 돈 벌 수 있는 게 많아요. 또 동북아에서나 세계시장에서나 한국의 협상력이 커져서 유리해지는 것도 굉장히 커요. 그런 걸 다 계산에 넣어야지요.

신장섭 "돈을 벌 수 있다"는 것이 구체적으로 어떤 거지요?

김우중 남한이 앞으로 경공업을 키우기는 힘들어요. 고부가 노력해서 계속해야 하지만 저부가 부문은 비용이 올라가니까 다른 나라에 넘길 수밖에 없어요. 그런데 북한과 함께 하면 상당 기간 더 계속할 수 있어요. 우리가 기술과 기계를 대고 북한 인력을 쓰는 거지요. 그러면 북한 경제가 클 수 있고 남한도 부자재 공급 하면서 경공업을 오래 갖고 갈 수 있어요.

대우가 박정희 대통령 때 방글라데시에 진출했어요(1977년). 어떻게든 도와주고 싶어서 그쪽 사람들 200~300명을 대거 데리고 와서 부산 봉재공장에서 가르쳤어요. 그게 성공작이 됐지요. 그 사람들이 커서 공장도 만들고…. 방글라데시를 방문하니 그쪽 대통령이 나에게 고맙다고 얘기할 정도였어요. 그렇게 되니까 방글라데시가 한국에서 원단 사가는 것이 크게 늘어요. 방글라데시와 한국이 같이 좋아진 거지요. 북한도 그렇게 경공업을 하면 서로 좋아요. 북한이 그전에 사회주의권과 바터거래를 많이 했어요. 그때는 유니폼 같은 것만 만들었지요. 지금과 같은 패션 상품이 아니고…. 남한과 하면 더 잘할 수 있어요. 재봉하는 거야 다 똑같으니까 우리가 조금만 지원해주면 잘 만들 수 있어요. 처음에야 이렇게 경공업을 중심으로 협조하지만 금세 건설이나 다른 부문으로 협력이 확대될 수 있어요.

신장섭 그러면 완전히 통일한다기보다는 남북 간에 임금 격차를 유지하고 화폐도 다른 것을 쓰면서 단계적으로 통일해야 한다는 입장이라고 이해하면 되겠습니까?

김우중 처음부터 완전히 통일하는 건 있을 수가 없어요. 그 혼란을 어떻게 감당합니까? 1년에 몇 퍼센트씩 (임금이) 올라간다고 해주면 되는 거지요. 단계적으로 천천히…. 그래도 (북한 사람들 입장에서는 생활이) 좋아지는 것이 눈에 보여요. 지금 중국 사람들 인건비가 한달에 700불이고 북한 사람들은 200~300불밖에 안 돼요. 인건비가 계속 올라간다는 확신만 주면 북한 사람들이 억셉트(accept) 할 수 있어요. 북한 사람들도 능력 있는 사람들인데 배우면 잘할 수 있어요. 남한경제도 계속 커지니까 북한 인력을 받아들이거나 북한에 투자할 수 있는 여지가 많아져요. 함께 발전하는 건데 안 할 이유가 없어요. 다른 사람들이 나쁘게 얘기하면서 견제하는 것이 문제이지요.

신장섭 북한 정부가 그런 것을 잘 알더라도 자기네 체제가 불안해지니까 하지 않을 수 있는 것 아닙니까?

김우중 그래서 내가 옛날부터 동북3성(지린성[吉林省], 랴오닝성[遼寧省], 헤이룽장성[黑龍江省])에 함께 진출해서 양동작전(陽動作戰)을 해야 한다고 주장했어요. 북한을 직접 개방시키는 노력도 하고, 동북3성을 통해 간접적으로 개방시키기도 하고… 동북3성에 한국 기업들이 많이 진출해서 북한 사람들을 많이 데려다 쓰면 북한이 개방할 수밖에 없는 거지요.

신장섭 언제부터 그런 구상을 했습니까?

김우중 대북특사로 오갈 때(1980년대 후반)부터 생각했던 거지요. 리비아 공사장에 가서 우리 직원들에게 그 생각을 얘기하기도 했어요. 지사장 회의 할 때 그 얘기를 꺼내기도 했고요. 수단과 수교할 때(1976년) '이제 사회주의권을 처음으로 열었으니까 마지막 목표는 북한이다'라고 생각하고 나름대로 이것저것 구상을 했지요. (주)대우가 사회주의권 국가와 거래가 많았으니까 그 나라들에 대해 생각할 때면 북한문제를 많이 연결시켜서 생각했어요.

(김 회장은 그래서 1992년 초 북한을 다녀온 직후 "지구상의 마지막 시장에 들어가기 위해 대우는 1976년부터 꾸준히 준비를 해왔습니다"라고 말했다.[9] 대우 지사장 회의에 김 회장의 동북3성 진출 전략에 관해 들었던 한 대우 임원은 "신선한 발상"이라고 생각했고 "지사장들이 그 얘기를 듣고 다 고무되었다"고 말한다.)

신장섭 굉장히 일찍부터 북한문제에 관해 생각하셨네요. 그때 구상했던 동북3성 진출 전략을 좀 더 자세히 설명해주실 수 있을까요?

김우중 동북3성에 조선족이 많지 않습니까? 거기 인구가 1억 5,000만, 인접 지역이 또 1억 5,000만 정도 돼요. 이 사람들과 남북한을 합치면 4억 인구가 되는 시장이 생겨요. 그 정도 규모면 시장이 결코 작지 않아요. EU와 맞먹는 인구예요. 이를테면 북한 사람들이 아침에 동북3성에 출근하고 저녁 때 퇴근하도록 하는 거지요. 거기에 공단 건설 하고 기숙사까지 만들어주면 아예 장기간 가서 일할 수도 있고…. 이렇게 북한 인력이 동북3성에 많이 나가게 되면 북한 정부가 아무리 폐쇄하려고 해도 컨트롤(control, 통제)하기 힘들어져요. 결국 개방으로 나갈 수밖에 없는 거지요.

신장섭 김 회장님은 한국 최초로 북한에 남포공단을 만들고 운영했는데(1996년 설립), 왜 북한 내 진출보다 동북3성 진출을 강조하십니까?

김우중 북한에 공단을 만들면 여러 가지 규제를 받을 수밖에 없어요. 북한 사정에 따라서 공단 운영 방침이 어떻게 바뀔지 모르고요. 남한 사람들과 외국 사람들이 거기에 오가는 것이나 거기에서 사는 것도 힘들고요. 그래서 나는 처음부터 북한 내에 공단을 만드는 것에 반대했어요. 우리가 남포공단을 했지만 그건 처음에 아주 작게 실험적으로 했던 것에 불과해요. 공단에 전력이 잘 공급되지 않아 우리가 발전기를 갖고 갔는데, 그 다음에는 유류가 잘 공급되지 않아 발전기조차 제대로 돌릴 수 없는 경우가 생겼으니까요.

나는 그래서 개성공단 만드는 것도 처음부터 좋지 않다고 생각했어요. 북한이 중국과 합작해서 신의주공단을 개발할 때에 나한테 그걸 맡아달라고 제의가 온 적이 있어요(2002년 신의주특구 지정). 그때 공단을 중립지대에 만드는 것이 좋다면서 제의를 거절했어요. 지금도 마찬가지 생각이에요. 북한에 들어가서 하는 것은 힘들어요. 그러니까 지금 신의주 특구 사업이 전혀 안 되고 있고 개성공단도 어려움이 많잖아요? 북한 인력이 제3국으로 많이 나와야 해요. 북한 인력을 남한으로 데려와서 일하게 할 수도 있어요. 그게 남한 기업들이 북한에 들어가는 것보다 더 현실적이에요.

신장섭 그러면 대북특사 하실 때에 동북3성에 인력 보내는 방안을 북한에 제의했습니까?

김우중 김일성 주석에게 실험적으로 북한 인력 2만 명을 동북3성에 보내자고 제안했지요. 그게 성공하면 나중에는 매년 20만 명을 내보낼 수 있다고 하고요. 중국은 땅을 제공하고, 북한은 인력을 제공하고, 남한은 기술과 자본을 제공하는 동북아 협력사업이 되는 거지요. 만들어진 물건은 해외에 수출할 수도 있고, 중국 내수가 크니까 중국시장에 팔 수도 있는 거고요.

김 주석에게 그렇게 북한 인력이 동북3성에 나와서 일하면 북한의 기능공도 양성되고, 마케팅을 배울 수 있고, 제품개발 능력도 생기게 되니까, 그걸 다시 들여와 북한에 공장을 독자적으로 차려서 할 수도 있는 것 아니냐고 설명했어요. 만약 그때 노태우 대통령과 김일성 주석 간에 정상회담이 이루어지고 구체적인 협력 방안이 만들어졌다면 지금 동북3성에 북한 인력이 훨씬 더 많이 나가 있을 겁니다. 북한도 굉장히 많이 개방됐을 거예요. 통일까지 되지는 않더라도 동북아 정세가 지금과 굉장히 많이 달라져 있을 겁니다. 통일비용도 많이 줄일 수 있는 거고요.

신장섭 1980년대 후반에 그런 구상을 했을 때나 지금이나 동북3성에 대해 마찬가지 생각을 갖고 계십니까?

김우중 그때보다 조금 더 복잡해졌지만 원칙적으로는 비슷해요. 그 사이에 중국 사람들의 임금이 많이 올라갔어요. 지금 벌써 한 달에 750불가량인데 앞으로 계속 최저 임금을 매년 10~20%씩 올린다고 하잖아요? 그러면 (중국이) 경공업 하기 점점 어려워지는 거지요. 북한 사람들을 데려다 할 수밖에 없는 상황이에요. 북한 사람들은 지금 월 200~300불만 주면 돼요. 북한 입장에서는 20만 명만 동북3성에 나가서 일을 해도 연간 7억 2,000만 불 수입이 생기는 거고요. 내가 대북특사 할 때 제안한 것이 실제로 이루어져서 동북3성에 북한 인력이 나가기 시작했으면 지금 적어도 열 배는 늘어나 있을 겁니다. 그러면 200만 명이니까 연간 72억 불, 더 늘어나면 100억 불도 벌 수 있는 거지요.

신장섭 중국의 임금이 올라간 것이 북한 사람들을 동북3성으로 많이 나가도록 해서 북한을 개방으로 유도하는 데에 더 좋은 여건이 마련됐다는 거라고 할 수 있겠네요.

김우중 그렇지요. 내가 보기에는 중국이 상당히 많은 숫자를 받아들일 것 같아요. 인권문제다 탈북문제다 골치 아프겠지만 그렇게 할 수밖에 없어요. 그러니까 단동, 두만강에서 벌써 시작한 거지요. 북한 인력이 벌써 단동에 2만 명, 두만강에 2만 명가량 나가 있어요.

한국 정부에서 남북협력을 촉진하기 위해 더 전향적으로 대책을 내놓을 수도 있어요. 예를 들어 10년 동안 현재 중국의 임금 수준인 월 750불로 북한 근로자 임금을 픽스(fix, 고정)해놓고 전체 총액의 절반가량을 미리 주겠다고 하는 거지요. 5년치면 90억 불 정도 되겠지요. 그러면 북한 정부가 이에 대해 적극적으로 협조할 유인이 생깁니다. 북한 정부에 그 돈을 현찰로 줄 필요는 없어요. 비료나 쌀과 같이 북한이 필요한 생필품으로 직접 지급하면 됩니다. 그러면 그 현찰이 엉뚱한 데 쓰일 가능성도 막고, 남한도 당장 큰 현찰 들어갈 필요가 없으니까 서로 좋은 일이 되는 거지요.

신장섭 그거 재미있는 아이디어네요. 실무자 선에서는 협상이 진전되지 않는 사안이라도 최고경영자가 "(상대방) 사장을 만나서 일을 키우든지, 주고받고 하면서 해결이 되는 것도 있다"고 하셨는데(5장 4절), 남북문제에서도 그렇게 일을 키우면 상대방이 하고 싶은 유인이 커져서 해결 방안이 나온다고 할 수 있겠네요. 한국기계 정상화 시킬 때에 근로자들에게 '오버타임 선급제'를 제안해서 근로자들의 마음을 붙잡은 것(1장 3절 및 4장 5절)과도 비슷한 맥락의 아이디어라고 할 수 있을 것 같고요.

김우중 그렇지요. 협상을 할 때에는 상대방이 뭘 필요로 하는지를 제대로 읽고, 그쪽에서 기대하던 것 이상의 제안을 하면 일이 쉽게 풀려요. 이왕 도와주는 것, 머리를 잘 써서 상대방이 기분 좋게 받아들일 수 있는 방법을 찾아야 합니다.

시간이 좀 지난 뒤 공장을 북한 내에 지을 수 있는 방안을 북한 측에 제시할 수도 있어요. 동북3성에 나와서 일하는 북한 근로자들 중 일부를 우리가 훈련시켜서 관리직으로 키워주는 거지요. 북한 사람들이 능력이 있어서 5년 정도면 생산관리, 품질관리 다 배울 수 있습니다. 이 사람들이 북한에 돌아가서 공장을 짓도록 도와줄 수 있어요. 이 공장들에서 나오는 물건이 해외에서 잘 팔릴 수 있도록 우리가 마케팅을 도와주든지, 미국·유럽 등과 합의해서 특혜관세를 주는 방안을 추진할 수도 있어요.

신장섭 아직까지도 아이디어가 넘치시는 것 같습니다…(웃음). 그런데 동북3성에 진출하는 것이 과거보다 더 복잡해졌다는 건 무슨 얘기입니까?

김우중 옛날에는 남한 기업들이 동북3성에 경공업을 갖고 진출하겠다면 중국에서 대환영이었지요. 그런데 지금은 자기들이 다 할 수 있으니까 그렇게 환영하지 않아요. 옛날보다 한국 기업들이 가서 할 수 있는 일이 줄어들었다고 할 수 있는 거지요. 그리고 동북3성에서 한국 업체들이 너무 많이 들어가는 것에 대해 중국 정부가 견제할 수도 있어요. 중국과 관계를 잘 하면서 진출해야 돼요.

그렇지만 구태여 한국 기업이 아니더라도 중국 기업들이 북한 사람들을 많이 데려다 쓰기만 하면 남북관계에는 도움이 돼요. 한국 기업들이 중국 기업들과 합작해서 북한 사람들을 쓰면 더 좋고요. 어찌 됐든 해외로 (북한) 사람들을 많이 빼내야 해요. 그 사람들이 설을 쇠러 가서 바깥 세상 돌아가는 얘기들을 하게 되면 계속 막아놓고 통제하는 것이 쉽지 않아요. 자기들도 깨닫게 되고 그러면 변화가 오는 거지요. 사람이 많이 오가면 개방으로 갈 수밖에 없어요.

신장섭 중국이 지금 경공업을 많이 하고 있다 하더라도 한국 업체들이 동북3성에 진출할 수 있는 경공업 품목들이 있지 않겠습니까?

김우중 그렇지요. 좀 더 부가가치 높은 부문에서 동북3성에 진출하고 북한 인력을 데려다 쓸 수 있어요. 그런 업종을 찾아서 적극적으로 진출해야 돼요. 예를 들면 중국 업체들도 일부 부자재는 한국에서 갖고 갈 수밖에 없어요. 한국에서 좋은 화섬을 많이 개발하고 있으니까요. 추운 지방에서는 아웃도어 제품에 대한 수요가 높아요. 중국 소득이 올라가면서 (사람들이) 패션이나 고급제품을 더 많이 찾게 돼요. 남한에서 좋은 실을 생산할 수 있으니까 중국 업체들과 합작해서 (동북3성에) 들어갈 수도 있을 겁니다.

신장섭 통일에 관해서 남북관계 개선을 통한 단계적 통일 방안을 얘기하셨는데 남북통일에 대해서는 주변 4대 강국이 모두 싫어한다고 얘기하는 사람들이 많이 있습니다. 주변국들의 동의와 협조를 어떻게 끌어내야 할까요?

김우중 중국이 제일 중요해요. 중국의 동의를 얻어야지요. 그런데 그게 그냥 기다려서는 안 돼요. 북한 사람들이 동북3성에 많이 가도록 적극적인 조치를 취해야 가능해질 수 있어요. 북한 사람들이 못사니까 중국에 300만 명 정도까지는 나갈 수 있습니다. 거기 가서 사업을 벌여놓고 10년, 20년 일할 수 있게 해야 돼요. 남한은 남북경협으로 도와주는 것처럼 거기에 나가 있는 사람들이 정착하고 먹고살 수 있게 해줘야 하고요. 거기에 한국 기업들이 가능한 투자를 많이 하도록 하고…. 중국에도 남북한과 협력해서 동북3성을 잘 발전시키는 것이 중국에 도움이 된다는 것을 잘 설득해야 하고요. 중국과 북한이 프리트레이드(free trade, 자유무역) 지대처럼 되면 그것이 훨씬 쉬워집니다.

통일정책은 누가 대통령이 되더라도 20년 정도 비전을 갖고 꾸준히 밀고 나가야 해요. 북한에 한 번 갔다온 사람들 얘기 듣고 정책을 이리저리 바꾸지 말아야 합니다. 우리가 쓰건 중국 사람들이 쓰건 북한 사람들을 계속 쓸 수 있는 방안을 만들어야 해요. 그리고 돈으로 지원해주는 것이 아니라 이 사람들을 통해 팔릴 수 있는 상품을 만들어야 해요. 그래야 계속 돈이 돌면서 규모가 커질 수 있어요.

| 주 |

1 김우중(1989, 178쪽).
2 Slater(1998) 참조.
3 Lazonick(2009).
4 Allen and Gale(2001).
5 신장섭(2008).
6 1994년 김영삼 대통령 때 만들어진 재정경제원은 노무현 대통령 때 재정경제부로 이름이 바뀐 뒤 이명박 대통령 때에는 기획재정부로 이름이 또 바뀐다.
7 신장섭(2008).
8 Wikipedia.
9 대우세계경영연구회(2012, 4쪽).

아직도 세계는 넓고 할 일은 많다

현재 하노이에서 거주하고 있는 김우중 회장은 젊은이들 교육에 매진하고 있다. 전직 대우맨들의 모임 '대우세계경영연구회'를 통해 글로벌 YBM(GYBM, Global Young Business Managers) 과정을 베트남에 만들고 2012년부터 본격 운영하고 있다. 세계시장을 휘젓고 다닌 대우인들을 길러낸 것처럼, 동남아에 뿌리를 내려 국제 비즈니스를 제대로 하는 젊은이들을 양성하자는 것이다. 공식 직함을 갖고 있지는 않지만, 김 회장은 GYBM의 이사장 겸 교장이라고 할 수 있다. 본인 시간의 대부분을 GYBM에 쏟아붓는다. 학생들에게 강의도 하고 정신교육, 생활지도까지 한다. 졸업한 학생들도 정기적으로 만나 격려하고 취직한 회사에서 잘 정착하고 성공할 수 있도록 도와준다. 항상 큰 구상을 해왔던 것처럼 김 회장은 'GYBM 백만 양병론'까지 거론한다.

김 회장의 젊은이들에 대한 생각은 끔찍하다고 할 수 있을 정도이다. 1989년에 출간된 『세계는 넓고 할 일은 많다』에 '내 사랑하는 젊은이들에게'라는 부제를 붙였다. 기업인들이 자신의 경영철학이나 노하우에 대해 얘기한 책들은 많이 있다. 그렇지만 김 회장은 그동안 그런 책을 쓴 게 없다. 대신 젊은이들을 상대로 직접 대화하듯 훈계하듯이 쓴 책을 내놓았다. 젊은이들을 아끼는 마음이 강하고, 그래서 해주고 싶은 얘기가 무궁무진하기 때문이다. 김 회장이 이 책을 집중적으로 썼을 때는 대우조선 노사분규로 옥포에 직접 내려가 있던 시기였다. 젊은 노조원들을 상대하면서 했던 얘기들, 해주고 싶었던 얘기들을 정리했고, 그것이 한국의 전체 젊은이들에게 던져주는 메시지가 됐다.

『세계는 넓고 할 일은 많다』는 당시 150만 부가량이 팔리면서 공전의 히트를 쳤다. 기업인이 낸 책 중에서 이렇게 많이 판매된 책은 지금까지도 없다. 그만큼 젊은이들이나 일반 독자들의 반응이 뜨거웠기 때문이다. 이제 그 책이 출간된 지 한 세대가 지났고 그때의 젊은이들은 이미 한국 사회의 중추가 됐다. 그리고 새로운 젊은 세대가 자라나고 있다. 그동안 한국에도 많은 변화가 있었고 김 회장 본인에게도 많은 변화가 있었다. 지금의 젊은이들에게 김 회장이 무슨 얘기를 해주고 싶은지를 들어보았다. 당시 젊은이였던 사람들이 지금 40~50대가 되어서 자신들의 미래를 어떻게 준비해야 하는지에 대해서도 조언을 구해보았다. 김 회장의 답변은 과거나 지금이나 "세계는 넓고 할 일은 많다"였다.

1. '글로벌 YBM 백만 양병론'
　—헛돈 쓰는 교육과 실질적인 교육

　　신장섭　GYBM 제1, 2기생이 벌써 배출됐고(2012, 2013년), 제3기생이 교육받고 있습니다. 무슨 생각으로 이런 청년교육 프로그램을 만들자고 한 겁니까?

　　김우중　국내에서 청년실업이 커다란 사회문제잖아요? 젊은 사람들이 직업을 갖고 일을 해야 자기실현을 하는데 그러지 못하면 얼마나 불행한 일입니까? 그동안 부모들이 많은 노력과 돈을 들여서 교육시켰는데 젊은이들이 취직 못 하고 있으면 부모들의 절망감도 클 테고요. 사회적으로도 굉장히 심각한 문제이지요.

　　청년실업에 여러 가지 이유가 있기 때문이겠지만 그런 것들이 당장 해결책이 나오는 게 아니에요. 그래서 우리 대우인들과 내가 조금만 노력하면 할 수 있겠다 싶은 일을 찾아본 거지요. 잘하면 청년실업 해결에 모범사례를 만들 수도 있을 테고요. 한국에서는 지금 고령사회가 된다, 성장률이 떨어진다 해서 일자리가 많이 만들어지지 않지만, 여기 베트남 같은 개발도상국은 일자리가 많이 만들어져요. 기대수준만 조금 낮추면 일할 수 있는 것들이 많고 앞으로 (잘될 수 있는) 가능성도 더 높아요.

　　신장섭　"세계는 넓고 할 일은 많다"라고 말씀하셨던 것처럼 좁은 국내시장에서 다투지 말고 일 찾아 세계로 나가라, 이런 얘기인가요?

　　김우중　한국이 국토는 좁고 인구가 많다는 걸 제대로 알아야 해요. 한국 인구가 남한 4,900만 명, 북한 2,400만 명 해서 7,300만 명이에요.

면적은 남한이 10만km², 북한이 12만km²니까 합쳐서 22만km²밖에 되지 않고요. (김 회장은 항상 남북한을 합쳐서 얘기한다.) 독일과 인구는 비슷한데 국토는 3분의 2밖에 되지 않아요(독일은 인구 8,100만 명에 국토는 35.7만km²). 미국에서 오바마 대통령이 (세계 금융위기 후속 대책으로) 100만 명 일자리 창출 하겠다고 공약했는데, 미국과 같이 인구와 자원이 많고 땅덩어리가 큰 나라에서도 일자리 만드는 것이 쉽지 않다는 얘기예요. 한국은 훨씬 더 힘든 거지요. 더 많은 사람들이 해외에 나가서 일자리를 찾고 거기에서 정착해야 해요.

신장섭 해외에 나가면 환경도 다르고 말도 잘 통하지 않는데, 일자리 찾는 게 더 어려운 것 아닙니까?

김우중 선진국에서야 일자리 찾기가 더 힘들겠지요. 그렇지만 개발도상국에 가면 한국 사람들이 할 수 있는 일들이 많이 있어요. 실질적으로 생각해봐야 해요. 한국에서 연봉 2만 불(약 2,300만 원) 받으면 저축을 별로 못해요. 빚만 늘어나는 경우도 많고요. 그런데 여기 베트남 같은 데에서는 같은 액수를 받아도 굉장히 높은 월급이에요. 생활비 다 쓰더라도 1만 불 정도밖에 들지 않아요. 숙소를 제공받으면서 아껴 쓰면 한 달 생활비가 300~500불밖에 들지 않아요. 그러면 버는 돈의 절반 이상을 저축할 수 있는 거지요. 젊은 사람들이 한국에서 어떻게 1년에 1,000만 원을 저축합니까? 여기에서는 할 수 있어요.

여기에 한국 기업들이 3,700개나 진출해 있어요. 능력 있는 한국 사람들을 찾고 있어요. 한국과 관련된 비즈니스를 하는 외국 기업들도 한국 사람들을 필요로 하고요. 한국에 있는 사람들과 비교하지 말고 현지인보다 더 많이 받겠다고 생각하면 일할 수 있는 기회가 많이 있어요. 생각을 바꿔야지요. 젊을 때 고생을 해봐야 해요. 그런 생각은 하지 않고 국내에만 있으면서 일자리 없다, 월급 적다 불평만 하고 있으면 될 일이 없지요.

신장섭 한국에서 아주 좋은 대학 나온 젊은이들보다는, 능력과 야심이 있지만 그런 대학을 나오지 못해 자신들이 원하는 수준의 일자리를 국내에서 구하지 못하는 젊은이들에게 굉장히 좋은 대안이 될 것 같네요.

김우중 그렇지요. 그래서 GYBM 학생들의 75%가량이 지방대학 출신이에요. 한국에서 충분히 일자리를 구할 수 있는데 도전해보겠다고 온 친구들도 있고요.

신장섭 그런데 학생들에게 무슨 교육을 시키는 겁니까?

김우중 정신훈련 하고 실무교육 시키는 거지요. 새벽부터 저녁까지…. 베트남어와 영어 가르치고, 베트남 문화와 역사, 법과 회계도 배우도록 합니다. 현지에 빨리 적응해야 하니까요. 나도 학생들과 대화 시간을 자주 가져요. 체력단련도 시킵니다. 더운 나라이니까 처음 1년 동안 건강을 지키는 것이 굉장히 중요해요. 인생은 자기와의 싸움이에요. 그러니까 교육받을 때 혹독하게 해야 돼요. 그래야지 자기를 이길 수 있지요.

선진국에서의 행복과 우리나라의 행복이 어떻게 똑같습니까? 그걸 똑같이 하려니까 거기서부터 잘못되는 거지요. 우리가 여기서 하려는 것은 개발도상국 모델입니다. 그래서 학생들에게 서울에서 하던 생각을 모두 버리라고 얘기하고 있어요. 서울 기준으로 하면 여기서 하려는 것이 안 되는 것처럼 보여요. 하지만 현지 여건에 맞춰서 생각하면 다 됩니다.

철저히 현지화해서 생각해야 돼요. 그래야 길이 보이지요. 앞으로 아시아에서 기회가 많아요. 특히 아세안 국가들이 중요해요.

(GYBM 3기생들의 일과표를 살펴보자. 아침 5시 30분 기상 및 점호, 8시 교육 시작, … 오후 5시 저녁식사, 저녁 6~8시 자율학습, 저녁 8~10시 일과 정리 및 휴식, 저녁 10시 취침. 군대보다 빡빡하다. 매일 베트남어 일기를 써야 하고 이것을 베트남 학생이 직접 수정해준다. 1주일에 세 번씩 단어, 문장 시험도 본다. 3개월에 한 번씩 자신의 10년 후, 20년 후의 모습을 그려보는 글을 써서 꿈과 비전을 구체화하도록 한다.)

신장섭 '대우사관학교'라고 할 수 있을 것 같네요. 제 아들도 여기 보내서 교육시키면 좋을 것 같은데요(웃음)?

김우중 이런 훈련과정을 거치면서 확고한 비전이 세워지고 자신감도 갖게 되는 거지요. 그러면 스스로 도전할 수 있게 돼요. 그래서 한 달에 두 번 토요일에 학생들을 공장에 견학 보내고 나한테 감상문을 제출하도록 해요. 뭘 봤고, 무슨 생각이 드는지, 그래서 앞으로 무엇을 해야겠다고 생각하는지 확인하는 거지요. 처음에는 학생들이 대강 쓰는 것 같아요. 그래서 '할아버지에게 편지 쓴다고 생각하고 잘 써달라'고 부탁했어요. 그러니까 성의 있게 쓰더라구요. 학생들과 그 내용 놓고 얘기도 해요. 이런 과정을 반복해야만 미래에 대해 비전이 생기고 지금 뭘 해야 할지 구체적으로 생각이 들게 되는 거지요.

신장섭 GYBM에서 단련을 받았다 하더라도 취직해서 현지 생활에 적응하고 성공하는 것이 쉽지는 않을 텐데요….

김우중 처음에 어려운 것들을 잘 극복하는 게 중요하지요. 그래서 그 어려움만 잘 극복하면 한국에서 있을 때보다 더 큰 비전이 있다는 것을 강조하고 있어요. 처음에는 한국에서 일하는 자기 친구들보다 월급을 적게 받을 수 있지요. 그렇지만 그 친구들은 월급을 더 많이 받아도 저축을 거의 못 해요. 그런데 여기서는 저축할 수 있어요. 나중에 남는 돈은 그래서 더 많아지는 거지요. 한국에 있는 친구들보다 처음에는 작은 회사에서 일할 수 있지요. 그렇지만 열심히 하면 그 회사에서 인정받아 책임 있는 일을 맡을 수 있고, 창업할 수도 있어요.

신장섭 저축만 더 하는 것이 아니라 경력도 더 좋아질 수 있다는 얘기네요.

김우중 그렇지요. 한국에서는 연봉 2~3만 불 하는 직장 중에서 빨리 성장하는 데가 많지 않아요. 승진도 느리고 거기에서 높은 지위에 올라가는 것이 쉽지 않지요. 그런데 여기에서는 그 정도 연봉 주는 곳은 굉장히 좋은 회사입니다. 성장 가능성이 높으니까 승진도 빠르고 일도 많이 배울 수 있어요. 한국에서 대기업 들어가는 사람들보다 나을 수도 있어요. 성장하는 회사에서 일을 잘하면 10년만 지나도 위치가 크게 달라집니다. 내가 (한성실업에서) 6년 만에 이사로 승진한 것과 같은 일이 벌어질 수 있어요.

결혼도 더 잘할 수 있습니다. 한국 사람들이 여기에서 인기가 좋아요. 여기에 있는 좋은 직장 다니면 현지에서 명망가 집안과도 결혼할 수 있어요. 나는 우리 GYBM 졸업생들 중에서 현지인들과 이렇게 결혼하는 사람들이 많이 나오면 좋겠어요. 그래야지 "아, 해외에 나가면 이렇게 성공할 수 있구나" 하는 모범이 만들어지고, 다른 사람들도 따라서 해외에 나올 수 있는 거지요.

신장섭 학생들 결혼까지 굉장히 실질적으로 생각하시네요. 실제로 동남아에서 한국 사람들이 현지의 명문 집안과 결혼하는 경우가 점점 많아지고 있습니다. 태국 왕실에 시집간 경우도 있고, 말레이시아 술탄(sultan, 지방영주) 집안과 결혼한 경우도 있고, 싱가폴 최대 재벌집과 혼인한 경우도 있습니다. 한국에 있으면 불가능한 일들이 해외에 나오니까 가능해지는 겁니다. 그런데 이렇게 해외에 젊은이들을 보내서 현지에 적응할 수 있도록 교육시키고 국내 실업문제도 해결하는 건 정부가 나서서 해야 하는 일 아닙니까?

김우중 정부에서 제대로 할 수 있으면 좋겠지요. 그런데 이런 일은 직접 경험해본 사람이 해야 돼요. 우리 대우 사람들, 젊었을 때 나라 위해서 죽기 살기로 일했어요. 그러니까 자기 분야에서 자신감을 갖고 있어요. 그걸 학생들에게 가르치는 거지요. 처음 GYBM 시작할 때에 정부 지원도 받아보자는 얘기가 나왔어요. 그런데 내가 나서서 작더라도 우리가 제대로 해서 모범사례를 만들어보자고 했어요. 모범이 돼야 다른 사람들이 따라와서 커지게 되는 거지요.

신장섭 GYBM 학생들 직접 만나보니 어떻습니까?

김우중 요즈음 젊은 사람들이 문제가 많다는 얘기를 여러 사람에게 들어서 조금 걱정하기도 했어요. 그런데 3개월 정도 교육시키고 나니까 완전히 달라져요. 우리 젊은이들이 충분히 가능성이 있는데 의식교육을 제대로 받을 기회가 별로 없었던 것 같아요. 학생들이 의욕이 있고 그동안 잘 적응하고 잘 견뎌냈어요.

요새는 확실히 여학생들이 잘하는 것 같아요. 우리도 좋은 성적은 여학생들이 휩쓸었어요. 옷도 잘 입고 다니고… 현지에서 벌써 유명해요(웃음). 그런데 정리정돈은 여학생들이 남학생들보다 잘 못하는 것 같아요. 기숙사를 찾아가 보니 옷가지며 신발이며 엉망이에요. 그래서 내가 아는 목수를 시켜 신발장과 정리함을 짜서 넣어줬어요. 정돈이 잘되어 있어야지 생산성이 오를 수 있는 거지요. 그 후 3번 정도 체크(check)해봤는데 잘 정리되어 있어요. 집에서 엄마가 얼마나 고생하는지 알게 됐다는 학생도 있었어요.

신장섭 학생들 현지 취직은 어떻게 됩니까?

김우중 1, 2기생들이 전원 취업되어서 여러 회사에서 경험을 쌓고 있어요. 학생들을 보내달라고 하는 곳이 생각보다 많았어요. 예상보다 3~4배 많았으니까. 연봉도 생각보다 많이 받게 됐어요. 평균 3~4만 불 됐으니까요. 숙소도 전부 다 제공받았구요. 그쪽에서 우리 학생들이 우수하다고 보니까 그러는 거지요.

학생들에게 지금 당장 받는 연봉보다 일을 배워야 한다는 걸 강조했어요. 일을 잘하면 잘못되는 회사도 고쳐서 키울 수 있단 말이지요. 10년 동안은 그 회사에서 꼼짝 말고 근무해라, 그리고 그동안에 그 회사에서 중역으로 올라갈 건지 독립할 건지를 결정하라고 했어요. 자기가 다니는 회사를 중기업 정도로 잘 키워서 거기서 중역이 되면 그것도 성공 아닙니까?

그래도 연간 1억 불 이상 수출하고 어느 정도 이상 되는 회사 중에서만 골라서 가도록 했어요. 사장도 내가 직접 만나 성격이 어떤지도 알아보고….

신장섭 아니, 회장님께서 학생들이 취직할 회사 사장들까지 면담했단 얘기입니까?

김우중 "당신들을 믿고 보내는 거니 잘 키워줘야 한다. 그 과정에서 문제 있으면 나와 상의도 해야 한다"고 얘기하고 매칭(matching) 시켜서 보냈어요. 다 매칭 시킨 대로 갔는데, 한 학생이 여러 군데에서 오라고 하니까 처음 매칭 시켰던 것과 다르게 간 경우가 있어요. 굉장히 큰 회사의 베트남 현지법인이었지요. 그런데 거기는 월급을 많이 받기는 하지만 일하는 게 빤해요. 한국에 있는 본사를 들어가면 몰라도 베트남 현지법인에서는 하는 일이 단순하니까 별로 배울 게 없는 거지요. 조직에서 창의성을 발휘하기도 힘들고 일하는 게 재미있을 수 없지요. 그런 데 가는 건 도움이 안 돼요.

신장섭 취직한 학생들은 잘 생활하고 있습니까?

김우중 내가 하노이와 호찌민에서 한 달에 각각 한 번씩 취업한 학생들을 만나 점심식사를 하고 사장들과는 저녁식사를 하면서 얘기를 들어보고 있어요.

신장섭 학생들 애프터서비스(A/S)까지 하시는 겁니까?

김우중 10년 동안은 내가 지켜보고 관리하려고 하는 거지요. 처음에 얼마나 잘 정착하고 성공하느냐가 중요하거든요. 그런데 가보니까 학생들이 조금 해이해져 있어요. 주말에 자기들끼리 모여 술 많이 마시는 적도 있고…. 그래서 학생들에게 일요일에는 술 마시지 말라고 했어요. 그러니까 자기들끼리 토요일에만 맥주 2병 마시는 걸로 합의했다고 하더군요. 사장들에게는 학생들이 열심히 일할 수 있도록 사업 계획 하는 것과 같이 주말에도 집에서 할 수 있는 일들을 주라고 부탁했어요.

신장섭 정말 대단하시네요. 학생들이 '제대로 걸렸다'고 생각할 것 같습니다.

김우중 취직시키는 것도 중요하지만 사후관리가 더 중요해요. 같이 노력해서 취직한 학생들인데 그 회사에 꼭 필요한 사람이 되도록 만들어야 합니다. 지금 하노이에 있는 3기생들도 내가 한 달에 두 번씩 만나보고 있어요. 반복해서 만나 계속 열심히 하도록 계기를 만들어주려고 하는 거지요.

(김 회장의 '학생 면담' 일정은 빠듯하다. 3기생의 경우 70명을 남녀 30~40명씩 2조로 나누어 각각 한 달에 두 번씩 점심을 함께하면서 대화를 나누고 있다. 이것만 한 달에 네 번이다. 2014년 가을부터 제4기생 80~100명이 들어오면 더 복잡해진다. 20명씩 나누면 여덟 번을 만나야 한다. 김 회장은 40명씩 나누어서 네 번 할 것인지, 더 작은 숫자로 나누어서 더 많이 만날 것인지 고민하고 있다.)

신장섭 학생들을 만나면 무슨 얘기를 주로 하십니까?
김우중 자신감이 가장 중요하다. 꼭 된다는 자신감을 가지고 해야 한다. 교육에서 가장 중요하게 생각하는 것이 이것이다. 또 명확한 목표와 비전을 가져야 한다. 그래야 흔들리지 않는다. 중간에 한국 돌아간다는 생각 말고 베트남에서 인생을 걸어라, 죽을 때까지 여기서 승부를 본다, 결혼까지도 여기서 한다는 각오로 목표를 분명하게 하고 시작해야 한다는 등의 얘기를 하는 거지요.

신장섭 젊은 세대에 대해 못마땅하게 느끼셨던 것은 없으십니까?
김우중 처음에는 그런 일이 있었지요. 나는 1년 연수 마친 다음에 바로 한국에 다녀오겠다는 얘기가 나올 줄 몰랐어요. 그런데 일부 학생들이 졸업할 때가 되니까 보름간이라도 한국에 다녀왔으면 좋겠다고 해요. 정식 취직 한 다음에는 바로 한국에 다녀올 수 없다면서요. 그동안 겨우 1년 해외에 있었던 것 아닙니까? 조금만 더 참고 입사해서 6개월 정도만 있으면 회사에서 휴가 받아 갈 수 있는 거지요.

신장섭 자기들이 아직 돈을 벌지 못하고 있을 때 한국에 다녀오겠다고 하지 말고, 6개월 후 돈 벌어서 다녀오는 게 훨씬 떳떳하다 그런 얘기인가요?
김우중 회사에 가서 1년 반 동안 고향에 못 갔다고 하면 웬만하면 보내줘요. 학생들이 주로 한국계 회사에 취직하니까 더 잘 챙겨줄 테고요. 어떤 회사는 휴가비도 줄 수 있어요. "아직도 정신들 못 차렸구나" 하는 생각이 들었지요(웃음).

신장섭 "정식 근무 하기 전에 다녀오겠다", "6개월 후에 휴가를 받아서 가라", 이거 정말 세대 간 갈등이네요.

김우중 그동안에 인턴 하고 아르바이트 해서 (돈을) 조금 벌었을 수 있겠지만 그걸로 먹고사는 것밖에 더 되겠습니까? 비행기값, 그걸 누가 부담하느냐 이거지요. 자기들이 번 돈으로 선물도 사가야 하는 거구요. 처음 하는 일이다 보니 미처 그런 것까지 생각하지 못했어요.

신장섭 이런 부분이 개발시대를 살아온 세대와 젊은 세대의 차이인 것 같습니다. '캥거루족'이라는 말이 나온 지 벌써 오래됐습니다. 대학 졸업 한 다음에도 부모에게 비행기값, 생활비 받는 걸 너무 쉽게 생각하는 경향이 있는 것 같습니다. 자기가 최대한 해보다가 정 안 되면 손 벌리는 것이 아니라…. 그래서 어떻게 해결했습니까?

김우중 처음에는 학생들을 다시 만나 그래도 몇 명이나 한국에 다녀오겠다고 하는지 들어본 뒤, 정신교육을 시킬 생각도 했어요. 그런데 막상 일정을 확인해 보니, 학생들이 1년 교육을 마치는 시기가 설날과 겹쳐요. 설 지내러 한국에 다녀오겠다는 것까지 막기 어려웠지요. 그래서 어떻게 할까 하고 있는데 여름에 학생들을 인턴으로 썼던 회사들이 학생들을 빨리 보내달라고 해요. 11월이나 12월 중에는 대부분 일을 시작하게 됐어요. 그러니까 저절로 취직한 다음에나 한국에 갈 수밖에 없게 됐지요.

신장섭 결국 '번 돈으로 다녀오라'는 회장님 철학이 관철된 겁니까?

김우중 그런데 그 회사들이 전부 학생들에게 설에 한국 다녀올 비행기표를 줬어요. 베트남 기업들은 설에 두 주를 쉬니까 그동안 타향에서 아무것도 안 하면서 있기 쉽지 않아요. 학생들도 1년 만에 한국 다녀오겠다던 소원을 풀게 된 거지요.

신장섭 재미있는 반전이네요…. 요즈음 젊은 세대가 부모에게 너무 기대는 데에는 부모들의 잘못도 있지 않겠습니까? 《뉴욕타임스(*The New York Times*)》에 실린 'Key to Success? – Lose Yourself!'라는 칼럼을 재미있게 읽었던 기억이 있습니다. 한국말로 번역하면 '성공의 비결? – 찬밥 더운밥 가리지 말라!' 정도 되겠지요.[1]

미국이나 한국에서 현재 50~60대의 부모들이 베이비붐 세대입니다. 이들은 자기 인생을 어떻게 살겠다고 목표를 미리 세워서 그걸 성취했다기보다 닥치는 대로 일을 했던 세대입니다. 먹고사는 것이 일단 중요했기 때문입니다. 그런데 이 사람들이 미국에서도 자식들을 위해 교육비 지출을 가장 많이 한 세대입니다. 자식들에게 "너희들의 꿈을 키워라, 하고 싶은 일을 하라"며 온갖 뒷바라지를 다 했습니다. 그런데 공교롭게도 이렇게 베이비붐 세대가 키운 자녀들이 대학교를 졸업할 때, 미국에서 세계 금융위기가 터졌습니다. 아무리 꿈을 키웠어도 일자리가 없는데, 찬밥 더운밥 가릴 처지가 아니게 되어버린 거지요.

이 칼럼니스트가 강조하는 것은 찬밥 더운밥 가리지 않는 것이 성공의 일반적인 진리에 가깝다는 겁니다. 실제로 성공한 사람들을 보면 대부분 처음에 꿈이 있어서 그걸 세상에 나가서 실현한 게 아니라, 세상과 부딪치면서 꿈을 만들고 키운다는 거지요. 처음부터 내 꿈, 이것만 하겠다고 하면 할 수 있는 일이 줄어들고 좌절감만 커집니다. 부모나 교육시스템이 자식들에게 현실과 동떨어진 꿈을 너무 많이 키워주지 않았나, 그래서 자식들이 쉽게 좌절하고 부모에게 계속 기대는 일이 벌어지지 않았나도 다시 생각해봐야 할 것 같습니다.

김우중 실제로 헛돈 쓰는 교육이 얼마나 많아요? 전부 다 대학 가야 하고, 재수, 삼수 하는 사람들도 있고, 대학 중간에 어학연수도 다녀오고, 졸업한 다음에 MBA 따러 하고, 공무원시험 본다고 학원 다니고… 대학 가기 전에는 과외 한다면서 돈 쓰고… 기러기로 가족이 떨어져 있는 사람들도 많고….

우리나라 대학 절반은 없애야 해요. 대학생이 너무 많아요. 세상에 대학생들을 위한 직장이 그렇게 많습니까? 직장이 받아들일 수 없는 정도로 대학생들을 많이 배출해놓고, 청년실업 문제 해결해야 한다고 하면 되지가 않아요. 대기업들이 인력을 조금 더 받으려고 해도 방법이 없어요. 많은 중소 제조업체들이 그런 고학력자들을 필요로 하지 않아요. 대기업 제조현장 중에서도 그런 데가 많아요. 사회에서 필요로 하는 정도로 인력을 내보내야 해요.

신장섭 그런데 한국사회에서는 대학을 못 가면 처음부터 인생 낙오자로 취급받고, 결혼도 잘 못한다고 생각합니다. 부모들도 자식들을 대학 졸업 시켜야 의무를 다했다는 의식이 굉장히 강합니다. 사회에서 필요로 하는 인력 공급과 개인들이 성공이라고 생각하는 의식 간에 큰 격차가 나는 건데, 이 문제를 어떻게 해결해야 합니까?

김우중 대학의 절반 이상을 전문대나 야간대 같은 걸로 바꿔야 돼요. 모든 부모가 대학을 보낼 정도로 가정 형편이 넉넉하지도 않고, 모든 학생들이 학업에 뜻을 갖고 있는 것이 아니잖아요? 이런 사람들은 고등학교 졸업 하고 일단 직장생활을 먼저 시작하는 거지요. 학위가 필요하면 직장 다니면서 야간대학 다니면 되고, 직장에서 지원해줄 수 있으면 전문대학을 제대로 다녀도 되고요.

예를 들어 직장을 다니면서 대학 마치는 데 6년 걸렸다 하면, 대학을 졸업하고 취직한 사람들에 비해서 학위 취득은 2년 늦었지만, 그동안 경력 쌓은 것이 있고, 저축한 것도 많으니까 꿀릴 것이 없잖아요? 그렇게 하면 부모들 부담도 줄어들고, 자신들도 일찍 사회에서 기반을 잡을 수 있어요.

기업에서도 그렇게 고졸로 들어온 사람들을 잘 키워줘야 해요. 옛날 대우그룹 할 때에도 보면 고졸 출신들이 회사에 대한 충성심이 강해요. 고등학교만 나와서 나중에 사장, 부사장 한 사람들이 많아요. 상업고등학교 나와서 중간에 야간대학 다니고 부회장까지 올라간 사람도 있고요.

신장섭 회장님 얘기를 들어보니 지금 국내에서 논란이 되고 있는 '반값등록금' 문제도 해결할 방법이 있을 것 같네요. 모든 사람들이 대학을 가게 하고, 등록금이 절반이 되도록 세금에서 모든 학생들을 지원해준다고 하기보다, 정부에서 대학들을 야간대나 전문대로 전환하게 하고 직장생활을 하면서 여기에 다니는 젊은이들을 집중 지원 해주는 것이 더 좋지 않겠나 하는 생각이 듭니다.

김우중 정부에서 그렇게 잘 해주면 제일 좋겠지요. 그렇지 않더라도 개인들이 생각을 고쳐먹어야 해요. 왜 헛돈 쓰면서 대학 4년을 보냅니까? 실질적으로 살아야지요.

신장섭 한국의 고등교육 과정이 그렇게 실질적으로 많이 바뀌면 좋을 것 같습니다. 싱가폴은 대학 진학률이 굉장히 낮습니다. 대신 폴리텍(Polytech, 전문대학)이 학생들을 흡수합니다. 그런데 이 폴리텍이 국제 경쟁력을 갖춰서 여기에도 유학생들이 많이 몰려옵니다.

김우중 독일 같은 경우도 고등학교에 들어가면 거기서 끝나는 사람들과 대학에 가는 사람들이 일찍 나뉘어요. 그러니까 기능공 출신 중에서 사장이 나오는 거지요.

신장섭 과거에는 한국의 교육열이 높아서 경제성장에 도움이 됐다는 얘기가 많았습니다. 실제로 그랬다는 연구 결과도 많이 나와 있고요. 그런데 지금은 한국의 교육이 사회적으로 보면 투자효율이 마이너스라는 연구가 많이 나오고 있습니다. 부모의 희생이 들어가고, 국가적으로 엄청난 돈을 교육에 쏟아붓는데 사회적으로 그만큼 긍정적 기능을 못하고 있는 거지요. 어떻게 보면 한국에서 최대 부실산업은 교육이라고 할 수 있을 정도입니다.

김우중 전부 다 인플레된 거지요. 대학생이 많아지니까 기숙사도 지어야 하고, 그런 것 해주다 보면 등록금 안 올릴 수도 없고…. 그런데 취직은 잘 되지 않고…. 그게 다 사회에 부담으로 오는 거예요. 고등학교 졸업 하고 일하면서 야간대학, 전문대학 가면 그런 부실 요인들이 많이 없어져요. 지금 있는 사립대학들을 터서 딴 대학으로 전환할 수 있게 해주고 국공립대학들도 조정해야 해요. 교수들도 각 분야별로 실질적인 연구를 할 수 있도록 유도해야 하고요. 전부 다 비싸게 만들어놓고 그 비용을 국가 재정이나 부모 호주머니에서 대려면 해결할 방법이 없어요.

신장섭 일찍 직장에 들어가서 현장에서 배우는 것이 국가경쟁력에도 중요합니다. 기술경제학자들이 기술진보의 굉장히 중요한 원천으로 강조하는 것이 '현장학습(learning-by-doing)'입니다. 현장에서 생산활동을 하면서 새로운 지식을 습득하고 이를 기반으로 생산성을 높이는 혁신이 나온다는 거지요. 이런 혁신이 아주 작은 일인 것처럼 보여도 이게 쌓이면서 경제적 가치가 굉장히 커집니다. 수율(收率) 향상이다 하는 것들이 다 이런 조그만 진보가 합쳐서 되는 거고요. 현장에서 열심히 일하고 개선시키려고 노력하는 사람들이 많아야 경제가 잘 성장합니다.

김우중 기능직은 많이 해본 사람들이 잘해요. 5년 이상 경력이 쌓여야 제대로 해요. 그 사람들이 계속하면서 생산성이 지속적으로 올라가는 거지요. 기술개발 하는 데 대졸 출신, 박사들이 하는 것도 많아요. 이 사람들이 기능직과 코디네이션(coordination) 해서 같이 해야 하는 거지요. 기능직이 연구직의 10배 정도 있어야 해요.

옛날에 대우실업 할 때에는 국민학교도 졸업하지 못한 사람들이 많았어요. 이 사람들 가르쳐야만 기계도 돌리고 할 수 있는데, 처음에 잘 안 돼요. 답답해서 내가 붙들고 같이 울기도 했어요. 아무리 가르쳐도 생산성이 안 올라가니까…. 그런데 어느 정도 교육을 시켜놓으니까 다 올라가요. 기초가 없으니까 되지 않았던 거지요.

신장섭 그 사람들을 도대체 어떻게 교육시킨 겁니까?

김우중 공장에서 글자도 가르치고, 중학교, 고등학교 과정 가르친 거죠. 직원들 교육 수준이 떨어지니까 작업 지시를 제대로 할 수 없었어요. 공업고등학교 나온 친구에게 작업 지시를 내리면 이 친구가 다른 직원들에 말로 전달하는 정도였으니까요. 그래서 공장에서 실제로 학교를 운영했어요. 성과도 좋고 직원들이 정식 학위를 받으면 좋을 것 같아서, 박정희 대통령께서 우리 부산 공장을 방문하셨을 때(1970년대 초) 아예 학교 인가를 내달라고 건의드렸어요. 그래서 우리 부산 공장이 '공장학교' 제1호가 됐어요. 박 대통령께서 우리 공장의 결과를 보시고 '다른 회사들도 직원 숫자가 일정 수준을 넘으면 이런 공장학교를 세우라'고 지시하셔서 우리나라 전체 고교 졸업생 숫자가 크게 늘어났어요. 다른 회사들의 생산성 향상에도 도움이 됐을 겁니다.

신장섭 정말 옛날 얘기네요. 고등교육 받는 것을 너무나 당연하게 생각하는 젊은 세대는 상상하기 어려운 일인 것 같습니다. 그런데 사람 키우는 걸 왜 그렇게 좋아하십니까?

김우중 해야 되겠다 생각하니까 하는 거지요. 내가 테스트 케이스(test case)로 해서 되면 다른 데서 제대로 만들 수도 있는 것이고…. GYBM이 성공하면 정부나 기업들의 분위기도 실질적인 쪽으로 바뀔 수 있는 것 아니겠어요? 일본 마쓰시타 정경숙(松下 政經塾)처럼 앞을 보고 하는 거지요. 그건 일본의 정치지도자들을 만들려고 한 거지만, 우리가 하는 건 세계를 돌아다닐 경제지도자를 만드는 거라고 생각해요.

나는 이걸 내가 마지막 흔적을 남기는 일이라 생각하고 있어요. 앞으로 10년이나 20년 후 학생들이 창업해서 성공한 CEO가 되어 있든지, 좋은 회사의 중역이 되었을 때까지 내가 다행히 살아 있어서 그 회사들을 다녀보게 되면 그게 얼마나 가슴 뿌듯하겠어요? 이 친구들이 결혼해서 아이들을 낳으면 그것 축하해주러 집에도 가고, 같이 밥도 먹고 … 그게 내가 생각하는 행복이지요.

　이제 나는 나이가 들고 직접 할 수 없으니까 우리 젊은이들이 나 대신 세계에서 사업할 수 있도록 키우는 데에 내 여생을 바치려고 해요. 그 친구들 성공하는 모습 볼 수 있도록 나도 내 건강을 더 노력해서 지키려고 하고요…. 내가 살아 있는 동안 시스템을 잘 만들어놓아야지요. 시스템을 잘 만들어놓으면 내가 죽은 후에도 시스템으로 계속 가는 거니까요.

　신장섭 70대 후반의 연세에 이런 인생 계획을 세우시는 것이 존경스럽습니다. 한국 내에서 청년실업이 오래전부터 사회문제가 됐지만 어느 누구도 구체적인 해결 방안을 내놓은 사람은 없었던 것 같습니다. 젊은이들에게 도전정신을 심어주면서 미래를 개척할 수 있는 실질적인 훈련을 시켜주는 경우는 회장님이 처음인 것 같습니다. 지금 작은 규모로 시작했습니다만, 앞으로 GYBM을 더 키워나갈 계획은 갖고 있습니까?

　김우중 지금 베트남에서 3기생이 70명인데 2015년에 100명으로 늘리고 그 다음 해에 160명으로 늘려 5년 내에 500명까지 배출할 계획이에요. 그리고 곧 인도네시아와 태국, 필리핀, 미얀마에도 GYBM 과정을 만들려고 해요. 그 나라들에서도 500명씩 양성이 되면 대략 2,500명 정도의 GYBM 출신들이 동남아에서 활동하는 거지요. 그러면 여기에서 큰 힘을 발휘할 수 있어요.

　신장섭 지금 70명 키우는 예산도 적지 않은 걸로 알고 있는데 인원을 어떻게 그렇게 늘릴 수 있습니까? 구체적으로 생각하시는 방안이 있나요?

　김우중 학생들을 필요로 하는 기업에서 교육비를 내면 크게 늘릴 수 있어요. 성장하는 회사들이 우리 학생들을 좋게 보고, 이런 학생들을 계속 받을 수 있게 해달라고 하면 교육비를 일부 지원 받을 수 있는 거지요. 학생들이 취업하는 회사들과 교육비 지원에 대해 얘기를 하고 있는 중이에요. 서로 도움이 되는 방안이니까 잘될 수 있을 것 같아요. 청년들을 키우는 일에 뜻을 같이하는 다른 사람들이나 기관들이 지원을 해주면 더 좋지요. 벌써 청년들 키우는 데 써달라고 1억 원이 넘는 돈을 대우세계경영연구회에 기부해온 사람도 있어요.

학생들이 1년 동안 학비를 내지 않고 훈련을 받았으니까, 나중에 성공하면 자기와 같은 젊은이들을 키우는 데 보태야 선순환이 벌어진다는 걸 강조하고 있어요. 그리고 학생들과 상의해서 취직한 사람들의 급여 수준이 5만 불이 넘게 되면 버는 돈의 10%를 내서 창업지원기금을 쌓기로 했어요. 모은 돈으로 GYBM 출신들의 창업을 지원하고 이익이 생기면 같이 나누는 거지요. 창업하는 사람들은 자기 저금에서 30%를 투자하고, GYBM 펀드에서 30% 투자 하고, 나머지 40%는 GYBM 펀드를 담보로 금융권에서 대출 받아 해결하는 방법도 이미 얘기해놓았어요. 처음 시작하는 회사의 부채비율이 40%면 재무적으로 건전해요. 여기 베트남에서는 토지임대료가 거의 없고, 건축비는 한국의 30% 정도이며, 경공업이니까 시설재도 값싸서 운영자금까지 포함해 초기투자금 200~500만 불이면 좋은 회사가 만들어질 수 있지요. GYBM 출신들은 자신이 낸 돈이 투자되는 거니까 창업한 회사들이 성공할 수 있도록 서로 도움을 줄 수도 있는 것이고요.

신장섭 학생들에게 사회공헌과 상부상조 정신을 일찍부터 갖도록 할 수 있는 것 같네요.

김우중 항상 정신이 중요한 거예요. 정신이 제대로 박혀 있어야지 개인이 성공하고 사회도 같이 잘될 수 있는 겁니다. 우리 젊은이들의 성공 사례가 만들어지고 주변의 인정을 받게 되면 동남아 5개국에서 1만 명 정도 키울 수 있어요. 1만 명이 성공해서 젊은이들을 10명씩만 데려다 쓴다면 10만 명이 되고, 그들이 또 성공해서 10명씩을 국내에서 데리고 나간다면 어떻게 될지 상상해보세요. 길게 20~25년을 보면 약 100만 명을 이렇게 양성할 수 있을 겁니다. 나는 이런 꿈을 갖고 꿈을 실현시키려고 해요.

신장섭 'GYBM 백만 양병론'이라고 할 수 있겠네요….

김우중 이게 실현 불가능한 꿈이 절대 아니에요. 베트남에서 3,000개가 넘는 한국 중소기업들이 나와 있어요. 베트남 경제가 커지면서 앞으로 여기에 몰려오는 중소기업들도 있어요. 우수한 인재들을 확보하면 소기업이 중기업으로, 중기업이 대기업으로 성장할 수 있어요. 젊은이들이 여기에서 성공하면 국내 실업문제가 해결될 뿐 아니라 한국경제가 튼튼해져요. 나는 이것이 우리나라를 위해 할 수 있는 봉사라고 생각합니다.

신장섭 젊을 때도 그랬지만 하시는 일에 대해 정말 꿈을 크게 갖는 것 같습니다.

김우중 그래야만 도전정신이 생기는 거지요. 눈앞에 작은 것만 봐서는 커질 수가 없어요. 우리나라 사람들 자꾸 밖에 나가야 합니다. 그래서 세계 각지에서 자기 자리를 찾아 기반을 잡고 있으면 그게 엄청난 힘이 되는 거지요. 중국이 처음 개방할 때 중국 투자의 85%를 화교들이 했어요. 화교들 덕분에 중국이 이만큼 빨리 성장했고 그 덕을 또 화교들이 많이 보고 있는 거예요.

우리는 아직 다른 나라에 비해서 밖에 덜 나갔어요. 200만 명은 나가도 된다고 봐요. 경제활동인구의 20%까지 나가도 괜찮아요. 우리는 땅이 좁고 그나마 산이 70%인 나라에 많은 인구가 살고 있는데 숙명적으로 해외에 나갈 수밖에 없어요. 화교나 유태인들처럼 밖에 나가서 성공하면 네트워크가 돼서 서로에게 좋은 일이 됩니다. 그런 비전을 갖고 20년 후에는 꼭 된다는 확신을 학생들에게 심어줘야 해요. 교육은 백년대계(百年大計)라고 했잖아요? 길게 보고 비전을 세워야 해요. 국내에서 교육시스템 고치는 것도 그렇고… 여야가 교육문제에 대해서는 합의를 하고 어느 정권이 들어서든 밀고 나가야 해요. 정권 바뀐다고 왔다 갔다 하면 안 됩니다.

2. 길게 보고 가자

신장섭 『세계는 넓고 할 일은 많다』에서 젊은이들을 위해 여러 가지 이야기를 했습니다만, 그 전 세대의 젊은이들과 비교할 때에 현재의 젊은이들에게 특별히 강조하고 싶은 것은 없습니까?

김우중 우리 세대는 어릴 때 60살까지 사는 걸로 생각했어요. 그런데 이제는 옛날보다 거의 두 배를 살잖아요? 지금 50대 사람들이 100살까지 산다고 하니까, 지금 20대는 120살까지 산다고 봐야지요. (젊은 세대에게는) 정년이 75세 정도까지는 늘어나지 않겠습니까? 그러니까 서둘지 않고 여러 분야를 경험하면서 자기 갈 길을 정하는 것이 좋아요. 좀 늦게 정하더라도 시간적으로 바쁘지 않단 말이에요.

신장섭 회장님은 반대로 굉장히 빨리 달려온 인생이라고 할 수 있습니다. 대학 다닐 때에 직장생활을 시작했고, 직장생활 한 지 5년 만인 30세에 창업을 했습니다.

김우중 지금 사람들은 직장생활을 시작하고 10년 후나 20년 후에 독립해도 돼요. 나는 (GYBM) 학생들에게 옛날에 선배들이 5년에 독립했다면 지금은 10년에 독립해도 억울할 게 전혀 없다고 얘기해요. 자기 실력을 쌓고 인간관계도 만들고…. 그 기간에 돈도 모으고 확실히 검증도 하는 거지요. 직장에서 크려면 회계는 꼭 거치는 것도 좋다고 말해요. 회계 분야를 전공하는 사람이 아니더라도 사업을 하려면 금전관계를 잘 알아야 하고, 자금 마련에 경험이 있는 게 좋아요. 기초가 잘 쌓여야 판단을 잘할 수 있고… 그러면 실수가 없어요. 앞으로는 오래 사니까 답답해 할 필요가 없어요

경제가 커지면 독립할 수 있는 기회도 많아져요. 소기업에서 중기업으로, 중기업에서 대기업으로 커지는 것들도 많아지고. 아이디어를 잘 잡아서 나가면 작은 기업을 중기업으로 키워나가는 것이 많아질 수 있어요. 제품도 전체를 하는 것보다 파트(part, 부분)만 제대로 만들어도 규모를 크게 할 수 있어요. 창업할 수 있는 기회는 앞으로 더 많아질 거예요.

신장섭 길게 보고 인생을 설계하려면 직장에서 오래 일할 수 있다는 기대가 있어야 하는 것 아닙니까? 그런데 한국사회에서는 '명예퇴직'이다

해서 50대부터 직장에서 언제 그만둘지 모른다는 불안감을 느끼는 사람들이 많습니다. 늦게 시작한 다음에 일찍 그만두게 된다면 그건 더 억울한 일 아닙니까?

김우중 그러니까 나이 들어도 일할 수 있는 기회를 제도적으로 많이 만들어줘야 해요. 지금은 건강이 좋아져서 70세 이후까지도 아무 문제 없이 일할 수 있는 사람들이 많아요. 그 사람들의 경험과 능력이 기업이나 국가경제에 굉장히 중요한 자산이에요. 기업들이 생각을 바꿔야 합니다. 그전보다 월급을 적게 주더라도 그 사람들을 오래 써야 해요. 인건비 줄이겠다면서 사람들을 너무 빨리 나가라고 하면 안 돼요.

대기업에서 일하던 사람들이 중소기업에서 일할 수 있는 기회도 더 많아져야 합니다. 이 사람들이 잘하면 소기업을 중기업으로 키우고, 중기업을 대기업으로 키울 수 있어요. 그 사람들 입장에서는 이렇게 성공하면 직장을 옮긴 다음에도 10년 이상은 일할 수 있게 되는 거지요. 지금 중소기업을 키우겠다는 정책이 여러 가지가 있는데, 기업을 키워본 경험이 있는 사람들의 노하우를 활용할 수 있는 대책이 나와야 해요.

50대, 60대의 사람들도 정부에 의지하지 말고 독립하겠다는 용기를 가지면 길이 있어요. 국내에서도 기대수준을 낮춰서 오래할 수 있는 일들을 찾을 수 있어요. 해외에서도 적극적으로 찾아봐야 돼요. 선진국에는 자리가 없겠지만 후진국에는 기대수준을 낮추면 할 수 있는 일이 많이 있어요. 50대, 60대는 한국의 개발연대를 살아서 후진국에 가면 앞으로 뭘 어떻게 해야 하는지 잘 보인단 말이에요. 한국 사람들이 물건이나 생산과정을 조금씩 임프루브(improve, 개선) 하는 데에는 천재적인 감각을 갖고 있어요. 그런 능력을 후진국이 굉장히 많이 필요로 합니다. 가서 조금 고

생하겠다고 생각하면 기회가 많이 있어요. 그 사람들 머리에 인풋(input) 있는 것 계속 써야만 자산으로 남아 있어요. 10년만 안 쓰면 다 없어져요. 국가적으로도 귀중한 자산이 없어지는 거지요. 젊은 사람들도 해외에 나가고, 나이 든 사람들도 해외에 나가서 스스로 일자리를 만들어야 해요. 그러면 자신들도 떳떳하고 정부의 부담도 줄일 수 있어요.

신장섭 나이 든 세대에게도 "세계는 넓고 할 일은 많다"는 메시지를 던지는 것 같네요. 사실 옛날에야 환갑 넘으면 자식들에게 봉양받고 만년을 보내지만 지금은 세상이 완전히 달라지지 않았습니까? 정부 보조나 자식들 봉양에 기대지 않고 내 일자리 만들겠다고 하는 노년층들이 많아져야 사회가 건강해지는 것 아니겠습니까? 요즈음 특별한 병 없는 사람들은 90세, 100세까지 사는데 50대에 직장 그만두고 남은 40여 년을 남에게 기대어 사는 것이 얼마나 초라한 일입니까?

김우중 그러니까 노후대책도 실질적으로 생각해야 해요. 50대에 퇴직한 다음에 한국에서 그 돈을 쓰기 시작하면 60대 중반만 돼도 남는 게 없어요. 그런데 해외생활 경험 있는 사람들이라면 개발도상국에 가서 연봉 5만 불 정도만 받겠다고 하면 할 수 있는 일들이 많이 있어요.

실제로 여기 베트남에 그렇게 와서 일하고 있는 사람들이 있어요. 한 사람은 대기업에서 상무로 퇴직했는데 퇴직금으로 사업하다가 5년 만에 다 까먹었다고 해요. 그래서 아는 사람의 소개로 한국계 회사에 낮은 연봉을 받고 왔어요. 자식들이 다 컸으니까 부부가 함께 왔고요. 그런데 일을 너무 잘하고 있대요. 관리업무를 꼼꼼하게 잘 처리해서 그 회사 사장이 굉장히 만족하고 연봉도 올려주려고 하고….

이런 사람들은 지금 한국에 있는 사람들보다 고생하는 것 같지만 여러모로 훨씬 좋아요. 할 일이 있으니까 일단 좋고… 여기 물가가 싸니까 일하면서 저축할 수 있어요. 이렇게 10년 동안 일하면 노후 준비가 훨씬 잘되는 거지요. 능력을 인정받으면 연봉이 10만 불 이상으로 오를 수도 있어요. 창업 기회도 생기지요. 한국에 있으면 체면 차리느라고 능력도 없으면서 돈 쓸 일만 많잖아요? 여기 나오면 그런 일도 없고… 자식들에게도 떳떳한 일 아닙니까?

신장섭 젊은이들을 위해 GYBM을 만든 것처럼 나이 든 사람들을 위해 구체적으로 일을 추진하는 것이 있습니까?

김우중 테스트 케이스(test case)로 60세 넘은 사람 10명을 뽑아서 베트남 현지 업체에 연결시켜주려고 해요. 마케팅이건, 생산관리건, 제품개발이건, 회계관리건 자기 분야에서 30년 이상 일한 사람들이라면 기업을 키울 수 있는 능력을 갖고 있는 거지요. 현지 업체들은 마케팅 능력이 없어서 대부분 에이전트(agent)를 통해 (물건을) 팔아요. 그런데 이 사람들이 들어와서 백화점이나 체인점 등을 직접 뚫어주면 판매량도 늘어나고 이익도 좋아지는 거지요. 회사도 이 사람들을 이용해서 중기업으로 커갈 수 있는 거고, 이 사람들도 그 회사에서 자리 잡거나 중역이 된다면 '제2의 인생'이 열리는 거지요. 지금 GYBM 학생들에게는 10년 후에 창업하라고 하지만, 시니어(senior)들은 3년만 적응하면 창업할 수 있어요. 현지국가는 기업이 커지면서 일자리 창출이 되니까 좋은 거고요.

신장섭 노령사회 문제에 굉장히 실질적인 대책일 것 같습니다. 나이

든 사람들이 일하면 노후대책 부담이 많이 줄어들 테니까요. 기대가 큽니다. 이렇게 하는 것이 정말 나이 든 세대가 젊은 세대에게 모범을 보이는 일 아니겠습니까?

김우중 사지가 멀쩡한데 나이 좀 들었다고 일은 안 하면서 사회에 불평만 하고 있으면 안 돼요. 그러면 젊은 사람들이 길게 내다보지를 못해요. 노후를 그렇게 오랫동안 일하지 않고 지내려면 더 빨리 성공해서 더 큰돈을 벌어야 되겠다고 생각하면서 마음이 조급해지는 거지요. 그러면 무리하게 돼요. 젊은 사람들이 자기들의 미래 계획을 세울 때에도 나이 든 세대가 그렇게 늦게까지 일하는 것을 보면 자기 인생을 길게 보고 하는 것이 쉬워져요.

해외에 나갈 때에 나이 든 사람들과 젊은 사람들이 같이 진출하는 게 좋아요. 같은 한국 사람들이니까 통하는 것도 많고. 해외에서 이것을 종합해서 서로 간에 엮는 작업이 이루어져야 해요. 그래서 전 세계 곳곳에 한상(韓商) 같은 것을 키워야 돼요. 이스라엘 사람들이 해외에 500만 명이에요. 이 사람들이 해외에서 금융계, 예술계, 법조계, 학계 등에서 든든하게 뿌리를 내리고 있잖아요? 그게 이스라엘을 유지하는 힘이 되고….

한국만큼 빨리 변한 나라가 별로 없어요. 그 경험을 살려서 밖에 나가 일하면 할 수 있는 일들이 많아요. 영국도 적은 인구를 갖고 세계에 나가서 대영제국을 건설했잖아요? 이게 한국과 같이 인구 적은 나라가 일본이나 중국처럼 인구 많은 나라들과 경쟁할 수 있는 방안이에요. 우리나라에서 50세 이상 된 사람들은 국가의식도 있고 좋은 경험을 갖고 있어요. 해외에 나와서 젊은 사람들과 함께 할 수 있는 일들이 많아요. 이렇게 하는 것이 한국경제가 앞으로 20~30년간 더 발전하면서 갈 수 있는 방안일 겁니다. 사람 중심으로 가야지 다른 게 없어요. 자본이야 사람을 따라 오는 거지요…. 이렇게 해외에 나온 사람들 중에서 20~30%만 성공해도 큰 자산이 된다 이거지요.

3. 명예를 지켜라

신장섭 『세계는 넓고 할 일은 많다』에서 젊은이들에게 여러 가지 조언을 주셨습니다만, 그중에서 지금의 젊은 세대에게도 변함없이 권하고 싶은 것 하나만 꼽는다면 그게 무엇이겠습니까?

김우중 글쎄요… '명예를 지키라'는 얘기를 하고 싶네요.

신장섭 왜 그걸 꼽으시나요?

김우중 나는 굉장히 일찍 큰돈을 벌었어요. 열심히 하니까 여러 가지 상도 받게 되고…. 상 같은 것도 많이 받으면 그게 영광이지만 부담이기도 해요. 그 신의를 지켜서 (이름을) 남기는 것이 중요해져요. 어느 정도 되면 돈은 언제든 벌 수 있다고 생각하게 돼요. 그 시기가 빨리 오면 그 후 명예 지키는 시간이 훨씬 길어지는 거지요.

신장섭 '성공한 기업인' 하면 돈을 많이 번 사람으로 흔히 생각하는데, 그게 아니라 돈을 번 다음에 명예를 잘 지키는 사람이라는 얘기겠네요. 『세계는 넓고 할 일은 많다』에서도 비슷한 말씀을 한 게 있습니다. "편하게 쉬고 싶어도 그럴 수가 없게 됐다. 유감스럽게도 그것은 '김우중'

이라는 이름 때문이다. … 이제 와서 발을 빼면 지금까지 '김우중'이라는 이름으로 쌓아온 탑이 무너져버리지 않을까 나는 두려워한다."² 돈 버는 것도 힘들지만 그 다음에 명예를 지키기 위해 해야 하는 것이 더 많은 고행(苦行)의 길이라고 할 수 있는 겁니까?

김우중 원리가 다 그런 거지요. 돈 번 다음만이 아니라 돈을 벌 때에도 명예를 지켜야 해요. 그래서 우리는 처음부터 하지 않는 사업들을 정했어요. (김 회장은 일찍부터 대우가 절대로 해서는 안 되는 사업으로 향락 서비스업, 불요불급 소비재 수입, 중소기업의 몫을 침범하는 사업, 부동산 투기를 꼽았다.³) 이름을 지키는 게 중요하지요. 돈 벌기 위해서는 모든 걸 다 한다고 할 때에 온갖 문제들이 생겨요.

신장섭 "돈은 개처럼 벌어서 정승처럼 쓰면 된다"라는 말이 잘못됐다는 말씀이겠네요. 돈을 어떻게든 번 다음에 사회사업에 기부하면 된다는 것도 마찬가지로 명예를 지키는 것과는 거리가 먼 얘기일 테고요.

김우중 그래서 나는 해외에 나갔어요. 국내에서 돈을 많이 벌면 그런 얘기들이 이래저래 나오게 되고, 어쩔 수 없이 명예롭지 못한 일을 하게 될 때가 있을지 모르지요. 외화가 부족하고 국가경제를 키워야 할 때인데 해외에 나가서 돈을 벌면 그게 얼마나 떳떳한 일이에요? 해외에서도 원칙을 정해서 그쪽 기업인들이나 정치인들을 상대하면 더 존중해줘요(5장 2절). 명예를 지키기 위해 노력하다 보면 사업이 커질 수 있어요.

신장섭 사업하는 데에만 명예가 필요한 것이 아니라 모든 일이 그런 것 아닙니까?

김우중 자기 이름, 자기 자리에 맞게 지켜야지만 모든 게 잘 이루어져요. 기업에서도 젊을 때에는 열심히 하다가 임원이 되면 '이만 하면 됐다'고 주저앉아 버리는 경우가 많아요. 그러면 왜 임원을 시킵니까? 임원이면 임원이라는 자리에 맞게 행동을 해야 해요. 남이 감시한다고 하는 것이 아니라 스스로 자기 자리에 맞춰 명예를 지키겠다고 해야지만 모든 일이 제대로 굴러가요.

신장섭 사업이 커지다 보면 만나게 되는 사람들의 폭이 넓어지게 되니까 그 사람들이 기대하는 수준에 나를 맞추려는 노력도 하게 되는 것 아닙니까?

김우중 장사는 인간관계예요. 상대방과 모든 걸 같이 얘기할 수 있어야 좋아요. 그런데 장사 얘기는 도사같이 하다가 음악이나 미술 얘기가 나오면 모르니까 전혀 대화가 되지 않아요. 이해도 못하겠고…. 그런 때에 장사 이외 부문에서 빈곤을 느끼게 되는 거지요. 그런 걸 배우려고도 했는데 일이 계속 있어서 할 수 없었어요. 그래서 나는 해외에 출장 갈 때에 역사학자, 철학자, 소설가 등과 같이 비행기 타고 가면서 얘기를 듣고 그랬어요.

신장섭 사업하는 수준이 높아질수록 두루 잘 갖춰진 사람이라는 평판도 만들기 위해 노력해야 하는 거네요..

김우중 그러다 보면 더 큰 장사를 할 수 있어요. 사업 아이디어가 나올 수 있거든요. 내가 술을 하지 않아서 포도주에 대해 잘 몰랐는데, 나중에 알고 보니, 그걸 일찍 알았으면 포도주 보관하는 기술을 개발해서 돈을 많이 벌 수 있었을 것 같아요. 한국이 (일조량이 적어) 좋은 포도주를 만들 수 없지만 그게 그렇게 문제 되지 않아요. 실제로 포도주 가치는 오래 잘 쟁여놓는 데에서 많이 생겨요. 처음 원가는 얼마 들어가지 않지요. 포도주는 불란서나 이태리 좋은 지역과 계약해서 가져오고 우리는 온도를 잘 맞춰서 보관하면 큰돈을 벌 수 있어요. 한국에는 산이 많으니까 거기에 동굴을 파서 보관할 수도 있어요. 골프장에도 땅을 파서 보관하고 관리요원을 두면 큰돈 안 들이고 할 수 있지요. (내가) 일찍 알았으면 했을 거예요. 우리가 불란서보다 더 좋은 포도주를 낼 수 있는 거지요. 특허에 걸리는 것도 아니고 보관술만 개발하면 되는 거니까요.

신장섭 포도주 만드는 기술은 프랑스가 세계 최고이지만 보관하는 기술은 한국이 세계 최고가 될 수 있다… 그것 참 재미있는 얘기네요. 그런데 결국 일 얘기로 다시 돌아갑니다. 김 회장님이 '삼무(三無)의 기업인'이라고 불리는 것도 이렇게 일을 좋아했기 때문 아닙니까? (김 회장에게 '삼무'는 무주[無酒], 무유[無遊], 무색[無色, 무스캔들]이다.)

김우중 일에 재미를 붙이니까 되는 거지요. 조금씩 성공하는 것이 굉장히 재미있는 일이에요. 재미가 붙으니까 일에 집착할 수 있고요. 그런데 재미가 붙으려면 일을 잘해야 해요. 잘하려면 열심히 하고 준비를 해야 하고요. 다 연결되어 있는 거예요.

내가 항상 하는 얘기가 있어요. 세상에 세 가지 부류의 사람이 있는 것 같다고. 첫째는 아무런 생각도 준비도 없이 사는 사람이에요. 이런 사람은 기회가 와도 기회가 온 줄 모르고 지나쳐요. 절대 성공하지 못하는 사람이지요. 둘째는 기회가 온 줄은 아는데 미처 준비가 되지 않아서 도전하지 못하는 사람이에요. 이 사람도 실패하지요. 기회라는 게 완벽한 상태에서 오는 게 아니라 항상 리스크가 내재되어 있어요. 그런 리스크를 감당할 수 있을 만큼 준비가 되어 있지 않으면 도전하지 못해요. 셋째는 언젠가 기회가 올 거라고 생각하고 철저히 준비하고 관리하는 사람이에요. 이런 사람은 기회가 오면 준비한 대로 할 것이고 성공할 가능성이 높아요. 이렇게 해서 성공하면 재미가 붙어요. 그러면 다음 것을 위해 더 열심히 노력하고 준비하게 되는 거지요.

신장섭 김 회장님 때에는 일 자체가 취미라고 해도 전혀 거리낌이 없었을 텐데, 젊은 세대는 생각이 많이 다른 것 같습니다. 일만 하면 '루저(loser)'라고 하고… 일도 잘하고 놀기도 잘해야 '쿨(cool)' 하다는 평가를 받고, 그 평가를 받기 위해 목매달고요. 젊은 세대에게 일과 다른 하고 싶은 것들은 어떻게 관리하라고 조언하고 싶습니까?

김우중 행복이 여러 가지예요. 각자 하고 싶은 일들이 많으니까 그걸 스스로 잘 만들어나가야 되겠지요. 그런데 자기가 좋아하는 분야에 대해서는 다양하게 많이 알아야 해요. 그래야지 사회에서 인정을 제대로 받지요.

신장섭 회장님은 변함없이 일과 관련된 생각만 하면서 지내시는 것 같습니다. 가족들과 시간은 어떻게 보내십니까?

김우중 여기 베트남에 처음 왔을 때(2001년) 머리 희끗한 부부들이 함께 여행 다니는 것을 보면 부러운 적이 많았어요. 그때는 건강이 안 좋았으니까요. '과연 내가 저렇게 여행 다닐 수 있는 날이 있을까' 생각이 들고 자신이 없었어요. 그런데 요새 건강이 좋아지면서 충분히 할 만해요.

가족들과 여행 다니고 싶어요. 그동안은 일에 12시간에서 16시간씩 썼는데, 이제는 일에 6시간에서 8시간 정도만 쓰면 되는 거지요. 나머지는 가족들과 많이 보내고 싶어요. 한국에 들어가면 한두 번은 꼭 전체 가족들과 만나요. 가족들이 여기에 와서 같이 여행한 적도 있고요.

(김 회장은 정말 못 말리는 워커홀릭(workaholic, 일중독자)이다. 78세의 나이에 하루 6~8시간 일하는 것을 두고 일하는 시간 많이 줄이는 것이라고 생각한다. 내가 하노이나 서울에서 김 회장을 만났을 때에 보면 항상 이보다 많은 시간을 일하고 있는 것 같다. 이 목표조차 제대로 달성할 수 있을지 궁금하다.)

| 주 |

1 David Brooks, "Key to success? – 'Lose yourself'", *The New York Times*, 30 May 2011.
2 김우중(1989. 166쪽).
3 김우중(1989. 166쪽).

에필로그

'정사(正史)'를 되돌리자

이 책을 통해 김 회장과 내가 함께 진행한 대우 흥망사와 한국 현대경제사 재해석 작업은 이제사 시작하는 단계에 불과하다. 이 책에서 다룬 많은 이슈들이 논란거리이고, 이에 대해 김 회장과 다른 생각을 갖고 있는 사람들이 많이 있기 때문이다. 예를 들어 1970년대 한국의 중화학 산업화와 1980년대 안정화 시책에 대한 역사적 평가는 아직까지도 '진영(陣營)'이 갈라져 있는 사안이다.[1] 대우그룹과 현대그룹은 업종이 많이 겹치기 때문에 경쟁관계에 놓인 적이 많았다. 그래서 중화학 투자조정에 대한 현대그룹의 시각은 김 회장과 많이 다르다.[2] 한국 금융위기 및 대우 해체 과정에 대해 구조조정 당국과 김 회장의 해석도 크게 차이 난다.[3] 자동차 '빅딜' 과정에 대해서도 대우그룹 측과 삼성그룹 측의 주장이 엇갈린다.[4] 제대로 된 검증을 하려면 그 반대편의 입장도 충분히 들어보고 판단을 내려야 할 것이다.

그러나 나는 이 책에서 김 회장의 이야기를 전면에 내세우고 기존 문헌에 나온 반대편 이야기들을 대비시키는 방식을 택했다. 그리고 김 회장의 이야기가 얼마나 일관되는지, 어느 정도나 증거와 정황으로 뒷받침되는지에 초점을 맞춰서 이 책을 기술했다. 현 단계에서 이런 방식으로 책을 내놓는 것이 충분히 가치 있는 일이라고 생각하기 때문이다. 그동안 김 회장과 다른 생각을 갖고 있던 사람들은 자신들의 주장을 여러 경로를 통해 지속적으로 개진해왔다. 똑같은 얘기들이 세뇌(洗腦) 수준으로까지 반복된 경우도 많다. 반면 김 회장은 지난 15년 동안 본인의 얘기를 직접 내놓은 적이 없다. '대우 관계자' 발(發)로 언론이나 책에서 소개된 것들이 있지만, 사실과 다른 것들도 있고, 대우그룹이나 김 회장에게서 벌어진 일들을 전체적으로 보고 나온 것들도 아니었다. 그동안은 전문가나 일반인들 사이에서 김 회장의 입장이 지나치게 작게 또 불명확하게 알려져왔다.

특히 대우그룹의 해체 과정은 너무 일방적인 시각이 우리 사회를 지배해왔던 것 같다. 역사는 '승자(勝者)의 역사'라고 하지 않았던가. 패자(敗者)에게는 옳고 그름을 떠나 너무 쉽게 돌팔매질이 가해진다. 이 책은 김 회장의 이야기를 가능하면 명확하고 포괄적으로 전달해서 그 불균형의 추(錘)를 일단 조금이라도 밀어보려고 시도한 것이라고 할 수 있다. 독자들의 편의를 위해 대우 해체에 관한 쟁점을 표로 정리해보았다. 대우 해체가 단순히 대우의 경영과만 관련된 것이 아니라, IMF체제에서 어떻게 한국 금융위기를 극복하는가에 대한 견해차와 밀접하게 연결되어 있었기 때문에, IMF체제에 대한 쟁점과 함께 묶어서 처리했다(표 8-1). 이 쟁점들을 중심으로 대우 흥망사, 한국 현대경제사에 대한 논쟁이 본격적으로 일어날 수 있기를 바란다.

프롤로그에서 나는 1997년 한국 금융위기 이후에 '야사'를 쓰는 사람이 되어버렸다고 밝힌 바 있다. 금융위기 이전에는 김 회장이나 나와 같은 생각을 갖고 있는 사람들이 최소한 한국 내에서는 한국경제의 '정사' 자리를 지키고 있었던 것 같다. 그러나 IMF사태 이후에 '정사'와 '야사'의 자리가 바뀌었다. 과거 산업화 과정에 대해 부정적 인식을 갖고 있는 그룹들이 '구조조정' 정책을 수행하고, 그 성과를 중심으로 경제정책이나 사회 변화의 담론(談論)이 형성되어 왔기 때문이다. 그렇지만 한국 현대경제사를 길게 보면 지금의 '정사'가 주류로 자리 잡은 기간은 오히려 짧다고 할 수 있다. 김 회장과 나의 대화가 잠시 흩어져서 '야사'처럼 보이던 것들의 퍼즐조각을 맞추고 이를 '정사'로 되돌려놓는 작업에 많은 사람들이 동참할 수 있는 계기가 되기를 기대해본다.

사람에 대한 책을 쓰는 것은 쉽지 않은 일이다. 긴 인생을 직접 살아 왔던 사람이 스스로 생각하는 삶과, 외부에서 그것을 잠깐 동안 들여다보고 글로 쓰는 삶 간에는 차이가 날 수밖에 없다. 그래서 항상 갈등 요인이 있다. 월터 아이작슨이 헨리 키신저에게 전기(傳記)를 쓰겠다고 처음 제안했을 때에 키신저는 부정적이었다고 한다. 그러나 중간에 생각이 바뀌었다. 적극적으로 자기 얘기를 하고, 주변 사람들에게도 아이작슨에게 있는 대로 다 잘 얘기해주라고 했다. 그렇지만 책에 자신에 대한 비판적인 얘기가 많이 들어가고 자신의 생각과 다르게 해석된 일들도 있다는 것을 알게 된 후, 키신저는 아이작슨과 연락을 끊었다. 그래서 책은 '승인받지 않은 전기(unauthorized biography)'처럼 되어 버렸다. 시간이 지난 뒤 아이작슨은 키신저를 자신의 회사에서 열리는 파티에 초대했다. 키신저는 "30년 전쟁도 언젠가는 끝나는 거야"라며 참석했고 둘 간의 관계는 복원됐다.[5]

이 책은 일반적인 전기보다 더 어려운 과정을 거칠 수밖에 없게 되어 있었다. '대화'로 구성되어 있기 때문이다. 150시간가량에 걸쳐 다양한 주제에 관해 나눈 대화를 책에 그대로 다 실을 수는 없다. 내용을 취사선택하고 독자들이 이해할 수 있도록 엮는 것은 저자가 책임져야 할 몫이다. 그렇다고 김 회장이 직접 한 것으로 실리는 발언들에 대해 저자 독단으로 내용과 표현을 결정할 수는 없다. 어떤 내용을 넣느냐, 빼느냐, 어느 수준으로 표현하느냐 등을 놓고 갈등이 있을 수밖에 없다. 책의 출간 시기를 놓고도 우여곡절을 겪었다. 김 회장과 나의 자존심이 충돌해서 각자의 길을 가려고 했던 적까지도 있었다. 그 과정을 다 겪고 이렇게 2년 만에 책이 햇빛을 볼 수 있게 되니 큰 짐을 내려놓는 기분이다.

김 회장은 '흔적'이라는 말을 자주 쓴다. 대우가 해체된 후 심정이 어땠냐는 질문에 대해 "그저 나는 고맙게 생각해요. 다른 사람들은 아무것도 안 남기는데 흔적이라도 남겼으니 말이에요"라고 답한다.[6] 김일성을 만나 남북화해를 권고할 때에도 "최선을 다했다는 흔적이라도 역사에 남겨야 하지 않겠느냐"고 설득한다.[7] GYBM 학생들 키우는 일이 자신의 '마지막 흔적'이 되기를 바란다고 말한다.[8] 오랜 대화를 거쳐 나오게 된 이 책이 김 회장의 흔적을 역사에 제대로 남기는 데에 조금이라도 도움이 된다면 글을 쓴 사람으로서 더할 나위 없이 기쁠 것이다.

표 8-1. 대우해체 쟁점표

	구조조정 당국	대우 측
한국금융 위기 원인	• '구조적 위기론': 정부, 금융, 기업의 구조적 문제들이 원인 • '과잉투자'를 불러온 시스템의 문제	• '금융책임론' • 국제금융시장 불안정 • 금융 부문 외화 리스크 관리 실패 • 기업의 '적극적투자'는 계속 했어야 하는 것
한국금융 위기 대응	• 철저한 IMF식 구조조정을 통한 시스템 개혁 → 'IMF플러스'	• 수출확대 및 외환보유액 증가를 통한 IMF체제 조기탈출 → '매년 500억 불 무역흑자, 1,000억 불 외환보유액 달성'
대우 몰락 원인	• '세계경영' 무리한 투자 • 부채가 원래 많았다. • 외화부채 관리 실패 • 구조조정 등한시 • 위기 상황에서 오히려 확장경영 • 그 과정에서 단기부채 급증. '밀어내기 수출' 많았을 것 • 단자 및 회사채 규제 조치는 전체 금융시스템의 위험을 줄이기 위한 것. 대우에게는 구조조정 적극적으로 하라는 메시지이기도 했다. • 김우중 회장이 '해외도피'했다. (이헌재 씨는 이기호 수석 측에서 해외에 나가도록 했다고도 함.)	• 신흥시장 고성장 가능성을 보고 앞서 투자한 것이다. • 금융위기 전에는 부채비율이 5대 그룹 중 높은 수준이 아니었다. • 환리스크 관리 잘했다. • '구조조정' 필요성 공감하지는 않았지만 GM과 합작으로 '모범적인' 구조조정을 할 것이라고 생각 • 원래 수출을 가장 많이 했고, 신차 3종 생산 등에 의해 수출이 더 늘어나는 구조 • ① 수출금융이 막혀 16조 원, 금융권 대출 회수로 3조 원 합쳐 총 19조 원가량의 비정상적인 추가 자금 수요가 생겼다. ② 고환율로 외화부채 평가액이 갑자기 늘었다. ③ '밀어내기' 없었다. • 김우중 회장과 경제관료들 간의 관계가 악화되면서 정부가 대우에 부정적 조치를 취했다. '기획해체'라고 할 수 있는 정황 많다. • DJ와 이기호 수석으로부터 해외에 나갔다 오면 정리해서 8개 계열사들을 경영할 수 있게 해주겠다는 약속을 받고 출국했다.
대우-GM 합작 협상	• 대우차는 기술력이 없었다. 독자생존 불가능 • 자금난에 몰려 대우차 지분매각으로 해외자금을 끌어들이려 했다. • 1998년 7월에 협상 결렬됐다. GM이 대우의 문제점을 너무나 잘 알았기 때문이다.	• 대우는 GM이 놀랄 정도로 질 좋은 차를 값싸게 개발했다. 실제로 GM은 나중에 대우차로 중국에서 크게 성공했다. • GM이 먼저 합작을 제안했다. 그러니까 가격조건만 맞으면 성사되는 것이라고 생각했다. GM은 중국시장에 진출하려면 대우차를 갖고 갈 수밖에 없었다. • 결렬된 적이 없다. GM은 계속 관심을 가졌고 1999년 12월 이헌재 위원장에게 대우차 비밀 인수제안서를 냈다.

	구조조정 당국	대우 측
삼성과의 '빅딜'	• 자금난에 몰린 대우가 제안했다. • 삼성이 자체 판단에 의해 법정관리로 갔다.	• 삼성이 제안했다. (이헌재 확인.) • 정부의 양해 혹은 묵인하에 삼성이 법정관리를 결정했을 것이다. • 대우를 해체하기 위해 정부가 삼성차 법정관리를 유도했을 가능성도 있다.
'7/19 유동성 개선 자구방안'	• 너무 늦게 내놓아서 시장이 받아들이지 않았다.	• 정부가 10조 원의 자금지원을 약속했고, 따라서 사재와 담보 13조 원을 내놓았다. 당시 워크아웃 얘기는 전혀 없었다. • 정부가 시장의 신뢰를 잃게 만들었다. 돈을 4조 원 밖에 지원해주지 않았다. 정부 관계자들이 즉각적으로 대우와 김우중 회장에 대해 부정적 발언을 쏟아냈다.
대우 워크아웃	• 대우그룹의 부실이 더 심해지는 것을 막기 위해 어쩔 수 없이 취한 조치이다. • 부실 부문, 부실계열사와 회생가능한 부문, 계열사를 분리해서 처리 • 성공적이었다. 부실이었던 대우차를 제외한 대우계열사들이 모두 회생해서 잘 경영되고 있다. 그 덕분에 공적자금 투입한 것도 상당 부분 회수됐다.	• 대우차는 GM이 인정해줬듯 성공가능성이 컸다. 초기 투자가 거의 완성되던 단계였고 '부실'이라고 할 수 없다. 아시아 금융위기가 발생하고 수출금융이 막혀 자금조달이 어려워졌을 뿐이다. (주)대우는 대우차에 자금지원을 해주다가 단기적 어려움에 처했다. • 분리해서 처리하는 것이 아니라 '7/19 유동성 개선방안' 때 정부가 약속했던 대로 8개 계열사가 함께 회생할 수 있도록 약속한 자금지원을 해줬으면 모든 관계사들이 살 수 있었다. • 대우 워크아웃 성공의 시금석은 대우차 처리이다. 정부는 대우차를 쓰레기 취급해서 GM에게 거의 공짜로 넘겨줬다. 여기에서 국민경제가 손해 본 것만 210억 달러가 넘는다. • 다른 계열사들은 원래 튼튼한 회사였기 때문에 유동성 위기가 지나가자마자 바로 이익을 내기 시작했다. 그래서 투입된 공적자금이 초과 회수됐고 금융기관들은 대우 주식으로 4조 원 이상의 이익을 봤다. • 현대그룹이 유동성 위기에 처했을 때는 대우식 워크아웃을 못 했다. 워크아웃으로 국민경제에 얼마나 큰 손실이 났는지 알았기 때문 아닌가.

	구조조정 당국	대우 측
IMF식 구조조정의 국민경제 영향	• IMF 구제금융사상 가장 성공적인 구조개혁 • 2000년대 안정 속의 성장을 일구어냈다. • 기업 부문은 개혁의 결과 훨씬 튼튼해졌다.	• 'IMF시스템'을 통해 한국에서 선진국의 이익을 관철시켰다. 선진국은 한국 자산을 헐값으로 매입하고 한국 제조업의 공격적인 투자를 차단했다. • 기업투자를 위축시켜 '저성장체제'를 고착시켰다. 그 결과 1인당 국민소득 3~4만 달러에 이미 도달할 수 있었던 기회를 놓쳤다. 세계금융위기 때 한국이 외환위기에 들어갔던 것을 보면 금융안정을 달성했다고도 할 수 없다. • 삼성, 현대차 등 일부 대기업만 더 성장했을 뿐 국내 대기업들 간의 경쟁체제는 약화됐다. 기업 부문 전반의 활력은 떨어졌다.

| 주 |

1 1장 4절 참조.
2 1장 4절.
3 3장과 4장.
4 3장 6절.
5 Isaacson(2005).
6 3장 8절.
7 2장 3절.
8 7장 1절.

참고문헌

한글 문헌

금융감독원(2000), 「대우계열 12사에 대한 감사보고서 특별감리결과 및 조치(대우특별감리반)」, 『금융감독정보』 2000-38호.

금융감독위원회(1999), 「대우그룹 워크아웃 추진현황 및 향후 계획」, 11월 4일.

김수길 외(2003), 『금고가 비었습니다: DJ 정권 5년의 경제실록』(서울: 중앙M&B).

김시래(2005), 『나는 박수 받을 줄 알았다: 왕자의 난』(서울: 세상의 창)

김우중(1989), 『세계는 넓고 할 일은 많다: 내 사랑하는 젊은이들에게』(서울: 김영사).

김우중(1990), 「대우조선 기능사원 제4차 교육 훈시 자료」, 4월 14일.

김우중(1998a), 「자신감을 가지고 경제위기를 극복하자」, 사법연수원생 대상 초청강연, 1998년 5월 22일.

김우중(1998b), 「급변하는 글로벌경제와 대우의 선택」, US Road Show 대학생 초청강연(보스턴대, 컬럼비아대, 일리노이대, 미시간대), 9월 25일~10월 1일.

김우중(1998c), 「IMF 위기극복을 위한 한국경제의 과제」, 전경련 PAX KOREANA 21조찬토론 특강, 10월 13일.

김우중(1999), 「임직원과 가족 여러분께 드리는 글」.

대우그룹(1997), 『대우 30년사』, 미발표.

대우세계경영연구회 엮음(2012), 『대우는 왜?: 가장 먼저 가장 멀리 해외로 나간 사람들의 이야기』(서울: 북스코프).

박철성(2012), 「지난 30년간 한국의 임금구조의 변화」, 미발표.

신장섭(1999), 『한국경제 제3의 길: 세계화와 금융위기 속의 생존전략』(서울: 중앙

M&B).

신장섭(2005a), 「한국경제, 무엇이 문제인가: 산업금융 시스템 구축 필요하다」, 계간 《창비》 제127호(서울: 창비).

신장섭(2007), 「싱가포르의 제조업 고도화 전략과 실제: 개방형 산업정책의 모델 케이스」, 한국무역협회.

신장섭(2008), 『한국경제, 패러다임을 바꿔라』(서울: 청림).

신장섭(2009), 『금융전쟁: 한국경제의 기회와 위험(잘못된 5대 금융상식과 5대 금융명제)』(서울: 청림).

신장섭·정승일(2008), 「혁신촉진형 금융시스템의 구축」, 박승록 외(2008), 『이노베이션 한국을 위한 국가구상』(국가경쟁력강화위원회 제출보고서, 서울: 한국경제연구원).

쑹훙빙(2007), 『화폐전쟁』(차혜정 역, 2008, 서울: 랜덤하우스코리아).

외교통상부(1995), 『외교백서 1995』, 외교통상부 웹사이트(www.mofat.go.kr).

이헌재(2012), 『위기를 쏘다: 이헌재가 전하는 대한민국 위기 극복 매뉴얼』(서울: 중앙books).

정인영(2007), 「재계의 부도옹 운곡(雲谷) 정인영」, 한국경제신문.

정주영(1991), 『시련은 있어도 실패는 없다』(서울: 현대문화신문사).

중소기업살리기 모임(2008), 『KIKO 백서』.

영어 문헌

Allen, F. and Gale, D.(2001), *Comparing Financial Systems: A Survey*, Cambridge MA: MIT Press.

Brooks, David(2011), "Key to success? — 'Lose yourself'", *The New York Times*, 30 May 2011.

Dunne, J. Michael(2011), *American Wheels, Chinese Road: The Story of Gen-*

eral Motors in China, Hoboken NJ: John Wiley & Sons.

General Motors Corporation(1999), "Letter of Intent and Draft Memorandum of Understanding for the Acquisition of Daewoo Passenger Vehicle Assets – Presented to the Korea Financial Supervisory Commission", 13 December 1999.

IIF(Institute for International Finance)(1998), Capital Flows to Emerging Market Economies, 30 April 1998.

Isaacson, Walter (2005) *Kissinger: A Biography*, New York: Simon & Schuster.

Kim, Woo-Choong(1992), *Every Street is Paved with Gold: The Road to Real Success*, New York: William Morrow and Company(『세계는 넓고 할 일은 많다』 번역판).

Lane, Timothy et al.(1999), "IMF-Supported Programs in Indonesia, Korea, and Thailand: A Preliminary Assessment", International Monetary Fund.

Lazonick(2009), *Sustainable Prosperity in the New Economy? Business Organization and High-Tech Employment in the United States*, W.E. Upjohn Institute for Employment Research.

McKinsey Global Institute(2012), "Winning the $30 Trillion Decathlon: Going for Gold in Emerging Markets", *McKinsey Quarterly*, August 2012.

Palma, G.(2003), "The Latin American Economies during the Second Half of the Twentieth Century", in Chang(ed.)(2003), *Rethinking Development Economics*, London: Anthem Press.

Rosenberg, N. and L. E. Birdzell(1986), *How the West Grew Rich: The Economic Transformation of the Industrial World*, New York: Basic Books.

Shin, Jang-Sup(1996), *The Economics of the Latecomers: Catching-Up, Technology Transfer and Institutions in Germany, Japan and South Korea*, London: Routledge.

Shin, Jang-Sup(2005), "The Future of Development Economics: A Methodological Agenda", *Cambridge Journal of Economics* 29: 1111-1128.

Shin, Jang-Sup(2014), *The Global Financial Crisis and the Korean Economy*, London: Routledge.

Shin, Jang-Sup and Ha-Joon Chang(2003), *Restructuring Korea Inc.: Financial Crisis, Corporate Reform, and Institutional Transition*, London: Routledge.

Slater, Robert(1998), *Jack Welch and the G.E. Way: Management Insights and Leadership Secrets of the Legendary CEO*, New York: McGraw-Hill.

Stiglitz, Joseph E.(2007), "Financial Hypocrisy", *The Economists' Voice*, 4/6. (http://www.bepress.com/ev/vol4/iss6/art2.

UNCTAD(1997), *World Investment Report*, New York & Geneva, United Nations.

Wang Yi(2012), "Building blocks, Exploitation and Exploration of Sectoral Systems of Innovation in Catch-up of China's Car Industry", Working Paper, Research Centre for Technological Innovation, Tsinghua University.

World Bank(1993), *The East Asian Miracle: Economic Growth and Public Policy*, N.Y.: Oxford University Press.

김우중과의 대화
아직도 세계는 넓고 할 일은 많다

1판 1쇄 펴냄 | 2014년 8월 26일
1판 29쇄 펴냄 | 2014년 11월 10일

지은이 | 신장섭
펴낸이 | 김정호
펴낸곳 | 북스코프

편 집 | 좌세훈, 박병규, 이경주
표 지 | 엔드디자인
본 문 | 박경아
마케팅 | 최금순, 권선정
제 작 | 박정은

출판등록 2006년 11월 23일(제2-4510호)
413-120 경기도 파주시 회동길 445-3
전화 | 031-955-9517(편집)·031-955-9514(주문) / 팩스 | 031-955-9519
전자우편 | book@acanet.co.kr
홈페이지 | www.acanet.co.kr

ⓒ신장섭, 2014

ISBN 978-89-97296-42-2 13320

* 책값은 뒤표지에 있습니다.
* 잘못 만들어진 책은 구입하신 곳에서 교환해 드립니다.

이 도서의 국립중앙도서관 출판예정도서목록(CIP)은
서지정보유통지원시스템 홈페이지(http://seoji.nl.go.kr)와
국가자료공동목록시스템(http://www.nl.go.kr/kolisnet)에서 이용하실 수 있습니다.
(CIP제어번호: CIP2014023215)